ESSAIS

DE

PHILOSOPHIE CRITIQUE

Paris. — Imprimerie de E. MARTINET, rue Mignon, 2.

ESSAIS

DE

PHILOSOPHIE CRITIQUE

PAR

E. VACHEROT,

Ancien directeur des études à l'École normale supérieure.

PARIS

F. CHAMEROT, LIBRAIRE-ÉDITEUR

RUE DU JARDINET, 13.

1864

Tous droits réservés.

A LA MÉMOIRE

DE PHILIBERT DAMIRON

Le jour où nous rendions les derniers devoirs à notre ami, j'entendais le duc de Broglie dire avec une profonde tristesse : *Nous perdons un sage*. Ce mot, dans la bouche d'un tel homme, résumait tout ce que notre imparfaite humanité contient de plus noble et de meilleur. Tel est bien l'homme que l'Université, que l'Académie, que le public savant, que le monde a connu. Et pourtant, aucun de ceux qui ont vécu dans l'intimité de M. Damiron, ne trouveront dans le mot de son illustre confrère la complète définition de l'homme excellent qui vient de nous être si brusquement enlevé. Oui, M. Damiron avait les pensées, les mœurs, les affections, les vertus d'un sage. Jamais un paradoxe n'a séduit sa sévère raison ; jamais une épreuve n'a fait fléchir sa ferme volonté ; jamais un devoir n'a échappé à l'œil toujours ouvert de sa conscience. Mais, s'il fut sage, c'est d'une manière qui n'est qu'à lui. Chez la plupart des hommes qui méritent ce beau titre, la sagesse est le fruit de l'expérience et de l'épreuve ; la vertu est le prix de l'effort. En un mot, ils sont devenus sages. Il semble que M. Damiron soit né tel, comme il est né doux, bon, affectueux, sympathique. Sans aller jusqu'à dire que la *nature*, et pour me servir d'un synonyme qu'il se plaisait à employer, la *grâce* avait tout fait en lui, je ne serai pas contredit de ceux qui l'ont le mieux connu, en affirmant que sa sagesse et sa vertu avaient quelque chose de si naturel qu'il était difficile d'y apercevoir la lutte et l'effort. C'est que la pratique du bien ne rencontrait jamais chez lui ces passions violentes ou haineuses qui, même domptées chez les plus nobles caractères, laissent une certaine amertume dans la victoire qui a été le fruit du combat.

Tout sentiment, dans cette douce et noble nature, tournait à l'*affection*, aucun à la *passion*. Voilà le secret de la paix profonde dont il jouissait au milieu des mille contrariétés de la vie, de la charmante gaieté qui étonnait jusqu'à ses amis, au sein de sa famille et dans son petit cercle d'intimes, du bonheur enfin qu'il répandait autour de lui en l'éprouvant lui-même. Nul sentiment amer, nul mouvement violent n'eût osé se produire devant tant de bienveillance et de modération. L'indignation, la colère, la haine du mal et des méchants, le mépris de tout ce qui est bas et vil ne sont pas des passions étrangères aux plus honnêtes gens; et il est des temps où de tristes spectacles les portent à un degré d'amertume et de violence que condamne la sagesse. L'affection était si bien le fond de l'être, chez M. Damiron, que les bassesses et les iniquités éveillaient rarement autre chose qu'un sentiment de profonde tristesse. Il en souffrait bien plus qu'il ne s'en indignait. Et c'est à peine si parfois un sourire de pitié venait trahir l'énergique répulsion que lui causait le récit d'une méchante action ou d'une basse intrigue. Aussi, pour calmer ou modérer ceux d'entre nous qu'une passion, même généreuse, entraînait au delà des bornes de la vérité ou de la justice, n'avait-il besoin ni de leçons ni de conseils. Nos colères tombaient devant sa judicieuse bonté, et notre âme se mettait bien vite au ton de sa douce sagesse. C'est que, sans le vouloir, sans le savoir, car il n'aimait guère accepter ce qu'on appelle un *rôle* en quoi que ce soit, il faisait sentir sa pacifique influence à tous ses amis, se trouvant tout naturellement le mentor des jeunes, l'arbitre des vieux, le médiateur des intérêts, le modérateur des passions, le vrai *juge de paix* d'une petite société où tous les sentiments trop vifs, toutes les prétentions excessives, toutes les petites querelles d'ambition ou de vanité, venaient expirer devant son tribunal.

Voilà quel sage était M. Damiron. Chose singulière! cet esprit si modeste, cette âme si douce, ce caractère réservé jusqu'à la timidité portait le cachet d'une exquise originalité! Ses doctrines avaient une onction, ses vertus avaient un parfum qui ne semblaient pas de son temps, bien qu'il en fût, dans la bonne acception du mot. Il est bien des côtés, les plus intimes et les meilleurs, de cette rare nature que n'ont connus ni l'Université, ni l'école Normale, ni l'Académie, ni le monde savant, où il a laissé de profonds et unanimes regrets. Je suis de ceux qui ont eu le bonheur de vivre tout près de lui. J'aurais voulu pouvoir dire sur sa tombe tout ce qu'ont perdu ses amis dans cette douloureuse séparation. Je n'en ai pas trouvé la force.

M. Damiron n'a été mon maître que par ses livres. Quand j'ai pu l'entendre, j'étais déjà vers la fin de ma carrière de professeur. Mais le premier de ses livres, l'*Essai sur la philosophie du* XIXe *siècle*, publié d'abord en une série d'articles dans le *Globe*, a été pour moi une révélation. Lorsqu'il parut, nous n'avions aucune idée de la philosophie nouvelle.

Voltaire ou de Maistre, Descartes (non le vrai, mais le Descartes de la philosophie de Lyon) ou Condillac, les *idées innées* ou la *table rase*, telle était l'alternative à laquelle semblait condamnée la jeunesse philosophique du temps. Le seul enseignement qui eût eu une certaine popularité, en dehors de ces noms et de ces écoles, était les leçons de M. Laromiguière, où s'annonçait déjà la réaction contre la philosophie de la *sensation*. Grâce à l'habile et libérale direction de mon premier maître, M. Patrice Larroque, j'étais de ceux qui avaient été initiés, dès le collége, à cette timide réforme de la philosophie dominante. Il faut avoir passé par cette disette d'idées et ce luxe de scolastique pour comprendre la révolution qui se fit tout à coup dans nos jeunes intelligences, à la lecture d'un livre où les doctrines analysées n'étaient guère moins nouvelles pour nous que la critique qui en suivait l'exposition. Rien, aujourd'hui, ne peut donner à la jeunesse qui arrive des provinces une idée du mouvement au milieu duquel nous tombâmes, en 1827, au sortir du collége. C'était le moment où l'esprit nouveau, le véritable esprit du xix° siècle, faisait explosion dans tous les genres et sous toutes les formes, science et littérature, livres, journaux et cours publics. C'était le moment où M. Royer-Collard était l'oracle de la tribune, où MM. Villemain, Cousin, Guizot étaient les maîtres de la jeunesse française, où le *Globe*, sous M. Dubois, où le *National*, sous MM. Thiers, Mignet et Carrel, répandaient à flots la lumière et la flamme sur tous les sujets actuels de politique, de philosophie, d'histoire, de littérature, d'art. Le livre de M. Damiron, tout en nous laissant ignorer l'origine et la tradition de la plupart des doctrines dont il nous présentait le tableau fidèle et animé, nous transportait tout à coup au plus vif de la mêlée des écoles contemporaines, et nous faisait entrer dans la vivante pensée du siècle. Des maîtres illustres avaient déjà écrit et parlé; mais leurs oracles n'étaient point encore sortis du cercle de quelques initiés. Maine de Biran, dont les traités les plus importants n'avaient pas vu le jour, restait parfaitement ignoré. Royer-Collard n'était connu que de quelques esprits d'élite réunis autour de sa chaire. M. Cousin, déjà populaire par son éloquence plutôt que par ses idées, n'avait encore publié de son enseignement que quelques fragments plus à la portée des initiés que du public. Jouffroy ne s'était fait connaître que par ses mémorables articles du *Globe*. Par l'étendue et la variété des matières, par la parfaite netteté des analyses, par l'esprit libéral et toujours sympathique des critiques, par ce style déjà plein de charme et d'onction qui excellait à montrer la pensée d'autrui sous son meilleur jour, le livre de M. Damiron nous inspira le goût et nous ouvrit les horizons de la philosophie contemporaine. La pensée française du xix° siècle, dispersée jusque-là en écoles exclusives, en œuvres personnelles, s'était reconnue, concentrée, sinon réconciliée avec elle-même, dans ce livre où toutes les écoles avaient comparu ; elle y avait pris conscience de sa force et de sa vraie direction.

M. Damiron est déjà tout entier dans ce livre. Sa science assurément gagnera en étendue, en profondeur, en exactitude; sa critique deviendra plus sûre et plus précise. Mais sa doctrine est déjà faite, et son style également. C'est qu'il tient sa doctrine et son style de sa nature avant tout. La science développera l'une, l'art perfectionnera l'autre. Mais ni la science ni l'art n'ont rien créé. M. Damiron est de la famille de ces écrivains que j'appelle *naturels*, sans la moindre intention de critique pour des écrivains d'un tout autre caractère, que je définis par le mot d'*artistes*. Il n'a jamais eu, pas plus que Jouffroy par parenthèse, cette souplesse d'allures, cette variété de ton, cette merveilleuse propriété de se teindre de la couleur de tous les sujets, toutes qualités qui font le génie des écrivains *artistes*. Chez lui, ce sont toujours les mêmes cordes qui vibrent, le même ton, la même harmonie, avec des degrés divers de force et d'intensité. Il savait, comme d'autres, les secrets de l'art d'écrire; son goût délicat, sa science de la langue se montraient dans ses conseils à ses élèves. Il n'y a qu'une voix là-dessus parmi tous ceux qui l'ont eu pour maître. Mais, quand il écrivait, il était tout à sa pensée et à son sentiment. Son âme passait dans son style, et c'est ce qui en fait le prix. Dans ce style, nul éclat emprunté à l'art des métaphores, nulle couleur poétique, nul mouvement cherché. La pure lumière de son esprit, la douce flamme de son cœur, la discrète émotion d'une sensibilité tout intérieure, voilà ce qui en fait le caractère original. Viennent les accidents, les influences du dehors; elles n'auront jamais le pouvoir de le transformer, ni même de l'altérer.

Tous les livres publiés successivement pendant sa laborieuse et féconde carrière : ces cours de psychologie, de logique, de morale, où il a embrassé tout le cercle des grandes questions de philosophie, répandant sur toutes, les clartés de sa fine analyse et l'onction de sa douce éloquence ; ces mémoires, si savants et si précis, sur les grands et les petits philosophes du XVIIe et du XVIIIe siècle, qu'il lisait à l'Institut, offrent les mêmes qualités de pensée et de style que ses premiers essais, avec plus de science et de maturité. Quand le moment sera venu d'apprécier tous ces importants travaux, la critique en fera ressortir les solides mérites et les aimables qualités, l'exactitude de l'érudition, la précision des détails, la rectitude de jugement, la sévère impartialité des conclusions, un sentiment exquis des convenances, une finesse d'observation, une délicatesse dans le discernement des nuances, un tact supérieur pour découvrir, un rare talent pour exprimer les choses qui se sentent plus qu'elles ne se pensent. C'est par ces dernières qualités que se distinguent surtout ses analyses et ses descriptions des phénomènes de conscience. En les lisant, on sent qu'il a regardé dans le cœur humain, à travers le miroir de sa propre nature, et que c'est ainsi qu'il en a si bien vu les parties délicates et les nobles côtés. Mais nulle part l'homme que j'essaye de faire connaître ne s'est montré aussi nettement, aussi pleinement que dans ces leçons générales qu'il nous lisait, à chaque ouverture de son cours, sur quelques-uns de ces grands problèmes de philosophie morale ou religieuse qui ont toujours occupé les esprits élevés, et que la science abandonne aujourd'hui à l'éloquence des théologiens. Ces sortes de discours, qui semblent sinon d'un autre temps, du moins d'un autre pays, ne font-ils pas penser à la prédication de l'illustre Channing, tout en rappelant la manière de Fénelon et de Malebranche? Et ces touchantes allocutions qu'il adressait, dans sa *Sorbonne des champs*, à ces pauvres enfants d'ouvriers qui venaient recevoir, sous les yeux de leurs familles, le prix du travail des mains de notre cher philosophe, est-il possible de les lire sans sentir palpiter, sous ces paroles émues, un cœur vraiment aimé du peuple, plein de sympathie pour ses naïves vertus et de pitié pour ses misères. Le langage qu'il parlait à ces âmes simples ne flattait pas leurs passions. Je ne lui ai jamais entendu dire qu'il n'en ait pas été compris.

J'étais un fervent adepte de M. Damiron longtemps avant

de le connaître. Je l'ai entendu plus tard à la Sorbonne. Là, sa parole montrait ce que son style laissait apercevoir, une foi intime, profonde, très-vive, sous les formes les plus sévères et les moins oratoires. Quand je dis : *montrait*, je me trompe encore, je devrais dire : *trahissait*. Car il fallait le bien connaître, l'avoir vu de près, toucher sa personne en quelque sorte, pour bien juger des tourments de cet esprit, qui craignait toujours de ne pas rencontrer la juste expression de sa pensée, et pour entendre les battements de ce cœur toujours ému par le sentiment intime des vérités dont il donnait la démonstration. J'ai entendu à peu près tous les maîtres de la parole de notre temps, et dans tous les genres; j'ai assisté avec ravissement, dans mes jeunes années surtout, à ces grandes fêtes de l'éloquence, où se pressait l'élite de la société et de la jeunesse française, aux jours de notre liberté. Je me garderai bien de dire que l'âge, l'expérience, les habitudes méditatives m'en ont fait perdre le goût. Mais ces grands artistes, dont la parole va si bien aux foules, peuple ou assemblée, me font penser au *forum* et au théâtre, où les orateurs et les acteurs produisent d'autant plus d'effet qu'ils sont plus maîtres d'eux-mêmes. J'ai toujours trouvé un charme particulier à ces enseignements intimes, je dirais presque à ces entretiens à demi-voix où l'âme du professeur se communique avec ses idées au petit nombre d'auditeurs, d'amis qui recueillent sa parole. Tels étaient Jouffroy et Damiron. Ils ne cherchaient jamais l'éloquence. Quand au fort d'une analyse, d'une déduction, d'une description, il leur arrivait de rencontrer une de ces vérités qui saisissent l'âme tout à coup en même temps que l'esprit, et l'exaltent malgré elle; quand le sentiment longtemps contenu de cette vérité montait enfin du cœur aux lèvres et s'échappait en paroles émues, il se produisait alors, au sein de l'auditoire, un mouvement qui n'était pas l'effet ordinaire de l'éloquence, n'ayant rien des gestes de l'admiration et n'éclatant point en applaudissements. Il se faisait un profond silence, comme pour mieux jouir des hautes pensées qui passaient dans l'âme des auditeurs. J'ai goûté souvent ces joies de l'esprit, en entendant la voix de ces deux maîtres.

Je n'apprendrai rien au public en disant que, chez M. Damiron, la doctrine était une foi, et que cette foi était sa vie. Il suffit de l'avoir lu et entendu pour le deviner. Et qui ne sait d'ailleurs comment il a vécu? C'est que cette foi était non-seulement établie dans les habitudes de son esprit, mais tenait aux plus profondes racines de sa nature. Aussi n'avait-elle ni doute, ni obscurité, ni défaillance. C'était la foi d'un *croyant*. Il avait la même fermeté de pensée contre tous les adversaires de sa foi, qu'ils fussent théologiens ou encyclopédistes, qu'ils s'appelassent de Maistre, Spinosa ou d'Holbach. M. Damiron n'a pas dévié un seul instant de la ligne que son esprit s'était tracée de bonne heure. Philosophe spiritualiste et religieux, mais toujours libre penseur, il n'a jamais rien fait ni pour échapper à la congrégation de l'*Index*, ni pour en faire révoquer les arrêts. Sa fermeté, en cela, n'avait d'égale que sa douceur.

Que cette foi fût libérale et tolérante, rien de plus simple. Autrement elle n'eût pas été la foi d'un philosophe. Mais ceux qui ne le connaissaient point à fond admiraient toujours comment, prenant au sérieux ses idées au point de souffrir de la contradiction, M. Damiron traitait, je ne dis pas avec convenance, mais avec sympathie les plus décidés adversaires de ses croyances; comment les Helvétius, les d'Holbach, les Diderot d'une part, les de Bonald, les Lamennais, les de Maistre de l'autre, le trouvaient toujours plein d'égards et d'aménité. Était-ce simple politesse académique? nullement. Il suffit de lire sa polémique pour voir que la politesse n'a ni ce ton ni cet accent. C'est qu'il en est de la tolérance de M. Damiron comme de ses autres vertus. Il était tolérant à sa manière et selon sa nature, c'est-à-dire qu'il l'était encore plus par le cœur que par l'esprit. Dans sa critique, il lui était impossible de séparer entièrement l'homme du philosophe. Quand donc ces philosophes de l'encyclopédie ou de l'Église se trouvaient être d'excellents ou de nobles caractères, M. Damiron ne pouvait s'empêcher de se prendre d'amitié pour eux. Et alors il lui arrivait ce qui arrive à tous ceux qui aiment. Il cherchait, et combien il était heureux de découvrir, à côté des erreurs qu'il lui fallait signaler et condamner, des vérités, des aperçus, des observations, des sentiments, des mouvements qu'il notait avec bonheur, sans triompher de la contradiction qui semblait en résulter. C'est là ce qui fait, non pas seulement l'intérêt (tous les mémoires publiés par lui ont ce caractère à un haut degré), mais le charme particulier, mais l'originalité des études sur Spinosa, sur Helvétius, sur d'Holbach, sur Diderot. D'autres critiques, à l'esprit sinon plus large, du moins plus souple, ont pu traiter avec plus de complaisance ces philosophes du XVIIIe siècle. Nul n'a aussi bien vu, aussi bien montré la bonté, la générosité, la foi ardente, l'abnégation personnelle de ces singuliers *apôtres*, sous la pauvreté, la légèreté, et parfois l'immoralité des doctrines. Aujourd'hui, on parle d'or sur toutes choses; le plus pur spiritualisme coule de toutes les lèvres. J'aime à croire qu'il est aussi au fond des cœurs; mais j'en voudrais voir les effets dans les œuvres. Nous pensons d'une façon bien plus correcte que nos pères. On n'entendrait plus dire sans scandale parmi nous que l'homme n'est qu'une *machine* ou un *animal*, que le bien et le mal se réduisent à l'intérêt bien ou mal entendu, que le sentiment de notre liberté et de notre responsabilité personnelle n'est qu'une illusion, que tout n'est que matière, le mouvement, la vie, l'âme, l'intelligence. Et tous les esprits élevés, toutes les âmes généreuses, doivent applaudir à ce progrès de la philosophie française. Mais en voyant l'étrange contraste des faits et des doctrines, n'est-il pas permis d'avoir un peu d'indulgence, et avec notre cher Damiron, même un certain degré de sympathie pour ces pauvres philosophes qui pensaient parfois si mal et agissaient souvent si bien? Pour moi, j'avoue que je n'ai pu lire sans être ému à en verser des larmes le touchant mémoire sur mon compatriote Diderot. La pensée de cet homme excellent, si vive d'ailleurs, si féconde, si étincelante d'aperçus et d'idées, n'a pas toujours été aussi noble, aussi pure que ses sentiments. Ceux qui liront M. Damiron verront comment un sage, mais un sage qui est bon, traite une de ces bonnes, loyales, et soudaines natures égarées, à la suite de leur siècle, dans les basses régions de la pensée.

Toute foi est communicative. Celle de M. Damiron s'épanchait dans ses livres, dans ses cours, parfois dans de rares conversations avec de jeunes amis, où son âme s'échappait avec sa pensée, sans controverse ni discussion. Il se gardait de produire ses idées à tout propos et à tout venant. Non qu'il eût peur que la contradiction ne vînt éveiller chez lui des doutes et provoquer des défaillances. Sa foi n'était pas une de ces plantes délicates que le vent de la critique dessèche ou déracine. Mais d'abord il n'aimait pas jeter les *choses saintes,* comme il disait, les graves questions de la métaphysique en pâture aux railleries ou aux légéretés d'une conversation mondaine. Ensuite la contradiction lui était doublement désagréable. Il en souffrait pour lui-même et dans sa foi qui était sa vie; et il en souffrait aussi pour autrui, par un sentiment d'irrésistible sympathie. Car il était de ces âmes dont l'extrême délicatesse s'étudie à écarter les occasions de froissement, encore plus pour les autres que pour soi-même.

Ses amis le savaient, et se seraient trouvés mal à l'aise de penser autrement que lui. Assurément la vérité a ses droits, et la mission de l'écrivain a ses devoirs qui priment tout. Mais il est des hommes en compagnie desquels on est tout heureux de poursuivre cette vérité. Le digne philosophe, l'ami vénéré que nous venons de perdre ne s'est jamais douté, dans sa candide modestie, de l'empire qu'il exerçait autour de lui, par l'attrait de sa douceur et le respect de sa foi. L'empire, l'autorité, l'ascendant! les caractères violents, les âmes serviles en cherchent le principe dans la force qui contraint, qui insulte et qui écrase. Pour moi, dont le caractère n'est ni de fer ni de roc, j'ai toujours eu un superbe mépris pour la force orgueilleuse et insolente ; mais aussi, je l'avoue, j'ai peine à tenir devant la force de la douceur et de la bonté. Quand, pour continuer à suivre la voie que je croyais celle de la vérité, j'ai dû m'écarter des rangs où j'avais combattu sous le même drapeau que M. Damiron, mon grand souci, dirai-je mon trouble, a été celui-ci : que pensera notre cher philosophe? Et ici encore je ne craignais pas pour son estime, pour son amitié. Je savais que toute pensée sincère et sans nulle prétention personnelle, quelque hardie qu'elle lui parût, pourvu qu'elle fût toujours haute et sévère, sur de si difficiles problèmes, obtiendrait sinon l'assentiment, du moins le respect de cet esprit si dévoué à la recherche du vrai. Mais je prévoyais que ce sentiment serait mêlé d'un regret et, pour dire le mot, d'un véritable chagrin.

Je l'ai vu, je l'ai senti, ce sentiment dans les lettres animées, éloquentes, presque vives, mais toujours si affectueuses qu'il m'écrivait en réponse à l'envoi de mon livre sur la *métaphysique et la science*. Ce livre lui était tombé des nues au milieu d'une terrible épreuve. Il s'agissait de la vie de l'être qui lui était le plus cher au monde, de la vie d'une sœur dont je ne veux rien dire ici, sinon qu'elle fut digne de lui. Elle était au plus mal. Il ne quittait guère le chevet de son lit. C'est dans ces cruels moments qu'il prenait la plume pour défendre la foi de toute sa vie. « Plus j'avance dans votre livre, plus je tremble pour le dénoûment. Votre critique ressemble à ces chars armés de faux qui ne laissent rien debout sur leur passage. Que restera-t-il à notre philosophie, après cette guerre acharnée à tout ce que vous appelez les abstractions, les entités et les idoles de la vieille métaphysique? » Il lui restait, il le savait bien et m'en a toujours félicité, toutes ces grandes et immortelles vérités morales sur lesquelles il n'est pas permis à tout homme qui a une conscience d'hésiter, aujourd'hui moins que jamais. Je pouvais me séparer de mon cher maître, sur les hauts sommets de la métaphysique, concevoir autrement que lui le Monde et Dieu, la Nature et la Providence, la vie individuelle au sein de l'Être universel. Ce sont des points sur lesquels d'honnêtes gens peuvent ne pas tomber d'accord. Mais la nature, la fin et la loi de notre être, le bien, le beau, le devoir et le droit, la liberté et la dignité de la personne humaine; mais la morale tout entière, telle que l'ont enseignée et écrite partout et toujours les philosophes et les sages de la grande école à laquelle se rattachait M. Damiron, j'aurais perdu l'estime et le respect de moi-même le jour où j'eusse cessé d'y croire et de la professer en compagnie de cet ami vénéré.

Tout entier au culte de sa religion (il prenait ainsi la philosophie), M. Damiron s'est toujours tenu en dehors de la vie politique. Je veux dire par là qu'en pratiquant, avec courage au besoin, tous les devoirs qu'elle impose au citoyen, il a toujours refusé d'y prendre un rôle. Mais nul n'est resté plus fidèle à ses principes et à ses amis. Il était de cette génération libérale qui, née parmi les orages de la Révolution, avait grandi au milieu des pompes de l'Empire. Les souvenirs de l'une, les spectacles de l'autre, avaient inspiré aux hommes de son âge, avec quelques préjugés et quelques illusions, deux grands sentiments : le goût de l'ordre et l'amour de la liberté. Le despotisme, qui achève d'abaisser le commun des âmes, a cela de bon qu'il est singulièrement propre à relever, à exalter les âmes d'élite.

Je voudrais pouvoir dire en terminant : Voilà le sage que nous avons perdu. Mais tous ceux qui ont connu M. Damiron trouveront qu'il manque bien des traits à la faible esquisse que j'essaye de tracer. C'est bien ce qui m'a fait hésiter à prendre la plume sur un tel sujet. Je sens que je n'ai pas retrouvé notre ami tout entier. « Cher maître, que
» votre modestie ne s'offense pas de mon indiscrète témérité.
» La plume a pu faire défaut, non le cœur. Votre digne
» sœur, et l'ami de quarante ans qui seul pouvait parler de
» vous (**1**), si une douleur comme la sienne n'était pas

---

(1) M. Dubois, directeur du *Globe*, ancien conseiller de l'Université.

» muette, en lisant ces faibles lignes, me pardonneront
» tout ce qui manque à votre image, en faveur de ce qu'une
» main trop émue a pu y mettre de vrai. Votre mort si
» brusque n'a pas laissé à ceux qui vous ont le mieux connu
» et le plus aimé la liberté de vous dire l'éternel adieu. J'ai
» voulu suppléer à ce silence. »

Il est mort comme il a vécu, le livre à la main, la parole de vérité sur les lèvres, au sortir d'une séance de l'Institut, où il couronnait par une dernière étude sur Condillac la série de ses beaux mémoires sur toute la philosophie moderne. Mort bien douce pour lui, comme devait être celle d'un juste et d'un sage dont le cœur, riche de toutes les nobles et saintes affections, n'a pas connu une seule des passions qui dévorent ou empoisonnent la vie! Mort cruelle pour celles qui le perdent au plus vif de leur bonheur, au plus profond de leur sécurité! Mort bien triste pour une société d'amis dont il était le centre et le lien! Il n'eût pas voulu mourir si vite, nous le savons. Pourquoi? Y eut-il un sage plus prêt que lui à paraître à toute heure devant le grand Juge? Si sévère qu'elle fût, sa conscience ne pouvait manquer d'être en paix. Hélas! ce n'était pas sa conscience qui demandait du temps, c'était son cœur qui pressentait tout ce qu'une brusque séparation aurait de déchirant pour celles dont la vie semblait inséparable de la sienne!

E. VACHEROT.

AVANT-PROPOS.

Ce n'est pas le sujet qui fait l'unité de ce livre. Nous y traitons une série de questions psychologiques, ogiques, métaphysiques, morales, historiques dont la succession ne forme point un ordre systématique. C'est à propos de certaines publications qui intéressent la critique que nous avons repris les questions indiquées ou développées par les auteurs des livres cités, en leur donnant une solution tantôt conforme, tantôt contraire à celle des auteurs eux-mêmes; en sorte qu'envisagé à ce point de vue, ce livre ne saurait avoir d'autre titre que celui de *Mélanges*.

Mais l'unité d'un livre peut tenir à autre chose que le sujet. Si un même esprit anime les matières les plus diverses, si une seule méthode préside au développement et à la solution des questions de tout ordre, le livre prend un certain caractère d'unité, parce qu'on peut voir dans ses différentes parties, sinon les développements d'une même pensée, du moins les applications d'une même méthode. Telle est l'œuvre que nous offrons au public. Pour l'éclaircissement ou la solution des problèmes posés, nous avons écarté toute conception à priori, toute considération abstraite, toute hypothèse, en nous renfermant strictement dans les limites de la science pure, quel que soit l'objet de notre étude, matière, force, âme, esprit, sensation, idée, certitude, devoir, progrès. Notre but n'est pas de donner une solution nouvelle à tous ces problèmes, mais de montrer comment la solution en devient plus précise et plus solide, quand la science positive leur prête ses lumières. Nous ne prétendons pas que la science ait prise sur toutes les questions qui sont du domaine de la philosophie, de manière à les ramener à des problèmes purement scientifiques. L'esprit humain serait trop heureux qu'il en fût ainsi. Nous avons fait voir ailleurs que la métaphysique proprement dite ne peut se passer de certaines conceptions à priori (1); et dans ce livre encore, on pourra remarquer que certaines questions relatives à l'infinité du Monde,

---

(1) *La métaphysique positive.*

dans le temps et dans l'espace, se dérobent à la compétence des sciences positives. Mais s'il y a des questions qui s'y prêtent, n'est-ce pas une bonne fortune à saisir, dans un temps surtout où l'on ne croit guère qu'à la science, à ses procédés et à ses résultats?

Voilà la pensée de ce livre. Psychologie, logique, métaphysique, morale, tout y est traité par l'observation et par l'analyse. Avec une pareille méthode, on ne pénètre pas, nous le savons, tous les mystères de *l'ontologie;* mais on avance sûrement dans la solution des problèmes réservés à la connaissance humaine. Peut-être même, si l'on ne se payait plus de mots, trouverait-on que ces mystères tiennent plus aux termes qu'aux objets métaphysiques, et que les mots de *matière,* de *force,* d'*âme,* d'*esprit,* etc., etc., deviendraient clairs et intelligibles, du moment où l'on s'habituerait à n'y voir que la simple expression des propriétés et des lois de la réalité. Quoi qu'il en soit, la philosophie n'est pas de ces études spéciales auxquelles les autres sciences soient inutiles; elle comprend nombre de questions qui trouvent dans les sciences positives la matière même de leur solution, et elle en compte peu qui n'empruntent à ces sciences quelques-unes des données dont elle a besoin pour les résoudre.

L'application persévérante de cette méthode aux problèmes les plus divers de psychologie, de logique, de métaphysique, de morale et de philosophie historique, justifie, ce semble, le titre donné à la série d'analyses et de critiques que comprend ce livre.

Parmi les diverses parties dont il est composé, il en est de tout à fait neuves : ainsi la première, consacrée à la question des rapports de la philosophie et des sciences, et la deuxième, qui a pour objet la défense des études psychologiques contre l'école historique et l'école positive. Quelques pages publiées, il y a treize ans, sur un livre de M. Cournot (1), ne donnent aucune idée du travail d'analyse et de critique qui remplit plus du tiers du volume. La troisième et la quatrième partie se composent d'études qui ont déjà paru dans divers recueils, mais qui, pour l'analyse et la critique, n'avaient ni l'étendue ni la portée suffisantes pour un livre. C'étaient de simples articles de revues qu'il nous a fallu développer pour leur donner les proportions de véritables chapitres philosophiques. Nous espérons qu'avec les modifications et les accroissements qu'ils ont reçus, ils ne paraîtront pas trop au-dessous des justes exigences de la philosophie contemporaine.

E. Vacherot.

19 juillet 1864.

(1) *Essai sur les fondements des connaissances humaines.*

ESSAIS
DE
PHILOSOPHIE CRITIQUE

LIVRE PREMIER.

LA PHILOSOPHIE ET LES SCIENCES.

(*Essai sur les fondements de nos connaissances*, 2 vol., 1851. — *Traité de l'enchaînement des idées fondamentales*, 2 vol., 1861; par A. A. Cournot, ancien inspecteur général de l'instruction publique.)

Pour tout esprit qui s'intéresse à l'avenir des études philosophiques, il est manifeste qu'elles traversent en ce moment une crise redoutable. Depuis le début de ce siècle, la philosophie n'en avait pas connu d'aussi grave, d'aussi difficile, et qui mît à ce point son existence en péril. Les symptômes de cette crise éclatent à tous les yeux; et la lutte renaissante entre le matérialisme et le spiritualisme, dans les grands pays philosophiques de l'Europe, n'en est pas peut-être le plus menaçant, malgré le bruit qui se fait autour des adversaires, et les grands intérêts engagés dans le combat.

Il semblait que la mission de la philosophie du xix° siècle fût de terminer le débat entre les deux doctrines; que devant les larges méthodes, les profondes analyses, les grands principes de cette philosophie, soit en Allemagne, soit en France, les écoles rivales allaient abdiquer leurs prétentions exclusives ; que les deux doctrines enfin pouvaient être réduites à deux points de vue faciles à concilier et à fondre dans une synthèse supérieure. Tout pacifier, tout expliquer, tout accepter dans une certaine mesure était la devise et la constante aspiration des écoles nouvelles, en deçà comme au delà du Rhin. Si l'on conservait plus d'estime et de goût pour la philosophie des *idées* que pour la philosophie de la *sensation;* si Descartes, Malebranche, Leibnitz, paraissaient fort supérieurs à Locke et à Condillac, on n'en croyait pas moins à la nécessité d'une transformation de toutes les doctrines du passé dans le sein d'une philosophie plus compréhensive, et l'on n'exceptait pas de cette nécessité le spiritualisme de Platon et de Descartes.

Cette illusion de paix définitive et perpétuelle a disparu avec les grandes écoles qui, en Allemagne et en France, en avaient fait leur drapeau. La lutte reprend partout, disons mieux, la guerre, avec une force, une ardeur, une passion que nous ne regretterions pas trop, malgré les malentendus qui recommencent, si la philosophie seule se déployait dans ce débat. Car toute passion est un signe de vie ; et quand nous voyons la lutte s'animer, les adversaires s'enflammer, le public qui fait cercle s'intéresser et s'émouvoir, nous ne craignons plus le mortel ennemi de la philosophie, l'indifférence. Seulement, nous voudrions que la philosophie se suffît à elle-même, dans ce grand conflit, et qu'elle n'acceptât d'auxiliaires d'aucune espèce ni d'aucun côté, quelque grands et légitimes que puissent être d'ailleurs, au point de vue social, les intérêts représentés par les hautes puissances qui tendent à intervenir dans le débat.

Quoi qu'il en soit, voici la situation des deux partis. D'un côté, le matérialisme reparaît sur la scène, après le discrédit des grands systèmes de l'idéalisme allemand, et malgré les habiles méthodes de l'éclectisme français; il n'a changé ni de principe, ni de méthode; il s'est si peu transformé au contact de la nouvelle philosophie, qu'on le prendrait volontiers pour une reproduction des idées d'Holbach et de Diderot, si l'appel aux faits révélés par le progrès des sciences positives n'en venait manifester l'origine tout à fait contemporaine. Telle est la seule originalité de ce nouveau matérialisme. C'est toujours cette philosophie de l'imagination qui se croit en pleine lumière, quand elle s'est établie dans une pure représentation sensible, et qui continue à expliquer l'être complexe par l'être simple, la vie par la force, l'âme et l'esprit par la vie, parce que l'être complexe a pour base l'être simple; et que la vie organique repose sur la force purement physique ou chimique, de même que la sensibilité et l'intelligence ont pour base la vie organique elle-même. Ce matérialisme n'a pas précisément la science positive pour lui, mais il prétend l'avoir; et comme il n'invoque qu'elle, il passe, aux yeux du vulgaire, pour la vraie philosophie du monde savant.

D'un autre côté, se présente un spiritualisme aussi peu nouveau que le matérialisme dont nous venons de parler, continuant à invoquer les grandes autorités de l'histoire, le sens commun, le salut des âmes et des sociétés, comprenant toutefois que la grande autorité de ce temps-ci est celle des sciences positives, et cherchant habilement à la mettre de son côté, mais n'osant pas se confier entièrement à ses fécondes révélations, et conservant trop religieusement toute une tradition d'idées et d'arguments vieillis qui ne peuvent que nuire à sa thèse, parce qu'ils ne sont plus en harmonie avec les notions nouvelles de la science sur les propriétés de la matière. Toujours fort et victorieux contre les conclusions grossières de ses adversaires, le spiritualisme ne réussit pas également à faire comprendre son principe, et à le concilier avec les faits de l'histoire naturelle. Toutes les intelligences élevées, toutes les âmes d'élite sont pour ce principe, sans lequel la volonté, la liberté, la conscience, la vie morale enfin devient inexplicable. Mais si les savants proprement dits ne sont pas tous pour le principe contraire, grâce à Dieu; il serait difficile de nier que l'hypothèse matérialiste, plus simple, plus claire en apparence, plus à la portée des esprits dont l'imagination est la faculté dominante, ne gagne du terrain dans ce monde plutôt industriel que savant, pour lequel tout ce qui ne se voit ou ne se touche pas est pure abstraction.

Certes, on ne nous fera pas l'injure de nous croire du nombre de ceux qui assistent à cet intéressant débat en curieux indifférents, et simplement pour compter les coups, noter les bons mots et les traits heureux, admirer les mouvements de véritable éloquence, ou les passes habiles d'une dialectique consommée. Nous prenons nettement parti pour le spiritualisme contre le matérialisme. Si les sciences de la Nature nous charment et nous subjuguent par leur solidité, leur exactitude, leurs merveilleux effets sur la civilisation générale, elles ne nous font pas oublier les sciences et les vérités de l'esprit qui sont la substance la plus pure, le *sel* conservateur de cette civilisation. Nous ne croyons pas que le matérialisme tienne plus devant la science de notre temps que devant la conscience du siècle ; nous voulons donc le triomphe définitif du spiritualisme. Mais nous le voulons par d'autres méthodes et avec les transformations que réclame le progrès des sciences. Nous le voulons surtout, sans qu'il soit fait appel à d'autres considérations que les raisons tirées de l'observation et de l'analyse scientifique. Les plus nobles, les plus respectables auxiliaires ont leur inconvénient, nous dirons même leur danger, du moment qu'on va les chercher en dehors de la science elle-même. Ainsi nous comprenons bien qu'au point de vue social, des puissances d'un ordre différent, comme la morale et la religion, unissent leurs efforts pour combattre tel ou tel ennemi commun, tantôt le matérialisme instinctif des masses, tantôt l'industrialisme d'une époque, tantôt l'immoralité générale d'une société en décadence. Mais cette alliance, que le moraliste peut désirer, que le politique doit rechercher, devient impossible dans une œuvre philosophique, si le philosophe tient à conserver toute son indépendance. Il en est, sous ce rapport, de la religion comme de la politique. Ces deux institutions ont un but éminemment social, tandis que la philosophie a pour but immédiat, sinon unique, la recherche de la vérité, en dehors de toutes considérations politiques, religieuses et même morales. La science pour la science, la vérité pour la vérité, telle doit être sa devise, dans la question du matérialisme et du spiritualisme, comme dans toutes les autres.

Pour dire toute notre pensée, en ce moment la querelle du matérialisme et du spiritualisme, malgré le profond intérêt moral qui s'y attache, n'est pas encore ce qui nous touche le plus. Nous trouvons la situation plus grave pour la philosophie, en ce que ce n'est pas seulement telle de ses grandes doctrines qui est en péril, mais sa propre existence. Pendant que les écoles philosophiques s'attaquent avec plus ou moins de justice et de mesure, il y a une école de savants qui les regarde, les juge, et se propose de les congédier dos à dos. L'école positive, c'est son nom, ne veut plus entendre parler des questions qui ont donné lieu aux doctrines et aux débats nés de la contradiction des doctrines. *Matière, force, vie, âme, esprit, cause, substance, Infini, Universel, Dieu*, sont des mots qu'elle se résigne à conserver dans le dictionnaire de la langue usuelle, mais à condition qu'on renoncera à la recherche de leur objet. Comme elle ramène avec Bacon, son premier père, toute la science et toute la philosophie à la connaissance des faits, des lois et des rapports, pour elle, toutes les questions proprement métaphysiques sur les principes des choses, ou sont sans objet réel, ou ont un objet qui dépasse la portée de la science. Elle tend donc à supprimer tout à la fois les débats, les doctrines, les questions, et la science elle-même qui agite les unes et engendre les autres, c'est-à-dire la métaphysique. Si elle conserve la philosophie, c'est à la condition d'en faire simplement le système des rapports qui unissent toutes les sciences spéciales entre elles.

Cette école a de nombreux adeptes en France, en Allemagne, en Angleterre surtout, dans tous les grands foyers de la science moderne; elle fait de rapides progrès dans le monde savant; elle compte parmi ses disciples des hommes comme MM. Comte, Littré et Stuart Mill. Mais ce ne sont ni ces noms ni ces progrès qui nous inquiètent le plus pour l'avenir de la métaphysique, quelles que soient la vigueur de leur esprit et l'étendue de leurs connaissances. L'école positive est surtout redoutable parce qu'elle répond tout à la fois à un instinct général et permanent de l'esprit humain, et à une disposition particulière et actuelle de l'esprit contemporain. Le véritable père du positivisme, ce n'est pas Auguste Comte, ce n'est même pas Bacon; c'est plutôt l'empirisme, dont le génie anglais est le type le plus vigoureux, et dont le *novum organum* est le code le plus complet; c'est l'empirisme, dans le sens le plus large et le plus élevé du mot, c'est-à-dire la méthode et la doctrine qui entend tirer toute la science humaine et la philosophie elle-même de l'expérience, et qui retranche du domaine de la connaissance positive tout objet qui n'est pas un fait, une loi, un rapport. Or, comme c'est avec cette méthode, enseignée avec tant de grandeur et d'éloquence par Bacon, appliquée avec tant de génie et de succès par Newton, que les sciences de la Nature ont fait la conquête de l'esprit moderne, et sont en train de faire celle du Monde; on s'explique la puissance et la popularité de l'école qui est venue, de nos jours, en proposer la formule la plus absolue et la plus précise. Au fond, l'école positive doit sa force surtout à l'esprit positif du siècle, à cet esprit qui ne croit qu'aux méthodes, aux démonstrations, aux conclusions *scientifiques*.

Quand nous disons que notre siècle n'a foi qu'en la science, nous n'entendons pas le faire plus sage qu'il n'est réellement. On a beau être l'esprit du xix° siècle; on est toujours l'esprit humain. Toutes les synthèses de la spéculation, toutes les folies de l'imagination se retrouvent dans le tableau des œuvres intellectuelles de ce siècle. En fait de merveilles de la pensée, on y voit les grands systèmes de l'Allemagne idéaliste, et les belles doctrines de la France spiritualiste. En fait d'illusions et de superstitions, rien n'y manque non plus, pas même ce mysticisme grossier des *tables tournantes* et des *esprits frappeurs*, qui paraît avoir remplacé chez un assez grand nombre d'imaginations contemporaines la foi de nos pères au surnaturel. Mais si l'esprit du siècle a plus d'estime pour les choses qui sont au-dessus de la science positive que pour celles qui sont au-dessous, il faut avouer qu'il n'a guère plus de goût et de confiance pour les unes que pour les autres. D'abord tout ce qui est objet de pure spéculation n'éveille en lui qu'une médiocre curiosité; il ne consent à entendre parler de matière, d'âme, d'esprit, de Dieu, qu'autant qu'on lui démontre l'importance morale et sociale de ces problèmes. C'est par le côté pratique seulement qu'ils le touchent et l'attachent. Or, un pareil intérêt n'a rien de philosophique.

Il y a pourtant un autre point par lequel l'esprit du siècle s'y sentirait attiré; c'est le côté scientifique. Si l'esprit du siècle a plus d'affinité avec la philosophie positive qu'avec toute autre, il ne faut pas croire qu'il en soit le complice aveugle, dans la guerre ouverte déclarée par cette école à tout ce qui ressemble à de la métaphysique. Il n'est ni aussi étroit, ni aussi systématique à cet égard; il a plutôt une défiance instinctive qu'un parti pris à l'endroit des questions de ce genre. Il y a plus : quand on les lui présente sous un jour scientifique, on voit qu'il s'y intéresse et s'y attache ; mais il est évident que c'est la condition de toute confiance et de toute foi en ces sortes de doctrines. Donc, la seule manière de ramener l'esprit du siècle au goût et à l'étude sérieuse de la métaphysique, est de les traiter par la méthode des sciences positives, et de les éclairer de leur lumière. Autrement, ni la politique, ni la morale, ni l'éloquence, ni le génie, ni l'autorité de l'histoire ne la sauveront des attaques de l'empirisme, ainsi que de l'indifférence du monde savant.

Mais, dira-t-on, est-ce que la métaphysique peut être traitée scientifiquement ? Est-ce que la nature des problèmes qu'elle comprend, et le nom même qu'elle porte, ne protestent pas contre une pareille prétention ? La métaphysique et la philosophie ayant eu de tout temps l'ambition de pénétrer l'essence et le fond des choses, et de s'élever aux premiers principes d'où les choses dérivent, il semble que la science positive n'ait rien à voir dans de pareilles spéculations, soit que de tels objets se trouvent réellement hors de la portée de l'esprit humain, soit que l'esprit humain puisse les atteindre par des procédés d'un autre ordre que les méthodes positives.

Nous ne savons pas ce qu'on entend par l'*essence* et le *fond* des choses, si cela ne signifie pas tout simplement certaines propriétés essentielles et permanentes des choses, dont les caractères, les lois et les rapports subsistent indépendamment des conditions de perception ou de représentation sensible. En ce sens, les sciences positives, aussi bien que la philosophie et la métaphysique, ont pour objet le fond et l'essence même des choses. C'est précisément ce qui distingue l'apparence de la réalité, et l'*image* de l'*idée*. La science peut se faire à l'aide d'images ; mais elle ne se compose que d'idées, c'est-à-dire de notions qui ont une véritable réalité objective. Le mot *ontologie* n'a pas d'autre sens, à notre avis. Donc, toute science véritable a un caractère ontologique, et nous pourrions dire que le savant fait de l'ontologie sans le savoir, comme M. Jourdain faisait de la prose. Sauf les mathématiques, qui ont pour objet des abstractions, toutes les sciences traitent de la réalité, et la métaphysique ne fait point exception sous ce rapport. Toute la différence entre elles est dans le degré de généralité, de profondeur, de grandeur, de précision de leur objet. Il est certain que les objets métaphysiques proprement dits, comme la substance, la cause, la matière, la vie, l'âme, l'esprit, sont des réalités plus difficiles à définir que les objets *scientifiques*, en raison de leur complexité, ou de leur abstraction, ou de leur étendue. Mais enfin ce sont des réalités, c'est-à-dire des choses qui ne peuvent être connues que par l'observation et l'analyse des propriétés qui en révèlent l'existence. Donc, ou la métaphysique est un pur jeu de dialectique, un tissu d'abstractions sans substance ; ou elle est une vue supérieure de la réalité fondée sur les résultats de l'observation et de l'expérience. Que l'abstraction, l'analyse des idées, la définition, et en général les procédés logiques aient une plus grande part que les méthodes expérimentales et descriptives dans le développement des questions métaphysiques, cela est incontestable et s'explique par la nature abstraite et générale des objets auxquels elles se rapportent. Mais, de même que les plus hauts problèmes de la géométrie et de l'astronomie, elles trouvent leurs données élémentaires dans l'observation des faits. Le métaphysicien a beau s'élever sur les ailes de l'abstraction; si sa tête se perd dans le ciel, ses pieds ont touché à la réalité.

Et quand nous parlons de la métaphysique et de ses rapports avec la science positive, nous ne la confondons point avec cette science générale qui n'a pas de matière propre, et qui, sous le nom de philosophie, ne peut être considérée que comme une sorte de synthèse, dont la science proprement dite serait l'analyse. Il est trop clair qu'une pareille spéculation de l'esprit, consistant à saisir les rapports les plus étendus et les plus complexes des choses, et à s'élever, par l'intuition de ces rapports, à la plus haute unité possible, dans l'ordre de faits et de réalités auquel elle se rapporte, n'est possible qu'en prenant la science positive elle-même pour base et pour point de départ. L'école d'Auguste Comte, qui ne veut pas entendre parler de métaphysique, aime, estime et cultive ce genre de philosophie; c'est même par là qu'elle s'est fait une place à part dans le monde savant. La philosophie des sciences n'est pas la métaphysique; elle a son existence propre, et sa destinée qui n'est point inséparable de celle de la métaphysique; en sorte que celle-ci pourrait disparaître du domaine des sciences humaines, sans que celle-là fût menacée d'en sortir.

Et telle serait, en effet, la destinée de la métaphysique, s'il était vrai, comme le prétend l'école positive, qu'elle n'a rien de commun avec la science. S'il est une vérité acceptée aujourd'hui par les philosophes, aussi bien que par les savants, c'est qu'il n'y a pas de connaissance à priori de la réalité. Qu'il s'agisse des corps ou des esprits, des individus ou des universaux, on ne peut en savoir que ce que l'observation ou l'expérience nous en apprennent; et le travail d'abstraction et d'analyse qu'exigent les objets les plus généraux, les plus élevés, les plus métaphysiques de la science humaine, repose sur la même base que le travail de pure observation et de simple description que demande l'étude de la réalité la plus humble et la plus grossière. La seule réserve à faire à ce principe s'applique, non à la *connaissance* proprement dite, mais à la *conception* de certains objets métaphysiques, tels que l'*infini*, l'*universel*, l'*absolu*, dans les diverses catégories de l'être. Ici il est évident que les révélations de la science positive ne suffisent plus, et que l'esprit ne peut s'élever plus haut, dans la carrière ouverte à sa pensée, qu'en s'aidant de certains principes à priori, dont la nécessité logique n'est pas contestable. Que ces principes dits rationnels soient l'œuvre de l'abstraction et de l'analyse, comme il ne semble pas déraisonnable de le croire, ou qu'ils soient le fruit propre d'une faculté supérieure et originale de l'esprit, comme le pensent la plupart des métaphysiciens, c'est une question à décider. Toujours est-il que le caractère à priori de ces principes, ainsi que des conceptions qui en dérivent, est hors de doute, quelle qu'en soit l'origine. Si donc la métaphysique se réduisait à ce petit nombre d'axiomes et de principes qui en constituent la partie supérieure et vraiment transcendante, on ne voit pas quel rapport elle pourrait avoir avec les sciences positives, ni surtout comment elle en aurait besoin pour ses conceptions et ses déductions. Nous pensons que c'est là le véritable élément métaphysique de la connaissance humaine, parce que c'est le seul qui soit vraiment à priori, et qu'il se compose de conceptions proprement dites qui ont pour objet, non pas telle réalité déterminée, mais la Réalité universelle, dans toutes les catégories de la pensée (1). Mais tout ce que l'on comprend généralement sous ce mot un peu vague, en dehors de ces quelques conceptions, comme les idées de *matière*, de *force*, de *substance*, de *cause*, de *vie*, d'*âme*, d'*esprit*, rentre dans le domaine de l'expérience et de la science proprement dite. Ces questions-là nous paraissent de nature à être traitées scientifiquement, parce qu'elles ont pour objet, non des principes à priori, mais des réalités qu'il s'agit surtout d'analyser et de définir, et sur lesquelles la science positive peut et doit être interrogée.

Cette méthode, du reste, n'a pas le mérite de la nouveauté. L'histoire de la philosophie nous enseigne qu'elle est aussi ancienne que la métaphysique elle-même. De tout temps la métaphysique a emprunté à la science, et parti-

(1) C'est la thèse qui a été déjà développée dans le livre de la *Métaphysique et de la science*. Voyez surtout les entretiens sur l'analyse et la critique de l'intelligence, chapitres de la *raison*.

culièrement aux sciences de la Nature, les éléments de ses systèmes et de ses doctrines. Seulement, tant que ces sciences elles-mêmes ont été livrées à la spéculation pure, à l'hypothèse, à la méthode des analogies douteuses ou superficielles, elles ne pouvaient fournir que des données fausses, vagues ou incomplètes pour la solution des questions métaphysiques. D'ailleurs, à vrai dire, au lieu de recevoir ses premiers enseignements des sciences positives, c'était la métaphysique qui leur imposait ses conceptions et ses principes à priori. Toutes les sciences subirent d'abord cette domination, depuis les premiers essais de physique, de cosmologie et d'histoire naturelle des écoles antésocratiques, jusqu'aux grands systèmes de philosophie naturelle qui ont paru aux xvi° et xvii° siècles. C'est à tel point que les sciences de la Nature n'ont été véritablement constituées comme sciences, et n'ont commencé cette série de progrès qui fait la gloire de l'esprit moderne, qu'à partir du jour où elles ont été entièrement émancipées de la tutelle de la métaphysique, où elles ont eu leur but, leur objet et leur méthode propres. Cette séparation des sciences positives et de la métaphysique enseignée par Bacon, pratiquée par tous les savants, à partir du xviii° siècle, consacrée par les succès croissants des recherches scientifiques, était la condition de l'existence même et des progrès de la science positive.

Que les sciences donc poursuivent leur œuvre, avec les méthodes et les principes qui leur sont propres, sans s'inquiéter de l'avenir de la métaphysique, rien de plus simple et de plus nécessaire. Mais les métaphysiciens auraient grand tort de faire comme les savants. Si les sciences positives peuvent se passer de la métaphysique, celle-ci a besoin absolument des sciences positives; c'est une vérité qui a été reconnue et pratiquée de tout temps par les grands esprits qui ont essayé d'embrasser dans leurs systèmes l'explication universelle des choses. Sans parler des écoles antésocratiques qui ont si bien mêlé et confondu les questions naturelles et les questions métaphysiques, qu'on ne sait parfois si leurs doctrines n'appartiennent pas plutôt à l'histoire des sciences qu'à celle de la philosophie, Platon n'a-t-il pas fondé sa philosophie de la Nature, et en particulier sa théorie des corps et de la matière, sur des conceptions mathématiques empruntées à l'école pythagoricienne? D'où viennent la théorie des quatre principes et la grande formule de l'acte et de la puissance qui résument toute la métaphysique d'Aristote, sinon de l'expérience et de l'observation comparée? Il n'y a pas, par parenthèse, de système dans l'antiquité et dans les temps modernes, où la spéculation soit plus en rapport avec l'expérience, où les formules correspondent mieux aux faits, où les sciences expérimentales et descriptives, comme l'histoire naturelle, la psychologie, la morale, la politique, l'esthétique, se relient plus intimement à cette philosophie première à laquelle on a donné le nom de métaphysique depuis Aristote, et à l'occasion du classement de ses divers traités. La preuve manifeste de l'étroite dépendance qui existe entre les parties expérimentales et la partie spéculative de la philosophie péripatéticienne, c'est la facilité avec laquelle les faits et les réalités trouvent leur explication dans les principes et les formules, et réciproquement les principes et les formules trouvent leur application dans les faits et les réalités. La parfaite unité de cette doctrine, l'étroit enchaînement de toutes ses parties, prouvent que le système est composé de pièces homogènes, qu'une même pensée, un même esprit, le remplit tout entier, et que le Principe qui le couronne n'est qu'une suprême généralisation de l'expérience. Pour qui ne se laisse point tromper par l'appareil abstrait et scolastique dont s'enveloppe la pensée intime de ce grand philosophe, s'il est une métaphysique *positive*, dans le vrai sens du mot, c'est la sienne. Quand Aristote veut définir ce qu'il faut entendre par la matière, la forme ou l'essence, la vie, l'âme, l'esprit, le bien, le parfait, il ne s'égare point dans des spéculations abstraites; il procède toujours par observation, et prend des exemples dans la réalité la plus simple et la mieux connue. En lisant le XIIe livre de la *Métaphysique*, consacré surtout à la théologie, on admire comment ce grand et profond esprit s'élève jusqu'au sommet de la Nature sans perdre terre, et retrouve le type de la divine perfection dans la conscience humaine.

Il y a deux écoles qui ont, de tout temps, méconnu cette salutaire alliance de la métaphysique et des sciences; mais elles ne l'ont jamais méconnue impunément. Nous voulons parler des mystiques et des scolastiques. L'école d'Alexandrie, bien qu'elle possédât toute la science de son temps, en a fait trop peu usage dans ses spéculations métaphysiques; elle a mieux aimé demander ses notions sur Dieu, sur l'esprit, sur l'âme, sur la matière, sur l'être en général, soit à des abstractions logiques, soit à de vagues et ténébreuses méditations intérieures. A-t-elle réellement élevé l'horizon de la pensée métaphysique ? A-t-elle seulement atteint l'objet de ses mystiques aspirations ? Il faut bien convenir que tout ce qu'elle nous a laissé de plus net, de plus précis, de plus profond sur ces divers problèmes, n'est qu'un commentaire des doctrines de Platon et d'Aristote. Le seul principe qui lui semble propre, et par lequel elle puisse se croire supérieure à ses devanciers, c'est l'Unité de la vie universelle. Or, faute d'avoir cherché dans la science la démonstration et la définition de cette Unité, cette école en a fait quelque chose d'inintelligible et de vide, qui ne répond ni à un sentiment de l'âme, ni à une vue supérieure de l'esprit.

Quant à l'école scolastique qui a surtout fleuri au moyen âge, bien qu'elle soit de tous les temps, on peut dire que ce n'est ni l'ardente recherche de la vérité, ni l'effort persévérant, ni la force d'abstraction et la subtilité d'analyse, ni même le génie de la pensée qui lui ont manqué pour la solution des problèmes métaphysiques. Plotin, Proclus, Albert le Grand, saint Thomas, Duns Scott ont fait, en ce genre, des prodiges que la philosophie moderne est plus tentée d'admirer que d'imiter. Et en effet, tout cela a plutôt fait reculer qu'avancer la métaphysique, en la faisant sortir des voies fécondes et vraiment scientifiques où Aristote l'avait engagée, et en l'enfonçant de plus en plus dans les distinctions verbales et les analyses purement logiques.

On ne fera point un pareil reproche à la métaphysique de Descartes, de Malebranche, de Spinosa, de Leibnitz. Outre que deux de ces philosophes sont des inventeurs de premier ordre dans les sciences mathématiques, et que les autres sont fort versés dans ces matières, il est impossible de ne pas reconnaître la trace des sciences exactes et positives dans leur philosophie de la Nature. Descartes et Spinosa empruntent évidemment à la géométrie et à la mécanique leur définition de la matière, ainsi que leurs idées générales sur la cosmologie et la biologie. Si leurs idées sont fausses sur la matière, sur la vie, sur l'âme, sur la nature et les rapports des substances corporelle et spirituelle, cela tient à leur manière toute géométrique et toute mécanique de comprendre, soit le monde de la matière, soit le monde de la vie. S'ils ont erré, ce n'est point pour avoir voulu construire la métaphysique à priori; c'est pour avoir essayé de la construire avec des éléments scientifiques qui n'étaient pas les plus propres à ce genre de construction. Comme eux, Leibnitz s'est servi de la science positive; mais plus heureux qu'eux, parce qu'il comprend mieux les propriétés et les lois de la Nature, et surtout de la Nature vivante, il fonde sa notion de la substance matérielle et de la substance en général sur l'expérience physique et psychologique. Et si l'on veut se rappeler les idées principales de cette belle doctrine, on trouvera qu'elles répondent toutes à quelque grand fait, ou à quelque grande loi de l'expérience; ni l'harmonie préalable, ni l'emboîtement des germes, ni les monades, ni l'optimisme, ni la loi du progrès qui en semble dériver ne peuvent être considérées comme des conceptions à priori, sans rapport avec les données de la science positive.

La philosophie du xviiie siècle n'a ni compris ni goûté

la grande métaphysique. Ou bien, comme l'école de la sensation, elle s'est bornée au matérialisme de Diderot et de d'Holbach; ou, comme l'école de Rousseau, elle a protesté contre cette doctrine par un spiritualisme plus éloquent que savant, dont la profession de foi du vicaire savoyard est la plus haute expression. Dans le premier ordre d'idées, la métaphysique a cherché des arguments et des explications dans les sciences de la Nature; mais elle n'a guère su qu'y choisir les faits qui semblaient se prêter à son hypothèse simple et grossière, sans s'inquiéter de savoir si une science plus forte et plus profonde ne l'eût point conduite à un tout autre point de vue. Diderot est peut-être le seul qui, sur les traces de Leibnitz, ait aperçu toute la portée des révélations de la science positive, dans certaines questions métaphysiques, telles que la matière, la force et la vie. Dans le second ordre d'idées, la métaphysique s'en est à peu près tenue aux idées de Platon et de Descartes sur la matière. C'est ainsi que Rousseau insiste avec beaucoup de force sur l'incapacité radicale de la matière à se mouvoir, pour établir sur ce principe faux la nécessité d'un premier moteur. L'intention était excellente, et la cause qu'on voulait servir était belle; mais la thèse du spiritualisme s'appuyait sur une fausse notion des forces de la Nature.

Au début du xixe siècle, reparaît la grande métaphysique, avec la prétention de se renouveler et de se transformer par la science positive, telle que l'avait faite les immenses progrès de deux siècles précédents. Et, en effet, il n'est pas une science de l'ordre physique, ou de l'ordre moral, qui n'éclaire de sa lumière propre telle ou telle partie de ces vastes systèmes. Pour Schelling, et surtout pour Hegel, comme pour Aristote, le connexion est telle entre la métaphysique et la science positive, qu'il est impossible de les séparer sans priver l'une de sa substance, et l'autre de sa lumière. Idéalisme abstrait dégénérant en vaine scolastique ; empirisme aveugle dégénérant en matérialisme grossier : telle est l'alternative à laquelle ce divorce condamne l'esprit humain. La philosophie française n'était pas moins convaincue de cette vérité que la philosophie allemande, dans les premières années de ce siècle. Appuyer la métaphysique sur les sciences de la Nature et de l'esprit ; expliquer les principes de ces sciences par les conceptions de la métaphysique : c'est là la double tâche que s'est proposée tout d'abord la philosophie nouvelle. Religions, littératures, arts, mœurs, sciences, législations, institutions, tout était devenu une application de la métaphysique, laquelle, de son côté, cherchait dans toutes les branches de l'activité humaine la démonstration de ses principes. Cette synthèse des idées et des faits, de la métaphysique et des sciences, est tellement générale au début de ce siècle, soit en Allemagne, soit en France, qu'elle pourrait être prise pour la formule caractéristique de l'esprit contemporain, si cet esprit ne semblait pas en ce moment abandonner la haute sphère des idées pour se tenir dans la région des réalités. Il fut un temps où l'on ne parlait que de philosophie appliquée à tel ou tel ordre de connaissances positives : c'était la philosophie de l'histoire, la philosophie du droit, la philosophie du beau, la philosophie des religions, la philosophie des systèmes, la philosophie des institutions sociales et politiques. Et il suffit de lire Schelling, Hegel, ou M. Cousin pour s'assurer que cette philosophie n'est point une simple généralisation de l'expérience, mais qu'elle a une portée toute métaphysique. Elle a l'ambition de ramener à des formules à priori les faits et les théories de la science positive. Cela est surtout manifeste dans l'école hégélienne où l'usage des formules logiques dégénère parfois en étranges abus. Et ici ce ne sont pas seulement les sciences de la Nature qui prêtent leur matière et leurs théories à la métaphysique; les sciences morales contribuent également à ses constructions. Sciences mathématiques, sciences astronomiques, sciences physiques et naturelles, sciences psychologiques, sciences esthétiques, sciences sociales, sciences historiques, tout a concouru à cette grande encyclopédie métaphysique par laquelle a débuté la philosophie du xixe siècle (1).

Il est vrai que ce travail supérieur de la pensée s'est arrêté en Allemagne, en France, et partout où il s'était produit. La science positive, après avoir donné la main à la métaphysique, a fini par croire qu'elle était en compagnie plus noble que sage. De son côté, la métaphysique semble avoir eu peur, en France surtout, des habitudes un peu barbares et des allures parfois matérialistes de la science.

(1) Parmi les philosophes qui, après les Allemands, ont le plus poussé la métaphysique dans les voies de la science positive, il faut compter Pierre Leroux et Jean Reynaud, ce dernier surtout qui, dans son remarquable livre de *Ciel et terre,* a mis au service des idées métaphysiques et théologiques une profonde instruction scientifique.

Savants et philosophes, chacun s'est donc retiré chez soi, peu disposé à renouer une alliance qui avait été encore plus féconde en vues hardies qu'en vérités solides. Que la science proprement dite prenne ce parti, elle le peut sans rien perdre de sa valeur propre, et sans cesser de faire l'œuvre qui lui appartient. Elle continuera à instruire, à étonner le monde de ses grandes découvertes, en même temps qu'elle le servira par ses merveilleuses applications. Ce qui nous inquiète, c'est la destinée de la métaphysique, à cet état d'isolement qu'elle semble avoir accepté, en France du moins, comme la condition d'une vie sage et régulière. Que va-t-elle devenir? et surtout que fera-t-elle, sans l'assistance de la science positive? Vivra-t-elle, si elle ne fait autre chose que creuser quelques idées abstraites sur l'infini, l'universel, l'absolu, la cause, la substance, la matière, comme l'ont fait, au moyen âge, les écoles scolastiques? Évidemment la philosophie du XIXe siècle attend de la métaphysique quelque chose de plus.

On nous dira que la métaphysique fait preuve, non-seulement de sagesse, mais encore de véritable fécondité, en restant chez elle, et en faisant, elle aussi, son œuvre propre; qu'elle a moins gagné que perdu à courir jusqu'ici les aventures, dans le grand voyage qu'elle a entrepris, à travers le Monde, de compagnie avec les sciences de la matière; qu'en se renfermant dans le domaine de la conscience et de l'esprit pur, elle peut se recueillir et concentrer ses efforts sur les plus hautes et les plus précieuses vérités que l'esprit humain soit appelé à connaître; qu'après tout, sa grande mission étant d'établir les principes des sciences morales, elle ne saurait mieux faire que de se borner à l'accomplissement de cette tâche, en se refusant des excursions dans le monde physique qui peuvent plaire à l'intelligence, sans intéresser véritablement l'âme humaine. — Tout cela serait vrai, s'il s'agissait de la psychologie, et non de la métaphysique proprement dite. La première de ces sciences, en effet, n'a nullement besoin du concours des sciences de la Nature, sauf dans la délicate et obscure question des rapports du physique et du moral. Ce n'est pas dans le grand livre de la Nature que la philosophie peut apprendre à l'homme ce qu'il est, ce qu'il vaut, ce qu'il doit; c'est dans ce petit livre de la conscience, toujours ouvert, mais plein de mystères pour les esprits distraits et non réfléchis qui forment la presque totalité de l'espèce humaine. Ici la méditation intérieure et solitaire est seule féconde, seule instructive, seule propre à fournir à la philosophie morale les éléments de la science de l'homme, de la science des mœurs, de la science du droit, de la science du beau, de toute science qui a l'homme pour objet ou pour but.

Mais tout autre chose est la métaphysique, science essentiellement générale, dont les problèmes ne peuvent être résolus qu'à l'aide de la science universelle. On comprend jusqu'à un certain point que Dieu lui-même puisse être cherché dans la conscience. Les mystiques l'ont fait, et non sans succès. Mais la Nature, mais la vie universelle n'a pas son type dans ce petit monde-là; ses lois ne sont point les lois de la nature morale. La philosophie de la Nature a besoin de tout autres révélations que celles de la psychologie. En un mot, la Nature et la conscience sont deux livres d'un ordre tout différent. Ceci explique comment la psychologie est loin de suffire à la métaphysique, comme donnée première. Si l'on supprime à la métaphysique les données de la science positive, il ne lui reste pour matière qu'un petit nombre d'axiomes et de conceptions à priori dont l'analyse logique et la définition ont assurément leur prix, mais ne suffisent pas à constituer un système de connaissances proprement dites. Ce sont des principes abstraits d'une vérité logique d'autant plus certaine qu'elle est nécessaire, mais des principes sans rapport avec les réalités dont ils sont le fondement. Qu'est-ce que l'infini, l'universel, l'absolu, l'être en soi pour la raison pure et la logique, sinon des objets de *conception*, qui ne peuvent devenir des objets de *connaissance* que par les révélations de la science positive. Voyez ce que celle-ci en a fait. L'idée de l'infini est presque aussi vieille que l'intelligence humaine elle-même. Mais quelle magnifique et saisissante image en donnent les plus récentes découvertes de l'astronomie ! L'idée de l'Être universel n'est guère moins ancienne, puisqu'on la retrouve au fond des religions du haut Orient, sous les formes les plus confuses et les plus bizarres, il est vrai. Mais qui n'a la claire *vision* de cette unité de la vie cosmique, quand la science moderne nous fait voir comment tout fait système dans l'Univers où plongent ses regards, le monde stellaire tout entier, aussi bien que le monde solaire, aussi bien que le monde terrestre? L'idée de la substance, persistant à travers la mobilité et la diversité de ses modes, est une conception qui n'est pas neuve non plus, dans l'histoire de l'esprit humain. Mais combien elle est devenue moins abstraite, et plus facile à saisir, du moment que la chimie nous a livré le secret des transformations si merveilleuses de la matière! L'infini en petitesse n'avait pas plus échappé que l'infini en grandeur au génie de la spéculation métaphysique : on en retrouve l'idée, en ce qui concerne la composition des corps, dans la philosophie atomistique qui date de Leucippe et de Démocrite ; on en retrouve également le soupçon, en ce qui concerne l'organisation des êtres vivants, dans certaines doctrines du xvi{^{e}} siècle, notamment de Bruno. Mais l'observation microscopique a montré, dans le plus vif détail, ce qu'avait deviné vaguement une métaphysique qui n'avait à son service que quelques rares et faibles indications de l'expérience. Et si, continuant cette revue, nous prenions la question de la matière, et que nous en suivissions l'histoire, à travers les progrès des sciences de la Nature, il nous serait facile de faire voir comment et pourquoi la notion de la matière a varié, depuis Platon jusqu'à Descartes, et depuis Descartes jusqu'à nous. Rien de plus naturel donc, de plus légitime, et de plus nécessaire que l'alliance de la métaphysique et des sciences ; et c'est parce qu'elle est nécessaire que nous pouvons prédire à coup sûr qu'elle est immortelle. L'esprit d'une époque peut la délaisser un instant, comme il peut abandonner la métaphysique elle-même, dans un moment de fatigue et de découragement produit par les abus et les excès de la spéculation. Mais si la métaphysique est éternelle, comme nous le croyons fermement malgré les pronostics de l'école positive, et si elle doit refleurir prochainement, ce ne pourra être que sur le terrain si admirablement préparé de la science.

– A cette heure où la philosophie, en Allemagne, semble tombée dans un matérialisme qui rappelle d'Holbach, la science est invoquée à tout propos. Les philosophes qui relèvent ce drapeau sont des savants; et c'est au nom de la science positive qu'ils prétendent le relever (1). En France, sauf quelques exceptions parmi lesquelles il faut à peine compter l'école positive, ennemie de toute espèce de métaphysique, la philosophie s'est maintenue fortement dans la voie du spiritualisme; et l'école dominante par le nombre, le talent, l'éloquence, est encore en ce moment celle qui en défend les doctrines avec le plus d'énergie. C'est une excellente thèse, au point de vue de la vérité, aussi bien que de la conscience et de la morale. Mais si cette grande cause est immortelle, nous ne pensons pas qu'il en soit de même des arguments dont elle se sert, et des formes sous lesquelles la doctrine qu'elle défend a pu se produire jusqu'ici. Autre temps, autre méthode. Devant un adversaire qui, sans être nouveau, a revêtu une nouvelle armure, il devient nécessaire que la philosophie spiritualiste adopte un système d'attaque et de défense plus approprié à l'état de la science positive et au goût du siècle. Il faut qu'elle ne craigne pas de descendre sur le même terrain que cet adversaire, sur le terrain de la science elle-même.

(1) Voyez les articles très-intéressants publiés dans cette *Revue* sur le *matérialisme contemporain* par l'un de ses collaborateurs, M. Paul Janet.

L'exemple donné par la critique de plusieurs de ses adeptes les plus distingués prouve, du reste, qu'elle comprend la situation des esprits. L'école spiritualiste combat depuis quelque temps le matérialisme avec ses propres armes. Sans parler des études en ce sens de savants de profession, comme M. Flourens et M. Lélut, M. Garnier a publié une exposition et une réfutation de la phrénologie, dans laquelle il ne se contente pas d'opposer le témoignage de la conscience aux conclusions de Gall et de Spurzheim. M. Bouillier se sert également des lumières de la physiologie pour démontrer l'unité du principe de la vie physiologique et de la vie psychologique. M. Lemoine, suivant la trace féconde de Ch. Bonnet, s'attache à l'analyse de cet ordre de phénomènes intermédiaires, tels que le sommeil et le somnambulisme, qui sont si propres à nous éclairer sur les mystérieux rapports des deux natures. Enfin, M. Janet, dans sa critique du matérialisme contemporain, aime à opposer aux savants qui s'en sont faits les organes récemment en Allemagne, les observations de la science positive elle-même, ainsi que les plus grandes autorités dont elle puisse se prévaloir (1). Et ils ont bien raison ; car, en ce moment, si c'est surtout de la science positive qu'est venu le danger, c'est d'elle aussi que doit venir le salut. Le spiritualisme ne peut vaincre définitivement que la science à la

---

(1) *La psychologie et la phénologie*, par Ad. Garnier, 1 vol. in-8. — *Du principe vital et de l'âme pensante*, par Francis Bouillier, 1 vol. in-8. — *L'âme et le corps*, 1 vol. in-12. — *Stahl et l'animisme*, 1 vol. in-8, par Alb. Lemoine. — *Le matérialisme contemporain*, par Paul Janet, 1 vol. in-12.

main un ennemi que l'esprit du siècle regarderait d'un œil moins complaisant, s'il pouvait croire que la science n'est pas son auxiliaire naturel.

Quoi qu'il en soit, ces préliminaires feront comprendre de quelle importance est un livre dont la méthode constante et l'esprit général consistent à chercher dans l'analyse des notions scientifiques les principes sûrs et précis de la critique philosophique. N'est-ce pas là une véritable bonne fortune pour nous autres métaphysiciens que l'intervention d'un savant qui allie au goût de nos études les sévères habitudes des sciences positives? Et si ce savant est un esprit qui unit, comme dit Pascal, l'esprit de finesse à l'esprit géométrique, on peut être sûr, quelles que soient la modestie de ses prétentions et la timidité de ses conclusions, que ses observations et ses explications, puisées à une source toute nouvelle pour nous, seront de nature à éclairer d'un nouveau jour les problèmes qui nous occupent spécialement.

« J'avoue, à ma grande confusion, dit l'auteur dans la préface du premier des ouvrages cités, que la rédaction de ce livre, d'une médiocre étendue, m'a occupé à diverses reprises pendant dix ans, et que j'en avais tracé la première esquisse il y a plus de vingt ans. Cependant, quoique le sujet en soit bien rabattu, j'aime à espérer que l'on y trouvera assez de vues nouvelles pour justifier, aux yeux de quelques amateurs, ma naïve persévérance (1). » On sent, en effet, en lisant ce livre, qu'il n'est pas de ceux qui

---

(1) *Essai sur les fondements de nos connaissances*, t. I.

s'improvisent, et qu'il est le fruit laborieux de longues méditations. C'est un riche recueil d'observations faites à loisir, et avec toute la liberté d'un esprit qui n'a d'autre souci que la vérité. Le meilleur éloge qu'on puisse faire de cet ouvrage, excellent à tant d'égards, c'est de reconnaître qu'il justifie son titre. Passer en revue les diverses branches des connaissances humaines, déterminer le degré de certitude, le critère, la méthode, les principes propres à chacune d'elles, et cela, non pas d'une manière abstraite et générale, mais sur des exemples nombreux, décisifs et clairement expliqués : c'était une tâche neuve et difficile, dans laquelle l'auteur a déployé les rares qualités de son esprit, beaucoup de sagacité et de finesse naturelles, avec la solidité, la précision, la rigueur que donne l'étude habituelle des sciences exactes.

Un essai sur les fondements des connaissances humaines fait naturellement penser à la grande entreprise de Kant, la *critique de la raison pure*. Le titre du livre de M. Cournot n'a point ce sens ni cette portée. L'auteur n'a pas la prétention de sonder les bases du dogmatisme, ainsi que l'a fait le philosophe allemand ; il laisse à une critique supérieure l'analyse des éléments de la pensée, et la théorie de la constitution de l'esprit humain. Il admet à priori, avec le sens commun, la vertu représentative de nos idées, et ne songe nullement à contester aux sens, à la conscience, à la raison la réalité de leurs objets. Mais en même temps il ne manque jamais de soumettre à l'épreuve de la critique *scientifique* le témoignage de ces facultés, ainsi que l'autorité des théories ou des sciences qui les invoquent.

L'auteur poursuit ce dessein avec autant de persévérance que d'habileté, dans tout le cours de l'ouvrage. C'est ce qui en fait l'unité réelle, à travers la diversité des développements. Si une lecture superficielle ne laisse voir dans ce livre qu'une collection de chapitres détachés, formant autant de curieux épisodes, un examen plus attentif montre comment tous ces chapitres se relient à une même vue générale, à savoir : l'examen des problèmes philosophiques les plus élevés, repris à la lumière des sciences positives ; nous découvrons une œuvre très-ingénieuse dans les détails, plus systématique dans l'ensemble qu'on ne le croirait au premier abord, et dont la trame est aussi solide que fine et serrée.

Sans doute le nombre et le choix des exemples font de ce livre un ouvrage d'une rare utilité pratique. Très-intéressant pour les savants proprement dits, qui n'ont guère l'habitude de se rendre compte des principes de leur science, très-instructif pour les philosophes qui, faute de notions scientifiques précises, sont trop souvent condamnés à de vagues dissertations sur les principes et les méthodes propres aux diverses branches des connaissances humaines, il doit être d'un grand secours pour la science et l'enseignement de la logique. Enfin, dans un temps où la spécialité des études rend l'esprit exclusif et borné, un tel livre est venu fort à propos, comme un heureux exemple de cette alliance entre la science et la philosophie, si rare aujourd'hui, et pourtant si désirable pour la bonne éducation des intelligences. Mais à nos yeux, la valeur pratique de ce livre, si évidente qu'elle soit, n'en est pas le plus grand titre à l'estime des amis de la philosophie. Compris et jugé généralement comme un excellent livre de logique, il n'a laissé voir sa haute portée philosophique qu'à un très-petit nombre de critiques. C'est qu'en effet la manière modeste, et plus fine que directe, dont l'auteur touche aux grandes questions, n'est pas de nature à éveiller la pensée, et surtout à frapper l'attention du lecteur. Il n'est pas de ceux qui posent les problèmes avec solennité, sans les éclairer d'une véritable lumière. On peut dire qu'ils s'introduisent d'eux-mêmes dans le cours de ses analyses et de ses explications. L'auteur conduit son lecteur en pleine métaphysique sans l'en prévenir, et sans paraître lui-même se soucier d'une conclusion; car en fait de dogmatisme, il pousse la réserve jusqu'à l'excès. Mais telle est la portée de ses observations qu'elles suffisent parfois à trancher certaines difficultés dont la dialectique des métaphysiciens n'avait pu venir à bout. C'est ce côté du livre que nous nous proposons surtout de faire ressortir, en montrant tout ce qu'il y a de fécond et de décisif dans une critique, en apparence si peu concluante. Assurément tout est à méditer dans ce livre, et il n'est pas un chapitre qui n'abonde en riches exemples et en vues neuves. Ainsi on ne saurait lire avec trop d'attention les chapitres sur le hasard et la probabilité mathématique, sur l'harmonie et la finalité des lois de la Nature, sur l'ordre et la raison des choses, sur la probabilité philosophique, sur l'induction et l'analogie, sur les idées d'espace et de temps, sur l'analyse et la synthèse, sur le langage, sur la science du droit, sur la classification et la coordination des connaissances humaines, etc. Mais il est une chose qui offre un bien autre intérêt aux philosophes; c'est la méthode que l'auteur applique à la solution ou à l'éclaircissement des problèmes métaphysiques.

Parmi ces problèmes, il serait curieux de choisir ceux qui ont fait le plus de bruit dans l'histoire des systèmes, et de faire voir comment la discrète et fine critique de M. Cournot y répand de véritables clartés. L'auteur a le tempérament trop peu dogmatique pour avoir pris parti dans le débat entre ces grandes écoles et ces grandes doctrines qu'on appelle le *scepticisme*, l'*empirisme*, l'*idéalisme*, le *matérialisme*, le *dynamisme*, le *spiritualisme ;* aussi se garde-t-il bien d'évoquer de pareils noms dans son livre. Mais sa critique n'en pénètre pas moins au fond des choses, et le lecteur est tout surpris, en réfléchissant sur ce qu'il a lu, de voir beaucoup plus clair dans des questions que la métaphysique elle-même n'avait pas suffisamment éclaircies, faute de données scientifiques. C'est ce que nous voudrions montrer en reprenant quelques-unes de ces graves questions au point de vue de la méthode de l'auteur.

I

L'APPARENCE ET LA RÉALITÉ.

Nos perceptions sensibles ont-elles un objet, en dehors de notre esprit, et quel est cet objet? Que savons-nous des choses extérieures? En sommes-nous réduits à des apparences? Ou bien la science humaine peut-elle se flatter de pénétrer le fond des choses? En d'autres termes, n'avons-nous des choses qu'une représentation purement relative à nos moyens de connaître, ou bien en avons-nous, par la science, une connaissance absolue, c'est-à-dire réellement objective, sinon parfaitement adéquate? Ces problèmes, que la métaphysique a tant débattus et débat encore, en se partageant en écoles contraires, les sceptiques et les dogmatiques, et qui semblent renouveler la fable du sphinx dans l'histoire de la philosophie, soit ancienne, soit moderne; ces problèmes que le sens commun tranche sans les résoudre, M. Cournot les reprend, les pose à sa manière, et les résout par une méthode toute scientifique. On voit que c'est un libre esprit qui n'appartient à aucune école métaphysique. Mais comme cet esprit n'a pas moins de sagesse que d'indépendance, il écarte avec une égale fermeté les paradoxes sceptiques et les préjugés dogmatiques. Trop fort pour se laisser prendre aux arguments du pyrrhonisme tirés des erreurs des sens; trop sensé pour accepter les conclusions négatives de la critique de Kant, en ce qui concerne la vérité objective de nos perceptions externes; trop philosophe pour s'en tenir sur tout cela à la foi instinctive du sens commun, il cherche dans la science positive la solution, ou si l'on veut l'explication de ces divers problèmes. Là est l'originalité de sa méthode et le mérite propre de son œuvre. Toutes les questions logiques énoncées ci-dessus peuvent se ramener à deux : 1° nos perceptions sensibles ont-elles un objet? 2° en quoi consiste cet objet? Double problème qui, selon l'auteur, trouve sa solution dans des considérations scientifiques.

Quant au premier problème, M. Cournot procède par l'analyse de cet ordre de notions que la science positive qualifie de *rationnelles*, par opposition aux représentations purement sensibles qui n'en sont que la condition subjective. Pour lui, la raison est la véritable faculté scientifique qui juge en dernier ressort de la vérité objective de nos connaissances. Mais qu'est-ce que la raison ? D'accord avec la plupart des écoles philosophiques sur la haute fonction de cette faculté, il en cherche la définition dans la nature même de l'objet que lui attribue le langage ordinaire de la science. Dès lors la raison est pour lui la faculté qui saisit le rapport logique, la loi, l'ordre même des phénomènes (1). Et puisqu'on ne peut considérer cet ordre comme une simple création de la pensée, sans renverser l'ordre entier des sciences, l'auteur en fait le principe régulateur de la raison, principe qui, sans donner la certitude mathématique comme le principe de contradiction dans les sciences purement déductives, fournit, quant à la réalité objective de certaines de nos perceptions, une

---

(1) « En employant le mot *raison*, nous entendons désigner principalement la faculté de saisir la raison des choses, ou l'ordre suivant lequel les faits, les lois, les rapports, objets de notre connaissance, s'enchaînent et procèdent les uns des autres..... Notre définition sera d'autant mieux justifiée que la faculté ainsi définie domine et contrôle toutes les autres ; qu'elle est effectivement le principe de la prééminence intellectuelle de l'homme, et ce qui le fait qualifier d'être raisonnable, par opposition à l'animal, à l'enfant, à l'idiot, qui ont aussi des connaissances et qui même les combinent jusqu'à un certain point. » (Liv. I, chap. 2, § 18.)

probabilité qui exclut tout doute raisonnable (1). C'est là le critérium que M. Cournot propose, en dernière analyse, pour toutes les connaissances qui ont pour objet la réalité, et qu'en logicien pratique il ne craint pas d'opposer au scepticisme spéculatif imaginé par Kant, dans la critique de la *raison pure*, et renouvelé récemment par Jouffroy, dans une page éloquente que cite l'auteur du livre (2). Ce point est d'une telle importance que nous croyons devoir laisser parler M. Cournot lui-même : « Si l'ordre que nous observons dans les phénomènes n'était pas l'ordre qui s'y trouve, mais l'ordre qu'y mettent nos facultés, comme le voulait Kant, il n'y aurait plus de critique possible de nos facultés, et nous tomberions tous, avec ce grand logicien, dans le scepticisme spéculatif le plus absolu. Mais il ne suffit pas de poser gratuitement une telle hypothèse ; il faut la contrôler par les faits ; et nous avons montré que tous les faits y répugnent. A moins d'outrer l'idéalisme jusqu'au point d'admettre que la pensée crée de toutes pièces le monde extérieur (et nos recherches n'ont point pour objet la critique de pareils écarts de la spéculation), tant qu'on ne donne aux idées qu'une vertu de représentation et non de production, on doit accorder qu'il existe dans les choses un ordre indépendant de notre manière de les concevoir, et que, s'il n'y avait pas harmonie entre l'ordre de réception par nos facultés et l'ordre inhérent aux objets représentés, il ne pourrait arriver que par un hasard infiniment

---

(1) Liv. I, chap. 6, § 90.
(2) *Ibid.*

peu probable que ces deux ordres s'ajustassent de manière à produire un ordre simple ou un enchaînement régulier dans le système des représentations (1). »

Voilà donc le scepticisme atteint jusque sur les hauteurs spéculatives où il aime à se retrancher. Contre l'évidence de l'ordre réel des choses qui font l'objet de nos représentations, il n'est plus permis, ni à Descartes, ni à Berkeley, ni à Hume, ni à Kant, ni à Jouffroy, de maintenir l'hypothèse d'un monde illusoire, dont les rapports, les lois, les classes, les genres et les espèces, l'ordre tout entier enfin reposerait uniquement sur la constitution de notre intelligence. A la lumière de ce principe fécond, on comprend comment la raison peut et doit être érigée en juge suprême de la vérité, dans les contestations élevées par le témoignage des autres facultés. Quand la raison contrôle les dépositions des sens, de la mémoire, de la conscience, sur quel principe s'appuient la critique historique, la critique scientifique, la critique des témoignages judiciaires, et généralement toute espèce de critique, sinon sur l'ordre et l'enchaînement des choses, de manière à rejeter ce qui serait une cause de contradiction et d'incohérence, et à admettre ce qui amène au contraire une coordination régulière? Pour se soustraire à l'autorité universelle de ce principe, il faut sortir du scepticisme même transcendant de l'école kantienne, et se réfugier dans le prodigieux paradoxe de Fichte, qui réduit le non-moi, le Monde et Dieu, à n'être qu'une simple création du moi. M. Cournot n'était pas

---

(1) Liv. I, chap. 6, § 90.

tenu de suivre le scepticisme jusque-là, et son critérium ne perd rien de sa vertu, parce qu'il ne peut atteindre de tels écarts de la spéculation.

Cette théorie de l'auteur sur le critérium de nos connaissances touchant la réalité, soit physique, soit morale, offre une frappante analogie avec la doctrine de Leibnitz sur le principe de la raison suffisante ; mais elle a le mérite d'avoir dégagé ce principe de toute hypothèse métaphysique, et de l'avoir réduit à l'expression d'un fait scientifique incontestable. Leibnitz avait parfaitement compris que deux ordres de vérités aussi différents que les vérités d'observation et les vérités de démonstration doivent avoir chacun leur principe propre : pour le premier, le principe de contradiction ; pour le second, le principe de l'ordre ou de la raison des choses. C'est ce que M. Cournot a établi d'une manière invincible, en fondant sur la critique scientifique la définition et l'explication de son critérium. Tout en reconnaissant combien cette théorie est vraie et féconde au point de vue pratique, nous pourrions peut-être contester la parfaite propriété du mot *probabilité* appliqué à tout un ordre de vérités pour lesquelles le langage ordinaire a conservé le mot de *certitude*. Nous aurions le droit de faire observer que la certitude est une, quelle que soit la diversité des sources et des principes de la connaissance ; qu'elle s'attache aux vérités d'observation et d'induction, aussi bien qu'aux vérités de déduction, du moment que certaines conditions logiques ont été remplies ; et qu'elle couvre tout alors de son incontestable autorité. Mais qu'importe au fond que l'auteur ait exagéré l'expression de la profonde différence qui existe entre les deux ordres et les deux principes de la connaissance humaine, si le résultat pratique est le même, et si ce mot d'*extrême probabilité* ne cache aucune intention sceptique chez le savant qui s'en est servi? Cela empêche-t-il M. Cournot d'avoir la même confiance que nous aux méthodes et aux résultats des sciences descriptives et inductives ?

Quant au problème concernant le degré de réalité objective de nos perceptions, M. Cournot, fidèle à la méthode scientifique, procède encore par analyse et distingue trois degrés dans la connaissance sensible : 1° l'*illusion*, 2° la *réalité relative*, 3° la *réalité absolue*. L'illusion est la perception viciée ou dénaturée par suite de conditions inhérentes au sujet percevant, à ce point qu'elle ne donne qu'une idée fausse de l'objet perçu (1). La réalité relative, ou le phénomène, est la perception ayant toute la réalité extérieure que nous lui attribuons, mais une réalité qui n'est telle que par rapport à certains phénomènes de la perception totale. Enfin, la réalité absolue est la vérité conforme au système entier des choses représentées, et non plus seulement à tel ou tel phénomène isolé de ce système; vérité que la raison humaine comprend et poursuit, alors même qu'elle la sent lui échapper avec le système dont elle fait partie (2).

Ainsi, lorsque du pont du navire où je suis embarqué,

(1) Ainsi l'image du bâton brisé dans l'eau, de la tour qui paraît ronde à distance, et toutes les apparences visibles qui constituent les erreurs de la vue rectifiées par le tact.

(2) Liv. I, chap. 1, § 8. « Ce que nous nommons la *réalité absolue*, par opposition à la *réalité relative* ou phénoménale, correspond à ce que Kant a nommé les *choses en elles-mêmes*. »

mes yeux voient fuir les arbres et les maisons du rivage, c'est une illusion des sens d'autant plus facile à reconnaître que nous sommes parfaitement assurés de l'immobilité du rivage (1). Mais le mouvement du passager qui se promène près de moi sur le pont a toute la réalité que lui attribue le témoignage de mes sens. Seulement ce mouvement, qui est réel par rapport à l'immobilité des autres passagers, pourrait lui-même n'être qu'un repos, s'il se produit en sens contraire du navire, et avec une égale vitesse. Donc alors la réalité absolue du mouvement ne pourrait être reconnue qu'autant qu'elle serait considérée par rapport à la surface terrestre elle-même, abstraction faite du fleuve, du navire et des passagers. Et ce mouvement lui-même, absolu quant au système terrestre, devient relatif, du moment qu'il est considéré par rapport au système solaire. Mais tel mouvement considéré comme absolu, dans le système solaire, pourrait encore n'être que relatif, s'il était vu par rapport à un système stellaire dont le précédent ferait partie ; et ainsi de suite, en sorte que le caractère relatif ou absolu d'un mouvement ne pourrait être définitivement fixé qu'autant que la science embrasserait le système céleste tout entier. Cette analyse amène l'auteur à cette conclusion, que dans la catégorie du mouvement, l'absolu n'est, rigoureusement parlant, qu'un idéal que conçoit la pensée, et que poursuit la science, sans jamais l'atteindre. Ce qui n'empêche pas de reconnaître que tel mouvement est purement illusoire, tel réel, bien que relatif, tel absolu

---

(1) Liv. 1, chap. 1, § 8.

par rapport au précédent, bien que relatif lui-même par rapport au système entier (1).

Autre exemple dans le même ordre de phénomènes. La courbe enchevêtrée qu'une planète, vue de la terre, semble décrire sur la sphère céleste où l'on prend les étoiles pour point de repère, est une apparence où la vérité objective se trouve faussée par des conditions subjectives inhérentes à la station de l'observateur. Au contraire, l'orbite elliptique décrite par un satellite autour de sa planète est un phénomène qui a sa réalité relative au système de la planète principale et de ses satellites. La trajectoire du satellite est un phénomène d'une réalité moins relative, parce qu'elle est une courbe plus composée, résultant d'une combinaison du mouvement elliptique du satellite autour de sa planète avec le mouvement elliptique de la planète autour du soleil. La trajectoire du même satellite apparaît comme un phénomène d'une réalité plus absolue encore, du moment qu'il est relié au mouvement encore peu connu du système solaire, dans le groupe d'étoiles dont il fait partie. Et ainsi de suite, sans qu'il soit donné d'atteindre à la réalité vraiment absolue des mouvements célestes (2).

Si l'on passe de la mécanique à l'optique, même distinction et même conclusion. Dans la première impression que produit sur notre imagination la vue d'un arc-en-ciel, nous prenons tout d'abord ce phénomène pour un objet matériel, teint de couleurs propres et occupant dans le ciel une

---

(1) Liv. I, chap. 4, § 8.
(2) *Ibid.*

place déterminée. Or l'arc-en-ciel n'a aucun degré de consistance objective; il n'existe en tel lieu de l'espace que relativement à tel observateur placé dans un lieu déterminé; de sorte que l'observateur se déplaçant, l'arc se déplace aussi, ou même s'évanouit tout à fait. Et pourtant ce n'est point une pure illusion ; car on conçoit parfaitement que les rayons lumineux font leur trajet, indépendamment de la vision de l'observateur. Cette vision est la condition de la perception, et non de la production du phénomène (1). Voilà donc une perception dans laquelle se confondent l'apparence et la réalité. Maintenant, qu'un physicien remarque que la lumière, vue par transmission à travers une mince feuille d'or, est effectivement colorée en pourpre ; que de l'or métallique, obtenu en poudre impalpable dans un précipité chimique, est aussi de couleur pourpre ; qu'enfin, par suite de ces observations, il conclue, contre l'opinion commune, que le pourpre est vraiment la couleur de l'or : il aura fait un pas de plus dans l'investigation de la réalité que contient le phénomène ; il aura franchi un terme de plus dans cette série dont le dernier terme, accessible ou inaccessible pour nous, serait la réalité absolue. A ce degré de la réalité, l'esprit du physicien n'est point tenté de s'arrêter ; il cherchera à pénétrer dans la raison intrinsèque des phénomènes soumis à son observation ; et s'il parvient à les expliquer par le jeu de certaines forces mécaniques combinées avec certains rapports de configuration, il croira avoir saisi la réalité absolue sous l'appa-

---

(1) Liv. 1, chap. 4, § 9.

rence phénoménale. Mais, quand toute l'optique pourrait être ainsi ramenée à un problème de mécanique, quel savant pourrait assurer que la science a ainsi atteint les dernières limites, dans cette réduction graduelle de la nature sensible à une nature purement intelligible où il n'y ait plus que des mouvements rectilignes, circulaires, ondulatoires, régis par les lois des nombres (1)?

C'est par ces exemples et d'autres analogues que M. Cournot réfute la thèse du scepticisme, touchant les choses extérieures, en montrant comment la science saisit la réalité objective, et en expliquant en quel sens et dans quelle mesure elle atteint le fond même des choses. Avant l'application de cette méthode toute scientifique au problème tant agité par les métaphysiciens, la philosophie n'avait guère d'autre argument à opposer aux sceptiques que la réduction à l'absurde, méthode excellente pour fermer la bouche à ses adversaires, mais qui n'est pas de nature à éclairer leur esprit. Or, ce qui importe le plus, dans cette question comme dans tant d'autres, ce n'est pas de réfuter l'erreur, c'est d'expliquer la vérité. Que les sciences physiques aient un objet, en dehors de l'imagination et de la pensée des savants, le sens commun ne permet pas d'en douter un seul instant. Mais il n'en est pas moins vrai que nos représentations sensibles sont un mélange d'illusion et de réalité; et tant que l'analyse et la critique n'ont pas nettement distingué et séparé l'élément objectif de l'élément imaginatif et subjectif, le scepticisme est en droit

(1) Liv. I, chap. 1, § 10.

et en mesure d'élever des doutes sur la réalité de nos *perceptions*, qu'il affecte de confondre avec nos *imaginations* proprement dites. Quand on songe à quel point une pareille doctrine révolte le sens commun, on se demande comment elle a pu trouver des organes autre part que chez les sophistes de profession. Mais en y regardant de près, on en trouve la raison sérieuse dans le vague et la confusion des données du problème. Les perceptions sensibles ont-elles une réalité objective ? Oui et non, selon la distinction des *idées* et des *images* dont se compose la connaissance scientifique. La science humaine atteint-elle le fond des choses, la réalité absolue ? Oui et non, selon le point de vue où elle se place. L'*idée* a un objet réel dans la Nature, tandis que l'*image* n'en a pas. Voilà ce qu'explique la méthode de M. Cournot avec une clarté, une précision, une certitude mathématique qui ne laissent subsister aucun nuage, aucun doute dans l'esprit. Après une pareille analyse, on n'est plus tenté ni de douter de la réalité objective de nos perceptions, qu'il vous fait toucher du doigt par des exemples décisifs, ni de contester l'intérêt scientifique du problème de la vérité absolue de nos connaissances. Ici, ce n'est plus le sens commun ni la métaphysique qui protestent, l'un par une répugnance invincible à l'absurde, l'autre par une analyse subtile et abstraite des principes de l'intelligence ; c'est la science elle-même qui vérifie et confirme cette protestation par l'autorité de ses observations et de ses expériences, de ses classifications et de ses théories, toutes choses qui ont leur fondement solide dans la réalité extérieure.

II

LA SENSATION ET LA NOTION. — L'IMAGE ET L'IDÉE.

« N'y a-t-il pas lieu de croire qu'avec un sens de plus ou de moins tout le système de nos connaissances serait bouleversé, et non pas seulement étendu ou amoindri ; qu'ainsi c'est de notre part une prétention bien chimérique que celle d'avoir l'intelligence, même superficielle et bornée, de ce que sont les choses, avec des moyens de perception si visiblement contingents et relatifs, appropriés sans doute aux besoins de notre nature animale, mais nullement accommodés aux exigences présomptueuses de notre curiosité (1) ? » Problème redoutable ! dont les sceptiques de tous les temps ont abusé pour décourager l'intelligence humaine de la recherche du vrai, que les philosophes n'ont guère résolu que par des considérations métaphysiques, et que le sens commun tranche par un acte de foi, de même que les précédents. Assurément la philosophie a donné d'excellentes raisons pour justifier la croyance commune au monde extérieur, ainsi qu'à la vérité objective de la connaissance humaine. Mais le problème ne peut être résolu définitivement qu'autant que la part a été rigoureusement faite à l'élément subjectif et à l'élément objectif de la connaissance. Or c'est un point obscur et délicat qui ne peut être éclairci que par l'analyse. Kant est le premier qui ait traité

(1) Liv. I, chap. 8, § 91.

le problème par cette méthode; mais son analyse abstraite et toute *subjective* l'a conduit tout droit à l'idéalisme. M. Cournot reprend le problème; avec ses habitudes de savant, il le transforme en une question sur laquelle ait prise l'analyse scientifique. Qu'est-ce qui fait la force de la thèse idéaliste sur le caractère purement *subjectif* de nos connaissances, relativement au monde extérieur? C'est l'intervention nécessaire de la sensation et de l'imagination, dans la formation de ces connaissances. Donc, pour pouvoir démêler le vrai et le faux de cette thèse (ce qui est la véritable question), il faut savoir au juste quelle est la part de la sensation et de l'imagination dans l'œuvre complexe de la connaissance. Or, si l'on pouvait montrer que ce rôle est beaucoup moindre que l'opinion commune ne le suppose; que la science humaine, privée du secours de certains sens, pourrait être diminuée ou mutilée, mais non transformée; qu'enfin la partie vraiment objective de la science est précisément celle qui dépend le moins des impressions et des représentations sensibles, ne semble-t-il pas qu'on aurait trouvé la réfutation la plus solide et la plus précise de l'idéalisme?

C'est ce qu'a fait M. Cournot avec un rare talent d'observation et de critique. Quand les philosophes ont voulu dégager la perception sensible de ce qu'elle a de variable, de relatif, d'inhérent à notre organisation, pour arriver à la pure intelligence des choses, ils ont pris pour matière de leur analyse la connaissance *vulgaire*, dont l'état trop rudimentaire ne comportait qu'une analyse incomplète, superficielle, et par suite insuffisante pour la solution du problème. M. Cournot est le premier, si nous ne nous trompons, qui ait fait de la connaissance organisée, développée, perfectionnée, de la connaissance *scientifique*, la base de ses observations. C'est toujours par des exemples empruntés aux sciences physiques et naturelles qu'il montre combien le rôle de la sensation et de l'imagination est restreint, dans l'élaboration de la connaissance proprement dite. Ainsi il explique admirablement comment la partie vraiment scientifique des sciences, telles que la théorie de la chaleur, l'optique, l'acoustique, peut se construire et se développer, indépendamment des sensations du goût, de l'odorat, de l'ouïe, de la vue, et même du toucher, du moment que ces divers sens lui ont fourni la matière première de ses idées ; comment, loin de former l'élément solide et substantiel de l'édifice de la science, nos impressions et nos représentations sensibles n'en sont guère que l'échafaudage, il est vrai nécessaire, et n'entrent que pour une très-faible part dans la construction du monument. Des ingénieuses hypothèses de l'auteur, appuyées sur une analyse exacte, il ressort, par exemple, qu'on pourrait acquérir la notion de la *température*, et construire la théorie de l'*équilibre mobile* des températures, telle qu'elle se trouve enseignée dans nos livres, alors même que les variations de l'état calorifique des corps n'y tomberaient pas plus directement sous nos sens que n'y tombent les variations de leur état électrique, ou celles de l'état magnétique d'un barreau d'acier. Les expériences faites pour étudier les lois de la propagation de la chaleur dans les corps solides, pourraient se faire de la même manière, et donneraient naissance à la même théorie mathématique. Même analyse et même conclusion pour l'optique et l'acoustique que pour la théorie de la chaleur. Le vulgaire s'étonne d'apprendre que l'aveugle Saunderson a professé l'optique, et marquerait la même surprise, si l'on venait lui dire qu'un sourd peut enseigner l'acoustique. Déjà des savants et des philosophes, entre autres Diderot, dans sa remarquable lettre sur les aveugles, avaient éclairci ce mystère qui, après les explications de M. Cournot, est devenu la chose du monde la plus simple.

Mais l'auteur ne s'en tient pas aux exemples. Pour rendre son analyse plus complète et plus concluante, il généralise la question, et interroge successivement tous les sens, en les classant par ordre d'importance scientifique. Il fait voir que l'utilité scientifique du goût et de l'odorat est faible, pour ne pas dire nulle; en sorte que la suppression de ces deux sens n'entraînerait aucune modification sérieuse dans le système de nos connaissances, ou dans la constitution de notre intelligence. L'ouïe et la vue, les sens proprement *esthétiques*, qui nous révèlent le beau, l'un par l'*harmonie*, et l'autre par la *figure*, ont un rôle fort important dans les sciences qui leur correspondent, comme l'acoustique et l'optique. Toutefois, l'analyse de M. Cournot montre qu'il n'est pas aussi grand qu'on le suppose vulgairement; qu'ainsi les grandes lois et les principales théories de l'optique et de l'acoustique resteraient parfaitement intelligibles pour ceux qui seraient privés de ces deux sens, comme l'expérience l'a prouvé. La science en serait singulièrement appauvrie et mutilée, mais non transformée ou ruinée par la base. Pour le tact, auquel nous devons la sensation d'extériorité, et par suite la croyance au monde matériel, la lacune serait également considérable, mais non de nature à altérer la notion scientifique de la constitution des corps. En faisant abstraction des sensations du chaud et du froid qui pourraient être abolies, sans que le système de nos connaissances en fût modifié sensiblement, il est certain que les sensations tactiles proprement dites, selon leur degré de finesse, sont une source très-riche d'indications sur la forme, la densité, la structure extérieure des corps. Mais il ne l'est pas moins qu'aucune de ces sensations n'a une vertu représentative, et ne peut fournir une véritable notion des variétés de structure moléculaire auxquelles il faut les rapporter comme à leur cause. Elles pourraient donc être abolies, sans que notre connaissance des corps en fût radicalement changée.

« Ainsi, dit l'auteur, en terminant son analyse, des cinq sens dont la Nature a doué l'homme et les animaux supérieurs, et qui tous ont assurément une grande, quoique inégale importance dans l'ordre des fonctions de la vie animale, il n'y en a réellement que deux qui soient pour l'homme des instruments essentiels de connaissance; ils sont homogènes ou ils procurent des représentations et des connaissances homogènes, savoir, la représentation de l'espace et la connaissance des rapports de grandeur et de configuration géométrique; la vertu représentative étant, pour chacun de ces deux sens, attachée à la forme et indépendante du fond de la sensation. Les autres sens ne contribuent à l'accroissement de la connaissance que d'une manière indirecte et accessoire, en fournissant des réactifs, c'est-à-dire des moyens de reconnaître la présence d'agents sur la nature et la constitution desquels nous ne savons que ce que des sensations douées de vertu représentative nous ont fait connaître. Le sens fondamental de la connaissance, le toucher actif, n'est pas attaché à un appareil spécial dont la Nature se soit plu à doter certaines espèces privilégiées ; il est constitué dans son essence, sinon dans ses perfectionnements spécifiques et individuels, par ce qu'il y a de plus fondamental dans le type de l'animalité. La conséquence qu'on en doit naturellement tirer, c'est que d'autres sens ou un surcroît de perfectionnement des sens que nous possédons, aideraient au progrès de nos connaissances, comme le fait la découverte d'un nouveau réactif ou d'un instrument nouveau, et vraisemblablement nous mettraient sur la trace de phénomènes dont nous ne soupçonnons pas actuellement l'existence ; mais sans changer pour nous les conditions formelles de la représentation et et de la connaissance des phénomènes (1). »

S'il en est ainsi, on voit tout de suite la portée philosophique d'une pareille conclusion, quant au problème de la vérité objective de nos connaissances. Des deux éléments de la perception extérieure, c'est l'élément intelligible seul qui constitue la science, l'élément sensible n'en étant que la condition. Or, cet élément intelligible, la notion, est précisément ce qui répond à la loi, au rapport constant, à l'ordre, c'est-à-dire à la réalité immuable et absolue du

---

(1) Liv. I, chap. 7, § 108.

monde extérieur, tandis que l'élément sensible, la sensation, ne répond à rien d'extérieur ni d'*objectif*, et se réduit à un pur phénomène de notre sensibilité. Si donc la connaissance vulgaire, c'est-à-dire la notion enveloppée de sensations et d'images, éléments purement *subjectifs*, est de nature à fournir des armes à l'idéalisme, la connaissance scientifique, au contraire, dégagée de toute enveloppe sensible, et réduite à ses éléments intelligibles et vraiment objectifs, en est la meilleure et la plus complète réfutation. Voilà le service que la méthode scientifique rend à la métaphysique pour la solution de ce grave problème.

M. Cournot ne s'en tient pas là. Il ne lui suffit pas d'établir, sur la base inébranlable de l'analyse scientifique, la réalité objective de nos connaissances touchant le monde extérieur ; il veut arriver à déterminer quelle est au juste la part de la sensation et la part de l'idée, le rôle des sens et le rôle de l'intelligence dans l'élaboration de la connaissance scientifique. Il n'est pas de métaphysicien, à quelque école qu'il se rattache, qui confonde l'*image* avec l'*idée*. Sans parler de Platon, d'Aristote, et de tant d'autres philosophes anciens qui ont insisté sur cette distinction, Descartes, Malebranche et Port-Royal l'ont exprimée avec une netteté qui ne laisse rien à désirer. Il faut lire, dans la *Connaissance de Dieu et de soi-même* (1), le chapitre sur l'imagination et l'entendement, pour voir avec quelle force et quelle clarté la grande école métaphysique du xvii° siècle a marqué, entre les images et les idées, la ligne de

(1) Bossuet.

démarcation que la philosophie de la sensation devait plus tard tendre sans cesse à effacer. Avant l'analyse de M. Cournot, cette distinction avait été faite sur des exemples décisifs. On a l'idée d'un polygogne à mille côtés, tandis qu'on n'en a pas l'image. On acquiert par le calcul la notion précise d'un mouvement dont l'extrême rapidité échappe à la vue la plus exercée. L'entendement comprend l'infini dans le temps et dans l'espace, sans que l'imagination puisse l'embrasser. Ce qui est propre à l'analyse de M. Cournot, c'est qu'elle ne se borne point à faire ressortir cette différence radicale par des exemples : elle la suit dans le développement de la connaissance scientifique, et montre comment l'image, condition et point de départ de l'idée, n'entre pourtant pas dans la construction de la science proprement dite, dont les idées sont les seuls éléments.

Qu'est-ce que l'image, et qu'est-ce que l'idée ? Si l'on retranche de la sensation ou de la réminiscence de la sensation tout ce qui n'a en soi aucune vertu représentative, tout ce qui ne contribue pas à la connaissance, ou tout ce qui n'y contribue qu'indirectement, à titre de réactif, par exemple, il restera l'*idée*, ou la pure notion de l'objet. Si l'on prend, au contraire, la sensation complexe, l'*idée* avec son support sensible, on aura ce qu'on peut appeler, par opposition, l'*image* de l'objet. Cette définition dépasse l'étymologie d'après laquelle les mots *idée*, *image*, ne devraient s'appliquer qu'aux impressions reçues par le sens de la vue et au souvenir de ces impressions; elle correspond assez exactement à la distinction beaucoup plus générale de la *sensation* et de la *notion*. Mais l'auteur se croit autorisé à généraliser le sens primitif du mot par l'exemple de la langue elle-même qui emploie le mot *image* pour désigner des perceptions venues plus immédiatement des sens, et le mot *idée* pour désigner celles où l'intervention de l'intelligence est plus marquée.

Toujours fidèle à sa méthode, M. Cournot cherche donc dans la science la vérification de sa définition, et la démonstration de sa théorie sur le rôle de l'image et de l'idée. A la faveur d'une analyse que confirme l'expérience (1), il a déjà montré précédemment que toutes les idées sur les formes et les dimensions des corps seront les mêmes pour un aveugle-né que pour un clairvoyant, quoique le premier imagine certainement les corps d'une autre manière que le second. « L'aveugle-né et le clairvoyant, en pensant à une démonstration de géométrie, construiront idéalement la même figure, en auront la même idée, mais non pas la même image; et parce que tous deux pensent à l'aide de cerveaux organisés à peu près de même, ils auront tous les deux besoin d'images, mais non de la même image, pour penser la même idée. L'idée que le clairvoyant aura des corps sera plus complète que celle qu'en pourrait acquérir l'aveugle-né livré à lui-même, parce que le premier aura l'idée de la propriété inhérente à ces corps de renvoyer des rayons lumineux, distingués des autres rayons par certains caractères intrinsèques, comme seraient celui de posséder tel indice de réfraction, celui d'exercer telle action chimique; mais la sensation de couleur, en entrant dans la formation de

---

(1) **Les aveugles-nés qui dissertent sur l'optique.**

l'image que le clairvoyant se fait des corps, n'entrera pas dans la formation de l'idée, bien qu'elle ait suggéré un des éléments de l'idée (1). »

Le sourd-muet suffisamment instruit, aura des phénomènes de l'acoustique la même idée que nous; mais l'image qu'il s'en ferait n'impliquerait que des mouvements, des changements de distance et de configuration; elle serait dépouillée de ce cortége d'impressions sensibles que réveille en nous le seul mot de son. « L'esprit humain n'est pas une intelligence pure, mais une intelligence fonctionnant à l'aide d'appareils organiques; la vie intellectuelle est dans l'homme, étroitement unie à une nature animale, d'où elle tire ce qui doit la nourrir et la fortifier. Nous pouvons, sinon dégager complétement l'idée, du moins l'épurer successivement, affaiblir graduellement l'impression sensible ou l'image qui y reste unie dans les opérations de la pensée, et reconnaître clairement que ni les caractères essentiels de l'idée, ni les résultats des opérations de la pensée ne dépendent, soit de l'espèce, soit de l'intensité de l'image ou de l'impression sensible. La nature elle-même, en émoussant graduellement certaines impressions sensibles, par le seul effet de l'habitude, se charge de préparer cette analyse que doit ensuite compléter un jugement de la raison qu'on a exprimé dans cet adage aussi vrai qu'énergique : *Summum principium remotissimum a sensibus* (2). »

Avec de pareilles données fournies par l'analyse scien-

---

(1) Liv. I, chap. 7, § 110.
(2) Liv. I, chap. 7, § 111.

tifique, la solution complète et définitive du problème agité par les métaphysiciens, sur la vérité objective de nos connaissances sensibles, est devenue possible. En faisant ainsi la part de la sensibilité et de l'imagination, et la part de l'entendement, dans l'élaboration de la connaissance scientifique, la critique montre ce qu'il y a de vrai et de faux dans les affirmations contraires des écoles qui attaquent ou défendent la véracité de nos facultés de connaître. Le scepticisme a raison de soutenir que la sensibilité et l'imagination n'atteignent pas la réalité objective ; mais il a tort d'en conclure que cette réalité est hors de la portée de l'esprit humain, oubliant ainsi que l'esprit humain possède d'autres facultés d'une véritable portée objective. Chose curieuse, c'est l'empirisme qui fait toute la force de la thèse sceptique sur le caractère purement subjectif de la connaissance humaine. Et c'est la science, avec ses théories, c'est-à-dire avec la partie rationnelle et intelligible qui la constitue proprement, c'est la science qui ramène la métaphysique au sentiment de la réalité. En cela, elle donne une leçon aux sceptiques qui l'invoquent à l'appui de leurs doutes, et aux dogmatiques qui semblent redouter les conclusions de son analyse. L'empirisme essayant de faire la science tout entière avec les yeux, les oreilles et les mains, mène tout droit à l'idéalisme, c'est-à-dire à la négation de toute vérité objective, dans l'ordre de connaissances qui a pour objet le monde extérieur. Mais la science véritable, la science faite par l'entendement aidé des sens, est au contraire la barrière contre laquelle doivent se briser tous les efforts du scepticisme, Platon et la philosophie ancienne avaient déjà dit que l'intelligible est le seul vrai, que le sensible n'est qu'illusion. Cet axiome reparaît dans la philosophie moderne avec une autorité d'autant plus grande qu'au lieu d'une ontologie un peu chimérique, c'est la science elle-même, la science positive, qui le reproduit en l'expliquant. M. Cournot est un philosophe qui ne sépare jamais la philosophie de la science; il ne peut donc être suspect de grande sympathie pour les spéculations platoniciennes. Et pourtant il conclut comme Platon sur la science. Ce n'est pas l'image, ni aucune espèce de sensation qui nous instruit de la vérité sur les choses elles-mêmes; c'est l'idée, l'idée seule. C'est dans l'idée que réside cette réalité objective, si obstinément et si inutilement cherchée par les empiristes dans les impressions et les représentations sensibles. La sensation de saveur, d'odeur, de chaleur, de couleur, même de figure, n'a aucune réalité objective; ce qui en a, c'est la notion de rapport constant, d'ordre permanent, de loi. Or cette notion, c'est la science elle-même.

III

LA MATIÈRE ET LA FORCE.

Il est des choses si simples et si claires par elles-mêmes qu'elles n'ont pas besoin de définition. Quand on essaye de définir le mouvement, la force, le temps, l'espace, il est difficile de ne pas tomber dans la tautologie ou dans l'obscurité. Le mot *matière* exprime-t-il une de ces choses dont la simplicité se refuse à toute définition et à toute explication ? Nous sommes si loin de le penser, qu'à notre avis c'est faute de l'avoir suffisamment expliquée qu'on en a fait un si grand abus dans les discussions et les systèmes métaphysiques. Qu'est-ce donc que la matière ? Dire, avec le sens commun et les traités de physique, que c'est l'ensemble des propriétés perçues par nos sens, n'est pas répondre à la question. Car d'abord ce n'est pas faire connaître l'objet auquel on a donné ce nom que de ne le considérer que par rapport à nos facultés. Ensuite, comme parmi ces propriétés, il en est qui sont inhérentes à la nature de l'objet, tandis que d'autres sont purement relatives à notre manière de sentir, il est impossible d'arriver à une notion précise de l'objet en question, sans une distinction préalable entre ces diverses propriétés.

Toute définition sérieuse du mot *matière* doit porter sur l'objet, et non sur les facultés du sujet qui le perçoit. Cela a été compris de tout temps dans les écoles, et les définitions *objectives* n'ont pas manqué. Selon Platon, la matière est l'indéterminé, disons mieux, le principe même de l'indétermination ; selon Aristote, c'est la *puissance*, entendue comme simple virtualité, et même comme pure possibilité, dans le sens le plus abstrait et le plus rigoureux ; selon Descartes, c'est l'étendue continue ; selon l'école d'Épicure, d'accord avec les savants et les chimistes, c'est l'atome, molécule intégrante indivisible ; enfin, selon Leibnitz, qui réduit l'étendue à un rapport de coexistence entre des forces qui agissent, la matière ne peut être qu'une force, plus simple, il est vrai, que les forces auxquelles on donne les noms de *vie*, d'*âme* et d'*esprit*. M. Cournot, qui n'annonce aucune prétention métaphysique sur ce point, comme sur tout le reste, se garde bien de débuter par une définition et une théorie de la matière, à l'exemple des métaphysiciens qui ont traité ce sujet. Il soumet la question à l'analyse, sans se préoccuper des conclusions auxquelles il pourra être conduit par l'observation des faits.

Mais avant de procéder directement à l'énumération des propriétés essentielles qui constitue l'idée expérimentale et fondamentale tout à la fois de la matière, notre auteur commence par examiner la théorie généralement reçue des qualités *premières* et des qualités *secondes* de la matière. Le critérium universellement appliqué à cette distinction, c'est le degré de généralité ou de particularité des propriétés. C'est ainsi que l'étendue et l'impénétrabilité ont toujours été considérées comme les propriétés fondamentales de la matière, en opposition aux propriétés physiques de la pesanteur, de la chaleur, de la lumière, du son, de l'électricité, du magnétisme, etc. M. Cournot s'inscrit en faux contre ce critérium. Autre chose, en effet, comme il le remarque, est la subordination des propriétés des choses, en tant que générales et particulières; autre chose est leur subordination, en tant qu'essentielles et secondaires. Si telle qualité persiste dans telle espèce de corps, et y résiste à toutes les altérations qu'ils peuvent d'ailleurs subir, nous devrons la regarder comme plus essentielle que celle qui est commune à un plus grand nombre de corps spécifiquement différents, quoiqu'elle ait moins de persistance dans chacun d'eux en particulier (1). Ainsi, bien que l'état solide, l'état liquide et l'état gazeux, aux températures ordinaires, soient des propriétés dont chacune est commune à un très-grand nombre de corps, on ne peut leur attribuer la valeur caractéristique d'autres propriétés plus spéciales, mais indestructibles. C'est le principe qui prévaut en zoologie et en botanique, et qui, rigoureusement appliqué, fait les classifications vraiment naturelles. Donc il ne suffit pas, comme les philosophes semblent le croire, d'accord en ceci avec le vulgaire, que certaines qualités prétendues de la matière, telles que l'étendue, l'impénétrabilité, la divisibilité, la figure, soient les plus générales, pour en faire les qualités essentielles et vraiment *premières* de la matière. M. Cournot regarde cette théorie sur les qualités premières et les qualités secondes comme un préjugé dont il y a lieu de discuter la légitimité, en profitant pour cela de tous les renseignements dont nous sommes redevables aux progrès de l'expérimentation et au perfectionnement des sciences (2).

Laissons-le parler, et pesons bien ici chacune de ses paroles. « En tête de la liste des qualités premières ou fondamentales, on a coutume de mettre l'étendue et l'impénétrabilité. Mais d'abord la notion vulgaire de l'impénétrabilité, telle qu'elle nous est procurée par le toucher d'un corps solide et par le sentiment de la résistance qu'il oppose au déploiement de notre force musculaire, cette notion répond

(1) Liv. II, chap. 8, § 114.
(2) *Ibid.*

à un phénomène très-complexe, dont la plus haute géométrie n'a pu jusqu'ici, tout en prodiguant les hypothèses, donner une explication vraiment satisfaisante ; et ce phénomène, c'est celui de la constitution même du corps solide, au moyen d'atomes ou de molécules maintenues à distance les unes des autres. Que si l'on attribue la solidité, non plus aux corps mêmes ou aux agrégats moléculaires, mais aux dernières molécules qui en seraient les éléments constitutifs, on introduit, pour satisfaire à un penchant de l'imagination, une conception hypothétique, que l'expérience ne peut ni renverser, ni confirmer, et qui en réalité ne joue aucun rôle dans l'explication des phénomènes. La prétendue qualité première pourra bien n'être qu'une qualité imaginaire, et à notre égard sera certainement une supposition gratuite (1). »

On dira que l'impénétrabilité n'est pas la rigidité, et qu'un corps, pour être liquide, n'en est pas moins impénétrable, en ce sens que, si la masse est pénétrée par l'écartement des parties, les parties mêmes ne le sont pas. — Sans doute ces atomes qui ne peuvent jamais arriver au contact, peuvent encore moins se pénétrer. Mais c'est précisément pour cela que la raison n'a aucun motif d'admettre, en ce qui les concerne, une prétendue qualité essentielle qui n'entrerait jamais en action. Si donc l'impénétrabilité des molécules atomiques est donnée pour autre chose que leur mobilité et leur déplacement effectif par l'action répulsive qu'exercent à distance les autres molécules,

(1) Liv. I, chap. 8, § 115.

c'est une de ces abstractions qui ne tiennent pas devant l'analyse (1).

Il en est de même de l'étendue considérée, non pas comme le simple lieu, mais comme une propriété physique des corps. Sans doute, les corps qui tombent sous nos sens nous donnent l'idée d'une portion d'étendue continue, figurée et limitée; mais ce n'est là qu'une illusion de notre faculté représentative, de notre imagination. De même que les taches blanchâtres et en apparence continues de la voie lactée se résolvent, dans un puissant télescope, en un amas de points lumineux distincts, et de dimensions absolument inappréciables; de même des expériences chimiques résolvent le fantôme d'un corps étendu, continu et figuré, en un système d'atomes ou de particules infinitésimales. En sorte que l'étendue n'est, à vrai dire, qu'un rapport de juxtaposition des parties dans l'espace, c'est-à-dire une simple propriété géométrique, et rien de plus (2). C'est la définition de Leibnitz.

Mais si l'étendue n'est pas une qualité des corps, le sera-t-elle davantage de la matière? Il est certain que les lois de notre imagination nous font attribuer une figure et des dimensions aux particules dont se composent les corps; mais cela ne repose sur aucun fondement rationnel, puisque toutes les explications qu'on a pu donner des phénomènes physiques, chimiques, etc., sont indépendantes des hypothèses relatives aux figures et aux dimensions des molécules

(1) Liv. II, chap. 8, § 115.
(2) Liv. II, chap. 8, § 116.

élémentaires. Que ces molécules soient des centres d'où émanent des forces attractives et répulsives, voilà ce que démontrent l'expérience et le raisonnement; mais qu'elles aient la forme de sphères, d'ellipsoïdes, de pyramides, de cubes, ou qu'elles affectent toute autre figure courbe ou polyédrique, ou même qu'elles affectent une forme quelconque, c'est ce qu'aucune observation ne peut même nous faire présumer (1).

Ainsi, non-seulement l'impénétrabilité et l'étendue ne sont pas les qualités fondamentales des corps, mais elles n'en sont même pas de véritables propriétés. Où et comment découvrir ces propriétés ? c'est ce que l'auteur va nous apprendre. L'expérience nous atteste que les corps peuvent changer de figure, d'aspect et d'état, se désagréger et se disperser, mais non s'anéantir; de telle sorte que, si l'on recueille soigneusement tous les produits nouveaux qui ont pu se former, toutes les particules intégrantes du corps qui s'est en apparence évanoui, la balance accusera ce fait capital, que le poids total est resté le même, sans augmen-

(1) Liv. II, chap. 8, § 116. Nous trouvons même que ce n'est point assez dire. La représentation de la matière, en tant qu'étendue, soit qu'il s'agisse des corps, soit qu'il s'agisse de leurs parties constituantes, n'est point une hypothèse ; c'est purement et simplement une illusion de l'imagination. Seulement, tandis que l'étendue nous apparaît dans les corps, elle ne peut être que supposée dans les atomes, supposition qui est une conséquence naturelle et nécessaire de la représentation sensible. Il se peut que la matière ne soit point divisible à l'infini ; c'est même ce que l'expérience chimique tend à démontrer. Mais qu'est-ce que cela prouve? Simplement que la division des actions moléculaires a des limites, l'étendue des atomes; c'est une propriété tout aussi *imaginaire* que l'étendue des corps.

tation ni déchet. C'est ainsi que l'observation se trouve d'accord avec une loi de notre esprit, le principe de la *substance*, qui nous porte à concevoir quelque chose d'absolu et de persistant dans tout ce qui se manifeste à nous par des qualités relatives et variables. Enfin des expériences plus délicates et une théorie plus avancée nous montrent cette constance du poids dans les corps comme liée à une loi plus générale, en vertu de laquelle les parcelles des corps, prises dans leur totalité, opposent la même résistance à l'action des forces motrices, ou exigent la même dépense de force pour prendre la même vitesse, quels que soient l'aspect et le mode d'agrégation des molécules, et quelle que soit la nature de la force qu'on dépense pour leur imprimer le mouvement. Ce qui fait dire, d'une part, que le poids d'un corps est proportionnel à sa masse; d'autre part, que la masse d'un corps est quelque chose d'invariable, de persistant, à travers toutes les modifications que le corps est susceptible d'éprouver (1).

La *masse*, le *poids*, voilà des propriétés de la matière, et non simplement de l'espace, comme l'étendue et la figure; propriétés essentielles, s'il en fût, par cela même qu'elles sont permanentes et indestructibles; ce sont les propriétés constitutives de la matière, telle que l'entendent les physiciens. Qu'il y ait d'autres propriétés non moins générales, et également permanentes et indestructibles, c'est ce que l'expérience seule pourrait nous enseigner, et ce que la raison ne peut ni nier ni affirmer à priori

---

(1) Liv. II, chap. 8, § 117.

Mais si, outre ces propriétés communes à tous les corps pondérables, il en est d'autres par lesquelles ces corps ou les éléments de ces corps diffèrent radicalement les uns des autres, et qui soient tout à la fois indestructibles et irréductibles, comme la masse et le poids, il faudra admettre, non-seulement des corps différents, selon les arrangements divers des parties d'une matière homogène, mais des matières diverses et hétérogènes. Et toutes les propriétés qui constitueront cette hétérogénéité devront être considérées comme des qualités premières, quel que soit d'ailleurs leur degré de généralité (1). Certaines propriétés chimiques sont dans ce cas.

Quelles seront alors les *qualités secondes*, d'après le critérium de l'auteur ? Toutes celles qui ne sont ni indestructibles ni irréductibles, comme les diverses formes solide, liquide ou gazeuse des corps, formes dont aucune n'est permanente, et qui dérivent d'une simple combinaison de principes élémentaires. Quant aux phénomènes qui n'ont ni masse ni poids, tels que la lumière, la chaleur, l'électricité, le magnétisme, faut-il y voir des qualités premières, ou des qualités secondes de la matière? Ce problème ne peut être résolu dans un sens ou dans l'autre qu'autant que l'expérience nous a fait reconnaître si ces phénomènes sont de simples accidents des corps pondérables, ou bien les manifestations d'une chose qui pourrait subsister encore, même après l'anéantissement des corps pondérables. Pour cela, il ne suffit pas de constater les

(1) Liv. II, chap. 8, § 117.

différences radicales qui distinguent ces propriétés de celles qui constituent proprement la matière pondérable. Ainsi, non-seulement les premières échappent à la balance ; mais elles semblent ne participer en rien à l'inertie de la matière, puisqu'elles n'offrent au mouvement des corps pondérables aucune résistance appréciable, et que leur accumulation ou leur dispersion ne donne lieu à aucun accroissement observable, ni à aucun déchet dans la masse. Tandis que la masse d'un corps pondérable est quelque chose de fixe et de limité, il semble qu'on puisse indéfiniment tirer de l'électricité d'un corps ou en ajouter, pourvu qu'on en tire ou qu'on y ajoute pareille dose d'électricité contraire (1).

Mais la question subsiste tout entière, de savoir si ces propriétés qu'on appelle lumière, chaleur, électricité, magnétisme, ne sont que des effets des forces primitives et élémentaires qui constituent la matière pondérable, ou si l'on doit les rapporter à des forces simples et vraiment irréductibles constituant une autre espèce de matière. Dans ce dernier cas, elles devraient être considérées comme des qualités premières de la matière, au même titre que la masse ou le poids. S'il faut en croire une certaine école de physiciens, la démonstration, par l'expérience et l'analogie, d'une réduction aux propriétés de la matière pondérable serait assez avancée pour qu'on pût arriver à une conclusion générale sur le caractère secondaire des propriétés de la chaleur, de la lumière, de l'électricité, du magnétisme.

(1) Liv. II, chap. 8, § 118.

Les expériences qui se font depuis quelque temps sur la chaleur, tendent à la faire rentrer parmi les phénomènes du mouvement. En serait-il de même des autres phénomènes que l'on vient de citer? M. Cournot n'incline point à le penser, et il serait plutôt d'avis de les rapporter à une ou plusieurs matières *sui generis*, dont ces diverses propriétés seraient les qualités fondamentales. Du reste, il ne prend pas au sérieux les mots dont se sert la langue scientifique elle-même pour exprimer le sujet mystérieux de ces propriétés. Ainsi, quand un physicien entreprend d'exposer les lois de la distribution de l'électricité à la surface d'un corps conducteur, ou les lois de la distribution du magnétisme dans un barreau aimanté, il lui est commode d'imaginer un fluide qui se répand en couches d'épaisseur ou de densité variables. Mais il sait bien que ce fluide n'est un objet de connaissance réelle, ni pour le vulgaire, ni pour les savants. Ce n'est pas une idée, mais une image qui ne figure dans la théorie qu'en manière d'échafaudage ou de construction auxiliaire (1).

Dans la pensée du savant modeste qui la fait sortir d'une analyse toute scientifique, cette théorie des qualités premières et des qualités secondes n'a pas de portée en dehors de la science positive et de la logique. Mais, même renfermée dans ces limites, elle a une très-grande valeur, et peut être considérée comme l'idée la plus neuve et la plus féconde du livre. Sans doute, il n'a pas fallu un grand effort d'esprit pour la tirer de la science qui la contenait

---

(1) Liv. II, chap. 8, § 118.

visiblement ; mais enfin les progrès de la physique n'ont pas empêché jusqu'ici la théorie cartésienne de prévaloir dans les livres et dans les écoles. Ce ne sont pas seulement les métaphysiciens qui ont conservé l'étendue parmi les qualités fondamentales des corps ; les savants eux-mêmes ont invariablement reproduit cette définition, sans paraître se douter qu'ils prenaient une simple propriété de l'espace pour une véritable qualité des corps. Nous espérons qu'après la belle analyse de M. Cournot, l'étendue restera à sa véritable place, dans le domaine de la géométrie et de la mécanique, et qu'on ne la verra plus figurer parmi les propriétés physiques de la matière, dont on la fait encore aujourd'hui le support et le sujet.

Quant à en tirer une conclusion métaphysique, M. Cournot y songe d'autant moins qu'il refuse à l'esprit humain le pouvoir de pénétrer l'*essence* des choses, et d'en assigner les premiers principes. Bien qu'il semble naturellement conduit par l'analyse au dynamisme de Leibnitz, il n'entend point substituer une hypothèse à une autre ; il est même d'avis de garder l'hypothèse des atomes dans la science, où elle est d'un usage nécessaire, pourvu que l'on ne commette pas la méprise de prendre pour les matériaux de la construction scientifique ce qui n'en est que l'échafaudage extérieur. Car c'est une de ces conceptions qui n'entrent pas dans la science à titre d'idées, mais à titre d'images, et à cause de la nécessité où se trouve l'esprit.

Mais si les faits concluent d'eux-mêmes à une solution métaphysique, nous croirons-nous tenus à la même réserve que l'auteur ? Quel est le résultat net de cette analyse ? C'est que les perceptions de l'étendue, de la figure, de la solidité, ainsi que toute espèce de représentations sensibles, étant éliminées de la notion de matière, cette notion se réduit aux propriétés physiques et chimiques, indestructibles et irréductibles, telles que la masse, le poids, les affinités moléculaires, les attractions électives. Or que sont ces propriétés, sinon des principes d'actions, des *forces*, dans l'acception la plus simple et la plus générale du mot ? Après Leibnitz, qui avait déjà fait justice du préjugé cartésien sur les qualités fondamentales de la matière, M. Cournot est certainement le premier philosophe (car ce savant est un philosophe) qui ait vu clair dans cette question. Seul, il a compris et montré par des exemples décisifs que l'impénétrabilité n'est qu'une abstraction de l'esprit, que l'étendue, loin d'être une qualité fondamentale, n'est pas même une propriété des corps. Mais, s'il en est ainsi, pourquoi hésiter sur la vraie notion de la matière, laquelle ne peut être que l'idée de force ? Tant qu'on prend au sérieux les représentations toutes subjectives de l'étendue et de la figure, et qu'on fait des rapports géométriques auxquels elles répondent la base et le fond des propriétés physiques et chimiques proprement dites, il est facile de comprendre pourquoi on persiste à ne voir dans ces dernières propriétés que les modes divers de la substance ainsi définie par des attributs purement géométriques. Mais l'illusion une fois disparue, qu'est-ce qui empêche l'esprit d'entrer dans la voie ouverte par Leibnitz, et, sans adopter toutes les hypothèses qu'il a pu joindre à son grand et fécond principe dynamique, de conclure définitivement à la définition de la matière par la force ?

Un mot de M. Cournot nous laisse craindre qu'il n'ait pas entièrement rompu avec le préjugé d'imagination qui a faussé si longtemps la vue de l'intelligence sur ce point. Entre le *dynamisme* et *l'atomisme*, il ne veut point se prononcer, par la raison que ce serait substituer à une hypothèse qui n'est pas susceptible de vérification, une autre hypothèse qui ne l'est pas davantage. *Hypothèse* est-il le mot juste ici ? Pour nous, il nous semble qu'il n'y a lieu de l'appliquer ni au principe des cartésiens et des atomistes, ni au principe de Leibnitz. Le premier n'est pas une hypothèse, à proprement parler ; M. Cournot lui a assigné son vrai nom, ce n'est qu'une *image*, bonne uniquement à nous *représenter* la réalité. Or quelle est cette réalité, sinon un principe d'action, une force, ou un ensemble de forces ? C'est ce qui fait qu'en ramenant l'idée de la matière à la notion de force, on n'imagine point une hypothèse ; mais on se fonde uniquement sur un fait, l'action physique ou chimique. Toute la métaphysique de la chose, si l'on peut appeler ainsi un acte aussi simple de la pensée, consiste à introduire dans la définition le nom de la cause ou du principe de cette action. Quand nous disons, à l'exemple de Leibnitz, que la matière est force, la matière pondérable aussi bien que la matière impondérable, s'il en est une, nous n'entendons pas dire autre chose que ceci : la réalité que nos sens nous font percevoir est essentiellement mouvement et action, et l'idée de force est tout ce qui reste au fond de la notion de la substance matérielle, du moment que nous en avons éliminé les sensations et les images.

Mais tel est l'empire de l'imagination sur les esprits les plus exercés à l'analyse scientifique, que, sur ce point, la vérité, même démontrée par la science, a beaucoup de peine à s'établir et à se propager, même dans le monde des savants et des philosophes. Il semble qu'en rayant l'étendue du nombre des qualités propres à la matière, on supprime l'étoffe de celle-ci, et qu'en ne lui laissant que la force pour propriété constitutive, on la réduit à n'être plus qu'un phénomène sans consistance. Le sens commun n'est pas facile à convaincre dans ces sortes de questions où l'imagination entre en jeu, avec ses conceptions d'une clarté toute populaire, dont la science a beau faire ressortir le vide et l'absurde. La substance matérielle représentée comme une chose étendue, figurée, inerte, qui ne se meut que par l'impulsion d'une force extérieure, c'est là pour l'imagination une idée si simple, si claire, si facile à concevoir et à conserver, qu'elle ne coûte pas le moindre effort à l'esprit le plus ordinaire. Aussi Rousseau est-il compris de tous, lorsqu'il dit dans la *Profession de foi du vicaire savoyard* : « Pour moi, je suis tellement persuadé que l'état naturel de la matière est d'être en repos, et qu'elle n'a en elle-même aucune force pour agir, qu'en voyant un corps en mouvement, je juge aussitôt que c'est un corps animé, ou que le mouvement lui a été communiqué. »

Il est vrai que la métaphysique de Rousseau est loin d'égaler son éloquence. Mais que sera-ce, si la science elle-même se range du côté de l'imagination, et si la géométrie et la mécanique viennent donner à ses représentations l'autorité d'une véritable démonstration scientifique ? Tout en prouvant, contrairement à l'opinion de Rousseau, que les corps n'ont pas une propension naturelle au repos, Euler essaye de montrer, contre l'école de Leibnitz, que la définition de la matière par la force est contredite tout à la fois par le principe de l'inertie et par l'expérience. « Les autres sont plus à craindre, puisque ce sont les fameux philosophes wolfiens... Ils soutiennent que tout corps, en vertu de sa propre nature, fait continuellement des efforts pour changer d'état, c'est-à-dire que, lorsqu'il est en repos, il fait des efforts pour se mouvoir, et que s'il est en mouvement, il fait des efforts pour changer continuellement de vitesse et de direction. Ils n'allèguent rien en preuve de ce sentiment, si ce n'est quelque raisonnement creux tiré de leur métaphysique. Je remarque seulement que ce sentiment est contredit par le principe que nous avons si solidement établi (le principe de l'inertie), et par l'expérience qui est parfaitement d'accord avec ce principe. En effet, s'il est vrai qu'un corps en repos demeure, en vertu de sa nature, en cet état, il est faux qu'il fasse, en vertu de sa nature, des efforts pour changer cet état. De même, s'il est vrai qu'un corps en mouvement conserve, en vertu de sa nature, ce mouvement avec la même direction et la même vitesse, il est absolument faux que le même corps, en vertu de sa nature, fasse de continuels efforts pour changer son mouvement (1). »

Euler est un géomètre. Or, en pareille matière, la géomé-

---

(1) Euler, *Lettres à une princesse d'Allemagne*, 2ᵉ part., lettre V.

trie et la mécanique n'ont pas, malgré l'éclat d'un tel nom, l'autorité qu'on leur suppose. Mais voici un physicien, des premiers de notre siècle, l'illustre Biot, qui pense comme l'école mathématique sur les propriétés fondamentales de la matière. « En bonne philosophie, les qualités des corps matériels que nous pouvons appeler universelles, semblent devoir se restreindre à celles dont la réunion est indispensable pour nous les faire parvenir, et pour les caractériser essentiellement d'après l'idée que notre esprit s'en forme ; telles sont l'étendue et l'impénétrabilité, à quoi nous ajoutons la mobilité et l'inertie : cette dernière expression désigne le manque de spontanéité par suite duquel la matière, considérée dans son essence propre, est indifférente à l'état de repos et de mouvement. A ce compte, la gravitation proportionnelle aux masses et réciproque au carré des distances, qui s'exerce entre les éléments matériels de tous les corps planétaires, ne serait pas une qualité qu'on dût appeler universelle, puisque nous pourrions concevoir l'existence de corps matériels qui en seraient dépourvus, ou qui graviteraient les uns sur les autres, suivant d'autres lois (1). »

Entre des noms comme ceux de Descartes, d'Euler, de Leibnitz, de Newton, de Laplace, de Biot, il serait fort difficile et vraiment téméraire de se prononcer, s'il s'agissait simplement ici d'hypothèses soutenues avec un égal génie, sur l'essence de la matière. Mais comme le pro-

(1) *Mélanges scientifiques et littéraires*, t. I, p. 380. *Correspondance de Newton et de Cotes.*

blème qui a divisé et divise encore le monde savant et philosophique, peut être ramené à une question d'analyse scientifique, ainsi que l'a si bien fait voir M. Cournot, nous ne craindrons pas d'entrer dans cette grande discussion, pour essayer d'en dégager une solution métaphysique déjà préparée par l'analyse du savant dont nous suivons la trace.

Ce qui appelle le plus l'attention de la critique dans une pareille lutte, ce n'est pas la contradiction, assez ordinaire, des savants qui se prononcent en sens contraire ; ce n'est pas même la contradiction de deux grandes écoles, phénomène auquel l'histoire de l'esprit humain nous a également habitués ; c'est la contradiction profonde de deux sciences, la géométrie et la mécanique d'une part, et la physique de l'autre. Comment ne pas désespérer d'un problème sur lequel deux sciences semblent en tel désaccord ? Qui se trompe du géomètre qui parle d'étendue et d'inertie, ou du physicien et du chimiste qui parlent de force ? Ni l'un ni l'autre heureusement. L'étendue corporelle à laquelle s'attachent les géomètres, n'est pas une simple image, une sensation sans objet, comme les sensations du goût et de l'odorat ; c'est un rapport entre les éléments de la masse matérielle, considérée dans l'espace. Comme ce rapport constitue un ordre déterminé que l'imagination n'a point créé et dont la science étudie les lois, il est rigoureusement vrai de dire que la géométrie a un fondement réel, en dehors des représentations sensibles. Et, puisque d'autre part, cette propriété de l'espace est inséparablement liée aux propriétés intrinsèques des corps, on comprend la connexion intime des sciences auxquelles correspondent ces propriétés si diverses, et comment la géométrie peut être dite la base de la physique, bien qu'elle n'en contienne nullement la matière. Quant à chercher la nature elle-même des corps dans ce point de vue abstrait et tout extérieur, sous lequel le géomètre envisage la Nature, c'est une grave erreur des physiciens géomètres, tels que M. Biot. De ce que nous ne pourrions nous *représenter* un corps sans étendue, il n'y a rien à en conclure au sujet de l'objet même de nos perceptions sensibles.

Il en est de même de l'inertie, dans la mécanique rationnelle. Qu'est-ce que l'inertie, à proprement parler? C'est la propriété d'exiger pour se mouvoir la dépense d'une certaine force, proportionnelle à la mise en mouvement, quand la vitesse est la même, et proportionnelle à la vitesse, quand la masse reste la même. L'inertie de la matière consiste, non-seulement à rester dans l'état de repos, quand aucune force motrice ne la sollicite, mais à persévérer dans l'état de mouvement, et à continuer de se mouvoir d'un mouvement rectiligne et uniforme, quand nulle force ou nul obstacle extérieur ne vient en arrêter le mouvement, ou en changer soit la vitesse, soit la direction. Mais ce principe d'une incontestable vérité ne prouve nullement la répugnance ou l'indifférence de la matière au mouvement. La mécanique qui s'en sert ne s'occupe point des forces intrinsèques de la matière, telles que l'attraction universelle ou les affinités chimiques. Que le corps qu'elle considère comme mobile, soit en mouvement ou en repos, quant à l'état intérieur de ses parties, elle n'a point à s'en inquiéter.

Qu'il y ait inertie véritable ou seulement apparente, par suite de l'équilibre qui résulte de l'action combinée des forces intérieures, cela ne change absolument rien à la disposition de ce corps, relativement à la force extérieure d'impulsion et de locomotion dont il s'agit de calculer la quantité. Le problème reste le même dans tous les cas, et la géométrie s'arrange également de toutes les hypothèses ou théories que la philosophie de la Nature peut faire sur l'essence de la matière. Mécanisme de Descartes, atomisme des chimistes, dynamisme de Leibnitz, aucun de ces points de vue ne change un iota aux considérations et aux calculs de la mécanique rationnelle (1). Quant à cette autre mécanique qui, au lieu de considérer le mouvement et la force d'une manière abstraite, s'attache à suivre et à calculer les mouvements des forces réelles de la Nature, de l'attraction universelle, par exemple, elle n'est pas davantage intéressée à telle ou telle solution du problème métaphysique de la matière, puisque l'emprunt qu'elle fait à l'expérience ne modifie en rien ses méthodes et ses calculs. Que l'attraction soit une force inhérente à la matière, ou lui ait été communiquée par un moteur étranger, les lois du mouvement

---

(1) M. Biot semble lui-même de cet avis, quand il dit : « Newton a défini précédemment ce qu'il appelle des quantités de *matière égales*. Ce sont celles qui, étant impressionnées par une même force, pendant un même temps, acquièrent d'égales vitesses ; et généralement, la quantité de matière est inversement proportionnelle à la vitesse ainsi imprimée. Au point de vue abstrait ces définitions sont inattaquables. Elles ne font que caractériser l'inertie par des phénomènes qui en sont la conséquence nécessaire, et l'on n'a pas besoin d'autre chose pour les calculs mécaniques. » (Id., *Mélanges*, t. I, p. 382.)

sont les mêmes pour la mécanique céleste que pour la mécanique rationnelle.

En résumé, l'inertie n'est point, à proprement parler, une propriété de la matière, comme la pesanteur ; c'est un de ces principes abstraits qui dérivent, non de la nature même des corps, mais de leurs rapports considérés au point de vue du mouvement. S'il en est ainsi, la géométrie et la mécanique ne sont point en cause dans le problème qui nous occupe ; et nous pouvons, sans manquer de respect aux autorités qu'on nous oppose, récuser tous les arguments contre la matière active, qu'on tire soit de l'étendue, soit de l'inertie, soit de toute autre propriété géométrique ou mécanique. Diderot, qui n'était pas un grand métaphysicien, mais qui, malgré son matérialisme vague et flottant, entendait mieux que Rousseau ces questions de philosophie naturelle, nous dit quelque part : « Je ne sais en quel sens les philosophes ont supposé que la matière est indifférente au mouvement et au repos. Ce qu'il y a de bien certain, c'est que tous les corps gravitent les uns sur les autres ; c'est que toutes les particules des corps gravitent les unes sur les autres ; c'est que dans cet Univers, tout est en translation ou *in nisu,* ou en translation et *in nisu* à la fois. Cette supposition des philosophes ressemble peut-être à celle des géomètres, qui admettent des points sans aucune dimension, des lignes sans largeur ni profondeur, des surfaces sans épaisseur. Pour vous représenter le mouvement, disent-ils, outre la matière existante, il vous faut imaginer une force qui agit sur elle. Ce n'est pas cela ; la molécule, douée d'une qualité propre à sa nature, par elle-même est une force active. Elle s'exerce sur une autre lécule qui s'exerce sur elle (1). »

On retrouve dans ce passage tout à la fois la physique de Newton, le dynamisme de Leibnitz, et le matérialisme des encyclopédistes. Nous nous garderons bien de répéter avec Diderot que la force est inhérente à la matière, ce qui est inintelligible. Mais en nous appuyant sur la physique moderne, et sur l'analyse scientifique de M. Cournot, nous dirons avec Leibnitz que la matière, c'est la force elle-même. Nous pouvons le dire, sans que cela nous force d'accepter les hypothèses dont Leibnitz a compliqué son principe, et qui n'ont pas toutes trouvé leur confirmation dans l'expérience. Ainsi, quand nous parlons de force à propos de substance matérielle, nous n'entendons exprimer par ce mot rien d'analogue aux causes des phénomènes de la physiologie ou de la psychologie. Sous ce rapport, le langage de Leibnitz prête à l'équivoque; et il semble qu'il ait été dupe d'une illusion semblable à celle des matérialistes, en faisant entrer dans l'expression de son dynamisme le sentiment intime qui a été l'origine de la notion de force. Il est évident que la notion pure et vraiment scientifique des corps ne comporte pas plus les sentiments de la conscience que les représentations de l'imagination. Encore sommes-nous moins disposés à reconnaître à ces forces élémentaires et primitives toutes les propriétés que Leibnitz attribuait à ses monades, notamment l'indépendance absolue et cette *harmonie pré-*

---

(1) Diderot, *Principes philosophiques de la matière et du mouvement.*

établie par laquelle ce trop ingénieux esprit remplaçait l'action réciproque des forces, contre l'irrésistible évidence des faits. Descartes et son école ne reconnaissent à la matière d'autre mouvement que l'impulsion communiquée par un moteur étranger. En soutenant que, non-seulement la matière est active par elle-même, puisqu'elle est une force, mais qu'en sa qualité de force, elle n'est jamais réellement passive, en ce sens qu'elle subirait l'action d'un moteur étranger, Leibnitz tombe dans l'excès opposé.

Hypotheses non fingo, a dit Newton à propos des belles lois qu'il expose dans ses *Principes de philosophie*. Pour avoir le droit d'en dire autant du principe de la philosophie dynamique, il faut le ramener à n'être plus que la simple expression d'un fait d'expérience. Or à quoi se réduit la matière pondérable pour le physicien ? A la masse, telle que la constate l'expérience de la balance. Et qu'est-ce que la masse ? Une certaine quantité de force qui subsiste toujours la même, à travers les divers états par lesquels elle passe. Quand donc on parle de la masse et du poids comme des propriétés fondamentales de la matière, il ne faut point y voir des propriétés réellement distinctes. Le mot masse n'exprime que l'invariable mesure des forces élémentaires, tandis que le mot poids exprime le rapport exact entre ces forces, tel que le détermine l'expérience de la balance. En tout cela, il ne s'agit donc que de *force;* c'est le seul principe qui entre dans la notion de matière, et à vrai dire, c'est lui qui la compose tout entière, et la constitue essentiellement.

Voilà pour la matière pondérable. Quant à cette autre matière qui échapperait à la balance, donner ce nom aux agents impondérables, tels que la lumière, la chaleur, l'électricité, le magnétisme, serait supposer ce qui est en question : à savoir, que ces propriétés non permanentes ne sont pas réductibles à des propriétés vraiment élémentaires. Or c'est ce que l'état actuel de la science ne nous permet ni d'affirmer ni de nier. La réduction probable de la chaleur et de la lumière au mouvement pourrait être tout au plus considérée comme une présomption en faveur de l'hypothèse aujourd'hui assez en vogue, qui ramène aux forces simples de la matière toutes les propriétés énoncées ci-dessus, et en fait des propriétés secondaires des corps.

Ce n'est pas à dire qu'il ne puisse y avoir une véritable matière impondérable, en dehors de tout ce que nos sens nous font découvrir. Outre que l'esprit humain n'a aucune raison à priori de le nier, la science admet l'hypothèse contraire, et se croit en mesure de l'établir. Il est certain que la matière pondérable décroît à mesure qu'on s'éloigne du centre de gravité, et qu'on s'élève dans les régions atmosphériques. Il est donc très-probable qu'à la limite extrême de ces régions se trouve le vide parfait. Or, le vide parfait, en fait de matière pondérable, serait-ce l'espace pur, c'est-à-dire le néant ? La raison répugne invinciblement à une hypothèse inintelligible et qui implique contradiction. D'autre part, la science ne peut attribuer à l'espace pur, qui n'est qu'une abstraction géométrique, certaines propriétés positives, comme celle, par exemple, de transmettre les rayons lumineux. Et en effet, de quelque façon qu'on explique la lumière, soit par l'hypothèse abandonnée des émissions d'un fluide, soit par l'hypothèse admise des ondulations, il paraît impossible d'en rendre compte sans supposer une matière quelconque qui soit l'intermédiaire de la transmission.

Mais quelles peuvent être les propriétés essentielles de cette matière qui ne tombe pas sous les sens? Ici l'hypothèse elle-même devient difficile, parce qu'elle semble manquer de fondement. On voit bien sans doute qu'il est d'autant plus facile à l'esprit de concevoir cette matière comme une force, que les sensations et les images n'interviennent pas pour en obscurcir ou en fausser l'idée. Mais, d'un autre côté, comme l'expérience ne nous révèle ici aucune espèce d'action qui puisse être définie, sinon calculée, nous sommes tenus à la plus grande réserve à ce sujet. Seulement, à défaut d'observations directes, tout ce que la science nous apprend sur la prodigieuse rapidité des mouvements de la lumière, nous donne une idée de l'extrême élasticité des forces dont se compose la matière impondérable appelée l'*éther*. Donc, en nous en tenant à la propriété de transmettre les rayons lumineux, la seule que l'expérience nous révèle, cela nous suffit pour faire rentrer dans le principe dynamique cette nouvelle matière dont les autres propriétés nous sont jusqu'ici inconnues. Où serait la force, si elle n'était là où les phénomènes du mouvement se produisent dans leur plus grande intensité?

Le dynamisme ainsi entendu n'est donc pas une hypothèse métaphysique sur l'essence de la matière, comme tant de spéculations ontologiques ; c'est la conclusion simple et nécessaire d'une analyse toute scientifique des propriétés véritables des corps. M. Cournot lui même, qui a tant contribué à cette conclusion par son ingénieuse et profonde critique, incline, malgré sa réserve habituelle, vers le principe que sa défiance pour tout ce qui ressemble à la métaphysique ne lui permet pas d'accepter résolûment avec toutes ses conséquences. « L'action à distance une fois admise, il est clair que l'étendue, la figure et l'impénétrabilité des atomes ou des molécules élémentaires n'entrent plus pour rien dans l'explication des phénomènes, et ne servent plus que de soutien à l'imagination, de sorte qu'en réalité il n'intervient dans la physique newtonienne, qui est celle de toutes les écoles contemporaines, comme dans la physique cartésienne depuis longtemps passée de mode, qu'un seul principe hypothétique de toutes les explications doctrinales, soit la notion de la force ou de l'action à distance, soit la notion du mouvement par le contact, en vertu de l'impénétrabilité des molécules contiguës. Ce n'est que par l'épreuve, c'est-à-dire par l'application effective d'un principe à l'enchaînement rigoureux et mathématique de faits naturels, que l'on peut juger de la valeur du principe. Newton a eu la gloire de soumettre à une telle épreuve, et de la manière la plus décisive, l'idée de force ou d'action à distance (1). » N'est-ce pas se prononcer nettement pour la philosophie dynamique ?

Cette philosophie n'eût-elle que l'avantage de s'accorder

---

(1) Liv. I, chap. 8, §§ 121, 122.

avec la science positive, ce serait un titre précieux à la confiance des esprits les plus difficiles, dans un temps surtout où l'autorité des sciences physiques est souveraine. Elle a de plus l'avantage de simplifier un grand problème que l'école cartésienne n'a jamais bien résolu et ne pouvait résoudre : c'est le problème des rapports de la matière et de la force, de la matière et de la vie, de la matière et de l'esprit, problème sans cesse renaissant dans chacune des branches de l'histoire naturelle, et même de la psychologie. Toutes les difficultés qui proviennent de l'incompatibilité radicale des deux substances, la matière et l'esprit, ainsi que des divers ordres de phénomènes compris sous les mots d'étendue, de force, de vie, disparaissent comme par enchantement dans le dynamisme. Ce n'est point à dire que ce principe supprime les différences de nature entre les êtres des divers règnes de la Nature. Les faits conservent toute leur force, sous le principe qui les explique et les relie entre eux. Le dynamisme n'a pas plus le droit de confondre l'âme avec la simple force mécanique, physique ou chimique, que le matérialisme n'a celui d'identifier l'esprit avec la matière. Mais il est évident que le principe dynamique fait évanouir bien des nuages et des mystères, dans toutes les questions qui se rapportent à la nature, à l'origine et aux rapports des êtres entre eux.

Il est vrai que cette philosophie enlève à la théologie tout un ordre d'arguments tirés de l'inertie absolue de la matière. Mais la *théodicée* de Leibnitz est là pour prouver que la science de Dieu n'y a rien perdu. Si le mystère de la création peut devenir intelligible, c'est assurément dans la doctrine de Leibnitz plutôt que dans celle de Descartes. En tout cas, la contingence des êtres individuels reste une vérité incontestable, qu'on les compose de parties étendues, d'atomes, ou de forces ; et cette contingence réclame impérieusement un Être nécessaire qui ne peut être la simple collection de ces atomes ou de ces forces. Tant de voies conduisent à Dieu, qu'on prenne pour point de départ la raison, la conscience ou la Nature, que celle-là peut être abandonnée par la théologie, sans péril pour la suprême Vérité que cette science poursuit. Ne craignons pas d'ajouter qu'elle doit l'être, du moment qu'une pareille méthode de démonstration n'est plus en harmonie avec les révélations de la science positive (1). Pour la philosophie ancienne qui connaissait mal la Nature, la matière n'est qu'une masse étendue, inerte, continue ou divisée en atomes, qu'un principe étranger est venu mouvoir et ordonner. C'était alors l'idée la plus simple que s'en pût former la science, d'accord avec l'imagination. En changeant l'aspect de la Nature, la science moderne a changé les principes de la philosophie naturelle. Maintenant qu'il n'est plus question que de mouvements et d'actions, soit extérieures, soit intérieures,

(1) Dans une remarquable étude sur le *matérialisme contemporain*, M. Paul Janet s'attache à conserver à la matière cette incapacité naturelle de mouvement qui fait supposer la nécessité d'un premier moteur. Bien qu'il soutienne cette thèse avec une grande vigueur de discussion et d'analyse, et en s'appuyant sur l'autorité d'illustres géomètres et physiciens, tels que Laplace, Biot, et surtout Euler, nous craignons qu'il n'ait cédé au préjugé d'imagination sur les qualités premières et secondes de la matière, préjugé dont la critique de M. Cournot nous paraît avoir fait définitivement justice (voyez le chapitre 4 tout entier, la *matière* et le *mouvement*).

dans les théories de nos physiciens et de nos chimistes, la philosophie ne voit plus que des forces, là où la vieille physique ne trouvait qu'étendue et inertie, forces physiques, forces chimiques, forces vitales, forces morales. Or, quand la science a parlé, la philosophie doit accepter ses enseignements, sans s'arrêter à d'autres considérations que celle de la vérité.

Mais y a-t-il réellement lieu de s'inquiéter des conséquences théologiques d'un pareil principe? En quoi la philosophie dynamique serait-elle moins favorable à la théodicée que la philosophie mécanique? Est-ce parce que le Monde qu'elle conçoit n'a plus besoin d'un Moteur? Mais que perd la théodicée, en perdant un ordre d'arguments fondés sur une théorie fausse de la matière? Est-ce enrichir le Monde aux dépens de Dieu? Mais il n'est pas nécessaire de mutiler l'œuvre cosmique, contre le témoignage de la science, pour glorifier son Auteur? Au contraire, une théologie supérieure pourrait admettre que chaque propriété ajoutée à l'effet est un hymne nouveau en l'honneur de la Cause. Ainsi l'entendait Leibnitz, le plus grand adversaire de Spinosa. Est-ce effacer la ligne de démarcation qui sépare le réel du divin, et ouvrir la voie qui conduit aux abîmes du panthéisme? Mais le Monde eût-il par lui-même l'être, le mouvement, la vie, il lui manquerait toujours le caractère qui fait l'essence même de la divinité, c'est-à-dire la perfection. Quoi qu'il en soit, le dynamisme semble à M. Cournot, comme à Leibnitz, bien plus favorable que l'hypothèse cartésienne aux idées qui sont chères à l'école spiritualiste. « La prédominance de l'idée de substance nous incline vers le matérialisme ou le spinosisme; les écoles spiritualistes et théistes s'accommoderaient mieux de la prédominance acquise à l'idée de cause; car au fond c'est dans la matière que l'imagination saisit ou croit saisir la substance : et comme l'imagination n'a aucune prise sur la substance immatérielle; comme nous avons par le sens intime une perception plus claire ou plus immédiate de notre *moi* comme cause que de notre *moi* comme substance, il est tout simple que le spiritualisme se montre favorable à ce qui agrandit le rôle de l'idée de cause, en débarrassant la raison des difficultés sans nombre qu'accumule l'idée de substance, appliquée aux phénomènes qui dépassent l'ordre physique (1). »

Il faut reconnaître que tous les dynamistes ne sont pas de l'école de Leibnitz et de Maine de Biran. Il est à croire que l'auteur de la *Théodicée* n'eût point accepté sans réserve ces paroles d'un philosophe allemand : « La Nature n'est pas une masse inerte; elle est pour celui qui sait se pénétrer de la sublime grandeur de la *force créatrice* de l'Univers, force sans cesse agissante, primitive, éternelle, qui fait naître dans son propre sein tout ce qui existe, périt et renaît tour à tour (2). » Mais pourquoi, dans une question de pure analyse scientifique, se préoccuper des conséquences théologiques que peut avoir telle définition de la matière. C'est fausser la philosophie, comme la science, que de la mettre au service d'une certaine théologie. La

---

(1) *Traité de l'enchaînement des idées fondamentales*, t. I, liv. II, chap. 9, § 176.

(2) Schilling, *Discours sur les arts*.

philosophie dynamique vaut par elle-même. Si elle a pour elle la science et la vérité, il ne faut point regarder ce que la théologie peut en craindre ou en espérer. En admettant entre les deux ordres d'idées un rapport logique tel que toute philosophie de la Nature ait ses conséquences inévitables dans la théodicée, ce serait à celle-ci de se subordonner à la science positive et à la philosophie qui en est la plus haute expression, et à retrancher de son sein tel ou tel ordre d'arguments qui n'avaient d'origine et de fondement que dans une notion fausse ou incomplète de la Nature, et qui ne répondent plus à l'état actuel des sciences physiques. Autrement, ne serait-ce pas le cas de répéter, à propos de la Nature, le mot de Galilée sur le mouvement de la terre : *E pur si muove?* Bien que les illusions de l'imagination soient plus lentes à se dissiper dans la métaphysique que dans la science positive, le temps ne nous semble pas éloigné où, comme le dit M. Cournot, l'*image* fera définitivement place à l'*idée*, dans la notion vraiment scientifique de la matière.

IV

LA FORCE, LA VIE, L'AME.

Il semble que la philosophie dynamique rende tout matérialisme impossible, en lui enlevant son objet. Cela est vrai littéralement parlant. Mais dès que l'on va au fond des choses, on s'aperçoit que cette philosophie n'atteint pas le principe même des hypothèses matérialistes. Qu'importe, en effet, qu'on substitue la force à l'étendue, l'idée à l'image, dans la définition de la matière, si l'on continue à expliquer par le jeu des forces simples et élémentaires les phénomènes de la vie, de la sensibilité et de la pensée? Tout au plus y aurait-il lieu de remplacer un mot par un autre, et de qualifier de *mécanisme* une hypothèse où il ne peut entrer d'autre idée que la notion de force. Mais qui ne voit que le résultat serait exactement le même, quant à l'explication des phénomènes vitaux et psychologiques, que dans l'hypothèse où le mot de matière est conservé avec tout son cortège de représentations sensibles. Le problème reste donc entier après ce qui vient d'être dit sur les propriétés essentielles de la matière. La mécanique explique-t-elle les phénomènes chimiques? La chimie explique-t-elle les phénomènes vitaux? La biologie explique-t-elle les phénomènes psychologiques et moraux? En d'autres termes, faut-il voir dans les propriétés mécaniques le principe des actions et des affinités moléculaires, dans les propriétés chimiques le principe des fonctions vitales, dans les propriétés biologiques le principe des facultés sensitives et intellectuelles? Toute la question est là. Partout et toujours il s'est trouvé des savants et des philosophes que le goût de la clarté et de l'unité a entraîné ou fait incliner vers la solution affirmative. Et comme l'instinct vulgaire est ici d'accord avec l'instinct scientifique, il n'est pas étonnant que cette explication ait toujours et partout été la plus populaire de toutes celles qui ont été essayées, malgré les réclamations de la conscience. et de la science elle-même.

Sans se proposer directement la solution de ce problème, la critique de M. Cournot montre encore ici comment l'analyse scientifique peut la préparer. En parcourant successivement les divers degrés de l'échelle des sciences, il n'est pas de savant qui ne soit frappé de la difficulté de soumettre aux principes d'une science les phénomènes de celle qui la suit immédiatement, quels que soient les rapports qui relient ces deux sciences. Newton faisait une hypothèse, quoi qu'il en ait dit, en imaginant dans toutes les particules de la matière pondérable une force dont la pesanteur des corps terrestres n'est qu'une manifestation particulière. Mais, grâce à son génie et aux travaux de ses successeurs, de cette hypothèse est sortie l'explication la plus complète des plus grands et des plus beaux phénomènes de l'univers. La loi du décroissement de la force par l'accroissement de la distance est regardée comme une loi fondamentale de la Nature qui régit tous les mondes. Dès lors tous les phénomènes astronomiques s'expliquent par les principes de la mécanique.

Mais les physiciens géomètres vont plus loin. Pour expliquer, en partant toujours de l'idée d'une action à distance entre des particules disjointes, les phénomènes que les corps nous présentent dans leur structure intime et moléculaire, ils imaginent des forces dont la sphère d'action ne s'étend qu'à des distances insensibles pour nous, et comprend néanmoins un nombre comme infini de molécules. Belle et simple hypothèse qui ramène les phénomènes moléculaires aux principes mécaniques de masse et d'action à distance, combinés avec les théorèmes de la géométrie, mais qui ne peut avoir une valeur scientifique comparable à celle de la théorie de la gravitation universelle, expliquant tous les phénomènes observés, et devançant souvent les résultats de l'observation. Si, en effet, parmi les phénomènes moléculaires, on considère ceux qui font l'objet de la chimie, on voit que cette science n'a nul besoin de la mécanique pour ses théories, et que les progrès des deux sciences s'opèrent dans une complète indépendance (1). Il y a mieux : c'est que les phénomènes chimiques résistent, par tous leurs caractères, à une réduction aux principes de la mécanique et de la géométrie. Les attractions ou répulsions entre des molécules à distance ne doivent produire que des effets régis par la loi de continuité. Les affinités chimiques ne donnent lieu qu'à des associations ou à des dissociations brusques, et à des combinaisons en proportions définies. D'où viendrait cette distinction tranchée entre différents états moléculaires, si les actions chimiques, ne variant qu'en raison des distances, n'éprouvaient que des altérations infiniment petites, quand les distances ne varient elles-mêmes qu'infiniment peu. De même, si les atomes élémentaires disjoints ne différaient les uns des autres que par les dimensions et par les figures, ou si les groupes qui constituent les molécules chimiques composées ne différaient que par le nombre et par la configuration des atomes élémentaires, maintenus à distance les uns des autres dans l'intérieur de chaque groupe, on ne voit pas comment il serait possible d'expliquer la distinction

---

(1) *Traité de l'enchaînement des idées fondamentales*, t. I, chap. 8, § 122.

essentielle des radicaux et des composés chimiques, et tout le jeu des affinités qui produisent les compositions et les décompositions dont le chimiste s'occupe. La différence des masses ne peut pas plus que la différence des configurations et des distances rendre raison de tous ces phénomènes, puisque la masse est sujette aussi, dans ses variations, à la loi de continuité, et qu'au surplus la théorie des équivalents chimiques manifeste un contraste des plus remarquables entre la masse que l'on considère en mécanique, laquelle se mesure par le poids et par l'inertie des corps, et ce que l'on pourrait nommer la masse chimique, laquelle est mesurée par la capacité de saturation. Donc, de toute façon, on arrive, avec M. de Humboldt, à cette conséquence, que les phénomènes chimiques sont inexplicables par les seuls principes de la mécanique; et que les actions d'affinité ou d'attraction élective, sur lesquelles reposent les explications des chimistes, sont des notions irréductibles à inscrire sur le catalogue des idées premières que la raison admet sans les expliquer, et qu'elle est forcée d'admettre pour l'enchaînement des faits observés (1). »

Ainsi, dans le passage d'une science à l'autre, on rencontre des solutions de continuité qui ne tiennent pas seulement à une imperfection actuelle de nos connaissances et de nos méthodes, mais bien à l'intervention nécessaire de nouveaux principes pour le besoin des explications subséquentes. C'est ce qui ressort de l'analyse sévère de M. Cournot, aussi bien que du magnifique tableau des phé-

(1) Tome I, chap. 8, § 123.

nomènes naturels que Humboldt nous offre dans son *Cosmos*. « La marche de la Nature, dit le premier, consiste à passer des phénomènes plus généraux, plus simples, plus permanents, à des phénomènes plus particuliers, plus complexes et plus mobiles. Dans l'étude scientifique des lois de la Nature se présentent, en première ligne, les propriétés générales de la matière, les lois fondamentales de la mécanique, celles de la gravitation universelle. De ces lois et de quelques autres, qui, pour être moins bien connues, n'ont probablement pas moins d'extension et de généralité, dépendent les grands phénomènes cosmiques, et comme la charpente de l'Univers ou les traits fondamentaux du plan de la Création (1). » C'est ce qu'avait déjà dit l'illustre Humboldt : « La généralisation des lois qui d'abord, dans des cercles plus étroits, n'avaient été appliquées qu'à quelques groupes isolés de phénomènes, offre, avec le temps, des gradations de plus en plus marquées ; elle gagne en étendue et en évidence, tant que le raisonnement s'attache à des phénomènes d'une nature réellement analogue ; mais dès que les aperçus dynamiques ne suffisent plus, partout où les propriétés spécifiques de la matière et son hétérogénéité sont en jeu, il est à craindre qu'en nous obstinant à la poursuite des lois, nous ne trouvions sous nos pas des abîmes infranchissables. Le principe d'unité cesse de se faire sentir, le fil se brise là où se manifeste, parmi les forces de la Nature, une action d'un genre particulier. La loi des équivalents et des proportions numé-

---

(1) Tome I, chap. 8, § 124.

riques de composition, si heureusement reconnue par les chimistes modernes, proclamée sous l'antique forme de symboles atomistiques, reste encore isolée, indépendante des lois mathématiques du mouvement et de la gravitation (1). »

Seulement, si forte est la tendance vers l'unité, dans le développement de la science, que l'esprit du savant philosophe s'arrête à regret devant de nouveaux principes à reconnaître, et semble toujours espérer que l'ordre nouveau des phénomènes rentrera dans l'unité des principes connus, dès qu'il aura été plus complétement étudié. « Nous sommes encore bien éloignés de l'époque où il sera possible de réduire, par les opérations de la pensée, à l'unité d'un principe rationnel, tout ce que nous apercevons au moyen des sens. La complication des phénomènes et l'étendue immense du Cosmos paraissent s'y opposer ; mais, lors même que le problème serait insoluble dans son ensemble, une solution partielle, la tendance vers l'intelligence du Monde, n'en demeure pas moins le but éternel et sublime de toute observation de la Nature (2). » Notre auteur est plus sage ; et, devant l'évidence des faits, il résiste à cette passion de l'unité qui a égaré tant de puissantes intelligences, et mis la philosophie naturelle sur la voie du matérialisme. La solution de continuité qui marque le passage d'un ordre de sciences à l'autre ne lui paraît pas une lacune provisoire d'une science incomplète, mais bien une

---

(1) *Cosmos*, t. I, p. 74.
(2) *Ibid.*, p. 74.

barrière infranchissable posée par la nature même des choses.

De la chimie à la biologie, le saut est plus sensible encore. Si le chimiste regarde comme chimérique l'entreprise de ramener à un problème de mécanique ordinaire l'explication des phénomènes qu'il étudie et des lois qu'il constate, le physiologiste trouve bien plus chimérique encore la prétention d'expliquer, par le seul concours des lois de la mécanique et de la chimie, un des phénomènes les plus simples de la vie organique, la formation d'une cellule, la production d'un globule du sang, ou, parmi les fonctions plus complexes et qui néanmoins dépendent le plus immédiatement du jeu des actions chimiques, la digestion des aliments, l'assimilation des fluides nourriciers. Encore moins la raison admettra-t-elle que la solution de l'énigme de la génération puisse sortir des formules du géomètre ou du chimiste. A l'apparition des êtres organisés et vivants commence un ordre de phénomènes qui s'accommodent aux grandes lois de l'univers matériel, qui en supposent le concours incessant, mais dont évidemment la conception et l'explication exigent l'intervention de forces ou de principes nouveaux (1).

Si l'on entre dans la distinction des deux règnes qui composent l'ordre entier des phénomènes biologiques, la même solution de continuité s'observe encore. Le contraste est manifeste entre la vie organique, commune aux végétaux et aux animaux, toujours agissante, jamais suspendue,

---

(1) Tome I, chap. 9, § 125.

commençant et finissant la dernière, toujours obscure et sans conscience d'elle-même, et la vie animale, essentiellement irrégulière ou périodique, apparaissant plus tard et finissant plus tôt, se perfectionnant graduellement avec le système d'organes qui y est affecté, dans les diverses espèces de la série animale. La mobilité et l'élévation des phénomènes de la première ressortent d'autant mieux qu'on les compare à la fixité et à la solidité élémentaire des phénomènes de la seconde. En sorte que la vie animale semble greffée sur la vie végétale, selon l'expression de Linné, si bien expliquée par Bichat. Ce n'est pas seulement l'ordre des phénomènes les plus élevés de la vie animale, tels que la sensation, l'appétit, l'imagination, qui refuse de se laisser expliquer par les principes de la physique et de la chimie ; c'est encore l'ordre le plus simple et le plus élémentaire des fonctions animales. Dans le passage d'un règne à l'autre se trouve un hiatus qu'on essayerait vainement de déguiser par les artifices du langage, ou de voiler sous l'ambiguïté des termes (1).

Enfin le contraste que Bichat a si heureusement marqué entre la vie organique et la vie animale, n'est-il pas également sensible entre celle-ci et la vie intellectuelle, la vie humaine proprement dite? Ici, sans doute, la tentation de ramener un ordre de phénomènes aux principes d'un ordre inférieur a été plus forte que partout ailleurs. Dans tous les temps, et particulièrement au siècle dernier, l'école sensualiste s'est évertuée à réduire à la sensation les actes et

(1) Tome I, chap. 9, § 126.

les facultés de la vie intellectuelle, par une série de transformations ingénieuses. Mais ces subtilités d'analyse ont toujours échoué devant la grande et profonde observation des faits, aussi bien que devant le sens pratique de l'Humanité. « Tous les grands peintres de la nature humaine, tous ceux qui l'ont étudiée dans un but pratique, et par conséquent sans préoccupation des systèmes métaphysiques et des subtilités d'école, n'ont-ils pas vivement exprimé ce dernier contraste que la conscience du genre humain proclame, que le sentiment intérieur indique à l'homme le plus grossier, le moins enclin aux raffinements ou à l'enthousiasme mystique? Ces deux hommes, ou plutôt ces deux vies (quoiqu'elles se pénètrent mutuellement à l'instar des deux vies organique et animale) ne suivent-elles pas des allures différentes; n'ont-elles pas leurs périodes distinctes, d'enfance, de jeunesse, de virilité et de déclin? L'une n'est-elle pas plus élevée dans ses principes et dans ses tendances, l'autre plus fondamentale et plus fixe dans ses caractères (1)? » Et si c'était le lieu d'insister sur cette distinction, combien il serait intéressant de faire voir par l'observation que la même loi, déjà constatée par la comparaison de la vie organique et de la vie animale, se retrouve dans le contraste de la vie animale et de la vie intellectuelle. Ainsi la première qui nous apparaît comme mobile, accidentelle, vraiment supérieure en face de la vie organique, nous semble stable, permanente, inférieure devant la seconde. Nul phénomène de la vie totale n'échappe

---

(1) Tome I, chap. 9, § 127.

sans doute à l'action des causes physiques, extérieures ou intérieures. Mais un fait certain, c'est que les phénomènes de la vie intellectuelle et *humaine*, tels que le sentiment, la volonté, la pensée, y sont beaucoup moins soumis que les phénomènes de la vie animale, tels que la sensation, l'instinct, l'appétit, la mémoire et l'imagination sensible. Et ce n'est pas seulement l'analyse philosophique qui le montre; c'est le bon sens populaire qui l'atteste. Quand on dit que le *cœur*, que l'*esprit* ne *vieillit* point, ou n'entend pas soustraire entièrement à l'action irrésistible de l'âge ou de la maladie ces deux facultés ou ces deux ordres de phénomènes de la vie morale; mais on veut dire par là que, de toutes nos facultés, celles-là résistent le plus aux influences corporelles. Alors que la mémoire des choses sensibles commence à nous quitter, la mémoire des idées abstraites nous reste, et même devient plus active. L'imagination poétique et métaphysique, qui crée les types et trouve les symboles, conserve et même augmente son activité, quand l'imagination matérielle a perdu toute sa force et toute sa fraîcheur. En un mot, si les facultés animales s'éteignent ou languissent dans l'épuisement ou la faiblesse des sens, les facultés humaines se développent, se raniment, se renouvellent, en puisant à des sources plus pures et plus hautes.

Jusqu'ici la métaphysique n'est pour rien dans les résultats de l'observation des phénomènes biologiques. Deux vérités en ressortent clairement et demeurent acquises à la science positive, à savoir : 1° la classification des phénomènes organiques, sensitifs, intellectuels constituant les trois règnes connus sous le nom de règne végétal, règne animal, règne *hominal* ; 2° l'irréductibilité absolue des phénomènes sensitifs aux principes de la vie organique, aussi bien que des phénomènes intellectuels aux principes de la vie animale. Or, le seul énoncé de ces vérités suffit pour réduire à néant tous les systèmes qui ont tenté d'effacer la ligne de démarcation posée par la Nature elle-même entre ces divers ordres de phénomènes, ou qui, sans l'effacer entièrement, ont essayé de ramener ces différences phénoménales à l'unité de principe. Il est donc impossible que toute philosophie de la Nature et toute psychologie ne les prennent pas pour base de leurs conceptions et de leurs théories, à moins d'aller se perdre dans les distinctions arbitraires et dans les fausses simplifications où les mots jouent un plus grand rôle que les choses. C'est ce que montre fort bien l'auteur de ce livre, malgré sa réserve excessive en tout ce qui touche aux problèmes métaphysiques. « Dans les temps modernes surtout, l'importance exclusive que Descartes a attachée à la notion métaphysique de substance, ses explications fondées sur la distinction de deux substances dont l'essence consisterait, pour l'une dans l'étendue, pour l'autre dans la pensée, ont habitué à considérer comme un préjugé indigne de logiciens rigoureux la distinction entre l'âme sensitive et l'âme raisonnable, distinction si familière aux anciens (1), proclamée par les pre-

(1) « Pythagoras primum, deinde Plato, animum in duas partes divi-
» dunt, alteram rationis participem, alteram expertem ; in participe ra-
» tionis ponunt tranquillitatem, id est placidam quietamque constantiam :
» in illa altera motus turbidos, tum iræ, tum cupiditatis, contrarios
» inimicosque rationi. » (Cicer. *Tusc.*, IV, 5.)

miers docteurs du christianisme (1), conservée dans la scolastique du moyen âge (2), soutenue par Bossuet lui-même, tout enclin qu'il était au cartésianisme avec les grands esprits de son siècle ; distinction qui n'est autre que celle de la vie animale et de la vie intellectuelle, lorsqu'on

La distinction des trois vies et des trois âmes est le principe fondamental de la psychologie d'Aristote.

(1) « Voyons où est placé le point de réunion de l'homme extérieur et de l'homme intérieur. Tout ce que nous avons dans l'existence de commun avec la brute appartient à l'homme extérieur. En effet, ce n'est pas seulement le corps qu'il faut appeler l'homme extérieur, c'est aussi cette portion de la vie qui soutient l'organisme. Lorsque les images des objets déposées dans la mémoire reviennent par le souvenir, c'est encore un acte qui appartient à l'homme extérieur ; et les animaux même peuvent recevoir par les sens l'impression des objets du dehors, en garder le souvenir, et entre ces objets rechercher ce qui leur est utile, fuir ce qui leur est déplaisant. Mais noter ces impressions, les retenir, non-seulement sous une sensation immédiate, mais en les confiant exprès à la mémoire, et lorsqu'elles commencent à s'effacer par l'oubli, les graver de nouveau par le ressouvenir et la réflexion, de sorte que la mémoire ayant d'abord fourni matière à la pensée, ensuite la pensée affermisse la mémoire ; se créer enfin une vue fictive des objets, en recueillant et en rapprochant de çà et de là ce qui était dispersé, et dans cet ensemble discerner le vraisemblable du vrai, non pour les choses spirituelles, mais pour les choses matérielles : cette épreuve et toute autre semblable, quoique faite sur des objets sensibles et par l'entremise des sens, ne se fait pas en dehors de la raison et n'appartient qu'à l'homme. L'œuvre d'une raison plus haute encore, c'est de juger des objets corporels d'après des règles idéales et éternelles. » (Saint Augustin, *Traité de la Trinité*, fragment traduit par M. Villemain, dans le *Tableau de l'éloquence chrétienne au IV° siècle*.) Sur ce point, comme sur tous les points essentiels de sa psychologie, le docteur chrétien se montre le disciple de Plotin ; mais c'est un disciple plein d'originalité.

(2) C'est la doctrine d'Abailard, d'Albert le Grand, de saint Thomas, et tous les docteurs de la scolastique sans distinction d'école. « L'âme a trois

7

écarte toute hypothèse transcendante sur l'essence des causes, pour s'en tenir à ce que donne l'observation des phénomènes (1). »

Ces dernières paroles nous avertissent que l'auteur n'entend pas nous ramener, soit à la doctrine péripatéticienne des trois âmes, soit à la doctrine vitaliste de l'école de Montpellier, soit à la doctrine des deux *hommes* de Maine de Biran. Il laisse à la métaphysique la solution de ces difficiles problèmes, et s'en tient aux résultats de la science positive. Il est certain que ces résultats ont une très-grande portée philosophique et morale par eux-mêmes, abstraction faite de toute conclusion métaphysique. Cela seul suffit déjà, ainsi que nous l'avons dit plus haut, pour ruiner par la base les doctrines philosophiques qui expliquent toute la Nature par les principes de la mécanique et de la géométrie, et les doctrines psychologiques qui expliquent tout l'homme par la sensation. C'est ce que montre M. Cournot, sans dépasser les limites de l'analyse scientifique. « La métaphysique de Descartes n'a pu se soutenir nulle part, comme principe de l'interprétation scientifique de la Nature. L'idée de force, bannie de l'école cartésienne, remise en honneur dans la philosophie de Leibnitz, fournissait à

---

puissances ou facultés, celle de végéter, celle de sentir, celle de juger. L'âme en exerce une dans les plantes, deux dans les animaux ; dans l'homme elle les exerce toutes trois ; elle a le conseil et le jugement avec la végétabilité et la sensibilité ; c'est ce qu'on appelle la rationalité ou la raison. » (Abailard, *Dialect.*, par M. de Rémusat, t. I, p. 462.)

(1) Tome I, chap. 9, § 127.

Newton l'explication admirable des plus grands phénomènes de l'univers. A l'imitation de Newton, les géomètres, les physiciens, les chimistes employaient, sous diverses formes, l'idée de force ou d'action à distance; les physiologistes proclamaient la nécessité d'admettre des forces vitales et organiques pour l'explication des phénomènes que présentent les êtres organisés et vivants; le bon sens répugnait à ce que l'on ne vît dans les animaux que des machines ou des appareils chimiques; il ne devait pas moins répugner, par la même raison, à ce que l'on ne vît dans l'homme intelligent et moral qu'une machine, une plante, ou un animal de structure plus compliquée, quoiqu'il y ait certainement à étudier dans l'homme des phénomènes mécaniques, chimiques, une vie organique servant de soutien à la vie animale sur laquelle vient s'enter la vie intellectuelle et morale. L'absurdité est la même à confondre ou à identifier avec un terme quelconque de la progression hiérarchique tous ceux qui le précèdent ou qui le suivent. On ne réussit ni mieux ni plus mal à tirer de la sensation une idée ou une conception rationnelle, qu'à faire éclore du conflit des actions chimiques le germe d'un arbre ou d'un oiseau, et à faire sortir la sensation de couleur d'un mode d'ébranlement du nerf optique. Au lieu du mystère unique de l'union entre la matière et l'esprit (c'est-à-dire, suivant Descartes, entre l'étendue et la pensée), il faut admettre une succession de mystères, toutes nos explications scientifiques supposant l'intervention successive et le concours harmonique de forces dont l'essence est impénétrable, mais dont l'irréductibilité est pour nous la conséquence de l'irréductibilité des phénomènes qui en émanent (1). »

Les résultats de l'analyse scientifique de l'homme, tels que les énonce l'auteur du livre, suffisent-ils également pour réfuter toutes les doctrines morales qui rabaissent la destinée humaine aux satisfactions de la vie animale, et pour établir solidement les vrais principes sur lesquels repose la moralité et la dignité de notre espèce? Sans nier le moins du monde l'importance de telle ou telle solution métaphysique, au point de vue de la destinée complète de l'homme, nous avons toujours pensé que la morale a sa base dans la psychologie, et que toute théorie des devoirs doit être fondée sur l'analyse de la nature humaine. Telle nature, telle destinée, telle loi ; ces trois mots sont corrélatifs, et dans leur succession logique n'expriment pas moins que le rapport du principe à la conséquence. La loi de l'être humain est écrite dans sa destinée, et sa destinée est écrite dans sa nature. Or, cette nature, si on laisse de côté les mille détails qui la composent, et qu'on s'en tienne aux traits essentiels et vraiment caractéristiques, se résume dans la grande et immortelle distinction des deux ordres de phénomènes, des deux vies, qui correspond à la formule mystique de la *chair* et de l'*esprit*, et que la langue scientifique exprime par les termes plus exacts et plus précis de vie *animale* et de vie *humaine*. La nature de l'homme est double ; mais le rapport entre les deux principes de cette dualité est tel, au témoignage sûr de notre conscience, que

---

(1) Tome I, chap. 9, § 128.

l'un est la fin propre de la vie humaine, tandis que l'autre n'en est que le moyen et l'instrument. Cette simple formule suffit à démontrer la supériorité de l'esprit sur la bête, et en même temps à définir le rôle et la fonction propre de chacun de ces principes. Or, toute la morale est là, du moins toute la morale qui se rapporte à notre condition actuelle. Il n'est pas nécessaire d'en savoir davantage pour avoir la raison de la supériorité du sentiment sur l'appétit, de la volonté sur l'instinct, de l'intelligence sur l'imagination, et pour comprendre la loi qui oblige toute conscience humaine à subordonner la *brute* à l'*homme*. L'analyse psychologique suffit pour tout cela.

Ce n'est pas que nous ayons la même défiance que M. Cournot à l'égard de tout ce qui se rapproche de la spéculation métaphysique. Quand la science positive a reconnu les divers ordres de phénomènes, soit dans la Nature, soit dans l'homme, et qu'elle les a rapportés à leurs causes inconnues, sous les noms de principes ou de forces, tout n'est pas dit. Que sont ces principes ou ces forces? Faut-il les considérer comme des êtres distincts, ou simplement comme les facultés diverses d'un seul et même être, multiple dans ses facultés, un dans son essence? Ainsi, par exemple, s'il est question de la Vie cosmologique, le Monde n'est-il que l'infinie variété de ces forces dans lesquelles la science tend à résoudre maintenant la substance dite matérielle; ou bien toutes ces forces ne seraient-elles que les puissances diverses, inégales, irréductibles, d'un Être cosmique, dans l'unité duquel elles conserveraient leur individualité? S'il est question de la vie psychologique,

que faut-il entendre par le mot âme ? Est-ce un être véritable ? Est-ce simplement une faculté à laquelle on rapporte un ordre distinct de phénomènes ? Dans le premier cas, comment concilier cette diversité d'âmes avec l'unité de l'être humain ? Dans le second, on supprime la difficulté, mais en supprimant la chose qui y donne lieu. Certes, en posant de pareils problèmes, on s'aperçoit qu'on n'est plus dans la pleine lumière de la science et de l'analyse. Mais enfin ce ne sont pas seulement les écoles de métaphysique qui s'en soucient; c'est l'Humanité elle-même, sous quelque forme qu'elle exprime son souci, pour ne pas dire son tourment.

Et puis, il ne faut pas croire que la métaphysique soit inutile à la solution des hautes questions de cosmologie générale ou de biologie. Comment s'expliquer, sans ses conceptions, le concours des forces cosmiques de toute nature et de tout ordre, ainsi que la magnifique harmonie qui en résulte ? Qui pourrait soutenir que, parmi les systèmes métaphysiques, il n'en est pas qui fassent mieux comprendre que d'autres la raison de ce concours et de cette harmonie ? L'unité de la vie universelle ne reste-t-elle pas une énigme à jamais inexplicable, dans certain ordre de conceptions, tandis que dans tel autre, cette explication est toute simple ? Et, pour ne parler que de la biologie, il est une question qui domine toute la science, et qu'il semble bien difficile de résoudre sans les hautes lumières de la métaphysique. Faut-il regarder les fonctions vitales comme le résultat et l'effet de l'organisation ? Problème insoluble par la seule méthode biologique. Il n'y a pas moyen de concevoir la vie comme antérieure à l'organisation ; car où serait le *substratum* des forces vitales et plastiques, tant que l'organisme n'existe pas ? D'autre part, il est déraisonnable et contraire à toutes les observations d'admettre que l'organisation produise la vie ; car on distingue nettement les propriétés vitales des tissus d'avec leurs propriétés mécaniques, physiques ou chimiques, lesquelles subsistent après que la vie s'est éteinte. L'étude attentive de l'organisation des êtres vivants prouve que l'énergie vitale et la force plastique, loin d'attendre pour agir la formation des organes, loin d'être la résultante du concours de forces inorganiques, gouvernent et déterminent au contraire la formation de l'organisme, lequel ne cesse pourtant pas, de son côté, de régler et de modifier, à mesure qu'il se développe, les manifestations de la force plastique et de l'énergie vitale. Ainsi, dans l'être organisé et vivant, l'organisation et la vie jouent simultanément le rôle d'effet et de cause, rôle qui n'a pas d'analogue dans l'ordre des phénomènes purement physiques (1). Ce mystère de la vie fait le désespoir des physiologistes philosophes, et laisse flotter la raison de nos savants entre les deux systèmes opposés de l'*organisme* et de l'*animisme*, jusqu'à ce qu'une philosophie supérieure trouve le moyen de concilier ces deux points de vue dans une conception plus large et plus profonde. C'est ce que la métaphysique seule peut faire. Son mérite propre est d'aider à comprendre de pareils mystères qui dépassent les méthodes de la science positive.

(1) Tome I, chap. 9, § 129.

Mais s'il appartient à la métaphysique de résoudre ces problèmes, il n'y a que la science qui puisse en préparer la solution. C'est elle qui, par la simple analyse des faits, réfute les conclusions contraires des *organistes* et des *animistes*, et conduit la pensée à la haute lumière qui lui fait voir le mystère de la vie sous son véritable jour. Si M. Cournot croit peu à la métaphysique, en revanche il la sert plus que beaucoup de ses aveugles amis, par les vues de science toute positive qu'il développe sur les êtres vivants, aussi bien que sur les forces générales de la Nature.

V

L'INFINI (1).

Que le lecteur se rassure en entrant avec l'auteur dans une question de métaphysique, et même de théodicée. C'est d'une main discrète que M. Cournot va essayer de soulever le voile qui couvre de tels mystères, et sans abandonner un instant la méthode toute scientifique qui lui a si bien servi jusqu'à présent. D'ailleurs l'infini dont il s'agit ici n'est pas un attribut de Dieu, mais du Monde; il n'est question que de l'infini dans l'espace et dans le temps, de l'infiniment grand et de l'infiniment petit. Problème purement cosmologique déjà assez difficile par lui-même, plus souvent agité que résolu par les écoles de métaphysique

---

(1) *Traité de l'enchaînement des idées fondamentales*, t. I, liv. II, chap. 11, § 188.

anciennes et modernes, et qui est devenu très-redoutable, depuis que les *antinomies* de Kant l'ont fait considérer comme insoluble. M. Cournot avait d'abord accepté sur ce point la conclusion de la *critique de la raison pure* (1). Mais, comme il le dit, « l'infini vaut bien la peine qu'on y regarde de près et qu'on avoue ses méprises. » Kant, de même que Pascal, lui paraît avoir cédé à un goût d'antithèses, à une apparence trompeuse d'analogie ou de symétrie, très-propre à égarer les esprits spéculatifs. En considérant le problème à la lumière des sciences physiques et naturelles, il le trouve susceptible d'une solution positive, au moins en ce qui touche à l'infinité du Monde dans l'espace.

Soumettant le problème complexe de l'Infini à l'analyse, l'auteur le décompose en quatre problèmes qu'il examine successivement : 1° l'infiniment petit dans l'espace ; 2° l'infiniment grand dans l'espace ; 3° l'infiniment petit dans le temps ; 4° l'infiniment grand dans le temps. Et d'abord que faut-il penser de l'infiniment petit ? L'observation nous apprend que la division de la matière peut être poussée jusqu'à un degré qui étonne notre imagination, sans que la raison trouve en cela aucun mystère. Quant à la divisibilité de la matière à l'infini, c'est une vieille question de métaphysique scolastique qui doit être retranchée de la philosophie naturelle. Elle ne se comprend ni dans l'hypothèse des atomes, ni dans celle des forces. Car, avec l'atomisme, la matière ne comporte qu'une division limitée, tandis qu'avec le dyna-

---

(1) *Essai sur les fondements de nos connaissances*, t. I, chap. 10, § 145.

misme, l'étendue n'étant plus qu'une apparence, il devient oiseux d'examiner si elle peut être divisible à l'infini. Mais là n'est pas l'intérêt de la question. Il s'agit de savoir si le monde des phénomènes microscopiques est, sauf la différence des proportions, le même que celui pour lequel nos yeux ont été faits, et si vraiment rien ne limite cet emboîtement des mondes les uns dans les autres. Or, cette hypothèse, qui ne répugnerait pas à la raison, et à laquelle se prête l'analogie, la science la dément positivement. A chaque échelle de petitesse correspondent des phénomènes d'un ordre particulier. De même qu'on ne voit pas de cristaux gros comme des planètes ou des montagnes ; de même, quelle que soit la puissance des microscopes, on ne trouve dans un cristal ou dans une goutte d'eau rien qui ressemble à un système planétaire, pas plus qu'on ne rencontre parmi les végétaux ou les animalcules microscopiques des miniatures de chênes, de palmiers, d'éléphants ou de baleines. « Les phénomènes d'ondulations lumineuses, les phénomènes capillaires, les phénomènes chimiques ont leurs échelles respectives distinctes, n'empiètent pas les uns sur les autres, ne se reproduisent pas périodiquement à tour de rôle, comme il le faudrait dans l'hypothèse d'un emboîtement indéfini des phénomènes cosmiques. Et la conséquence que la raison doit en tirer, c'est qu'en fait la série est limitée, et qu'il y a un point de départ, un commencement dans la petitesse, au point de vue de la structure du Monde et de l'échafaudage des phénomènes cosmiques les uns sur les autres (1). »

(1) *Essai*, etc., t. I, liv. II, chap. 11, § 188.

Si l'observation supprime l'infiniment petit, entendu dans ce sens qui est le seul digne de l'intérêt des savants et des philosophes, elle établit ou tend à établir, au contraire, l'infiniment grand. Selon l'auteur, la raison ne répugne à priori ni à l'infinité du Monde, ni à sa limitation dans l'espace, telle que l'imagination nous la représente. Si la Nature nous avait dérobé la connaissance des étoiles fixes, la science serait fondée à croire qu'en s'étendant jusqu'aux limites du système solaire, elle embrasse le Monde tout entier. Ce Monde serait donc conçu comme limité à la manière de nos atmosphères planétaires ou de la lumière zodiacale, sans qu'on en pût fixer précisément la limite. Au delà seraient les solitudes de l'espace, c'est-à-dire rien. Et si l'on demandait pourquoi le système du Monde se trouve en tel lieu de l'espace plutôt qu'en tel autre; comme le centre de l'espace indéfini est partout, ce serait le cas de répondre avec Leibnitz que le lieu du monde limité serait toujours le même, où qu'on le supposât placé. Donc la conception d'un monde limité pourrait être naturelle, logique, et n'offrirait ni mystères, ni contradictions à la raison (1).

Mais surviennent tout à coup les étonnantes révélations de la science, et voilà que l'infini nous apparaît avec une évidence irrésistible. L'auteur, en parlant de cette subite révolution qui s'opère dans la pensée humaine, ne peut se défendre d'un mouvement d'enthousiasme qui le rend éloquent. « Rendons maintenant à l'homme le magnifique

(1) *Essai*, etc., t. I, liv. II, chap. 11, § 189.

spectacle du ciel étoilé, et armons-le des puissants instruments qui, maniés par des Herschel et des Struve, ont amené de si admirables découvertes dans le champ des espaces sans fin. Tout prend alors une autre face : notre système solaire n'est qu'un atome ; les soleils et les mondes se groupent comme des îles et des archipels dans un océan sans rivage. Des découvertes successives, dans une série que rien ne paraît arrêter, conduisent *presque* irrésistiblement à l'affirmation que la série ne s'arrête jamais, et que le Monde est infini comme l'espace. Mais en quoi cette conclusion choque-t-elle la raison ? Notre imagination ne peut pas plus se représenter un monde infini qu'un espace infini ; cela est incontestable ; mais qu'ont de commun les fantômes de l'imagination et les conceptions de la raison ? La raison qui n'éprouve aucun obstacle à concevoir un espace infini, lieu de corps possibles et théâtre de phénomènes physiques possibles, n'éprouve pas plus d'obstacle à admettre la réalisation de toutes ces possibilités, partout où le témoignage de l'observation, la force des inductions l'obligent à l'admettre. Or, les progrès de l'astronomie stellaire donnent la plus grande force à l'induction qui nous fait croire à l'infinité du Monde dans l'espace (1). »

Voilà, selon l'auteur, comment les progrès de l'astronomie ont permis de résoudre enfin le problème si souvent et si vainement agité de l'infinité du Monde dans l'espace. Sur l'infinité dans le temps, il est tout à la fois plus embarrassé et moins affirmatif. Ici il lui semble que les rôles de

---

(1) *Essai, etc.*, t. I, liv. II, chap. 11, § 190.

la raison et de la science sont intervertis. Tout à l'heure, à propos de l'infinité dans l'espace, M. Cournot ne voyait pas d'obstacle à ce que la raison conçût le monde comme limité. C'était la science qui opposait à cette idée l'autorité de ses observations et de ses inductions. Maintenant, quant à l'infinité dans le temps, il ne pense pas que la raison puisse concevoir le monde comme limité dans le temps, sans se heurter contre un principe de l'esprit humain qui lui fait regarder les lois de la physique comme immuables, la substance des corps comme indestructible, et leurs propriétés fondamentales comme tenant à des caractères indélébiles. En conséquence, sauf la réserve nécessaire en faveur de l'apparition et du développement des espèces vivantes, il semble que tout commencement et toute terminaison des phénomènes cosmiques doivent être placés en dehors des faits naturels.

La science confirme-t-elle cette conception à priori de la raison? L'auteur ne le croit pas, du moins en ce qui concerne les sciences cosmologiques. Comme les sciences physiques, telles que la géométrie, la mécanique, la physique proprement dite, la chimie, la minéralogie, n'ont pour objet essentiel que des propriétés et des lois conçues comme permanentes et indélébiles, elles ne se heurtent contre aucune difficulté d'origine (1). Elles se prêtent donc assez facilement à la conception toute rationnelle de l'éternité du Monde, sans trop se soucier des arguments tirés soit de l'inertie, soit de la contingence de la matière. Si l'on sup-

(1) *Essai*, etc., t. I, liv. II, chap. 12, § 192.

prime le point de vue cosmique de l'ordre universel, et particulièrement le spectacle de l'organisation des êtres vivants, ce qui reste du Monde, c'est-à-dire l'ensemble de ses propriétés, de ses forces, de ses lois mathématiques et physiques ne semble pas devoir éveiller dans la pensée du savant l'idée d'une cause étrangère et supérieure, dont l'intervention serait nécessaire. Mais ce grand problème se pose à l'esprit dès qu'on entre dans le groupe des sciences cosmologiques. Si les lois de la physique possèdent en propre le triple caractère de simplicité, de constance, de régularité, les faits ou les données de la cosmologie tranchent par tous ces côtés avec ces lois. La science nous enseigne que l'ordre actuel, constant et périodique, des phénomènes astronomiques, n'a pas toujours subsisté, et que ces phénomènes ont dû être amenés graduellement à cet état de régularité, de permanence ou de périodicité (1). Ainsi, la surface du globe terrestre offrait encore l'image du chaos que déjà, depuis bien des milliers de siècles, notre système planétaire était constitué dans les conditions de stabilité qui le régissent actuellement ; et il y a apparence que, dans l'immensité des espaces stellaires, se trouvent encore à présent des soleils et des systèmes solaires à l'état d'ébauche.

Donc ici déjà les principes des mathématiques et de la physique ne suffisent pas, à ce qu'il semble, pour une explication complète des phénomènes cosmiques. Dans les parties où le Cosmos est constitué, comme dans le système

---

(1) *Essai*, etc., t. I, liv. II, chap. 12, § 194.

solaire, on comprend qu'il aille se développant dans un progrès régulier, sous l'action des forces et des lois de la mécanique et de la physique générale. Mais comment a-t-il pu passer de l'état chaotique à l'état où nous le voyons ? Beaucoup d'hypothèses ont été essayées pour expliquer cette constitution primitive, sans qu'aucune, pas même celle de Laplace, ait paru offrir toutes les conditions d'une théorie vraiment scientifique. « Donc, comme le dit l'auteur, nous ne sommes pas encore autorisés, par l'invention d'une genèse purement mathématique et physique, à bannir Dieu de l'explication du monde physique, comme une *hypothèse inutile*, selon l'insolente parole qu'on prête à un grand géomètre (1). » Si la simple charpente mécanique du Cosmos, si le monde désert, aride et silencieux nous parle de Dieu, que sera-ce donc quand il s'agira du monde où la vie circule, où l'organisation déploie ses merveilles ? Que de raisons alors à l'appui de la thèse qui invoque un principe de coordination intelligente ! Ici M. Cournot n'hésite plus à reconnaître la nécessité des conceptions métaphysiques ou théologiques ; et, sans se prononcer absolument pour l'une ou l'autre des deux doctrines auxquelles il ramène toutes ces conceptions, le panthéisme ou le théisme, il s'incline devant la foi générale de l'Humanité à cette dernière solution.

Quant au problème de l'infiniment petit dans le temps, l'auteur le regarde comme d'une solution très-simple qu'il exprime en une phrase. « Nous n'avons pas besoin d'in-

---

(1) *Essai*, etc., t. I, liv. II, chap. 12, § 159.

venter et d'employer aucun appareil, aucun instrument d'observation, pour comprendre qu'il n'y a pas de mouvement, pas de phénomène physique qui n'ait autant de phases correspondant à autant d'éléments du temps, si petits qu'on les suppose. Voilà pour l'infini en petitesse (1). » L'auteur admet donc cette infinité, en la fondant sur un rapport nécessaire de la réalité phénoménale avec le temps dont les parties peuvent toujours être considérées comme divisibles à l'infini.

On voit tout de suite, par ce court résumé, le fort et le faible de la critique de l'auteur, dans ces questions de haute métaphysique. Sur la question de l'infinité du Monde dans l'espace, il est certain que les grandes découvertes de l'astronomie moderne ont été une véritable *révélation*. Il s'était rencontré des métaphysiciens qui, avant ces découvertes, avaient affirmé l'infinité du Monde, au nom de la raison pure. Mais d'abord cette rare affirmation venant de philosophes en assez mauvais renom pour la plupart, n'avait pas prévalu contre le préjugé de l'imagination vulgaire. Or, une conception abstraite, alors même qu'elle est démontrée rationnellement, et admise par tous les esprits qui entendent la métaphysique, reste un mystère pour ce grossier sens commun qui ne voit clair dans les choses qu'autant qu'elles lui sont représentées par des images. Le dogme de l'infinité du Monde n'est donc devenu populaire qu'à partir du jour où les découvertes de l'astronomie dans le monde stellaire sont venues ouvrir un horizon indéfini à l'imagination hu-

---

(1) *Essai*, etc., t. I, liv. II, chap. 11, § 121.

maine, et confirmer, par une sorte de démonstration sensible, la démonstration toute métaphysique de la raison pure. Voilà l'avantage de la méthode scientifique, dans le problème qui nous occupe.

Mais cette méthode a en même temps un grave inconvénient sur lequel nous appelons l'attention d'un esprit aussi philosophique que l'auteur. Comment ne s'est-il pas aperçu que la question de l'infini est un de ces problèmes qui dépassent la portée de la critique purement scientifique ? L'astronomie a beau faire avec ses merveilleuses révélations ; elle est impuissante à fournir une solution rigoureuse du problème de l'infinité du Monde. Si elle peut reculer indéfiniment les limites de la réalité cosmique, elle ne peut démontrer absolument que ces limites n'existent pas. Avant les progrès de l'astronomie, on se faisait du Monde une image étroite et ridicule. Depuis, on s'en fait une image grandiose et qui confond la pensée vulgaire. Mais entre les deux conceptions astronomiques, l'ancienne et la nouvelle, il n'y a qu'une différence de degré ; et ce n'est pas cette différence, quelque prodigieuse qu'elle soit, qui pourra jamais combler l'abîme qui sépare l'infini de l'imagination de l'infini de la raison. L'astronomie a beau compter les milliers, les millions et les milliards de mondes, elle n'atteindra pas le point extrême où la raison pure se porte d'un seul bond. M. Cournot le sent bien. Aussi, dans la solution du problème qu'il essaye par la science positive, ne parle-t-il que d'une induction très-probable fondée sur la grandeur sublime des perspectives astronomiques. Il est vrai que ne se confiant pas beaucoup aux révélations de la raison, il trouve celles de la science très-suffisantes pour un esprit positif. Mais là est précisément l'erreur. La raison nous dit clairement que l'espace vide est un non-sens, du moment qu'on cesse d'y voir une simple propriété géométrique, qu'au-delà de l'être il y a, il ne peut y avoir que l'être, qu'ainsi, par de là tous les mondes observés par les astronomes, il y a des mondes, et toujours des mondes, sans que la pensée puisse s'arrêter à une limite quelconque. Or ceci n'est plus une induction fondée sur des analogies plus ou moins concluantes ; c'est une conception à priori d'une invincible nécessité. Voilà ce que ne donne pas, ce que ne pourra jamais donner la science.

Il en est de l'éternité comme de l'immensité du Monde. Nous sommes de ceux qui croient l'une aussi nécessaire, aussi rationnellement démontrée que l'autre. Un temps vide de phénomènes n'est pas plus admissible qu'un espace vide de substance, et les deux abstractions correspondantes sont également inintelligibles. Mais quelque solution qu'on adopte sur la question de savoir si le Monde a ou n'a pas commencé, s'il aura ou n'aura pas de fin, il est évident que ce n'est point la science positive, mais la métaphysique seule qui peut décider la question dans un sens ou dans l'autre. La science n'a réellement de preuves rigoureuses ni pour une solution ni pour une autre, parce que cet ordre d'arguments n'a pas la portée nécessaire pour atteindre jusqu'aux principes de l'ordre métaphysique. Il n'en est pas moins curieux et fort instructif de voir comment et pourquoi telle science interrogée par l'auteur, comme la mécanique et la physique générale, ne peut fournir d'inductions d'aucune espèce sur l'intervention d'une Cause supérieure, tandis que telle autre science, comme l'histoire naturelle, se prête si naturellement aux considérations qui ont pour objet d'établir l'existence d'un pareil Principe. En tout cas, c'est arriver à un résultat d'un grand intérêt que de montrer que la science positive, la science mathématique surtout, qui aime à se passer de la théologie, comme le disait un de ses plus illustres organes, n'est nullement en mesure jusqu'ici de justifier sa confiance en ses seules lumières, dans un ordre de questions où elle se croirait volontiers compétente.

Enfin, quant au problème des infiniment petits, l'auteur nous fait voir, la science à la main, que rien ne confirme, que tout infirme au contraire la thèse fort brillante, mais fort peu solide, qui prête à la Nature les mêmes merveilles d'organisation, jusque dans ses créations les plus microscopiques. L'emboîtement des règnes et des mondes dans les autres, aboutissant à l'unité de composition et d'organisation de tous les êtres de la Nature, loin d'être une loi établie par l'observation comparée, n'est qu'une hypothèse qui se heurte à chaque pas contre les enseignements de la science positive. Ce côté tout scientifique du problème est éclairé d'une vive lumière par la critique de l'auteur. Mais si l'on essaye de soumettre la question métaphysique à la même méthode, il devient impossible d'aboutir à une conclusion quelconque. L'indivisibilité ou la divisibilité de l'être, conçu, soit comme atome, soit comme force, est un problème qui ne dépasse pas les expériences de la science positive, et qui ne peut être résolu, dans un sens ou dans l'autre, que par un principe d'un ordre supérieur. Comment le Monde doit-il être conçu ? Est-ce comme une simple collection de forces ou d'atomes disséminés dans l'espace ? Est-ce au contraire comme un Être infiniment divers, mais continu, l'Être cosmique, dont l'unité propre ne serait ni l'unité symétrique d'un système, ni l'unité organique d'un être vivant, mais simplement l'unité de la Substance universelle, se manifestant dans le temps et dans l'espace par l'infinie variété de ses forces individuelles ? Problème redoutable que la métaphysique essaye de résoudre, que la science ne peut même poser, parce qu'elle n'en a pas l'idée. C'est là l'écueil de la méthode *positive*. L'école de ce nom le sait si bien qu'elle élimine du domaine de la science toute question métaphysique. M. Cournot, qui n'est pas de cette école, n'a pas le même parti pris contre cet ordre de problèmes. Mais quand il y touche, c'est toujours en s'appuyant sur des considérations purement scientifiques qui n'ont pas la portée nécessaire pour atteindre à une pareille hauteur. Et alors il n'arrive qu'à des inductions fondées sur de simples analogies, ou bien à des démonstrations purement sensibles qui entraînent l'imagination, sans parler à la raison.

VI

LA SCIENCE.

La question n'est pas nouvelle dans l'histoire de la logique. La philosophie ancienne s'est constamment appliquée à définir la science, en opposition à la sensation et à l'opinion.

Sans parler de Socrate, dont la méthode dialectique, en poursuivant la définition de toute chose, a mis l'esprit humain sur la voie de la connaissance scientifique, Platon a fondé l'idée de la science sur la distinction du général et du particulier ; il a montré qu'il ne peut y avoir de connaissance vraiment scientifique qu'autant qu'elle porte sur un type, une classe, un genre, une espèce, une *idée*, pour nous servir de son langage. Aristote, qui a contredit sur tant de questions la doctrine de son maître, la confirme sur ce point, avec cette réserve que l'objet de la définition, et par suite de la notion scientifique, n'est pas le *genre* qui identifie les choses, mais l'*espèce* qui les différencie. La philosophie, depuis Platon et Aristote, même la philosophie moderne, n'a guère fait que reproduire, en les commentant, ces considérations générales, qui ne servent qu'à fixer les conditions de la science, et dont on ne conteste ni la justesse ni l'importance, mais qui laissent la pensée dans un certain vague, quant au caractère scientifique proprement dit.

La méthode plus positive et plus pratique de M. Cournot conduit à des résultats plus précis. Procédant toujours par l'analyse, il interroge chaque branche des connaissances humaines, et arrive ainsi à montrer comment et pourquoi les unes méritent le nom de science, à l'exclusion des autres. En suivant l'auteur dans sa savante discussion, nous trouvons comme lui que toute branche de connaissances a sa *matière* et sa *forme*. Sa matière, c'est l'ensemble des notions à priori ou des faits constatés par l'expérience qui lui servent de matériaux ; sa forme, c'est l'ordre dans lequel ces notions se développent ou ces faits se succèdent.

Pour qu'un ensemble de connaissances mérite le nom de *science*, il faut, selon l'auteur : 1° que les faits ou notions à priori qui en constituent la matière soient susceptibles de vérification (ce qui est pour lui l'unique garantie de certitude) ; 2° que ces faits ou notions se succèdent dans un ordre vraiment logique (1).

Ce critérium scientifique une fois posé, le problème se réduit à constater jusqu'à quel point il s'applique aux diverses branches des connaissances humaines. L'histoire, par laquelle l'auteur débute dans son énumération, réunit évidemment la première des deux conditions requises. Les faits qui en composent la matière sont évidemment susceptibles de vérification ; la méthode qu'on appelle la critique historique n'a pas d'autre but que d'établir d'une manière certaine l'existence, la date, le lieu de ces faits, en les soumettant à une série d'épreuves qui ne permettent pas le doute, du moment que les faits y résistent. Cela s'appelle constater l'authenticité des faits historiques. Mais en est-il de même de la seconde condition ? L'auteur ne le pense pas, et en donne des raisons d'une certaine force. Ce n'est pas qu'il admette, avec les philosophes de l'antiquité, qu'il n'y a point de science de ce qui passe. Si l'histoire n'est pas une science, et si elle ne peut le devenir, ce n'est point parce que son objet est quelque chose de variable et de particulier. Il n'est point vrai que la science n'ait pour objet que des vérités immuables et des résultats permanents. Il y a des sciences, comme la géologie et l'embryogénie,

---

(1) *Essai sur les fondements de nos connaissances*, t. I, chap. 20.

qui portent essentiellement sur une succession d'états variables et de phases transitoires. Et lors même que nous considérons les objets de la Nature dans un état que nous qualifions de stable et de permanent, tout nous porte à croire qu'il ne s'agit que d'une stabilité relative, et que nous prenons pour permanent ce qui ne s'altère qu'avec une extrême lenteur, de manière à n'offrir de variations appréciables que dans des périodes de temps qui surpassent ceux que nous pouvons embrasser. Ainsi les étoiles que nous appelons fixes ont en réalité des mouvements propres qui altèrent leurs distances mutuelles et la configuration des groupes qu'elles nous paraissent former sur la sphère céleste (1). Les types spécifiques des espèces animales ou humaines, dont on n'a pas constaté la variabilité depuis l'origine des temps historiques, pourraient bien être sujets à de lentes modifications, qui au fond ne nuiraient pas plus à l'autorité des sciences naturelles que les lentes perturbations du système planétaire, ou les déplacements plus lents encore des systèmes stellaires, ne nuisent à la perfection scientifique de l'astronomie.

On pourrait répondre, à l'appui de la thèse des philosophes de l'antiquité, que ces mouvements, ces changements d'une lenteur telle qu'elle les rend inappréciables, peuvent être considérés comme fixes, par rapport à la mobilité des choses qui font l'objet de l'histoire ordinaire. Mais ce ne serait point aller au fond de la question. La vérité est que la fixité absolue ou relative des objets n'en fait nulle-

(1) *Essai, etc.*, t. I, chap. 20, § 306.

ment le caractère scientifique, ainsi que l'avait cru l'antiquité. Les rapides changements que le temps apporte dans les faits qui sont du ressort de l'économie sociale, en rendant plus difficile l'étude des sciences économiques, dans ce qu'elles ont de positif et de déterminable par l'observation, ne leur enlèvent pas le caractère de sciences. Pourquoi ? Parce que ces faits sont réductibles à des lois. Là réside leur caractère scientifique. Lents ou rapides, les mouvements et les changements qui modifient l'état des objets de l'observation n'empêchent point que ces objets ne puissent devenir la matière d'une science, pourvu que leurs diverses modifications se laissent ramener à une formule.

Il ne faudrait pas non plus prendre à la lettre cet aphorisme des anciens : que l'individuel et le particulier ne sont point du domaine de la science. Rien de plus inégal que le degré de généralité des faits sur lesquels portent des sciences d'ailleurs susceptibles au même degré de l'ordre et de la classification qui constituent la perfection scientifique. Tandis que la zoologie et la botanique considèrent des types spécifiques embrassant des myriades d'individus, la chimie traite chaque corps simple ou chaque combinaison comme un objet particulier ou individuel absolument identique dans toutes les particules de la même matière, simple ou composée. La Nature n'aurait façonné qu'un seul échantillon d'un cristal, qu'il figurerait parmi les espèces minéralogiques, au même titre que l'espèce la plus abondante en individus. Les objets de l'astronomie, les corps célestes sont autant d'individus ; et les recherches les plus profondes de la mécanique céleste ne portent que sur les mouvements d'un système borné à un petit nombre de corps. Enfin la géologie n'est que l'étude approfondie de la figure et de la structure de l'un de ces corps dont l'astronomie décrit les mouvements et trace sommairement les principaux caractères physiques. Est-ce à dire pour cela que la zoologie ou la botanique l'emportent en perfection scientifique sur la chimie ou la physique, sur l'astronomie ou la mécanique ? Bien plus, les déviations mêmes des règles ordinaires, lorsqu'on les compare entre elles, ont leur place dans l'ordre scientifique, pour peu qu'elles manifestent une tendance à s'opérer d'après certaines lois ; et c'est ainsi, dit l'auteur, « que l'apparition des monstruosités organiques, après n'avoir été pendant longtemps qu'une cause de terreurs superstitieuses pour le vulgaire, puis un objet de curiosité pour les érudits, a fini par donner lieu à une théorie scientifique qui, sous le nom de *tératologie*, rentre aujourd'hui dans le cadre des sciences naturelles (1). »

Ces considérations aussi justes que précises conduisent l'auteur à cette définition : que la science est la connaissance logiquement organisée. Cette organisation se résume en deux caractères essentiels : 1° la division des matières et la classification des objets quelconques sur lesquels porte la connaissance scientifique ; 2° l'enchaînement logique des propositions, qui fait que le nombre des axiomes, des hypothèses fondamentales ou des données de l'expérience se trouve réduit autant que possible, et que l'on en tire tout ce qui peut en être tiré par le raisonnement, sauf à contrô-

(1) *Essai, etc.*, t. I, chap. 20, § 307.

ler le raisonnement par des expériences confirmatives. Il suit de là que la forme scientifique sera d'autant plus parfaite, que l'on sera en mesure d'établir des divisions plus nettes, des classifications mieux tranchées, et des degrés mieux marqués dans la succession des rapports. C'est ce qui fait qu'accroître nos connaissances et perfectionner la science sont choses différentes. La science se perfectionne par l'introduction d'une vue heureuse qui met dans un meilleur ordre les connaissances acquises, tandis qu'une science, en s'enrichissant d'observations nouvelles et de faits nouveaux, incompatibles avec les principes d'ordre et de classification précédemment adoptés, pourra perdre quant à la perfection de la forme scientifique (1).

Tels sont les principes qui ne permettent pas, selon l'auteur, de donner à l'histoire le nom de science. Ce qui fait la distinction essentielle de l'histoire et de la science proprement dite, ce n'est pas que l'une embrasse la succession des événements dans le temps, tandis que l'autre s'occuperait de la systématisation des phénomènes, sans tenir compte du temps dans lequel ils s'accomplissent. « La description d'un phénomène dont toutes les phases se succèdent et s'enchaînent nécessairement selon des lois que font connaître le raisonnement ou l'expérience, est du domaine de la science et non de l'histoire. La science décrit la succession des éclipses, la propagation d'une onde sonore, le cours d'une maladie qui passe par des phases régulières; et le nom d'histoire ne peut s'appliquer qu'abusivement à

(1) *Essai, etc.*, t. I, chap. 20, § 308.

de semblables descriptions (1). » Ce caractère *successif* des faits historiques n'est donc pas ce qui empêche l'histoire d'être comptée parmi les sciences. C'est dans la nature de leur rapport qu'il faut chercher la raison de cette incapacité. Le rapport qui lie entre eux les phénomènes de cette classe est trop peu logique pour constituer cet ordre vraiment rationnel, sans lequel il n'y a pas de science, quelle que soit la dépendance où ils se succèdent les uns aux autres.

Et pourtant l'auteur ne donne pas le nom d'histoire au récit d'une suite d'événements qui seraient sans liaison entre eux. Ainsi les registres d'une loterie publique pourraient offrir une succession de coups singuliers, quelquefois piquants pour la curiosité, sans constituer une véritable histoire (2). Il a de l'étude qui porte ce nom une idée plus sérieuse et plus haute; et s'il lui refuse le titre de science, ce n'est pas qu'il se méprenne sur aucun des mérites qui en ont fait l'histoire de notre siècle. Avant tout, l'histoire suppose une certaine liaison entre les faits, dont la cause est une influence exercée par chaque événement sur les événements postérieurs. Le propre d'une telle liaison est d'introduire une certaine continuité dans la succession des faits, comme celle dont le tracé d'une courbe, dans la représentation graphique de certains phénomènes, nous donnerait l'image. Cela suffit pour que, malgré le désordre de l'enchevêtrement des causes fortuites et secondaires, dans les accidents de détail, nous puissions, en l'absence de toute

---

(1) *Essai, etc.*, t. I, chap. 20, § 343.
(2) *Ibid.*

théorie, saisir une allure générale des événements, distinguer des périodes d'accroissement et de décroissement, de progrès, de station et de décadence, des époques de formation et de dissolution, pour les nations et pour les institutions sociales, comme pour les êtres à qui la Nature a donné une vie propre et individuelle (1). « La tâche de l'historien qui aspire à s'élever au-dessus du rôle de simple annaliste, consiste à mettre dans un jour convenable, à marquer sans indécision comme sans exagération ces traits dominants et caractéristiques, sans se méprendre sur le rôle des causes secondaires, lors même que des circonstances fortuites leur impriment un air de grandeur, et un éclat en présence duquel semble s'effacer l'action plus lente ou plus cachée des causes principales. Il faut ensuite, et ceci est bien autrement difficile, que l'historien rende compte de l'influence mutuelle, de la pénétration réciproque de ces diverses séries d'événements qui ont chacune leurs principes, leurs fins, leurs lois de développement, et pour ainsi dire leur compte ouvert au livre des destinées. Il faut qu'il démêle, dans la trame si complexe des événements historiques, tous ces fils qui sont sujets à tant d'entrecroisements et de flexuosités (2). »

Et avec tous ces mérites, l'histoire n'est point encore une science, selon M. Cournot, parce que, dans cet ordre de faits, dans cet enchaînement de causes, on ne retrouve pas ce qu'il appelle une théorie scientifique qui permette de

(1) *Essai*, etc., t. I, chap. 20, § 314.
(2) *Ibid.*

procéder par voie de définition et de déduction, comme on le fait dans les sciences exactes. Enfin l'histoire philosophique elle-même, avec ses vues générales et ses grandes synthèses, ne satisfait pas à la condition requise par l'auteur pour prendre rang parmi les sciences proprement dites (1). Aussi sa conclusion est-elle que l'histoire tient plus de l'art que de la science, lors même que l'historien se propose bien moins de plaire et d'émouvoir par l'intérêt de ses récits, que de satisfaire notre intelligence dans le désir qu'elle éprouve de connaître et de comprendre (2). Donc, en résumé, selon l'auteur, si l'histoire satisfait à l'une des conditions requises pour mériter le nom de science, elle manque à l'autre; si la matière qui sert de base à toute science est solide, en ce que les faits dont elle se compose sont susceptibles de vérifications, la forme, qui fait l'essence même de la science, est défectueuse, en ce qu'elle ne comporte pas un ordre logique assez rigoureux pour constituer une véritable théorie.

Voilà pour l'histoire. Quant à la philosophie, nous avons vu au début de ce travail en quelle estime notre auteur la tient. Nous sommes si peu habitué à entendre un savant dire du bien de cette noble étude, que nous ne résistons pas au plaisir de citer encore quelques-unes de ses paroles. « Il est des esprits qui font consister leur philosophie à dédaigner toute spéculation philosophique, et qui répètent, après Montaigne, qu'en fait de choses qui passent notre

---

(1) *Essai, etc.*, t. I, chap. 20, § 318.
(2) *Ibid.*, t. I, chap. 20, § 316.

portée (c'est-à-dire, pour parler avec plus de précision, en fait de questions qui ne comportent pas une solution scientifique et positive), l'ignorance et l'incuriosité sont deux oreillers bien doux pour une tête bien faite. » Mais celui qui avait passé sa vie à peser dans la balance du doute les opinions des philosophes était loin de donner l'exemple de ce repos d'ignorance et d'incuriosité. « A ceux-là, dit madame de Staël, qui vous demanderont à quoi sert la philosophie, répondez hardiment : A quoi sert tout ce qui n'est pas la philosophie (1) ? »

Mais si la philosophie a son intérêt et son prix, ce n'est pas une raison, selon l'auteur, pour la considérer comme une science. D'abord elle n'a point un objet propre, ce qui est la première condition d'existence d'une science. « C'est mal concevoir les choses que de se représenter la philosophie comme la science ou l'ensemble des sciences qui ont pour objet l'esprit humain et ses diverses facultés, par opposition aux sciences qui ont pour objet le monde extérieur et l'homme lui-même, considéré dans son organisation corporelle et dans les fonctions de sa vie animale. La philosophie pénètre partout : dans la physique comme dans la morale, dans les mathématiques comme dans la jurisprudence et dans l'histoire, dans la mécanique qui traite des mouvements des corps inertes, comme dans la physiologie qui traite des ressorts les plus délicats de l'organisation et des fonctions accomplies par les êtres doués de vie (2). » S'il en est ainsi, la philosophie fait partie de

---

(1) *Essai, etc.*, t. I, chap. 21, § 320.
(2) *Ibid.*, t. I, chap. 21, § 326.

toute espèce de science, sans être elle-même une science spéciale.

Mais comment tient-elle à la science? Est-ce comme partie intégrante, ou simplement comme une spéculation supérieure de la pensée qui viendrait seulement couronner l'édifice dont la science formerait la base? L'auteur applique à la solution de ce problème sa méthode habituelle, laquelle consiste à chercher dans l'analyse scientifique, et non dans des considérations abstraites, les éléments de cette solution. Que faut-il entendre par science positive? La collection des faits que chacun peut vérifier forme la matière de la science, mais la matière seulement. La science ne reçoit sa forme que de l'intervention de certaines idées pour opérer la distribution, le classement de ces faits, pour y mettre de la suite ou de l'ordre, et surtout pour nous en donner l'explication. Mais dans cette partie rationnelle qui constitue l'essence même de la science, il y a une distinction à faire entre l'élément *scientifique* proprement dit et l'élément *philosophique*. L'élément scientifique, selon l'auteur, c'est tout ce qui est susceptible de vérification, quel que soit d'ailleurs l'objet de la science, nombre ou être, réalité ou abstraction (1). L'élément philosophique, au contraire, c'est tout ce qui n'est pas susceptible de vérification, quelle que soit la valeur théorique ou pratique des idées ou des vues comprises sous ce mot.

Ainsi, lorsque dans l'exposé des théories mathématiques se rencontrent des principes, des idées, des conclusions

(1) *Essai, etc.*, t. I, chap. 21, § 327.

que l'on nepeut soumettre au critère de l'expérience, telles que les systèmes sur la manière d'introduire les quantités négatives, les infiniment petits, la mesure des forces, et autres questions sur lesquelles telle démonstration, telle explication peut être acceptée ou rejetée par la raison, sans que la vérification en soit possible : c'est la partie philosophique de la science. C'est encore à la philosophie des mathématiques qu'il appartient de décider si tel ordre, tel enchaînement de propositions est logiquement préférable à tel autre (1). En physique et en chimie, les faits et même les lois que chacun peut constater par des expériences, composeront la partie positive de la science, par opposition, non-seulement aux hypothèses prématurées et douteuses, mais même aux conceptions sur lesquelles tous les physiciens tombent d'accord, et qui toutefois ne sont pas susceptibles de vérification sensible (2). Par exemple, l'analyse du chimiste a pour résultat positif de vérifier la présence de tels éléments associés en telles proportions pondérables ; mais cela ne suffirait pas pour constituer un corps de doctrine : il y a en outre, dans la formule, l'expression d'un principe de composition pour les composés du premier, du second ordre, et ainsi de suite, principe sur lequel les chimistes peuvent s'accorder ou différer, sans que la question puisse être tranchée par l'expérience (3). « Toutes les fois, dit M. Dumas, qu'une théorie exige l'admission de corps inconnus, il faut s'en

---

(1) *Essai, etc.*, t. I, chap. 21, § 329.
(2) *Ibid.*, t. I, chap. 21, § 330.
(3) *Ibid.*

défier; il ne faut lui donner son assentiment qu'avec la plus grande réserve, lorsqu'il n'est plus permis de s'y refuser, ou du moins qu'en présence des analogies les plus pressantes (1). » Or voilà le point que le sens philosophique seul décide à défaut d'expériences précises, et ce qui, dans l'organisation de la théorie, reste distinct, quoique non séparé de la partie positive de nos connaissances chimiques.

Dans les sciences naturelles, la distinction entre l'élément scientifique et l'élément philosophique est encore plus générale et plus tranchée. Partout, à l'occasion des faits que l'observation constate, et dont la collection, sans cesse accrue, méthodiquement rangée, est la partie positive des sciences naturelles, on rencontre des idées destinées à faire ressortir l'ordre réel que la Nature a mis entre ces faits, à les enchaîner logiquement, à déterminer des organes, à marquer des parentés et des analogies, à accuser des rapports de subordination et de dépendance. Nous retrouvons cette part des conceptions philosophiques dans la classification des espèces, dans l'anatomie des organes, dans l'explication des évolutions régulières et anomales, dans la théorie des fonctions et des forces vitales (2).

Mais c'est surtout dans les sciences essentiellement complexes, telles que la médecine et l'économie sociale, que domine le point de vue philosophique. Plus les phénomènes dont nous cherchons les lois ont de variété et de complexité, moins il est possible de demander ces lois à l'expérience

---

(1) *Leçons de philosophie chimique*, 9ᵉ leçon.
(2) *Essai sur les fondements de nos connaissances*, t. I, chap. 21, § 331.

directe. De là le rôle de plus en plus grand de la statistique, à mesure que l'objet de nos recherches se complique. Ainsi, dans les questions médicales très-nombreuses où la science n'est pas en possession de règles absolues, l'expérience d'un fait individuel ne prouve rien ; et ce qu'on appelle l'expérience d'une longue pratique, tout en prouvant davantage, n'a pas une autorité suffisante pour faire de la médecine une science positive, parce qu'elle n'est qu'une statistique incomplète, sans les nombres qui donnent à ce mode d'expérience une signification précise et une valeur concluante (1). On comprend dès lors comment cette insuffisance de l'expérience, soit directe, soit indirecte, ouvre une libre carrière à la spéculation philosophique, dans le domaine des recherches médicales. Et si la méthode de l'expérience collective est plus applicable aux problèmes de l'économie sociale et politique, en raison de la généralité de leur objet, il est certain qu'il reste un fort grand nombre de questions où la statistique est impuissante, et dont il faut bien abandonner la solution à la spéculation philosophique dont le caractère est de conclure à priori, ou sur des données fort incomplètes (2). On pourrait citer en exemple la peine de mort et l'institution de l'esclavage. Et même s'il s'agit de questions de faits qui sont susceptibles d'être résolues par l'expérience statistique, telles que les phénomènes de la décadence ou du progrès des mœurs dans un pays ou dans une époque, les considérations philosophiques

---

(1) *Essai, etc.*, t. I, chap. 24, § 332.
(2) *Ibid.*, t. I, chap. 24, § 333.

contribuent singulièrement à simplifier les problèmes, en établissant, dans ce cahos de causes de toute nature et de tout rang, un ordre rationnel fondé sur la distinction des causes accidentelles et des causes *essentielles* ou *décisives*, pour parler le langage de Bacon (1).

Ainsi donc, partout dans les sciences positives nous retrouvons la spéculation philosophique intimement unie à la partie positive ou proprement scientifique qui comporte le progrès indéfini, les applications techniques et le contrôle de l'expérience sensible. « Partout nous aurions à constater ce double fait : que l'intervention de l'idée philosophique est nécessaire comme fil conducteur, et pour donner à la science sa forme dogmatique et régulière, et que néanmoins le progrès des connaissances positives n'est point suspendu par l'état d'indécision des questions philosophiques. Réciproquement, il impliquerait que l'on pût attendre des progrès de la connaissance scientifique la solution positive et expérimentale d'une question philosophique. Si l'on ne pouvait pas discerner à priori le caractère philosophique d'une question, on le reconnaîtrait à posteriori et par induction, en voyant que les progrès des sciences positives maintiennent la question dans son état d'indétermination scientifique (2). »

Que conclure de cette analyse ? Que la philosophie ne peut être considérée comme une science proprement dite : 1° parce qu'elle ne se distingue pas des sciences spéciales

---

(1) *Essai, etc.*, t. I, chap. 24, §§ 333, 334.
(2) *Ibid.*, t. I, chap. 24, § 332.

par son objet ; 2° parce que, dans chaque science, elle forme un élément à part, un ordre de conceptions qui ne sont pas susceptibles d'une démonstration expérimentale.

Ainsi des deux conditions requises par l'auteur, l'une manque à la philosophie, tandis que l'autre manque à l'histoire. Dans la première, c'est la matière qui fait défaut ; dans la seconde, c'est la forme. Et comme la grande et populaire division des diverses branches des connaissances humaines en trois groupes, *science, histoire* et *philosophie,* lui permet de généraliser les résultats de son analyse, l'auteur arrive à une théorie de la science, de ses conditions et de ses caractères propres qui confirme le préjugé des savants, touchant l'indignité *scientifique* des études historiques et des études philosophiques, pour lesquelles il professe d'ailleurs tant d'estime et de goût. Suivrons-nous jusques-là la critique de M. Cournot ; et tout en faisant la part de vérité toujours considérable chez un tel esprit, armé d'une telle méthode, n'aurons-nous pas quelques réserves à exprimer ? C'est ce qu'un rapide examen va décider.

Deux choses sont à distinguer dans la théorie de l'auteur : les observations et la conclusion. D'un esprit aussi pénétrant et aussi fin, d'une expérience aussi consommée dans tous les ordres de connaissances où il prend ses exemples, il n'y a point à craindre d'observations inexactes et de considérations vagues. Ainsi, tout ce qu'il dit sur l'infériorité des études historiques comparées aux sciences mathématiques, physiques et naturelles, sous le rapport de l'ordre rationnel des faits et de l'enchaînement des causes, est d'une rigoureuse vérité, que ne songent point à contester les historiens les plus enclins à donner à leurs recherches une forme systématique. Nous reconnaissons tout d'abord avec l'auteur qu'il ne suffit pas, comme tant de gens se l'imaginent aujourd'hui, qu'une branche de connaissances ait une matière solide pour constituer une science. S'il est une étude qui satisfasse à cette condition, c'est l'histoire. Et combien d'érudits et de compilateurs mesurent le savoir scientifique sur la variété des connaissances, sans paraître se douter que la valeur d'une branche de connaissances ne s'estime pas plus par l'étendue que la qualité de l'esprit ne se mesure à la capacité de ses facultés réceptives! Mais une collection de faits ou d'observations n'est que la matière de la science. L'auteur a donc bien raison de dire qu'une histoire qui se bornerait à une succession d'annales n'aurait aucun caractère scientifique. Tout historien qui aspire au titre de savant, se préoccupe de l'ordre logique des faits et des causes, alors même qu'il n'a aucune prétention à ces hautes et téméraires spéculations qu'on appelle la philosophie de l'histoire. Le simple tableau des faits, dans l'ordre chronologique, ou dans l'ordre géographique, si exact qu'il soit d'ailleurs, ne constitue pas une science ; il en fait seulement la matière. Et, par parenthèse, il ne suffirait pas de donner à ce tableau une certaine unité de composition pour en faire une œuvre vraiment scientifique. Telle composition historique parfaitement ordonnée sous ce rapport peut être une œuvre d'art admirable, sans avoir la moindre valeur scientifique. Nous n'irons pas jusqu'à dire que tel est le caractère de toutes les œuvres historiques, dans l'antiquité; Thucydide et Polybe seraient là pour nous démentir. Il n'en est pas moins vrai que les mérites de la composition littéraire et morale se retrouvent plus généralement que les mérites d'une œuvre logique et scientifique chez les historiens antiques.

Mais la thèse de l'auteur a trop beau jeu avec une pareille manière d'entendre l'histoire. Il est un genre d'histoire plus systématique, qui ne s'occupe des événements que pour remonter aux causes, et qui s'attache surtout aux rapports des faits entre eux, de manière à établir un ordre plus ou moins logique dans leur succession. Celle-ci peut-elle être considérée comme une science au même titre et au même degré que les sciences dites positives? Nous admettons encore sur ce point les réserves de M. Cournot, les trouvant fondées sur la nature même des choses. Ce n'est pas que le monde de l'histoire n'ait ses lois, de même que le monde de la Nature; mais, sous l'empire de ces lois, les phénomènes moraux ne se reproduisent pas d'une façon tellement uniforme qu'il soit possible d'en prédire le retour, dans certaines conditions déterminées. Tandis que la Nature poursuit son cours, orageux ou paisible, sous l'action de forces qui se développent fatalement, à tel point que les perturbations apparentes y sont elles-mêmes soumises à des lois fixes, l'Humanité poursuit le sien à travers les incidents imprévus, les révolutions subites, les changements à vue de toute espèce qui en troublent le développement normal et traditionnel, sous l'action de causes dont il n'est pas plus facile de prévoir les apparitions que les effets. Assurément l'histoire philosophique fait une large part à cette fatalité qui s'appelle la force des choses. Mais les causes individuelles, telles que les passions et les volontés personnelles, ont aussi leurs effets qu'il ne faut pas négliger, sous peine d'ignorer l'origine occasionnelle, sinon la raison déterminante des faits historiques. Or, c'est précisément l'intervention incessante de ces causes qui dérange, trouble, brise à chaque instant l'ordre logique que l'historien philosophe demande au concours des forces générales, soit naturelles, soit morales. Pour comprendre l'infériorité scientifique de l'histoire sur les sciences positives, il suffit de se figurer l'embarras de l'historien qui aurait pour tâche de recréer la réalité historique d'une époque donnée, dont il connaîtrait les éléments essentiels et les agents généraux. Dans les sciences positives, toute théorie vraiment digne de ce nom permet à l'esprit qui la possède, soit de calculer, soit de prédire, soit de prévoir à coup sûr le résultat des lois de la Nature, à l'aide de formules précises ou de règles fixes. Quelle est la théorie historique qui nous permettra d'en faire autant, si l'on peut donner ce nom à tel ordre d'idées que l'esprit philosophique peut suggérer à l'historien ?

Il est vrai que certaine philosophie de l'histoire a tenté de simplifier le problème, en éliminant de son domaine toutes les causes libres ou individuelles pour n'y laisser subsister que les causes et les forces soumises à la fatalité. On peut ainsi rapprocher l'histoire des sciences positives ; mais alors on en dénature le caractère propre. « Le plus grave inconvénient de cette confusion, dit notre auteur, c'est de suggérer des formules prétendues scientifiques, à l'aide desquelles l'historien fataliste explique à merveille tout le passé, mais auxquelles il n'aurait garde de se fier pour la prédiction de l'avenir ; en cela semblable aux auteurs de ces fictions épiques, où un personnage divin découvre au héros les destinées de sa race, à condition bien entendu que sa clairvoyance cesse précisément vers l'époque où le poëte a chanté (1). »

Toutes ces observations et toutes ces réserves à l'endroit des études historiques comparées aux sciences positives sont d'une incontestable vérité. Mais la conclusion de l'auteur ne dépasse-t-elle les prémisses ? Cette distinction, réelle et sensible, qu'il établit entre divers ordres de connaissances, sous le rapport scientifique, constitue-t-elle une différence de nature, comme il le dit, ou simplement une différence de degré ? En un mot, en refusant absolument le nom de sciences à l'ordre entier des connaissances historiques, quelle que soit la méthode qui ait présidé aux œuvres de ce genre, M. Cournot n'a-t-il pas, contre son habitude, un peu forcé le sens des mots ? Pleinement d'accord avec lui sur tout le reste, nous nous croyons en droit d'exprimer notre dissentiment sur ce point.

Comme nous différons plutôt sur la propriété d'un mot que sur le fond des choses, il importe avant tout de s'entendre. Malgré la sagacité de son esprit et la précision de son langage, M. Cournot nous semble éprouver une grande difficulté à fixer la ligne de démarcation qui sépare absolument l'histoire de la science. Si pour l'histoire réduite à une succession chronologique de faits, il y parvient aisément, il n'en est plus de même, quand il s'attaque à l'histoire qui

---

(1) *Essai, etc.*, t. I, chap. 20, § 317.

classe les faits et recherche l'enchaînement des causes. Car, enfin là aussi il retrouve un ordre logique réel, sinon aussi rigoureux que dans les sciences physiques. Ce ne serait donc qu'une différence de degré. Pour arriver à une ligne de démarcation bien tranchée, l'auteur est forcé de faire intervenir un autre critère que l'ordre logique des faits et des causes. Ce critère, c'est une théorie telle qu'il soit toujours possible de prévoir et de prédire les faits à longue distance, dans des conditions déterminées, au moyen de règles sûres et de déductions précises. Mais combien de sciences positives sont-elles susceptibles de pareils résultats? La seule science, à notre connaissance, qui possède le privilége des prédictions à long terme est l'astronomie; et ce privilége, elle le doit à l'extrême simplicité de son objet. Les forces qui meuvent le monde astronomique sont aussi simples que les lois qui les régissent. Cela explique comment elles entrent si facilement dans les calculs et les prévisions de la théorie mathématique. Quant au monde de la physique, de la chimie, de la biologie, de la nature concrète et vivante, en un mot, bien que soumis lui-même à des lois fixes et invariables, il est trop riche en propriétés de toute espèce, trop plein de causes de toute sorte pour se laisser enfermer dans des formules qui comportent les mêmes résultats. La trop grande complexité de ses phénomènes fait qu'il est impossible, soit de les calculer, soit de les prévoir autrement que dans les expériences où il est possible de les réduire à leur plus simple expression. Voilà pourquoi le physicien et le chimiste prévoient, et même calculent, la force et la quantité des agents ou des substances qu'ils mettent en jeu dans leurs laboratoires, tandis que les phénomènes météorologiques et biologiques ne sont pas réductibles à des opérations analogues.

Il en est de même à plus forte raison des phénomènes du monde moral. Il est certain qu'ils ne sont susceptibles ni d'être prévus, ni d'être calculés, dans la rigueur scientifique du mot, non-seulement en raison de leur complexité, comme dans certaines sciences naturelles, mais encore et surtout en raison de la spontanéité d'action de certaines causes morales. Pourtant, si l'apparition de circonstances analogues n'annonce pas infailliblement, en histoire comme en physique, le retour des mêmes phénomènes, il faut reconnaître qu'elle permet de porter, sur l'avenir d'un pays, d'une société, d'un parti, un jugement plus ou moins probable. C'est en cela que consiste la sagesse politique des philosophes et des hommes d'État. Or comment serait-il possible de projeter la moindre vue au delà du présent, si, à défaut d'un ordre inflexible, il n'y avait pas un lien logique entre les phénomènes qui se succèdent? C'est l'intuition de ce rapport qui constitue la *science* même de l'histoire, pour parler la langue commune. On voit donc que, des deux critères sur lesquels se fonde l'auteur pour établir une ligne de démarcation absolue entre l'histoire et les sciences positives, sous le rapport scientifique, le premier n'exprime qu'une différence de degré qui n'est pas concluante, tandis que le second n'est rigoureusement applicable qu'à un ordre de sciences toutes mathématiques. L'histoire philosophique possède les mêmes caractères que les sciences dites positives ; seulement elle les possède à un plus faible degré. Ses théories sont moins rigoureuses, et ses prévisions beaucoup moins sûres. Disons qu'elle est une science moins positive que celles qui ont la Nature pour objet; mais n'allons pas jusqu'à nier qu'elle soit une science.

Différence de degré, et non de nature, telle est la modification que l'analyse elle-même nous semble imposer à la conclusion trop absolue de l'auteur. Et cette réserve sera peut-être du goût d'un esprit aussi modéré, s'il veut bien penser à la gradation des sciences de la Nature elles-mêmes comparées entre elles, sous le rapport de l'ordre logique qui les caractérise. Cet ordre, inflexible et rigoureux dans les sciences simples, comme la mécanique, l'astronomie, la physique rationnelle, au point de pouvoir être énoncé en formules, laisse de moins en moins de prise au calcul et au raisonnement, à mesure que les sciences de la Nature, telles que la chimie, la biologie, la médecine, se compliquent avec leurs objets. Et quand des sciences de la Nature on passe aux sciences de l'homme, on s'aperçoit sans doute que la gradation devient plus sensible, sans pourtant qu'il y ait une absolue solution de continuité. L'ordre subsiste toujours dans toute histoire traitée philosophiquement, ordre de classification pour les faits, ordre de succession logique pour les causes. Que de cet ordre il ne soit pas possible de déduire des prédictions pour l'avenir; que cet ordre même ne soit susceptible en aucune façon d'être ramené à une théorie précise, comme celles dont la physique, la chimie, la biologie même nous offrent l'exemple : cela ne saurait être contesté. Mais est-ce là une raison pour refuser le nom de science à cette branche des connaissances humaines, parce qu'elle marque le dernier degré et la limite extrême d'une série de sciences dans laquelle le caractère théorique et rationnel va toujours en diminuant. L'opinion générale en a décidé autrement, puisqu'elle a maintenu l'histoire dans le domaine des sciences. C'est encore notre avis, malgré toute notre confiance dans la fine analyse et l'ingénieuse critique de M. Cournot; en présence des grandes œuvres historiques dont notre siècle est si justement fier, nous ne pouvons consentir à voir refuser le titre de science à une étude ainsi traitée. Qu'est-ce donc que le *tableau de la civilisation en Europe*, et l'*histoire de la civilisation en France*, si ce n'est pas de la science (1)? M. Cournot, qui professe la même admiration que nous pour de pareils livres, nous dira que c'est de la philosophie, et que la philosophie n'est pas plus une science que l'histoire. C'est ce qui nous reste à examiner.

Si l'auteur se bornait à dire que la philosophie n'est pas une science, en ce sens qu'elle n'a pas, comme les sciences spéciales, un objet qui lui soit propre, et qui en fasse telle science particulière, distincte des autres par sa matière, nous serions complétement de son avis. La philosophie est une science essentiellement générale, ainsi qu'il le soutient, qui se distingue des autres branches des connaissances humaines, non par son objet, mais par le point de vue sous lequel elle considère tous les objets de la science universelle. Elle peut se porter de préférence sur tel objet plutôt

(1) M. Guizot.

que sur tel autre, selon le goût de l'époque ou le génie des philosophes : tantôt c'est la philosophie naturelle qui occupe surtout les esprits enclins à la spéculation ; tantôt c'est la philosophie morale. Ce qui reste vrai, c'est que, quel qu'en soit l'objet, la Nature, l'homme ou la société, la philosophie conserve invariablement son caractère de théorie générale.

Nous savons, comme l'auteur, qu'on donne le nom de philosophie à la réunion d'un certain nombre de sciences ou d'études spéciales, telles que la psychologie, la logique, la morale, la théodicée, qui ont pour objet double l'homme et Dieu. Mais d'abord une science qui aurait à la fois deux objets aussi différents que Dieu et l'homme est-elle une véritable science, c'est-à-dire un système de notions essentiellement un dans sa variété? Formerait-elle même un groupe de sciences analogues, avec la différence radicale de méthodes et de principes que comporte la distinction aussi tranchée des objets? Et si de cette réunion de sciences nous retranchons la théodicée, et que nous réduisions ainsi toutes les autres à l'unité d'objet, l'homme, nous n'en aurons pas davantage défini le caractère propre de la philosophie, puisque nous retrouvons la philosophie dans d'autres études que dans celles qui ont l'homme pour objet. Nous maintenons donc la haute et universelle signification du mot *philosophie*, sauf à comprendre, sous le nom de sciences ou études psychologiques, tout l'ordre de connaissances qui se rapportent à l'homme moral.

L'auteur va plus loin : il n'accepte pas plus la philosophie comme science générale que comme science spéciale, tout en lui reconnaissant une grande valeur. Comme il fonde cette conclusion sur la distinction de l'élément scientifique et de l'élément philosophique, dans le sein de la science elle-même, il faut voir si cette distinction est vraiment aussi réelle et aussi tranchée qu'il essaye de le montrer. Le principe de cette distinction serait fort simple, selon l'auteur : c'est que les théories scientifiques sont susceptibles de vérification expérimentale, tandis que les théories philosophiques ne le sont pas. En est-il ainsi ? Qu'il y ait, dans ce que l'auteur appelle, et dans ce que nous appelons avec lui la philosophie d'une science, un certain nombre de conceptions à priori ou d'hypothèses qui dépassent la sphère de l'expérience, nous n'en disconvenons pas ; mais cela ne constitue pas toute la partie philosophique d'une science. Au-dessus des faits et des lois qui font la matière et la base de la science, il y a tout un ordre de considérations, de conceptions, de classifications, d'hypothèses même, qui reposent plus ou moins solidement sur ces résultats immédiats de l'observation et de l'expérience. Où l'auteur placera-t-il cet ordre de notions générales ? Sera-ce dans la partie positive, comme il dit, de la science ? Mais alors il ne restera plus rien, ou à peu près, à la philosophie. Sera-ce dans la partie philosophique ? Mais alors que devient le critère de l'auteur, et comment distinguera-t-il l'élément *philosophique* de l'élément *scientifique ?* Nous croyons que, par sa distinction trop subtile et quelque peu arbitraire, l'auteur s'est créé une difficulté bien difficile à résoudre. Ce n'est pas que nous refusions d'admettre la distinction, dans la science, de deux parties, dont l'une pourrait s'appeler la philosophie de la science ; en faisant cela, nous irions contre une opinion universellement admise et consacrée par le langage. Mais nous n'admettons pas avec l'auteur que cette partie philosophique de la science se reconnaisse à ce signe : qu'elle n'est pas susceptible de démonstration ni de vérification expérimentale. Sans doute, elle n'est pas un résultat aussi direct de l'expérience ou de l'observation que la perception des faits ou la connaissance immédiate des lois; mais, pour être plus ou moins direct ou éloigné, le rapport qu'elle soutient avec la partie expérimentale et *positive* n'en est pas moins réel. Qu'on dise qu'elle n'a plus la même solidité et la même autorité que la partie qui lui sert de base et de point de départ; rien de plus vrai. Il est certain que plus la connaissance se généralise, plus la science s'élève, mais en s'élevant, risque de s'égarer.

Pour en revenir à la conclusion de l'auteur, quant au caractère non scientifique de la philosophie, nous croyons donc qu'elle pèche par la base, en ce que la distinction sur laquelle il la fonde est plus ingénieuse qu'exacte. A notre sens, le vrai, le simple, l'unique critère qui puisse faire distinguer la connaissance philosophique de celle qui n'a pas ce caractère, c'est le degré de généralité de la connaissance. A mesure que la connaissance se généralise, elle devient plus philosophique, sans cesser d'être scientifique. Réduite aux faits, sans lois et sans classes, la science n'a rien de philosophique; la philosophie commence avec les classes et les lois; elle se développe avec les théories; elle se complète et se couronne par les systèmes. C'est l'opinion de tous, des savants aussi bien que des philosophes.

« L'homme et la Nature seraient mal connus dans leur

ensemble, dans leur harmonie, dans leur but, si nos connaissances se bornaient à ce que renferment les sciences descriptives. Quelque indispensables que soient les vérités de détail dont se composent ces dernières sciences, on sent que ces vérités ne sont pas détachées les unes des autres ; on sent qu'elles se touchent, qu'elles se lient entre elles par des rapports divers et nombreux, par quelque chose de commun qui leur sert en quelque sorte de principe. L'étude de ces rapports, la recherche de ces principes constitue donc une série de faits généraux à découvrir pour avoir la clef de toutes ces vérités particulières et en former un corps de doctrine. C'est le but des sciences générales. Dans les sciences descriptives, on est toujours à la recherche des caractères différentiels des faits : dans les sciences générales, on est à la recherche de leurs rapports. Il n'y a donc pas de doute que les faits ne soient la base des sciences générales, comme ils le sont des sciences descriptives ; mais ils diffèrent par leur qualité. Les faits dont se composent les sciences descriptives sont simples ; ceux des sciences générales sont élevés à la deuxième, à la troisième, à la quatrième puissance. Voilà, quant aux faits, toute la différence, et de part et d'autre la certitude sera égale (1). »

M. Cournot, qui cite ces paroles, retrouve dans la distinction et le contraste des sciences *descriptives* et des sciences *générales* sa propre doctrine sur la partie positive et la partie philosophique des sciences, au moins en ce qui concerne l'histoire naturelle, en faisant observer que l'élé-

---

(1) Serres, *Principes d'organogénie*, 1re partie.

ment philosophique prédomine dans les secondes, et l'élément positif dans les premières. N'est-ce pas reconnaître, avec le savant qu'il cite, et avec l'opinion commune, que la philosophie, dans chaque science, se montre et se mesure au degré de généralité de la connaissance scientifique, et qu'il n'y a pas lieu d'établir entre la philosophie et la science, dans un ordre de connaissances donné, cette ligne de démarcation absolue que l'auteur avait posée par la présence ou l'absence d'une condition scientifique aussi essentielle que la vérification expérimentale.

Un dernier mot sur la distinction de l'élément scientifique et de l'élément philosophique. Pourquoi M. Cournot attache-t-il une si grande importance à cette distinction? C'est parce que la science proprement dite, pouvant toujours être soumise à la vérification de l'expérience, porte le cachet de la certitude, tandis que la philosophie ne peut avoir ce caractère, n'étant pas susceptible de la même épreuve. Or, en bonne logique, M. Cournot devait-il ainsi confondre le *critère* proprement dit, c'est-à-dire le signe constant, universel, inhérent à la certitude même, avec la possibilité de vérification qui n'est qu'un des moyens d'y arriver? Il nous semble contraire à la vérité de soutenir que toute certitude repose sur une vérification. D'abord il est trop évident que les axiomes, sans lesquels aucune démonstration ne serait possible, que les définitions, d'où se tirent toutes les démonstrations dont la science se compose, qu'en un mot les principes mêmes de la science n'ont besoin d'aucune vérification, et que d'ailleurs ils n'en sont pas susceptibles. Ensuite, dans l'ordre des vérités mathématiques, quoi qu'en dise l'auteur, la vérification par l'expérience n'est pas possible. Est-ce que la simple démonstration d'un théorème ne porte pas avec elle l'évidence et par suite la certitude ? Si l'esprit hésite, c'est que la démonstration manque de clarté ou de rigueur, ou bien qu'elle n'a pas été suffisamment comprise. Qu'y a-t-il à faire alors pour s'assurer de la vérité ? Rectifier, éclaircir, ou simplement répéter la démonstration, ou bien encore, quand cela est possible, chercher le même résultat par une voie différente, ce qui s'appelle une contre-épreuve. Ainsi, pour s'assurer de cette vérité, *que les trois angles d'un triangle sont égaux à deux droits*, la démonstration suffit.

D'ailleurs, ici toute vérification par l'expérience est impossible. L'auteur allègue qu'on peut toujours vérifier par une construction géométrique la vérité abstraite démontrée par le raisonnement. Mais d'abord cette construction n'est généralement applicable qu'aux démonstrations de la géométrie. Comment vérifiera-t-on par un procédé de ce genre certaines propositions d'arithmétique et d'algèbre ? Nous ne connaissons d'autre moyen de s'assurer de l'exactitude de la démonstration que de la répéter, ou de recourir à une autre démonstration servant de contre-épreuve. Ensuite, ces constructions géométriques, que l'auteur prend pour des vérifications approximatives, vérifient-elles réellement la vérité démontrée ? Ne servent-elles pas plutôt à représenter, à figurer, à *réaliser* imparfaitement et même grossièrement dans l'espace des vérités dont la certitude absolue, l'évidence, la rigueur, la clarté tiennent précisément à leur caractère de vérités purement abstraites et rationnelles ?

Commént, pour revenir à l'exemple précédemment indiqué, trouver dans l'expérience la vérification ou la confirmation de cette vérité démontrée par le raisonnement, *que les trois angles d'un triangle égalent deux droits?* L'expérience ne pourrait se faire que par voie de juxtaposition matérielle ; et, si elle était acceptée comme contre-épreuve, elle conduirait plutôt à en douter, par cela même qu'elle ne donne qu'un résultat approximatif. Il n'y a donc aucun moyen de vérifier matériellement la vérité absolue d'une proposition mathématique, quelle que soit la précision des instruments dont on se sert. Sous ce rapport, l'analogie entre les vérités géométriques et certaines vérités à priori de l'ordre moral est évidente. Il est tout aussi impossible de vérifier par l'expérience les unes que les autres. *Fais ce que dois, advienne que pourra;* voilà une formule de la loi morale, vraie par elle-même, évidente, et qui n'emprunte en rien sa certitude aux exemples. Quand elle ne passerait jamais dans l'application, quand elle resterait éternellement à l'état de formule abstraite, elle n'en aurait ni moins de vérité ni moins d'autorité. Donc le critère assigné aux sciences positives par l'auteur, dans sa critique des connaissances humaines, n'est pas d'une application universelle; et parce qu'il manquerait à certaines parties de la philosophie, il n'en faudrait pas conclure que cet ordre de connaissances ne comporte pas cette certitude absolue qui fait le caractère même de la *science*.

Ces réserves faites, nous nous plaisons à reconnaître combien est instructive et féconde, ici comme ailleurs, la méthode de l'auteur. C'est ainsi qu'en substituant à des dissertations générales et à des considérations abstraites une critique fondée sur une analyse exacte des notions scientifiques, on arrive à donner aux solutions ou aux explications que l'on poursuit un caractère de vérité positive qui ne permet plus le doute. Une pareille critique vient d'autant plus à propos aujourd'hui que les spéculations philosophiques et métaphysiques sont moins en crédit que jamais auprès du public savant. Or c'est ce public qui fait autorité, en matière de certitude. Le jour où les philosophes l'auront converti à leurs idées, en se servant des sciences physiques et naturelles pour résoudre les problèmes auxquels ces sciences ne sont point étrangères, l'autorité qui manque encore aux études de ce genre leur sera définitivement acquise. Quoi qu'en dise la foule des esprits étroits et soi-disant positifs, l'unité de la science humaine a été, est et sera toujours, non pas seulement le rêve, mais la grande vérité de la pensée humaine. Tout se tient dans l'éparpillement de nos connaissances, comme dans la diversité des phénomènes de la vie universelle. Si la vérité est une, la science doit l'être également, en dépit des divisions et des subdivisions que comportent son développement et son progrès. Les grands philosophes de l'antiquité et des temps modernes ont toujours eu le sentiment profond de cette indissoluble union. La philosophie allemande, au début de ce siècle, en a fait la base de ses spéculations. Et voici dans notre pays des esprits exacts et rigoureux, des savants comme M. Cournot, qui viennent reprendre cette thèse féconde, en lui donnant cette fois la rigueur d'une démonstration scientifique. Comprendra-t-on enfin, chez les philosophes comme chez les savants, que le divorce entre les deux ordres d'études auxquelles ils se livrent n'est bon ni pour la philosophie ni pour la science; que l'indépendance des sciences, principe excellent et nécessaire, quand il s'agit de sciences spéciales, est impossible du moment qu'il s'agit de sciences essentiellement générales, comme la philosophie et la métaphysique; qu'enfin si, par la séparation, ces dernières perdent leur matière et leur substance, les sciences spéciales y perdent la haute lumière qui leur ouvre les vastes horizons de la vérité universelle? Quand donc c'est la science elle-même qui, par l'un de ses organes les plus distingués, tend la main à la philosophie, celle-ci laissera-t-elle échapper l'occasion aussi rare qu'heureuse de renouer des liens qui n'ont jamais été interrompus qu'au grand détriment de la science et de la pensée humaine?

Nous n'y mettons qu'une condition, c'est que la science positive respecte les questions et les vérités qui ne sont pas, qui ne seront jamais de son domaine. Elle a ses bornes qui sont plus étroites que celles de l'esprit humain. Toute question qui, pour être résolue, ne demande qu'une intelligence plus complète des rapports, qu'un enchaînement plus vaste des faits et des causes, qu'une généralisation plus haute des lois expérimentales, est du ressort de la science. Nous n'avons donc aucune difficulté à soumettre la philosophie des sciences, la philosophie proprement dite (dans le sens de M. Cournot qui est le vrai) à l'épreuve de la méthode toute scientifique de l'auteur. Nous ne faisons d'exception que pour la *métaphysique*, pour cet ordre de conceptions à priori dont toute l'autorité repose sur la nécessité logique qui la distingue. Sans cette réserve, il ne faut plus parler ni de Dieu, ni du Monde, ni de l'Infini, ni de l'Universel, ni de Substance et de Cause première, ni de toutes ces vérités qui sont du domaine de la raison pure, et auxquelles tous les efforts de la science la plus vaste et la plus élevée ne peuvent atteindre. On l'a vu par les résultats de la critique de M. Cournot. Féconde et rigoureuse sur tout le reste, elle devient impuissante du moment qu'elle s'attaque à ces questions d'un ordre supérieur.

LIVRE II.

LA PSYCHOLOGIE ET L'HISTOIRE.

ÉCOLE PSYCHOLOGIQUE. — ÉCOLE HISTORIQUE.

Les sciences psychologiques avaient jusqu'ici trouvé leurs adversaires parmi les savants adonnés aux sciences de la matière. Maintenant c'est d'un autre côté que viennent les attaques auxquelles elles sont en butte. L'histoire menace de les supprimer, ou tout au moins de les remplacer. La meilleure manière sans doute pour une science, comme pour une institution, de défendre son existence, c'est de donner signe de vie, c'est de s'affirmer par des œuvres fortes et solides qui résistent à la double épreuve de la critique et du temps. C'est ce qui a été fait par les maîtres de l'école spiritualiste, Maine de Biran, Cousin, Jouffroy, et quelques-uns de leurs disciples. Mais ce travail, comme celui de la philosophie pure et de la métaphysique, s'est arrêté court devant le mouvement toujours croissant des études historiques. Et s'il doit être repris, ainsi que nous le croyons, il paraît nécessaire, comme au début, de le débarrasser des objections et des difficultés qui lui sont suscitées par des écoles qui, sans nier les sciences de l'esprit, veulent les asseoir sur une autre base que l'observation de conscience. C'est ce qui explique pourquoi nous entreprenons la défense des sciences psychologiques contre leurs nouveaux adversaires. Cette défense se résume en trois points : 1° maintenir, en le définissant bien, l'objet de la psychologie contre les objections de l'école historique ; 2° expliquer en quoi consiste la méthode psychologique, quels en sont les procédés, quelle en est l'autorité, quelle en est la portée ; 3° faire ressortir l'importance des études psychologiques, en les considérant dans leur rapport, soit avec les autres sciences, soit avec la civilisation générale.

I

OBJET DE LA PSYCHOLOGIE.

Après les travaux de l'école spiritualiste contemporaine sur l'objet, la méthode et l'organisation des sciences psychologiques, il semble tout au moins inutile de reprendre une œuvre aussi parfaitement accomplie. Sans parler des vivants, dont la présence ne nous permet pas d'anticiper sur le jugement de l'histoire, n'est-il pas convenu aujourd'hui que la préface des œuvres de Reid et celle des esquisses de Dugald-Stewart ne laissent rien à désirer quant à la démonstration des principes de la science ; à la solution des difficultés, ainsi qu'à la réfutation des objections qui pouvaient l'arrêter à son début ? Dès lors, à quoi bon défendre ce qui ne saurait plus être sérieusement attaqué ? C'est sur ce point qu'une explication préalable est nécessaire.

Quand l'école spiritualiste entreprit d'édifier une science psychologique, elle avait en face d'elle le vieil et éternel adversaire des sciences de l'esprit, le matérialisme rajeuni par la science physiologique des Cabanis, des Magendie et des Broussais. Les physiologistes ne contestaient pas seulement tel mode d'observation, telle théorie, telle conclusion des psychologues ; ils niaient tout, et les faits qui servent de matière aux sciences morales, en les ramenant par une ingénieuse méthode de transformation à des phénomènes purement physiologiques, et l'organe même de l'observation interne, dont l'un d'eux demandait plaisamment à voir les yeux ou les oreilles, abusant ainsi des métaphores de la langue ; ils supprimaient, en un mot, la base même des sciences psychologiques. C'est aux préjugés et aux arguments de ce genre que l'école spiritualiste s'étudia à répondre ; elle le fit avec un tel succès qu'elle ouvrit les yeux aux plus incrédules. On put continuer à contester certaines de ses théories sur le nombre et la nature de nos facultés, sur les rapports de l'âme et du corps, sur certaines parties obscures de la science que la lumière de la conscience n'éclaire point ou éclaire mal, telles que l'état de l'âme pendant le sommeil, le rêve, l'extase, etc. ; on put encore subtiliser sur le point de savoir comment le moi peut être à la fois le sujet et l'objet de l'observation. Mais après les explications de nos psychologues sur la distinction des faits psychologiques et des faits physiologiques, sur le mode d'observation propre à chaque espèce de faits, sur le mode de transmission que comportent les phénomènes de conscience, on ne douta plus ni de la matière, ni de la méthode des sciences psychologiques. Et ce qu'il y eut de plus décisif en faveur de ces sciences, c'est que l'école spiritualiste, passant de la méthode aux œuvres, produisit sur tous les grands faits de la vie morale des descriptions, des analyses, des classifications, dont la clarté, la précision, l'exactitude, la solidité devaient satisfaire les esprits les plus exigeants en matière de science.

Où en est maintenant cette science pour laquelle tant de grands et heureux efforts ont été faits dans la première moitié du siècle? Assurément, la victoire est restée au spiritualisme et à la psychologie, dans cette lutte engagée avec tant d'autorité et d'éclat contre le matérialisme par nos maîtres, Maine de Biran, Laromiguière, Royer-Collard, Cousin, de Broglie(1), Jouffroy, Damiron, et poursuivie avec tant de vigueur et de persévérance par leurs disciples devenus eux-mêmes des maîtres consommés dans l'art de la critique et de l'analyse. Mais si le matérialisme a désarmé, un autre adversaire des sciences psychologiques a pris sa place, et ces sciences sont menacées aujourd'hui d'un danger d'autant plus sérieux que l'ennemi semble avoir pour auxiliaire l'esprit même du xixe siècle. Non; ce n'est plus le matérialisme qui est à craindre pour l'avenir de la psychologie. S'il n'est pas mort sous les coups de l'école spiritualiste, il est trop ruiné dans le monde savant pour pouvoir recommencer la lutte, au moins sous sa forme ancienne. Quant à la forme nouvelle qu'il aurait prise depuis quelque temps, peut-être s'est-on trop hâté de qualifier de ce nom une certaine école assez peu favorable, du reste, aux études psychologiques abstraites, mais qui répugne trop aux conclu-

(1) Voyez, dans la *Revue française* qui a paru avant 1830, la savante et profonde discussion de M. le duc de Bloglie contre l'école de Broussais.

sions métaphysiques pour pouvoir être justement accusée de matérialisme. Affirmer, en effet, que la force, que la vie, que l'âme, que l'intelligence ne sont que le produit des combinaisons de la matière, c'est se prononcer sur un problème ontologique, c'est faire de la métaphysique. Or, cette école n'en veut d'aucune espèce, pas plus de la métaphysique matérialiste que de la métaphysique spiritualiste. Ce n'est donc pas de ce côté que viennent aujourd'hui les adversaires des sciences psychologiques.

Malebranche traitait l'histoire avec le même dédain que le roman (1). Il ne comprenait pas qu'un esprit sérieux pût s'attacher à un genre d'étude qui n'intéresse que l'imagination, quand il existe tant de sciences, sans compter la philosophie, qui s'adressent à son jugement et à son intelligence. Il avait tort, même pour son temps où l'on ne cherchait dans l'histoire que des tableaux pour l'imagination, ou des leçons de morale pour la conscience. Car l'histoire a pour objet l'homme réel, tandis que la psychologie a pour objet l'homme abstrait. Mais s'il eût compris la portée philosophique de l'histoire, et comment il est possible d'en tirer des vues générales, et les lois même du développement intellectuel, moral, économique de l'Humanité, il en eût parlé sur un autre ton. Aujourd'hui, les rôles sont complétement intervertis. C'est l'histoire qui parle en reine; et c'est la philosophie qui se trouve trop heureuse de conserver une place dans ce vaste domaine des sciences

---

(1) En preuve l'anecdote du jeune d'Aguesseau, auquel Malebranche reproche de perdre son temps en de pareilles lectures.

morales qu'elle remplissait autrefois tout entier. Il faut rendre cette justice à l'histoire que ses mérites croissent avec ses prétentions. Tant qu'elle s'est bornée au récit des faits, et surtout des faits purement politiques, elle a pu gagner chaque jour en étendue, en exactitude, en précision ; la critique des faits a pu devenir plus sévère, l'impartialité des jugements plus rigoureuse, l'intelligence des causes plus profonde et plus sûre. Il n'y avait rien, dans tous ces progrès, qui justifiât ou même expliquât l'ambition de remplacer toutes les autres sciences morales. Mais du jour où elle a fait rentrer dans son domaine toutes les manifestations de l'activité humaine, les idées de l'esprit, les sentiments de l'âme, les œuvres de l'art, aussi bien que les actes de la vie politique, militaire, économique des peuples ; où, en un mot, elle est devenue l'histoire complète de l'Humanité, on a dû moins s'étonner des prétentions d'une certaine école dont le caractère propre est l'exagération de l'esprit historique dans les sciences morales. Et si à la variété des recherches l'histoire parvient à joindre la portée philosophique des conclusions, on comprend mieux encore comment elle peut aspirer au rôle de science morale unique et universelle.

C'est en effet jusque-là que s'élève l'orgueil de cette école historique dont les sciences psychologiques rencontrent aujourd'hui le dédain ou l'hostilité. Elle ne veut pas seulement que l'histoire attire toutes les sciences dans sa sphère par la revue de leur passé, ce qui n'est sujet à aucune contestation ; elle entend que l'histoire les remplace définitivement. A ses yeux, il n'y a, il ne peut y avoir une science, un étude de l'homme en soi ; les prétendues intuitions de la conscience, outre qu'elles sont trop vagues et trop fugitives pour constituer une base solide aux analyses de la science, ont l'inconvénient bien autrement grave d'être sans objet, du moins sans objet déterminé (1). Toute science d'observation suppose une matière préalable pour fondement de ses analyses et de ses théories. Or, il n'y a de matière que les faits réels, c'est-à-dire concrets. La nature humaine, considérée abstractivement, n'est pas un fait, et par conséquent ne peut servir de matière à une étude précise et suivie. C'est dans l'histoire seule de la vie humaine qu'on peut trouver la matière d'une psychologie solide, soit qu'il s'agisse de la vie individuelle, soit qu'il s'agisse de la vie collective de l'être humain (2). Et comme

(1) Renan, *Avenir de la métaphysique* (*Revue des deux mondes*, t. XXV). « La psychologie part de l'hypothèse d'une humanité parfaitement homogène, qui aurait été telle que nous la voyons, et cette hypothèse renferme une part de vérité, car il y a vraiment des attributs communs de l'espèce humaine qui en constituent l'unité ; mais elle renferme aussi une erreur grave, ou plutôt elle méconnaît une vérité fondamentale, révélée par l'histoire : c'est que l'humanité n'est pas un corps simple et ne peut être traitée comme telle. L'homme doué des dix ou douze facultés que distingue le psychologue est une fiction ; dans la réalité, on est plus ou moins homme, plus ou moins fils de Dieu. Au lieu de prendre la nature humaine, comme la prenaient Thomas Reid et Dugald Stewart, pour une révélation écrite d'un seul jet, pour une bible inspirée et parfaite dès son premier jour, on en est venu à y voir des retouches et des additions successives. » Il y a du vrai dans ces observations. Mais faut-il en conclure que la psychologie, telle que l'entendaient Platon, Aristote, les Écossais, Maine de Biran, Jouffroy, est une étude sans vérité et sans valeur? M. Renan eût dû s'expliquer sur ce point.

(2) M. Taine, *Histoire de la littér. angl.*, introduct., p. 11 et 12. « Au siècle dernier, on se représentait les hommes de toute race et de

d'une autre part, l'histoire intime des individus ne peut fournir que des faits purement personnels, et qui ne prouvent rien pour la théorie des caractères généraux de la nature humaine, il s'ensuit que toute psychologie vraiment positive se réduit à l'histoire des diverses manifestations de la vie morale dans le temps et dans l'espace. C'est ainsi que l'école historique dont nous parlons entend aujourd'hui la psychologie, la morale, la politique, l'esthétique, et toutes les études auxquelles on avait assigné jusqu'ici une matière, une méthode, et un *criterium* tout différents.

Voilà où conduit l'esprit historique exclusivement appliqué à l'édification des sciences morales. Excellent et

tout siècle comme à peu près semblables, le Grec, le Barbare, l'Indou, l'homme de la renaissance et l'homme du xviiie siècle comme coulés dans le même moule, et cela d'après une certaine conception abstraite, qui servait pour tout le genre humain. On connaissait l'homme, on ne connaissait pas les hommes; on n'avait pas pénétré dans l'âme; on n'avait pas vu la diversité infinie et la complexité merveilleuse des âmes. » Ce serait peut-être forcer la pensée de l'auteur que d'inférer de ces paroles la négation de la psychologie proprement dite; mais s'il la conserve, c'est sans en attendre grand'chose pour la science de l'homme. Toute étude faite ainsi *in abstracto* lui paraît vague, superficielle, et sans doute peu instructive.

L'école historique paraît croire que la psychologie, faite autrement que par l'expérience historique, se réduit à quelques lieux communs de logique et de morale. Il est certain que les variétés historiques de la nature humaine ne sont pas du ressort de l'observation de conscience; mais en revanche, quelle pénétration des parties intimes de cette nature on obtient avec une pareille lumière concentrée sur un point fixe! Nous ne pouvons croire que MM. Renan et Taine aient oublié l'histoire de cette psychologie au point d'en méconnaître ainsi les grands mérites.

tout-puissant dans sa sphère, admirable encore et fécond dans l'œuvre générale de la science, quand il se borne à sa fonction propre, il devient un adversaire des sciences morales et un obstacle à leur développement, du moment qu'il prétend faire la science à lui tout seul. Il est d'autant plus menaçant alors pour l'avenir de ces sciences qu'il trouve un puissant auxiliaire dans une autre disposition essentielle de l'esprit contemporain. Nous voulons parler de l'esprit critique. On serait fort injuste envers notre siècle, si l'on ne voyait dans ses facultés, dans ses méthodes, et dans ses œuvres propres que le goût et le génie de l'érudition. L'esprit du xix° siècle a une tout autre portée. S'il excelle à explorer en tous sens le domaine de l'histoire, et à recueillir la riche moisson de faits, de monuments, de traditions, de légendes, dont le génie abstrait et spéculatif des siècles précédents n'avait guère souci, il faut ajouter qu'il n'excelle pas moins à dégager de ces matériaux les vues générales qui font de l'histoire une véritable science, réelle et rationnelle tout à la fois, où les lois se font jour sous les faits, et les idées sous les réalités. C'est là le triomphe de l'esprit critique. Et comme cet esprit a besoin pour s'exercer d'une matière toute faite, il ne peut prendre pour base de ses analyses et de ses discussions que des faits accomplis. C'est une justice à lui rendre qu'il sait choisir ses matériaux, et que, dans cette infinie variété de faits dont se compose la matière de l'histoire, les faits extérieurs politiques ne sont pas ceux pour lesquels il se sent le plus de goût. Il aime particulièrement l'histoire des lois, des mœurs, des arts, des croyances, des idées, l'histoire intime et vraiment psychologique de l'Humanité ; et c'est de là qu'il tire les éléments les plus précieux de cette science supérieure qui, sous le nom de philosophie de l'histoire, sera le plus beau titre du XIX° siècle à l'admiration de la postérité.

Mais, si féconde que soit la méthode critique, elle n'a point le mérite d'être créatrice. Elle fait admirablement l'histoire de la science, de l'art, de la religion, de la morale, du droit; elle ne crée ni les théories et les systèmes, ni les œuvres d'art, ni les traditions religieuses, ni les législations qu'elle a pour objet d'étudier, d'apprécier et de ramener aux lois générales de l'esprit humain. En un mot, elle n'a ni ne peut avoir aucune initiative, soit philosophique, soit morale, soit religieuse, soit esthétique, soit législative. Si donc, se bornant à sa tâche, déjà si difficile et si haute, la méthode critique laissait à d'autres études le droit et le soin d'ouvrir à l'âme humaine les sources directes des révélations et des créations qui doivent faire ensuite la matière de ses travaux, tout serait pour le mieux, et les sciences psychologiques n'auraient point à défendre leur existence contre ses prétentions exclusives. Mais l'esprit critique n'a pas toujours cette sagesse. L'école à laquelle il a donné son nom, et qui en personnifie l'exagération, n'entend pas seulement que l'histoire, telle que l'a faite la critique, soit une science, et la plus variée, la plus riche de toutes les sciences morales; elle veut qu'elle soit l'unique base de celles-ci. Dans les analyses et les dissertations abstraites des philosophes et des moralistes sur l'homme, elle ne voit que des révélations sans autorité, sinon sans vérité, des intuitions et des aspirations qui n'ont pas plus un caractère scientifique que les créations des poëtes et des romanciers. Ce n'est pas qu'elle les dédaigne ; elle y attache, au contraire, d'autant plus de prix qu'elle y trouve la matière la plus pure et la plus noble de ses recherches. En un mot, elle traite la psychologie à l'instar de la métaphysique, qu'elle n'accepte pas autrement que comme le texte d'une science historique connue sous le nom de philosophie des systèmes de l'esprit humain.

Enfin, dans la guerre qu'elle dirige depuis quelque temps contre les sciences psychologiques, l'école historique trouve un second auxiliaire ; c'est cette autre disposition de l'esprit contemporain qu'on est convenu d'appeler l'esprit *positif*, qualité précieuse en elle-même, et dont l'emploi discret est une des conditions de la science. Ennemi des spéculations à priori, juge sévère des hypothèses, ne se fiant qu'à l'observation, à l'expérience, à l'analyse, à l'induction, telle que l'entend Bacon, et telle que la pratiquent les physiciens et les naturalistes, cet esprit règne depuis deux siècles dans les sciences physiques, à l'avancement desquelles il a singulièrement contribué. Il est tellement propre à l'esprit scientifique que les sciences morales elles-mêmes, malgré la différence de matière et de méthode, n'ont mérité leur nom qu'à partir du jour où l'autorité de ses axiomes a prévalu dans leur domaine. Grâce au progrès de l'esprit positif, on ne croit plus que la science de la réalité, soit physique, soit morale, puisse s'obtenir à priori, ni qu'il y ait d'autres sources de connaissance que l'expérience et l'observation, en tout ce qui concerne les êtres de la Nature, ou les phénomènes de l'esprit. L'esprit positif n'excède-t-il pas les limites du vrai, quand il applique ses axiomes à la métaphysique, c'est-à-dire à une spéculation qui a pour objet, non la *connaissance* même des choses, mais la *conception* des vérités dont le caractère purement rationnel dépasse la portée de l'observation, et même de l'induction ? C'est un point sur lequel nous ne serions pas d'accord avec l'école positive. Ainsi nous pensons que la Vérité métaphysique par excellence, l'Être infini dans le temps et dans l'espace, échappe aux prises de l'esprit positif, et ne se laisse apercevoir qu'à la lumière de la raison pure ; nous tenons par conséquent pour excessive la prétention de soumettre toute œuvre de la pensée aux étroites prescriptions de l'expérience. Mais l'école positive va plus loin dans ses négations. Confondant avec la spéculation ontologique toute étude abstraite et générale de l'homme, elle enveloppe dans une égale exclusion les systèmes de métaphysique et les analyses de la psychologie proprement dite. Elle ne veut plus d'autre science de l'homme que celle que nous donne l'histoire ; et, si elle consent à s'occuper des œuvres de psychologie abstraite que nous a léguées le génie de la méditation, c'est pour en faire ressortir le caractère peu scientifique, et montrer qu'en de pareilles recherches, l'esprit humain a toujours perdu son temps et sa peine (1).

(1) S'il y a encore quelque incertitude sur la pensée de l'école historique et critique, et de MM. Taine et Renan, à l'égard de la psychologie abstraite, le sentiment de l'école positive, et de M. Littré en particulier, ne laisse aucun doute sur ce point. Cette psychologie n'est pour lui qu'une partie de la métaphysique dont il ne veut à aucun prix. « La biologie recherche toutes les formes que revêt la vie depuis le der-

Est-il besoin d'ajouter que, dans cette manière de classer et de définir les adversaires actuels des sciences psychologiques, nous n'entendons pas comprendre d'excellents esprits (les plus nombreux peut-être, et à coup sûr les plus illustres), historiens, critiques, savants, qui réunissent les meilleures qualités de l'esprit contemporain, dans une mesure telle, que l'usage qu'ils en font, dans les études de leur spécialité, n'est jamais accompagné de l'abus né de l'exagération même de ces qualités ? Quand nous parlons des excès d'une école, nous ne prétendons pas appliquer à la science elle-même, et à l'ordre de savants qui la cultivent, tout ce qui vient d'être dit sur les conclusions extrêmes de cette école relativement aux sciences psychologiques. Nous savons que ces sciences trouvent des juges sympathiques, et même des amis parmi toutes les classes de savants; nous voulons dire simplement que la prédominance de tel ou tel esprit, historique, critique, positif, s'il n'est pas tempéré tantôt par le sens philosophique, tantôt par le sens psychologique, engendre des écoles exclusives qui tendent à mutiler la pensée, et à rétrécir le champ de la science. C'est contre ces écoles seulement que les sciences psychologiques ont à se défendre. L'ennemi est

---

nier végétal jusqu'à l'homme, embrasse la hiérarchie de ces êtres de plus en plus compliqués et élevés,.... constate des facultés de plus en plus hautes dans les animaux supérieurs, et, combinant la considération de l'organe et des facultés, elle dispute l'étude de l'homme intellectuel et moral à la métaphysique. » (*Conservation, révolution, positivisme*, chap. 3, §§ 51, 52.) Puis vient la *sociologie*, qui couronne l'édifice de la science. Entre la biologie et la sociologie, ou science sociale, il n'y a place pour aucune autre science de l'homme.

d'autant plus redoutable, selon nous, que les idées et les arguments qu'il met en avant trouvent un puissant écho dans l'esprit général du siècle. Les études de philosophie abstraite ou de psychologie pure ont eu leurs beaux jours, dans les quarante premières années de ce siècle, grâce au rare talent et à la grande éloquence de quelques esprits de premier ordre. Mais, malgré les efforts considérables et parfois heureux, tentés depuis pour affermir sur leur base et développer les sciences de ce nom, le goût du public éclairé se porte vers de tout autres objets; on ne le trouve que trop disposé à approuver les réserves des écoles exclusives, à l'endroit des sciences psychologiques. En un mot, il est quelque peu complice de nos adversaires. En face d'une telle situation, nous sommes de ceux qui pensent qu'il n'est pas inutile de s'expliquer de nouveau sur l'objet, la méthode, l'importance de la psychologie, en tenant particulièrement compte des objections des écoles hostiles et des préjugés du public.

Ces objections sont spécieuses. C'est d'abord le caractère abstrait et général de l'objet des études psychologiques, lequel semble en contradiction avec la conscience toute personnelle de l'observateur. Comment, au moyen d'expériences tout individuelles, arriver sûrement à des conclusions et à des théories sur les instincts, les sentiments, les passions, les facultés de la nature humaine? C'est ensuite l'impossibilité d'une rigoureuse vérification. Par quel témoignage pourra-t-on assurer aux révélations intimes de la conscience l'autorité que réclame toute analyse et toute théorie vraiment scientifique? C'est enfin la divergence des méthodes psychologiques sur le mode même d'observation, les uns niant, les autres soutenant la possibilité de l'observation directe.

L'objection tirée du caractère abstrait de la psychologie est capitale, en ce qu'elle porte sur l'objet même de la science. Si elle était valable, elle arrêterait le psychologue au début même de ses études. Cette première difficulté donne lieu à une remarque préalable : c'est qu'on en peut dire autant de toutes les sciences morales abstraites, connues sous les noms de morale, de droit naturel, de politique, d'économie politique, d'esthétique, de métaphysique. Que ces sciences diffèrent essentiellement des sciences expérimentales, cela ne fait pas question. Tandis que celles-ci reposent sur une grande variété de faits concrets, bien observés et bien décrits, qu'il ne s'agit que de classer et de ramener à des lois, celles-là n'ont pour base qu'un petit nombre de faits simples et de notions générales sur lesquels il faut fonder tout un système de conséquences morales, politiques, économiques, esthétiques, etc. Mais cette différence radicale suffit-elle pour justifier la réserve dont il vient d'être fait mention? A ce compte, on ne voit pas pourquoi toutes les sciences abstraites, comme les mathématiques pures, la mécanique rationnelle, la mécanique céleste, la physique mathématique, conserveraient leur titre de *sciences*. Et pourtant, non-seulement l'usage l'a consacré, mais elles ont été de tout temps considérées comme les sciences par excellence, en raison de la simplicité, de l'exactitude, de l'ordre et de l'enchaînement des vérités dont elles se composent. On peut avoir plus de goût pour les sciences expérimentales et descriptives que pour les sciences rationnelles de la Nature ; et tel est l'entraînement des esprits, en ce siècle d'observation, vers les sciences de la première espèce, que nous voyons les études rationnelles plus ou moins délaissées pour les études où l'expérience a la plus large part. Mais quel est le savant qui s'aviserait de contester l'autorité scientifique des premières, précisément à cause de leur caractère abstrait?

Ce serait donc une méthode étroite et même fausse que de mesurer la valeur scientifique d'un ordre de connaissances sur la part qui y est faite aux divers procédés de la méthode expérimentale, à l'observation, à la description, à la classification des faits. Ce *criterium*, excellent pour apprécier les sciences d'un certain ordre, ne vaut plus rien, s'il s'agit de juger les sciences d'un ordre différent. Chaque espèce d'études a sa matière, sa méthode et son *criterium* propre. Les vrais signes auxquels on reconnaît son caractère *scientifique* sont la certitude, l'exactitude, la possibilité de vérification, quelles que soient d'ailleurs la matière, la méthode et la forme de cette science. Les études abstraites dont on vient de parler, les mathématiques pures, ou la partie des sciences physiques et astronomiques qui empruntent surtout les méthodes du calcul, réunissent toutes ces conditions au plus haut degré; c'est ce qui fait que ni leur titre de science, ni même leur supériorité scientifique sur les études qui ont la Nature pour objet n'a jamais donné lieu à de sérieuses contestations. Bien plus, il n'est pas douteux que cette supériorité tient précisément au caractère abstrait de ces sciences, lequel comporte une simplicité dans les théorèmes, et une rigueur dans les démonstrations, dont ne sont point susceptibles les sciences expérimentales et pratiques. Aussi les savants, au lieu de s'obstiner à ramener toutes les sciences de la Nature à une même classe, et toutes les méthodes à un type unique, n'ont-ils pas hésité à reconnaître, au sein des sciences cosmologiques, deux ordres essentiellement distincts de connaissances : 1° les sciences d'observation, d'expérience et d'induction, telles que la météorologie, l'astronomie et la physique expérimentale, la chimie, l'histoire naturelle, ainsi que toutes les sciences d'application ; 2° les sciences de définition et de déduction, telles que les mathématiques pures, la mécanique rationnelle, la mécanique céleste, la physique mathématique, etc. Le goût prédominant de notre siècle pour les sciences expérimentales et pratiques, a pu faire négliger depuis quelque temps la culture des sciences abstraites ; mais il n'en a diminué en rien l'autorité dans le monde savant.

Pourquoi cette distinction, parfaitement applicable aux sciences morales, n'obtiendrait-elle pas la même adhésion des esprits élevés qui s'intéressent à ces études ? Ne pourrait-on pas aussi, en tenant compte exclusivement de leur forme, les diviser en sciences rationnelles et expérimentales, ou pour nous servir de mots plus populaires, en sciences philosophiques et historiques ? L'histoire, avec toutes ses branches (histoire politique, histoire religieuse, histoire du droit, de l'art, de la philosophie, etc.), formerait la famille des sciences expérimentales ; tandis que la philosophie, c'est-à-dire la science abstraite et générale de l'homme, avec toutes ses branches également (psychologie, logique, morale, esthétique, politique, etc.), formerait l'autre famille des sciences rationnelles. Quoi qu'il en soit, dans le domaine des sciences morales, de même que dans celui des sciences physiques, ces deux espèces d'études ont chacune leur matière, leur méthode, leur but propre. Aux sciences philosophiques il appartient de trouver et d'exposer les principes qui doivent servir d'idéal et de règle suprême, soit pour la pratique, soit pour le jugement de la réalité. Aux sciences historiques il appartient de recueillir, de décrire, de classer les faits réels et concrets qui serviront de matière et de base à l'application des théories. Et c'est ainsi que, dans l'ordre des vérités morales, comme dans l'ordre des vérités physiques, la science répond à tous les besoins, à toutes les facultés de l'esprit humain. Encore une fois, pourquoi la science moderne, sous la direction exclusive, et comme sous l'oppression de l'esprit historique, irait-elle jusqu'à se priver d'un de ses plus nobles et plus puissants organes, au lieu d'en corriger le jeu et d'en régler la fonction ? Ce n'est donc pas seulement à la psychologie, mais à la philosophie tout entière qu'on fait le procès, quand on dénie à la première son titre de science, uniquement parce que son objet est abstrait.

En effet, les sciences psychologiques ont pour objet l'homme intérieur, non l'homme réel, tel que l'histoire nous le montre, mais l'homme abstrait, l'homme-type, tel que nous le fait connaître l'analyse philosophique appliquée à la conscience. Première difficulté à résoudre, au début même de la science : Quel est cet homme qu'il s'agit d'étudier, quelle est cette conscience qu'il faut interroger ?

Si cet homme est l'individu qui s'observe lui-même, il pourra nous livrer le secret de son âme; mais pourra-t-il nous révéler celle de l'Humanité? C'est là ce qui semble impossible au premier abord, quoi que fasse le génie même appliqué à la plus noble des consciences. On n'aura donc qu'une monographie plus ou moins riche, plus ou moins intéressante, mais nullement concluante pour la nature humaine en général. Et comment le serait-elle, quand il est constant que cette nature se diversifie à l'infini, selon les lieux, les temps et les individus? Quelle théorie fixe et générale, quelle science véritable de l'homme tirer de là? Si, au contraire, il s'agit de l'homme abstrait et de la conscience universelle, on comprend que la science qui s'y rapporte ait une tout autre portée; mais alors la réalité disparaît pour faire place à une abstraction. Donc, monographie individuelle sans portée scientifique, ou dissertation vague, faute d'une matière positive, n'est-ce pas l'alternative à laquelle tout essai de psychologie est condamné dès le début?

On peut tout d'abord répondre à l'objection par un fait reconnu de tous; c'est que, pendant qu'on en conteste la possibilité, l'observation de la nature humaine se fait, qu'elle se fait de bien des manières, et se produit sous bien des formes. Les analyses des philosophes, les portraits des moralistes, les peintures des poëtes ne sont pas plus contestés dans leur vérité intime que dans leur portée générale, quand ils ont été tracés par la main des maîtres. Des philosophes comme Platon, Aristote, Malebranche, Reid et Kant; des moralistes comme Sénèque, Pascal, la

Bruyère, la Rochefoucault; des poëtes comme Homère, Euripide, Virgile, Shakspeare, Racine, Molière; des écrivains et des romanciers comme Gœthe, Chateaubriant et Walter Scott, ont parlé, non de l'individu simplement, mais de l'homme; non de l'homme d'un pays et d'une époque seulement, mais de l'homme éternel et universel; ils ont, les uns analysé, les autres décrit, ceux-ci chanté, ceux-là raconté les sentiments, les passions, les pensées propres à l'Humanité, et qui persistent à travers les nombreuses vicissitudes qu'elle subit. C'est même par ce caractère essentiellement humain de leurs œuvres qu'ils sont reconnus les plus grands, et que leur gloire efface celle des écrivains qui n'ont analysé, décrit ou peint que l'homme d'une époque ou d'un pays. Il faut donc bien que l'observation de l'homme, telle que nous l'entendons, puisse se faire, puisqu'elle se fait perpétuellement, et que l'admiration et la sympathie publiques en consacrent les résultats.

De tels faits réfutent la thèse de l'impossibilité de l'observation psychologique aussi catégoriquement que le fait d'un mouvement accompli par un philosophe de l'antiquité réfutait la thèse sophistique de l'impossibilité du mouvement. Mais il reste toujours à expliquer comment l'observation de l'homme abstrait est possible. Une distinction très-simple suffit, ce semble, à résoudre la difficulté. Il est sûr que l'étude de l'homme ne peut se faire que par un individu, et sur un individu. Le philosophe qui analyse les idées de l'intelligence, le moraliste qui décrit les passions de l'âme, ne peuvent faire autrement que d'opérer sur leurs propres pensées et sur leurs propres sentiments, à moins de se borner à reproduire les observations et les expériences d'autrui. Car nul ne peut deviner ce qui se passe dans la conscience de son voisin, fût-il cet autre lui-même qu'on appelle un ami, si ce n'est par une induction qui n'est jamais sûre, et qui a besoin d'ailleurs d'être éclairée par le témoignage direct de notre propre sens intime. Mais, tout en s'observant eux-mêmes, le philosophe et le moraliste dirigent leur analyse sur la partie essentielle et immuable, sur l'élement *humain* de leur propre nature, laissant au poëte, au romancier, à l'auteur de *Mémoires* et de *Confessions* la partie intime, originale, accidentelle, qui varie suivant les temps, les lieux, les individus. Et en faisant cela, le psychologue ne procède point autrement que l'anatomiste et le physiologiste qui négligent les particularités du corps humain pour s'attacher, dans leurs descriptions et leurs classifications, aux caractères généraux et permanents des organes et des tempéraments. Sous ce rapport, les sciences naturelles obéissent à la même nécessité que les sciences psychologiques; comme celles-ci, elles procèdent par abstraction dans l'observation de la réalité. Voilà comment l'objet de la psychologie est réel et général tout à la fois, et par suite comment l'individu observe l'homme même, en s'observant.

Mais, dit l'école historique, l'analogie n'est pas complète entre la méthode du psychologue et celle du naturaliste, par la raison que l'objet de l'une change bien autrement que l'objet de l'autre. Nulles ou peu sensibles dans l'homme physique, les modifications qu'opère l'influence des temps et des lieux, acquièrent dans l'homme moral l'importance de véritables transformations qui semblent atteindre la nature même du sujet observé. L'homme moral change sensiblement d'un pays à l'autre, d'une époque à l'autre. Sa conscience se développe et se transforme à ce point que des idées qui passaient pour des axiomes dans un temps, sont devenues depuis des préjugés insoutenables, que des sentiments qui semblaient naturels à une époque, sont jugés monstrueux à une époque postérieure, et qu'en revanche on voit régner dans celle-ci des vérités générales dont les âges antérieurs n'avaient même pas le soupçon. Ainsi l'idéal moral, l'idéal politique des sociétés antiques, alors même qu'il a pour interprète le génie d'un Platon, d'un Aristote, d'un Cicéron, n'est ni aussi pur ni aussi complet que l'idéal moral ou l'idéal politique des sociétés modernes, tel que l'ont défini et développé des écrivains d'un ordre inférieur à ceux qui viennent d'être cités. L'institution de l'esclavage, pour ne citer que cet exemple, acceptée, disons mieux, adoptée par la conscience antique, révolte la conscience moderne. Il en est des sentiments comme des idées. La haine de l'étranger, qui était jadis la première des vertus, est devenue un crime de lèse-Humanité. L'Humanité ! ce mot révèle toute une révolution dans les idées et les sentiments de l'homme. Tant il est vrai que tout change, sous la loi du progrès, dans l'histoire de l'espèce humaine, les idées comme les faits, la conscience comme la science. Quand donc la psychologie croit pouvoir saisir l'homme abstrait, l'homme idéal, pour en faire l'objet de ses contemplations, elle se fait illusion. L'objet lui échappe sans cesse, comme le Protée de la Fable, à travers ses cent métamorphoses.

On n'a prise que sur l'homme réel, sur l'homme individu ou peuple, qui vit dans le temps et dans l'espace. Or, cet homme-là n'appartient qu'à la biographie ou à l'histoire.

Il ne nous en coûte point de reconnaître ces changements de la conscience humaine qui attestent d'une façon si éclatante la loi du progrès, dans l'ordre moral, et d'avouer qu'ils ont une tout autre gravité que ceux qui s'opèrent dans l'homme physique, à travers la succession des âges; mais il ne faut rien exagérer. Ici, les adversaires des sciences psychologiques nous semblent abuser singulièrement, pour le besoin de leur thèse, des diversités et des transformations de la nature humaine. Il est bien vrai que l'homme change, l'homme moral surtout; que la conscience varie d'un âge à l'autre, et toujours dans le sens du progrès. Mais ces changements vont-ils jusqu'à atteindre l'âme humaine dans son essence? Là est toute la question. Or il n'est personne, même dans l'école historique, qui soutienne que la loi du progrès puisse produire cette merveilleuse métamorphose. On sait que la civilisation n'a pas plus doté l'homme moral de facultés nouvelles qu'elle n'a enrichi l'homme physique de nouveaux sens. On peut dire en toute vérité que, sur le développement de ses sentiments, de ses idées, de ses mœurs, de ses lois, la civilisation exerce une action souveraine, qui n'a pas d'autres limites que la nature humaine elle-même. Mais ici elle reste impuissante, et le progrès s'arrête devant une loi supérieure. Il n'y a donc aucune contradiction à soutenir que la nature morale de l'homme, que la conscience est tout à la fois immuable et progressive : immuable dans son essence, c'est-à-dire dans ses facultés premières et constitutives, progressive dans le développement de ces facultés, c'est-à-dire dans ses sentiments, ses mœurs et ses idées. De tout temps, l'homme a été un être instinctif, sensible, conscient, intelligent et raisonnable, volontaire et libre, une véritable personne, dans le sens complet du mot; de tout temps, il a eu les mêmes besoins, les mêmes affections, et les mêmes passions générales. Les caractères essentiels, les conditions, les lois de sa sensibilité, de son intelligence, de son activité, n'ont pas changé avec les objets que le cours du temps renouvelle sans cesse ; en sorte qu'en changeant perpétuellement, l'homme garde les traits constitutifs de sa nature. Or, c'est précisément cet homme-là qui fait l'objet de notre psychologie, l'homme sur lequel ne peuvent rien, ni les influences ethnographiques, ni les influences géographiques, ni les influences historiques. Que cet homme soit un pur abstrait, rien de plus évident! Mais qu'importe pour la science qui en fait son objet? La mécanique rationnelle met aussi en jeu des forces abstraites dans ses hautes spéculations mathématiques. Cela n'empêche pas qu'elle ne soit considérée par tous les savants comme le fondement de la mécanique appliquée, laquelle lui emprunte ses principes, sauf à tenir compte des accidents de la réalité. Il en est de même des sciences psychologiques pures. De l'étude approfondie de l'homme abstrait, elles tirent des principes supérieurs de philosophie, de morale, de logique, d'esthétique, de politique et de civilisation, que l'historien, le moraliste, le publiciste, le critique, l'inventeur de méthodes doivent appliquer à l'homme réel, individu ou peuple, sous peine de n'apporter dans leurs jugements et leurs conseils pratiques ni le sentiment du vrai, ni le sentiment du juste, ni le sentiment du beau. Sans ces hautes lumières de la psychologie générale, toute science et tout art seraient livrés à l'empirisme.

Et il ne faudrait pas croire qu'une étude ainsi réduite à l'homme abstrait soit stérile, faute d'éléments. Outre que les vérités qui en font l'objet propre sont les premières de toutes, par la portée spéculative et pratique qui les distingue, l'histoire même des sciences morales montre quelle est la variété et la richesse d'une pareille matière, quand c'est le génie de l'analyse qui l'exploite. Platon avait parlé de psychologie et de morale avec l'autorité du plus beau génie qui ait paru dans la philosophie ancienne. Quand Aristote reprend les mêmes sujets, il semble que son maître n'ait vu les choses qu'à la surface, tant sa science, toute d'observation et d'analyse, est supérieure à l'éloquence et à la poésie de Platon. Et si l'antiquité n'a point dépassé cette science pour la solidité, la profondeur et la précision, combien d'analyses ingénieuses et subtiles chez les mystiques alexandrins, d'observations et de formules pratiques chez les moralistes stoïciens, font voir que la science psychologique et morale de l'antiquité est en voie de perpétuel développement. Puis viennent les fines analyses, les riches descriptions, les fortes discussions de la philosophie moderne, sur cet éternel et inépuisable fond de la nature humaine envisagée dans ses traits généraux et immuables. La liste est longue des philosophes et des moralistes modernes qui ont fait de l'esprit et du cœur humain leur sujet d'étude, sans demander à d'autres sources que la conscience, ni à d'autre méthode que l'analyse, les éléments de leurs descriptions ou de leurs théories. Et pourtant, aucun de ces grands ou ingénieux observateurs n'a répété ses devanciers. Tant il est vrai que, même à défaut de génie, une sérieuse et forte méditation suffit pour faire des découvertes dans ce champ si exploré.

Ce sujet, nous le savons, n'est guère du goût d'une certaine école historique qui aime par-dessus tout les curiosités ethnographiques ou biographiques; mais il n'est pas de lieux communs pour la science sérieuse, et pour le génie. Quand un Platon, un Aristote, un Pascal, un Kant voudront bien, à une époque quelconque, reprendre ce texte immortel de la conscience humaine, les commentaires nouveaux qu'ils sauront en faire auront toujours plus de prix que les renseignements obtenus à grand'peine sur la morale ou la religion des peuplades de l'Océanie ou de l'Afrique. C'est que la conscience, ainsi sondée à des profondeurs où l'œil du vulgaire ne saurait pénétrer, est une source intarissable. Il en est de cette étude générale, qu'on nous permettra d'appeler la grande psychologie, comme de la grande poésie et de la grande éloquence, dont le propre est d'exprimer les sentiments, les passions, les pensées de l'homme éternel et universel ; elle sera toujours la tentation des esprits élevés et philosophiques.

Ce n'est pas qu'au-dessous de cette psychologie, il n'y ait place, dans la grande famille des sciences morales, pour d'autres études du plus vif intérêt, et dont l'école historique professe le culte exclusif. L'homme varie, avons-nous dit, selon les individus, comme il change avec les temps et les lieux. De là un certain nombre de psychologies particulières qui peuvent se ramener à trois types principaux : 1° la psychologie biographique qui s'occupe à recueillir les particularités relatives aux individus ; 2° la psychologie ethnographique qui se renferme dans la description des caractères propres à la race et à la nation ; 3° la psychologie historique qui s'applique à noter et à résumer les changements survenus dans la succession des âges et des époques.

Quant à la psychologie ethnographique et à la psychologie historique, on sait qu'elles puisent leurs éléments à de tout autres sources que l'observation de conscience. Ce n'est point, en effet, sur des révélations intimes, mais sur des témoignages tout extérieurs que se fonde cette double psychologie. Pour former son tableau des variétés morales de l'espèce humaine, répandue sur la surface du globe, l'ethnographe regarde au dehors, et non au dedans ; il consulte les relations de voyages, les monuments, les traditions, les livres, les langues surtout, où le génie des races diverses est écrit en caractères visibles et ineffaçables. Pour tracer son esquisse des progrès de la conscience et de la vie morale de l'Humanité, dans la série des époques qui commencent à l'âge de la barbarie primitive, et finissent aux dernières périodes de la civilisation moderne, l'historien n'a pas d'autre matière que les faits historiques proprement dits, institutions, mœurs, croyances, sciences, littérature, qui font la partie morale et supérieure de l'histoire, et d'où il parvient à dégager une véritable psychologie, concrète et vivante. Ces deux sciences, de date assez récente, ne sont pas seulement d'un grand intérêt historique ; elles ont de plus une haute portée philosophique, en ce qu'elles servent de contre-épreuve aux analyses et aux descriptions de la psychologie abstraite. C'est ainsi que, partant d'un point opposé, l'ethnographe et l'historien arrivent à donner la main au psychologue, en montrant, dans son développement sur le double théâtre de l'espace et du temps, cette même Humanité dont le philosophe et le moraliste étudient la nature intime dans le témoignage direct de la conscience.

Il est une certaine psychologie biographique qui, sans avoir tout à fait le même objet que la psychologie ethnographique et la psychologie historique, se fait par une méthode d'observation analogue. Le biographe qui écrit la vie d'un autre, cet autre fût-il son père ou son ami, ne peut procéder que par observation indirecte et par induction, dans l'analyse et la description qu'il essaye des sentiments, des idées, des passions, des facultés de son héros. Comme l'historien ou l'ethnographe, il n'a prise que sur des faits matériels, sur les actes de la vie extérieure. Tout ce qu'il sait ou croit savoir de la vie intime, il n'a pu l'atteindre que par induction. Il n'y a d'observation directe et sûre que celle qui porte sur soi-même.

Mais, outre l'observation générale et abstraite qui est le véritable fondement de la science de l'homme, il est un genre d'observation individuelle et personnelle, qui se pratique dans les *Mémoires* et les *Confessions*. Si ce n'est plus tout à fait le même objet, c'est la même méthode. Qu'il s'agisse, en effet, de l'homme ou de l'individu, c'est toujours la même conscience qui est interrogée, ici sur des faits *humains*, là sur des faits *individuels*. Or, toute monographie bien faite a son intérêt moral, quelle que soit d'ailleurs la valeur du sujet qui s'observe. L'observation de l'individu se prenant lui-même pour objet n'a pas seulement un charme piquant de curiosité satisfaite; elle a pour résultat de nous faire pénétrer dans le vif de la réalité humaine. Il est bon que l'homme se connaisse dans le détail de sa nature, dans ses misères, comme dans ses grandeurs, dans ses passions d'un jour, comme dans ses désirs éternels. En ce sens, les sciences psychologiques doivent s'approprier le mot de Térence : *Nihil humani a me alienum puto :* nul détail de la réalité ne peut leur être indifférent. Le monographe qui se voue, dans sa personne, à l'analyse microscopique de l'individu, est le véritable *micrographe* des sciences psychologiques; de même que le naturaliste qui porte ce nom, il observe tous les petits ressorts secrets qui mettent en branle les grands moteurs de la vie humaine. Or, s'il est capital d'observer ceux-ci, il est intéressant d'étudier ceux-là. Car c'est ainsi que se révèle le mystère de la vie, en toute chose, dans l'Homme, aussi bien que dans la Nature.

Et quand, au lieu d'une nature vulgaire ou médiocre, c'est l'âme d'un grand poëte, ou l'esprit d'un grand philosophe, ou le cœur d'un sage et d'un héros qui s'observe et s'analyse, n'avons-nous pas la plus haute et la meilleure révélation de la nature humaine qui se puisse obtenir? Quelle belle psychologie nous aurions, si l'âme d'un Socrate, d'un Epaminondas, d'un Vincent de Paul, d'un Channing se fût racontée elle-même! Ce regret, exprimé par l'auteur des *Fragments philosophiques*, nous revient chaque fois que nous relisons les *Vies* de Plutarque. En racontant la vie de ces grands hommes, cet auteur a donné à la postérité un enseignement moral dont peu de traités dogmatiques égalent la vertu. Que serait-ce donc, si chacun de ces grands individus nous eût mis lui-même dans le secret de ses sentiments et de ses pensées ? Les *Mémoires* de Xénophon sur Socrate, bien qu'ils ne soient qu'un écho affaibli de la parole du maître, nous laissent une idée de la beauté d'une pareille psychologie. Les *Confessions* de saint Augustin nous la font d'autant mieux comprendre qu'on y voit une grande âme faire elle-même sa propre histoire. Combien est puissant l'intérêt qui s'attache aux *Confessions* de Jean-Jacques ! Et s'il n'en sort pas une psychologie plus haute et plus pure, est-ce au genre ou à l'homme qu'en est la faute ? En tout cas, de pareilles monographies sont de véritables révélations pour la science de l'homme. Comme il n'est donné à aucun être humain d'atteindre à la perfection absolue d'une seule faculté ou d'une seule vertu, il n'est point de monographie qui puisse être proposée comme l'expression complète de l'idéal. Mais telle est la hauteur de certaines individualités, comparées au vulgaire, que leur histoire intime, faite par elles-mêmes, apparaît comme la plus éclatante image de cet idéal conçu et défini par la pensée pure.

Enfin, il est une espèce de psychologie qui participe à la fois du caractère de la psychologie générale, et du caractère de la psychologie individuelle; c'est ce qu'on appelle le *roman intime*. Le romancier étudie au fond l'*homme* lui-même, comme le psychologue et le philosophe. Mais il renferme son étude dans le cadre de l'individualité, ainsi que fait l'auteur des *Mémoires* ou des *Confessions*. Dans ce genre de roman, les deux observations, intime et extérieure, se réunissent; mais c'est la première qui domine. L'auteur regarde moins au dehors qu'au dedans. De là, quand il possède le génie de l'observation intime, l'intérêt à la fois piquant et sérieux de ses révélations. C'est de la vraie psychologie, avec l'avantage d'être accessible à tous, sous la forme que l'art du romancier lui a donnée. Le public, qui n'a jamais eu un goût bien marqué pour les analyses et les théories de la science, aime et recherche avidement cette psychologie, à laquelle l'imagination prête la couleur, le mouvement, la vie, tous les caractères de la réalité. Il ne manque pas d'esprits sérieux aujourd'hui qui seraient assez d'avis de remplacer la science par le roman, en ces sortes de matières.

Assurément, il n'y a pas de meilleur moyen de populariser l'étude du cœur humain. Si la psychologie n'avait pas d'autre but, elle ferait bien d'entrer dans cette voie. Mais alors que devient l'exactitude, la précision, la rigueur démonstrative, l'ordre, toutes les qualités qui font de la psychologie une science? Il en serait de la psychologie ainsi *traitée* par le roman ou le théâtre, comme de la morale ou de l'histoire soumise aux mêmes procédés. Qu'y a-t-il de plus intéressant, de plus populaire que la morale au théâtre, ou que l'histoire dans un roman? Mais si rien n'est plus puissant comme enseignement, rien n'est moins sérieux comme science. Les sciences psychologiques qui font leur profit de tout, de l'histoire, de la poésie, de l'éloquence, pourront trouver des éléments précieux dans le roman, et surtout dans le roman intime; mais ce serait une étrange méthode que d'en faire la base de leurs théories. La vérité est le premier but de la science ; la popularité et la puissance d'action ne viennent qu'après. Autrement la science se confondrait avec la littérature.

II

MÉTHODE PSYCHOLOGIQUE.

Sans s'arrêter aux préjugés, bien rares aujourd'hui, de quelques physiologistes attardés qui ont l'air de chercher naïvement les organes de l'observation psychologique, il est juste de convenir que les faits moraux sont difficiles à saisir, et surtout à fixer sous l'œil toujours ouvert, mais souvent distrait de la conscience. Mais que veut-on conclure de cette difficulté? Est-ce que l'observation des phénomènes physiques et physiologiques est toujours aisée? N'a-t-elle pas, en bien des cas, la délicatesse et la subtilité d'un art? Les expériences sur l'électricité, sur le son, sur la lumière ; les observations sur la constitution élémentaire des tissus, sur l'organisme des animalcules, sont-elles l'œuvre du premier venu? Qu'on le demande à nos physiciens, à nos chimistes et à nos naturalistes. Les études de nos psychologues ne sont pas sans analogie avec ces observations et ces expériences, malgré la différence de la réalité observable ; la conscience proprement dite, comme l'œil ou l'oreille du vulgaire, ne voit et n'entend les choses de son ressort qu'en gros et d'une façon vague. Les finesses du détail lui échappent, et elle a plutôt le sentiment que l'idée de ces choses. Il faut lui appliquer la réflexion pour les lui faire voir dans tout leur développement, de même qu'il faut appliquer la loupe à l'observation des yeux, si l'on veut arriver à connaître la réalité matérielle dans ses plus intimes particularités. Or, la réflexion n'est pas une faculté *naturelle*, comme la conscience, la mémoire, l'imagination, l'association des idées, lesquelles s'exercent spontanément ; elle est du nombre de ces facultés qu'on dit *acquises*, non point parce que la nature n'y serait pour rien, mais parce qu'elles ne produisent pas leurs actes sans préparation et sans effort. La réflexion est une faculté rare, dont le poëte et le romancier font usage, et que le moraliste et le psychologue seuls élèvent à la puissance d'un art. A cette condition, l'observation psychologique arrive à des analyses profondes et à des descriptions précises.

Certains adversaires de la psychologie, esprits fins et versés dans la critique des questions morales, ne nient point l'intérêt ni même la vérité des études de ce genre ; mais ils prétendent que cela ne suffit point pour en établir l'autorité scientifique (1). Avec cette finesse d'analyse qui lui

---

(1) Cournot, *Essai sur les fondements des connaissances humaines*, t. II, chap. 23.

est propre, un savant de nos jours, qui est en même temps un philosophe très-distingué, a mis le doigt sur les difficultés inhérentes aux études psychologiques. Il doute que la psychologie, de même que la médecine, puisse être ramenée à une forme vraiment scientifique, parce que, selon lui, il est de la nature des faits psychologiques de se traduire en aphorismes plutôt qu'en théorèmes. Tout en reconnaissant l'objet de ces études, l'homme intérieur, il refuse le nom d'observation à cette contemplation solitaire des phénomènes qui se passent dans le secret de la conscience, et n'accorde pas le titre de science à un ensemble de remarques plus ou moins curieuses et de réflexions plus ou moins profondes, dont on n'a jamais pu faire un corps de doctrine scientifique. Et la raison qu'il donne de cette impossibilité, c'est que, par l'intervention même de la réflexion sur les faits de conscience, les phénomènes qu'on veut observer se trouvent nécessairement compliqués d'un phénomène nouveau, et souvent modifiés ou dénaturés; à ce point qu'il devient impossible de les saisir par l'observation intérieure tels qu'ils seraient sans l'immixtion inévitable de cette cause perturbatrice.

Autre difficulté. Pour qu'une observation puisse être qualifiée de scientifique, l'auteur veut qu'elle soit susceptible d'être faite et répétée dans des circonstances qui comportent une définition exacte, de manière qu'à chaque répétition des mêmes circonstances, on puisse toujours constater l'identité des résultats. Il veut, en outre, que, dans les circonstances définies, les résultats soient indépendants de la constitution de l'observateur. Or il ne lui semble pas que l'observation interne satisfasse à aucune de ces conditions. D'une part, les phénomènes de conscience sont fugaces insaisissables dans leurs perpétuelles métamorphoses, et dans leurs modifications continues; d'autre part, ces phénomènes varient avec les individus, en qui se confondent le rôle d'observateur et celui de sujet d'observation. « Que m'importe, dit M. Cournot, les découvertes qu'un philosophe a faites ou cru faire dans les profondeurs de sa conscience, si je ne lis pas la même chose dans la mienne, ou si j'y lis tout autre chose? Cela peut-il se comparer aux découvertes d'un astronome, d'un physicien, d'un naturaliste, qui me convie à voir ce qu'il a vu, à palper ce qu'il a palpé (1). » Il s'ensuit que les phénomènes psychologiques ne sont pas susceptibles de vérification, et que la science que l'on prétend fonder sur cet ordre de faits ne réunit pas même la première de toutes les conditions scientifiques.

Pour ces raisons, l'auteur ne croit pas ou croit peu à la possibilité d'une psychologie ainsi fondée sur l'observation intérieure. En revanche, il croit à une psychologie tout empirique, se composant des observations les plus utiles sur la nature intellectuelle et morale de l'homme, recueillies moins par des philosophes que par des moralistes, des historiens, des politiques, et en général par tous les hommes doués de l'esprit d'observation et portés à saisir le côté pratique des choses. Seulement, il ne peut voir la matière d'une science dans un pareil recueil, si intéressant et si utile qu'il soit d'ailleurs. Il est deux études pourtant que

(1) Cournot, *Essai*, etc., t. II, chap. 23, §§ 371, 372 et 373.

l'auteur réserve dans sa conclusion négative, c'est la logique et la morale dogmatique. On peut étudier les conditions d'un raisonnement concluant, classer nos idées en diverses catégories, exposer les règles d'une bonne méthode, discuter la valeur des divers genres de preuves et d'inductions, invoquer des principes de morale, en décrire les divers caractères, rechercher la véritable formule d'où peuvent se déduire nos devoirs et nos droits. C'est ce qu'ont fait Aristote, Descartes, Bacon, Condillac, Kant; l'un pour la théorie proprement dite du *raisonnement;* l'autre pour l'institution des règles nécessaires à la *direction de l'esprit;* celui-ci pour l'organisation de la méthode *expérimentale;* celui-là pour l'art de *penser* et de *raisonner;* ce dernier enfin pour la *critique de la raison pure* et la *métaphysique des mœurs.* Une telle psychologie n'exige pas cet appareil d'observations, cette lente accumulation de faits détaillés qui compose ce qu'on appellerait la psychologie expérimentale, et ne doit pas plus être rangée parmi les sciences dites d'*observation* qu'on n'y rangerait l'arithmétique et la géométrie, quoique celles-ci s'appuient sur quelques faits observables et observés.

Dans cette critique des études psychologiques, il y a des remarques dont l'école psychologique ne gagnerait rien à contester la justesse. Ainsi il ne lui en coûte pas de reconnaître, avec M. Cournot, que l'observation intérieure est rendue plus difficile par l'identité même du sujet observant et de l'objet observé; que la difficulté est encore augmentée par le caractère d'instabilité et de perpétuelle mobilité des phénomènes; que ce genre d'observation, en ce qu'il a d'intime et de personnel, n'est pas concluant pour la science générale de la nature humaine ; qu'en outre, il n'est jamais susceptible, pour tous les faits auxquels il s'applique, de cette vérification précise et authentique que comporte l'observation des phénomènes naturels. En admettant, avec l'auteur, la distinction de la psychologie *empirique* et de la psychologie *rationnelle*, nous convenons que la première ne forme pas, ne formera jamais un corps de doctrine scientifique ; que la seconde n'est point une science *expérimentale*, en ce sens qu'elle comporte plutôt les observations que les expériences proprement dites. Ce que nous contestons, ce sont les conclusions que cet esprit, si réservé pourtant, tire d'observations justes. Selon lui, la psychologie ne peut être une science, soit qu'on la considère dans sa matière, soit qu'on l'envisage dans sa forme : car sa matière se compose de faits qui ne sont pas vérifiables ; et sa forme est trop incohérente pour constituer un ordre vraiment scientifique. Or aucune de ces deux raisons ne nous paraît avoir une valeur absolue, ni être de nature à justifier la double conclusion de l'auteur. Laissons la psychologie empirique, sur laquelle il n'existe entre l'auteur et nous aucun dissentiment, et ne parlons que de l'autre qui est seule en question.

L'auteur accepte la psychologie *rationnelle* comme une science ; seulement il ne veut pas qu'elle soit une science d'observation, pas plus que l'arithmétique et la géométrie. Ici, son langage nous paraît dépasser la mesure de la vérité. Qu'entre cette espèce de psychologie dont l'objet est abstrait et général, et la psychologie empirique dont l'objet est concret et individuel, il y ait une profonde différence, c'est ce que nous avons déjà reconnu dans la première partie de ce travail. Il n'est pas douteux que la distinction des sciences abstraites et rationnelles, et des sciences descriptives et expérimentales, soit d'une application aussi naturelle dans l'ordre des sciences de l'esprit que dans l'ordre des sciences de la Nature. Mais on ne peut, sans exagération, assimiler la psychologie rationnelle à l'arithmétique et à la géométrie, qui sont des sciences de pure déduction. Toutes les sciences morales, depuis la logique pure jusqu'à l'histoire, sont des sciences d'observation; elles font aux faits une part plus ou moins large. Sans doute, les faits sur lesquels elles se fondent sont d'un caractère différent, en ce sens que les uns sont généraux et les autres individuels; mais ces différences ne permettent pas d'établir une distinction aussi tranchée entre les sciences morales qu'entre les sciences physiques. Et, en tout cas, admît-on cette distinction pour la théodicée et la métaphysique, et même pour certaines parties abstraites de la logique spéculative, il serait impossible de l'appliquer à la psychologie, dont les analyses font la base des théories logiques ou morales. Il est vrai que M. Cournot ne paraît pas distinguer cette psychologie rationnelle de la logique et de la morale elles-mêmes. Mais pourtant il est trop au courant des sciences morales pour confondre la logique pure avec la psychologie. Si les procédés de déduction, de démonstration, d'analyse logique, entrent pour une certaine part dans la méthode de la première; les procédés de description et d'analyse naturelle, de classification, sont propres à la seconde. Qu'il veuille bien reporter sa pensée sur le *Traité de l'âme* d'Aristote, sur le *Traité des passions* de Descartes, sur le chapitre de la *recherche de la vérité* consacré à l'étude des diverses facultés morales de l'esprit (1), sur l'histoire naturelle de nos facultés, telle que l'ont racontée les Écossais, sur les études de Maine de Biran et de Jouffroy ; il verra que tous ces essais de psychologie analytique et descriptive, sinon expérimentale, constituent un ordre de connaissances aussi distinct de la logique proprement dite que de cette collection d'observations et d'aphorismes, recueillis de toute part et de toute main, qu'on appelle la psychologie empirique. Ni l'idéologie de Destutt de Tracy, ni la critique de Kant, avec leurs abstractions et leurs déductions, ne donnent une idée de la psychologie rationnelle dont les livres cités sont les principaux monuments. Que cette science n'ait pas la rigueur, la précision des connaissances qui composent le domaine des sciences physiques et naturelles, nous en convenons avec M. Cournot, tout en trouvant qu'il n'y a point là une raison suffisante de leur refuser un titre qu'aucune des sciences morales ne mériterait à ce compte-là, et que plusieurs sciences de la Nature, la physiologie par exemple, auraient de la peine à justifier. Entre M. Cournot et nous donc, la difficulté se réduit à une question de mesure. Il veut bien conserver comme science la logique et la morale rationnelle dans le domaine des sciences morales ; mais il pense que la différence, dans le degré de rigueur et de précision, qui

---

(1) Malebranche.

distingue les sciences physiques de la psychologie proprement dite, doit faire refuser à celle-ci le nom de science. Nous ne voyons pas que cela suffise pour nous le faire abandonner. On est donc à peu près d'accord au fond, et l'on ne diffère guère que sur le mot.

Ce qui serait autrement grave pour l'existence de la psychologie, c'est l'impossibilité d'une vérification quelconque pour les observations psychologiques. Cette vérification est en effet la première garantie de l'autorité scientifique des théories qui reposent sur ces observations. Quel est le moyen de vérifier l'exactitude des révélations personnelles de la conscience? M. Cournot et d'autres adversaires de la psychologie ne le voient pas. On convient que le psychologue arrive à pénétrer assez avant dans l'analyse de la nature humaine pour en rapporter des observations et des descriptions vraiment neuves, comme fait un voyageur d'un pays récemment exploré. Mais où est le contrôle de ces observations individuelles? Où est la contre-épreuve de ces expériences intimes? Le chimiste, le physicien, le naturaliste, l'astronome font assister le public à leurs expériences ou à leurs observations; ils exposent leur science sur pièces à l'appui; ils parlent des phénomènes naturels devant la Nature elle-même, dont ils peuvent toujours invoquer le témoignage. Mais que peut dire le psychologue à ceux qui l'écoutent ou le lisent, sinon d'en croire ses révélations sur parole? N'est-ce pas l'histoire du voyageur qui raconte ses aventures et ses impressions devant un public aussi charmé que défiant de la réalité des récits du narrateur?

Jusqu'à nos jours, les philosophes, les moralistes, nous pourrions ajouter les poëtes et les romanciers qui ont réfléchi et médité sur la nature humaine, en s'enfermant dans le for intérieur de leur conscience, ne paraissent point avoir prévu cette ingénieuse objection. Quand ils ont livré, les uns leurs analyses et leurs théories sévères au public savant, les autres leurs descriptions et leurs peintures charmantes aux foules enthousiastes, ils ont compté, soit sur l'intelligence, soit sur la sympathie de leurs auditeurs ou de leurs lecteurs. Ils n'ont jamais pensé que leurs révélations, bien que puisées dans leur conscience personnelle, eussent un caractère tellement individuel qu'il fallût absolument les en croire sur parole. Tout au contraire, c'est à la nature, c'est à la conscience humaine qu'ils s'adressaient, bien sûrs d'y trouver un écho retentissant, s'ils ne s'étaient point trompés, et s'ils ne s'étaient point trop écartés des grandes voies de la vérité générale et *humaine*. Quand Jouffroy, qui a tout prévu et tout expliqué sur cette matière, dans son admirable préface des esquisses de Dugald-Stewart, arrive à établir la certitude des observations psychologiques, il ne lui vient point à l'esprit que ces observations ont besoin d'une sorte de vérification analogue à celle des expériences, dans l'ordre des sciences physiques; tant il lui semble naturel de s'en fier à la conscience de ses auditeurs et de ses lecteurs. Et sans paraître se douter qu'il répond d'avance à l'objection qu'on nous fait aujourd'hui, il montre jusqu'à l'évidence comment les analyses et les descriptions du psychologue trouvent leur confirmation ou leur critique dans l'adhésion ou la défiance de ceux qui les lisent. Voilà, en effet, la vraie, la seule vérification des vérités morales. Et quand elle a passé par la double épreuve du nombre et du temps, elle est regardée comme suffisante. Les sciences morales ont leur *criterium* propre, de même que les sciences physiques. Parce que les vérités qui en font l'objet s'observent et se vérifient différemment, n'en concluons pas qu'elles ne sont point, comme celles-ci, susceptibles de certitude et d'exactitude. Les adversaires de la psychologie oublient toujours que les faits racontés ou décrits par l'observateur, philosophe, moraliste ou poëte, sont propres à toutes les consciences humaines. Pour les reconnaître, il suffit d'un certain degré d'attention. De quoi s'agit-il dans la science du psychologue? de choses que le public peut comprendre, sentir, expérimenter, parce qu'elles se passent continuellement dans le for intérieur de chacun. Le géographe, l'astronome, le micrographe ne peuvent dire à leur public : voyez et touchez ; ils ne peuvent qu'en appeler au petit nombre de savants qui ont vu et touché comme eux. Et pourtant cela suffit pour établir l'authenticité de leurs observations. L'épreuve à laquelle se soumet le philosophe ou le poëte est bien autrement populaire. C'est au grand jour du sens commun, devant le peuple, qu'il expose ses observations, ses analyses, ses tableaux. Si le public savant persiste à s'approprier les observations de l'un, si la foule continue à battre des mains aux descriptions de l'autre, tout est dit : la vérité morale a reçu la sanction qui lui convient; elle passe au rang des vérités acquises, définitivement acquises à la science. Que peut-on vouloir de plus ?

On nous dira que ce mode de vérification est d'une application lente et difficile, que très-peu d'observations et de théories psychologiques ont résisté à cette épreuve, et qu'on ne ferait pas une science bien riche ni bien étendue avec les vérités qui en sont victorieusement sorties. — Quand cela serait, il n'en resterait pas moins démontré qu'il existe un mode de vérification, un *criterium* sûr pour la vérité des observations et des théories morales. Mais cela n'est pas. La nature humaine est tellement personnelle, dans les individus qui la représentent, qu'il y a chez elle une tendance irrésistible à accentuer les différences qui marquent l'originalité plus ou moins forte de chacun. On aime bien mieux généralement se montrer par les côtés où l'on diffère que par les côtés où l'on se ressemble. C'est ce qui fait que la profonde identité des consciences, et la grande harmonie qui en résulte, se dissimulent sous le bruit des voix discordantes. Au fond, les intelligences et les consciences sont beaucoup plus d'accord qu'elles n'en ont l'air. Il faut bien que l'anarchie du monde moral soit moins grande que ne le disent nos écoles sceptiques. Autrement, comment irait-il se développant sans cesse dans le sens du progrès? Et cet accord sur les questions morales serait bien plus complet, si le seul intérêt de la vérité guidait ceux qui les agitent, et ceux qui en recueillent les solutions. S'il suffisait de bien observer, de bien raisonner, de bien exprimer sa pensée pour que la vérité fût aperçue et acceptée de tous, on serait surpris de la facilité et de la rapidité avec lesquelles l'accord se ferait entre les intelligences et les consciences, grâce à l'unité de la nature humaine. Malheureusement, dans l'ordre des vérités morales, les questions, outre les difficultés qui leur sont inhérentes, se compliquent d'intérêts, de passions, de sentiments personnels, de préjugés d'éducation de toute espèce. Quoi qu'il en soit, le trésor des vérités morales que les générations successives de l'Humanité se transmettent d'âge en âge, d'époque en époque, en le grossissant toujours, prouve que ce grand travail d'observation et d'analyse, accompli par les philosophes et les moralistes de tous les temps, ne se disperse pas en poussière, au souffle des discordes de la pensée humaine. Il en reste assez de faits, d'axiomes, de principes, sinon de théories, pour que les sciences morales puissent invoquer le témoignage de l'histoire.

Il est une certaine classe d'esprits que ce mode de vérification pourra bien ne pas satisfaire : c'est celle qui n'admet d'autre autorité que le témoignage de ses sens. Il est certain que le psychologue ne peut dire à son public : Voyez, touchez, sentez. Mais alors il faut aller jusqu'au bout, et tout rejeter : les faits qui ne sont pas de nature à être perçus par les sens, leur mode d'observation, aussi bien que leur mode de vérification. Les phénomènes moraux se passent dans une sphère où ni l'œil, ni l'oreille, ni le tact n'ont accès. C'est le *sens* de l'esprit, la conscience qui les aperçoit et les observe, comme c'est la conscience qui les reconnaît et les vérifie. Quand le philosophe et le moraliste s'étudient, la lumière se fait dans ce coin du monde des âmes, qu'on appelle conscience individuelle, pour rayonner ensuite dans d'autres parties de ce monde, par l'intermédiaire du langage. Ainsi, observation, transmission, vérification des phénomènes, tout se fait par des procédés qui sont propres à l'ordre des vérités morales, et avec lesquels les sciences physiques n'ont rien à voir. Il faut donc les admettre ou les rejeter tous également. Pour les rejeter, il faudrait pouvoir réduire toute activité intellectuelle à l'exercice des cinq sens. Or, il n'y a pas de matérialisme qui ose aller jusque-là. Tant que la nature humaine conservera la conscience, il y aura une matière, une méthode, et un *criterium* à part pour les sciences psychologiques. « Il y a, dit Maine de Biran, une lumière intérieure, un *Esprit de vérité*, qui luit dans les profondeurs de l'âme, et dirige l'homme méditatif appelé à visiter ces galeries souterraines. Cette lumière n'est pas faite pour le monde, car elle n'est appropriée ni au sens externe ni à l'imagination; elle s'éclipse ou s'éteint même tout à fait devant cette autre espèce de clarté des sensations et des images, clarté vive et souvent trompeuse qui s'évanouit à son tour en présence de l'*esprit de vérité* (1). » Admirable langage, dont quelques paroles mystiques n'altèrent en rien la vérité. La seule réserve que nous pourrions nous permettre d'y faire, c'est que la conscience n'est pas, comme semble le croire ce profond observateur de notre nature morale, un livre fermé au vulgaire, et exclusivement réservé à la contemplation de quelques âmes méditatives.

Cette démonstration de la méthode psychologique ne serait pas complète, si nous laissions sans réponse certains doutes émis, non plus sur la possibilité, mais sur le mode

---

(1) Préface des *Rapports du physique et du moral.*

d'observation. Dans l'observation des phénomènes physiques, le sujet observant est différent de l'objet observé ; celui-ci est distinct, fixe, immobile, ou à peu près, sous le regard de l'observateur : l'opération est donc facile à expliquer. Dans l'observation des phénomènes moraux, le sujet et l'objet de l'observation ne font qu'un. Comment peut se faire l'opération? Dans de telles conditions, on ne le voit pas tout d'abord. L'objet observé, c'est l'âme dont l'essence est d'être une force, *vis sui conscia*, dont la vie est une continuelle action. Comment ce Protée, si multiple dans ses formes, si mobile dans ses allures, si fugitif, si peu saisissable, peut-il devenir l'objet d'une observation suivie et régulière? Il ne suffit pas de répondre qu'il faut bien que cette observation soit possible, puisqu'elle se fait et a toujours été pratiquée avec plus ou moins d'exactitude et de précision par les poëtes, les moralistes et les philosophes; c'est le comment qu'il s'agit d'expliquer.

Selon Maine de Biran, notre premier maître en cette matière, l'opération serait très-simple à comprendre, grâce à la distinction des deux vies, des deux natures, des deux êtres, dans l'être complexe qu'on appelle l'*homme*. D'un côté est l'*animal* avec ses besoins, ses appétits, ses sensations, ses imaginations ; de l'autre est l'homme proprement dit, avec ses facultés, ses sentiments, ses idées, ses volitions. Ce spiritualisme nouveau et original, du moins pour le temps, ne se borne point à l'ancienne distinction de l'âme et du corps ; dans la vie de l'âme elle-même, il introduit la dualité de l'animal et de la personne, de la *nature* et de l'*esprit*, renouvelant ainsi, mais avec une grande puissance de réflexion et d'analyse, la doctrine péripatéticienne de l'âme vivante et de l'âme pensante. C'est cette dernière seulement qui possède la conscience; c'est elle qui, affranchie enfin, par un long exercice et un constant effort, de la tyrannie de la nature intérieure ou extérieure, se retire au fond de sa personnalité, dans le sanctuaire de l'*esprit*, loin des impressions et des imaginations sensibles. Là elle se recueille et se contemple à son aise; elle s'étudie alors, non dans les sensations et les mouvements de la vie animale qui lui est extérieure, mais dans les actes purs de sa pensée, de sa volonté, de son amour; elle plonge son regard dans les profondeurs les plus intimes de son essence. Devant cette intuition directe de l'âme par elle-même, l'induction n'a plus rien à faire. Aussi Maine de Biran déclarait-il bien haut que la méthode de Bacon, excellente et tout à fait nécessaire pour les sciences physiques auxquelles elle révèle les lois de la Nature, n'est point applicable aux sciences psychologiques, dans lesquelles la conscience atteint directement les causes.

L'école spiritualiste, dont Maine de Biran fut le précurseur, ne s'enferma point dans ce spiritualisme profond, mais un peu mystique. Ni M. Cousin qui la fonda, ni M. Jouffroy qui en décrivit si bien la méthode, ni les disciples qui en développèrent postérieurement les principes, n'acceptèrent tout à fait la doctrine de ce grand psychologue. Nul, dans l'école, ne partagea son dédain pour la méthode baconnienne, laquelle, sauf certaines modifications, semblait à tous bonne pour la psychologie, comme pour la physique. Nul n'alla jamais jusqu'à la doctrine des deux hommes (l'homme *nature* et l'homme *esprit*), et surtout n'eut la pensée de retirer de la vie spirituelle et vraiment psychologique les phénomènes de la sensation, de l'imagination, de la passion, qui, pour n'être pas des actes purs, n'en sont pas moins des modifications de l'âme elle-même. Du reste, tous, à l'exemple de Maine de Biran, reconnurent à l'âme la faculté de s'observer directement, de se saisir, de se voir, non-seulement dans ses actes, mais aussi dans ses facultés, et dans le fond même de sa nature.

Une telle doctrine et une telle manière d'entendre l'observation psychologique ont provoqué une vive polémique de la part des adversaires de l'école spiritualiste. Comment, a-t-on dit, est-il possible que le moi soit en même temps le sujet et l'objet de l'observation? Comment est-il possible qu'au même moment il sente, pense, agisse, et se regarde sentir, agir et penser (1)? Quelle idée se fait-on donc de l'âme humaine pour imaginer qu'elle puisse se prendre elle-même pour objet fixe d'étude, se voir face à face, comme l'homme physique voit son image dans un miroir? Cet état de l'âme se contemplant elle-même dans l'immobilité et la pureté de son essence, loin du contact des choses extérieures, n'est qu'une hypothèse mystique, en contradiction avec l'expérience et avec la plus simple définition de l'âme humaine. Qui dit âme ne dit-il pas principe de vie et d'activité? L'essence de l'âme étant l'acte, l'âme agit

(1) Pierre Leroux, *Réfutation de l'éclectisme.*

toujours. Mais comment agit-elle? S'il faut en croire Maine de Biran, son action propre serait tout intérieure, et absolument indépendante des choses du dehors. Or c'est là une pure abstraction. S'il est vrai que le moi ait en lui-même son principe de vie, il ne l'est pas moins qu'il ne vit pas de lui-même. Dans sa vie morale, aussi bien que dans sa vie physique, l'homme a besoin d'un objet, d'une matière, comme d'un aliment nécessaire à son activité intérieure. Imaginer que notre âme puisse se retirer dans les profondeurs de son essence pour y vivre de sa propre substance, en dehors de toute assimilation d'éléments extérieurs, c'est le roman d'une psychologie mystique. Dans ses méditations les plus abstraites, dans ses créations les plus chimériques, dans le recueillement le plus parfait de ses idées, l'âme ne vit pas entièrement de son propre fonds. Si l'on remonte à l'origine de ces méditations, de ces créations et de ces idées pures, on trouvera toujours que l'âme en a puisé la matière première à une source extérieure. Le moi ne peut donc vivre qu'en communication incessante avec un non-moi. Dès lors que vient-on nous parler d'un moi transcendant, exclusivement livré à la contemplation solitaire de sa propre nature? Voilà pour la théorie de Maine de Biran.

Mais ajoutent les adversaires de toute psychologie abstraite, si le principe est faux, il devient impossible d'en maintenir la conséquence, à savoir, la possibilité pour l'âme humaine de s'observer directement. Elle s'observe pourtant, mais de la manière suivante. Autre chose est la conscience; autre est l'observation proprement dite. La conscience accompagne l'action de l'âme sous toutes ses formes et à tous ses moments ; elle en est le contre-coup et comme le retentissement dans la sphère de son activité intérieure; à tel point que, s'il est possible de l'en distinguer, il ne l'est pas de l'en séparer. En est-il de même de l'observation? L'âme ne sent sa passion, son désir, sa pensée, sa volonté, qu'au moment où elle se passionne, où elle désire, où elle pense, où elle veut. S'observe-t-elle aussi en cet état? Il semble qu'il suffise de poser la question pour la résoudre. L'âme sent, pense et agit sous l'œil de la conscience; mais sa sensation, sa pensée, sa volonté, en un mot, sa vie active s'arrête sur le regard de l'observation. La vie est un drame sérieux, dans lequel l'acteur ne peut être en même temps observateur. Est-ce au moment où l'âme est en proie à la passion qu'elle se complaît à la décrire et à l'analyser? Nullement ; c'est quand l'agitation a cessé, quand l'âme a retrouvé assez de liberté pour pouvoir revenir sur ses passions éteintes ou calmées, et en étudier les diverses phases et les crises violentes. Les grands; les vrais observateurs de la nature humaine, les poëtes, les romanciers, les moralistes, n'ont jamais entendu ni pratiqué autrement l'observation de l'homme moral. Il n'y a que l'école spiritualiste contemporaine qui ait imaginé, sur une fausse idée de Maine de Biran, une méthode d'observation qui aurait pour objet immédiat l'âme humaine elle-même, abstraction faite de ses actes.

Cela posé, les adversaires de l'observation directe arrivent à cette conclusion : que la psychologie individuelle est la seule possible, parce que toute observation se fait, à l'aide de la réflexion, sur des actes accomplis, évoqués par la mémoire. En réalité, ce n'est point l'âme elle-même, considérée dans sa nature intime, dans ses facultés et ses propriétés essentielles, qui serait l'objet des études psychologiques; c'est la succession des pensées, des sentiments, des impressions individuelles dont se compose la vie morale de l'observateur. Quant aux facultés, aux propriétés et aux lois qui forment la partie générale et vraiment humaine de l'individu, on ne pourrait y arriver que par l'induction, appliquée exactement de la même façon que dans les sciences de la Nature. Toute psychologie scientifique, au lieu de chercher dans l'analyse abstraite les éléments de ses théories, n'aurait donc rien de mieux à faire que de prendre pour base de ses vues générales les *Mémoires*, les *Confessions*, les descriptions des poëtes et des romanciers, les observations des moralistes, enfin toutes les œuvres de psychologie personnelle.

Tout en convenant de la justesse de ces remarques, en ce qui concerne la psychologie individuelle, nous ne pouvons accepter, pour l'école spiritualiste, ni l'objection qui lui est faite, ni la conclusion qu'on en tire contre l'observation directe. L'âme humaine s'observe de deux manières : dans la partie individuelle et dans la partie générale de son être. Dans le premier cas, l'observation est nécessairement indirecte, et ne peut se faire que par l'intermédiaire de la mémoire. Quand notre âme veut étudier une de ces passions qui remplissent l'histoire de sa vie, il faut bien qu'elle attende un état de calme et de liberté, sinon d'inertie ou d'indifférence, qui lui permette de regarder tout à son aise les faits accomplis.

D'ailleurs, comme ces faits sont des accidents qui traversent la vie humaine, et n'en constituent pas le fond, la conscience de l'observateur ne les retrouve pas à son gré ; il faut que la mémoire les rende à l'observation. Il n'en est pas de même dans le cas où les actes, les sentiments, les passions, les affections que l'âme veut observer, forment le fond et l'essence même de sa nature. Alors il est toujours possible de les retrouver, sans que la mémoire s'en mêle, parce que la conscience les offre constamment au regard de l'observateur. Les romanciers, les poëtes, les auteurs des *Mémoires* et des *Confessions* qui nous racontent telle ou telle histoire du cœur humain, ne peuvent le faire que sur des souvenirs, et alors que l'état de leur âme comporte une description et une analyse des sentiments qui ont agité et troublé leur vie. Mais le philosophe et le moraliste qui ont un autre but, laissent précisément de côté ces histoires si propres à exciter l'intérêt et la curiosité, pour s'occuper de la grande et éternelle histoire de l'âme humaine. Ce n'est plus telle passion du moment qui est le sujet de l'étude du moraliste, avec les objets, les incidents, les circonstances qui en font le caractère personnel ; c'est la passion, ou plutôt le principe même de la passion, considérée dans ses traits généraux et permanents. Ce n'est plus telle pensée qu'étudie le philosophe, dans son objet actuel et dans son origine accidentelle ; c'est l'intelligence elle-même, ou du moins telle faculté générale de l'intelligence qu'il analyse, pour en saisir les lois constitutives et les conditions essentielles de développement. Or, ces facultés, ces penchants, ces propriétés générales étant le fond même de la nature humaine, il suffit que l'âme regarde dans sa conscience pour les y découvrir, et en faire l'objet de son observation. On s'est souvent demandé si le moraliste, qui est presque toujours un sage étranger aux violentes passions de la vie, si le philosophe, qui échappe le plus souvent aux orages de la vie publique et aux complications de la vie privée, sont bien dans les vraies conditions de l'observation morale. N'est-ce pas à ceux qui ont vécu, qui ont lutté, qui ont souffert, qui ont connu par expérience tout ce que la vie humaine a de grandeurs et de misères, de joies et d'angoisses, de vertus et de faiblesses, n'est-ce pas à ceux-là qu'il appartient de décrire et de raconter l'homme ? Oui assurément, s'il s'agit de l'histoire individuelle de l'homme, de cette histoire dont le poëte et le romancier ont à nous retracer les scènes émouvantes. Mais l'observation du moraliste et du philosophe n'exige point une telle éducation. Peut-être même est-il vrai de dire qu'une vie ou une nature de ce genre n'est pas ce qui convient le mieux pour les œuvres de calme et profonde méditation auxquelles est due la science de l'homme éternel et universel. Si rarement le tempérament du moraliste et du philosophe s'est prêté aux tragiques expériences, et, par suite, aux ardentes peintures du poëte ou du romancier, n'est-il pas juste d'ajouter que plus rarement encore ces admirables historiens du cœur humain ont montré du goût et de l'aptitude pour les analyses abstraites et les théories générales de la psychologie scientifique.

Voilà ce qu'il faut entendre par l'observation directe.

Or cette méthode-là n'a point été imaginée par l'école spiritualiste contemporaine, ainsi que ses adversaires affectent de le dire ; Platon, Aristote, Descartes, Leibnitz, Kant ne l'ont ni entendue ni pratiquée autrement. Quant à prétendre que l'âme puisse se contempler elle-même, dans la pureté abstraite de sa nature, après avoir suspendu tous les mouvements de son activité, c'est là une chimère à laquelle n'ont jamais songé les psychologues spiritualistes. Pour s'en convaincre, il suffit de se rappeler leur définition de l'âme, dont l'essence propre est l'activité. Dès lors comment la supposer un instant sans action ? C'est donc dans l'action qu'ils l'observent, et qu'ils en cherchent la nature intime. Quelques expressions équivoques, quelques métaphores un peu fortes ne donnent point le droit de leur attribuer une pareille opinion. A qui n'échappe-t-il pas de dire, et même d'écrire que la conscience est le miroir où l'âme se regarde et se contemple elle-même, sans avoir d'autre pensée que d'insister fortement sur la faculté qu'a l'âme de se sentir vivre ?

Est-ce à dire que, dans le langage de l'école spiritualiste, et particulièrement de Maine de Biran, il n'y ait rien de plus que des expressions inexactes ou métaphoriques, touchant la portée de l'observation intérieure et l'insuffisance de l'induction baconienne ? Nous sommes loin de le penser ; et c'est ici qu'à notre sens, les adversaires de cette école n'ont pas saisi toute la pensée qui est au fond des paroles de nos psychologues. Quand ceux-ci distinguent une double observation, l'étude du moi dans ses actes, et l'étude du moi en lui-même ; quand ils déclarent la méthode de Bacon bonne pour le premier objet, mais impuissante pour le second, il faut se garder d'en conclure qu'ils croient possible une observation faite à part sur la substance même de l'âme, indépendamment de ses divers modes de sentir et d'agir. La vérité de leur langage, vérité féconde et profonde, doit être cherchée dans une explication des propriétés de la conscience. Autre chose est sentir, penser, désirer, vouloir; autre chose est en avoir conscience. La sensation, la pensée, le désir, la volonté sont des phénomènes internes sans doute, mais qui ont leur objet en dehors de l'âme. Ce sont des faits du moi qui impliquent une certaine relation avec le non-moi. Mais la conscience est le sentiment intime, immédiat, constant de l'activité du moi, dans chacun de ces phénomènes de la vie morale. Elle nous révèle, non le phénomène tout entier, mais seulement la part que le moi y prend, l'action propre du sujet, abstraction faite de l'impression de l'objet; elle nous montre enfin le côté *subjectif* d'un phénomène qui présente toujours à l'analyse un double aspect. Ce n'est donc pas des objets eux-mêmes, physiques ou métaphysiques, que l'âme a conscience. Jamais, dans un langage sévère, on ne dira qu'elle a conscience de telle ou telle vérité, qu'elle a conscience de la Nature et de ses lois, de Dieu et de ses attributs; c'est d'elle-même, et d'elle seule que l'âme a conscience, dans ses conceptions les plus hautes, comme dans ses imaginations les plus vulgaires. En sorte qu'on pourrait définir la conscience : le sentiment du moi, dans tous les phénomènes de la vie morale.

Voilà, selon nous, la vérité qui est au fond de cette thèse de l'observation directe, si tant est que l'école spiritualiste en ait fait une véritable thèse. Oui, sans doute, le langage de Maine de Biran et même de Jouffroy a une portée qui dépasse les conclusions de la méthode baconienne sur la nature et le degré des révélations qui ont l'âme humaine pour objet. Il veut dire que la conscience, et par suite l'observation qui s'y attache saisit dans tel phénomène donné l'âme tout entière, c'est-à-dire les actes proprement dits, les facultés, et le principe même de ces facultés. Il n'est pas vrai, selon Maine de Biran, que l'induction, nécessaire pour certains états obscurs de l'âme, tels que le sommeil, le soit également pour la connaissance intime de son être. Ici la conscience suffit. Je ne sens pas seulement mes actes; je sens tout aussi immédiatement les pouvoirs qui les produisent, et la cause, une, simple, indivisible, qui dirige et applique tous ces pouvoirs.

C'est là ce qui faisait dire à Maine de Biran que la méthode qui convient à la psychologie n'est pas la même que celle qui a tant fait avancer les sciences physiques et naturelles. Nous avouons être de son avis, tout en réservant la méthode inductive pour certaines parties de la science, et nous demandons la permission de citer une page écrite il y a près de vingt ans sur ce sujet. « Il n'est pas vrai que l'on constate l'existence d'une faculté, comme on découvre l'existence d'une loi du monde physique. Un peu de réflexion suffit pour convaincre qu'il n'y a rien de commun entre les deux manières de procéder. C'est parce qu'ils ont observé deux phénomènes en rapport de succession ou de concomitance que le naturaliste et le physicien soupçonnent d'abord qu'il pourrait bien y avoir une raison nécessaire, une cause générale de cette succession ou de cette concomitance, et après avoir multiplié, et surtout varié les expériences, concluent avec certitude à l'existence d'une loi. Ils ont observé les phénomènes ; mais ils n'ont pu observer la loi. C'est parce que la loi est invisible, qu'ils en sont réduits à la conjecturer par l'induction. Qu'est-ce que l'induction, sinon une sorte de divination, qui était restée fort incertaine et fort téméraire jusqu'au jour où Bacon la soumit à des règles sévères. Rien de pareil n'a lieu en psychologie. Si je crois à l'existence en moi de telle faculté, de telle capacité, de tel penchant, ce n'est point parce que d'un certain nombre de cas observés j'aurai induit l'existence de cette faculté, de cette capacité, de ce penchant ; j'y crois en vertu d'un sentiment intime, immédiat, profond. S'il en était autrement, si je devais ma croyance à la seule induction, comment serais-je encore sûr de l'existence d'une faculté, d'une capacité, d'un penchant, lorsque l'objet qui en a provoqué l'action ou la manifestation a disparu ? Je n'ai pas conscience seulement de la manifestation extérieure et objective de mon désir ou de mon penchant ; je retrouve ce désir ou ce penchant dans les profondeurs de l'âme, où il sommeille. Il en est de même de toute faculté, de tout principe de la vie morale ; la conscience n'en révèle pas seulement l'action et la manifestation, mais encore, si je puis m'exprimer ainsi, l'être et la nature intime. J'ai à la fois conscience de l'acte et de la puissance volontaire ; j'ai en même temps le sentiment de la passion fugitive du moment, et de la tendance profonde et permanente qui se cache sous le mouvement passionné. Et comment d'ailleurs pourrait-il en être autrement ? Si la conscience des phénomènes de la vie morale n'est que le sentiment du moi lui-même, en tant que cause active, comment ce sentiment n'impliquerait-il pas la conscience de toutes les facultés, puissances, penchants, par lesquels se manifeste son activité (1) ? »

Nous maintiendrions donc encore aujourd'hui la pensée de Maine de Biran, mais en la complétant par une distinction qui lui a peut-être échappé. La physique ne cherche que des lois ; la psychologie cherche à la fois des lois et des causes : des lois, s'il s'agit simplement des phénomènes et de leurs rapports ; de vraies causes, s'il s'agit des facultés et des pouvoirs de l'âme. Voilà pourquoi nous abondons dans le sens de notre grand psychologue, sans abandonner la méthode de Bacon.

Dans l'opinion de Maine de Biran, le témoignage de la conscience ne s'arrête point aux facultés ; il atteint jusqu'à la nature intime de notre être. Le moi est le vrai type de l'*esprit :* la conscience est le vrai sanctuaire de la vie spirituelle. Tout entier à la méditation des choses du dedans, ce profond observateur se sentait peu de goût pour les spéculations métaphysiques sur la nature de la *substance* spirituelle. C'est qu'il trouvait la solution du problème, sans sortir de la conscience. « Peut-être, dit-il, que ces

---

(1) *Dictionnaire des sciences philosophiques*, article Conscience.

questions paraîtront moins insolubles, si l'on considère que, dans le point de vue réel où Leibnitz se trouve heureusement placé, les êtres sont des forces, et les forces sont les seuls êtres réels ; qu'ainsi le sentiment primitif du *moi* n'est autre que celui d'une force libre, qui agit ou commence le mouvement par ses propres déterminations. Si notre âme n'est qu'une force, qu'une cause d'action ayant le sentiment d'elle-même en tant qu'elle agit, il est vrai de dire qu'elle se connaît elle-même par conscience d'une manière adéquate, ou qu'elle sait tout ce qu'elle est. C'est même une raison de penser qu'il y a dualité de substance en nous (1). »

Quant à Jouffroy, il n'avait pas tout à fait la même sécurité sur la solution du problème des deux substances, qu'il a poursuivie avec une si inquiète curiosité ; mais il en a cherché tous les éléments dans la seule conscience. La spéculation métaphysique ne tient aucune place dans ses démonstrations ; et il est à remarquer que l'argument qu'il considère comme décisif en faveur de la distinction des deux substances est précisément tiré de ce fait d'observation, que le moi n'a pas conscience de tous les phénomènes de la vie humaine.

Telle est la véritable pensée des maîtres de l'école spiritualiste. Nul d'entre eux, pas même Maine de Biran, n'a entendu qu'il pût y avoir une observation, disons le mot, une *contemplation* de l'âme, indépendamment des phénomènes qui nous la montrent en action. Les profondes

---

(1) Tome III, p. 298, édit. Cousin.

analyses de l'auteur des *Rapports du physique et du moral*, si abstraites qu'elles puissent paraître à des lecteurs peu exercés, ne peuvent être confondues, soit avec les rêves mystiques, soit avec les spéculations métaphysiques qui entraient pour une trop large part dans la psychologie antérieure au siècle de l'observation. Il y a deux genres d'observation bien distincts, également légitimes, sinon d'une égale importance : l'une qui se prend aux détails de la vie morale pour les observer et les décrire tout à l'aise ; l'autre qui s'attache aux grands traits de la nature humaine pour en approfondir et en développer fortement les caractères essentiels. Parmi les observateurs de l'homme moral, chacun choisit le genre qui convient le mieux à son tour d'esprit. L'école écossaise a surtout le goût des fines observations et des réflexions pratiques. Maine de Biran est de ceux qui vont au plus profond des choses. C'est ce qui fait le caractère et le mérite propre de ses études. Si elles manquent de variété, de piquant, d'imprévu, de cette clarté facile qui ne met en évidence que les côtés superficiels de la vie morale, elles possèdent au plus haut degré le caractère propre de la grande observation, c'est-à-dire une forte et pénétrante lumière, concentrée sur les parties les plus intimes de notre nature spirituelle. En le lisant, on ne sent rien du plaisir que nous fait éprouver une *histoire naturelle* de l'âme, telle que l'ont essayée les Écossais ; mais ce n'est pas sans un profond intérêt, et parfois sans une certaine émotion qu'on s'enfonce avec lui dans ces *galeries souterraines* de la conscience, éclairées seulement de la lumière intérieure qu'il appelle l'*esprit de vérité*.

Avec un tel sens psychologique, et pour l'œuvre qu'il se propose, Maine de Biran devait faire moins que d'autres appel à la méthode inductive proprement dite.

La philosophie morale de notre siècle et de notre pays n'a guère suivi cet esprit solitaire dans les voies de la méditation intérieure (1). Comme toutes les autres sciences, elle est entrée dans le grand mouvement historique qui a fini par entraîner les esprits les plus méditatifs de ce temps. Et pourtant un suprême appel a été fait en faveur des études psychologiques par les voix les plus éloquentes et les plus autorisées. Préparée par les enseignements si divers de Laromiguière et de Royer-Collard, une grande école spiritualiste fut fondée par la puissante parole d'un homme qui eut à tel point le génie de l'initiative et de l'*initiation*, que presque tous les adeptes de la philosophie de notre temps et de notre pays, amis ou adversaires, aiment à reconnaître en lui leur premier maître. L'effet de ces leçons, et de celles de son plus éminent disciple, Jouffroy, fut si grand, qu'on put croire un moment que la philosophie et la psychologie allaient devenir les études de prédilection des intelligences qui se vouaient à la culture des sciences morales. Mais le courant qui emportait les esprits vers les études historiques était irrésistible; si bien que les promoteurs du mouvement philosophique y cédèrent les premiers, tout en maintenant l'excellence de la méthode psychologique. Aujourd'hui la psychologie en est là, trop

(1) Maine de Biran est resté obscur et presque ignoré jusqu'à la publication de ses œuvres par M. Cousin, dont une très-belle préface a résumé et mis en relief les grands points de cette forte doctrine.

délaissée, à notre avis, pour les études plus populaires de l'histoire, mais libre et sûre d'elle-même, depuis qu'elle a perdu ses vieilles habitudes de spéculation métaphysique, et conquis une méthode. Science incomplète encore après les beaux travaux, anciens, modernes et contemporains qui en ont consacré l'autorité, la psychologie a enfin atteint la maturité scientifique des études qui ont la Nature pour objet. Quand, l'histoire sous les yeux, on voit la série des progrès accomplis dans ce genre d'études, et qu'on suit le travail de l'esprit psychologique, dépouillant peu à peu la science de son caractère spéculatif et synthétique pour la rendre de plus en plus expérimentale et analytique, on ne doute plus de son avenir. Ce n'est pas qu'il faille espérer, pour cet avenir, une popularité semblable à celle qui est acquise aux sciences historiques. De toutes les sciences morales, la psychologie est celle qui doit avoir le moins d'ambition à cet égard. Les formes sévères sous lesquelles elle se produit et se produira toujours, à quelque degré de clarté qu'elle parvienne, ne la rendront jamais accessible à un public bien nombreux. Et quant aux services qu'elle peut promettre à la civilisation des sociétés modernes, s'ils sont plus réels qu'on ne le croit vulgairement, ils sont de telle nature qu'ils ne peuvent être compris que d'un petit nombre d'intelligences. C'est là seulement que les sciences psychologiques doivent chercher leur autorité et leur popularité.

III

IMPORTANCE DES SCIENCES PSYCHOLOGIQUES.

Traiter aujourd'hui de l'importance des sciences physiques ou des sciences historiques, serait le plus inutile des lieux communs : c'est une vérité qui éclate à tous les yeux. Mais, comme les sciences psychologiques ne frappent l'imagination populaire, ni par la forme des vérités qu'elles enseignent, ni par la nature des services qu'elles rendent à la Civilisation, il ne semblera peut-être pas superflu de montrer quelles lacunes le discrédit de ces études laisserait dans le domaine des sciences morales, et dans l'histoire de la Civilisation elle-même.

L'antiquité eût cru déroger à son grand axiome : *Nulla rerum fluxarum scientia*, en admettant l'histoire au rang des sciences proprement dites. Et même dans les temps modernes, on eût fort étonné Descartes, Pascal, Malebranche, Spinosa, Leibnitz et Kant, si on leur eût appris que l'histoire prendrait le pas sur leurs sciences de prédilection, au point de les faire presque oublier. Aujourd'hui, ce n'est pas simplement la curiosité ou l'imagination qui s'adresse de préférence à l'histoire, c'est la philosophie elle-même. Tandis que presque toute la philosophie ancienne, à l'exemple de Platon, ne cherchait la vérité que dans le monde immuable des idées, la philosophie de notre siècle la cherche dans le monde incessamment variable des choses. De là cette famille de sciences véritablement nouvelles et propres à notre temps, qu'on nomme philosophie des systèmes, philosophie des religions, philosophie du droit, philosophie de l'art, philosophie de l'histoire, etc., selon l'ordre de faits auquel s'applique la pensée spéculative. Ce n'est donc pas sans raison que l'école historique prétend retrouver toute science morale dans l'histoire.

Oui, sans doute, l'histoire a sa psychologie, comme elle a sa morale, sa science du droit, sa politique, son esthétique, sa philosophie religieuse, etc., etc. Ainsi la psychologie historique n'est pas seulement d'un vif intérêt, par la variété et la couleur vivante de ses tableaux ; elle est du plus grand prix pour la psychologie analytique, à laquelle elle sert en quelque sorte de contre-épreuve. On aime à revoir, en gros et solides caractères, cette nature humaine que l'analyse nous montre en traits d'une profondeur et d'une finesse parfois subtiles. Mais l'histoire suffit-elle à remplacer les révélations directes de la conscience? Nul historien philosophe ne le pensera. Car il est trop évident que, si l'homme est dans l'histoire, il n'y est pas pour la plus pure et la plus noble partie de lui-même, pour ses sentiments et ses idées. La réalité historique est surtout l'expression de la vie commune de l'Humanité, de cette vie où dominent les instincts grossiers, les passions vulgaires, les préjugés étroits, parce que c'est le nombre qui fait la puissance et la durée. L'Humanité, peuple, race ou époque, a sans doute ses grandes journées, où l'historien est heureux de nous la faire voir, noble, généreuse, héroïque. Il n'en est pas moins vrai que le gros de l'espèce humaine n'a guère que des aspirations médiocres, et que, dans les grandes scènes où il paraît comme acteur, et où il se montre à la hauteur de son rôle, c'est l'élite qui l'a entraîné sur son propre théâtre. Il n'y a d'histoire vraiment belle que celle des grands hommes. Là se retrouve en effet, sinon l'idéal parfait de l'humanité, du moins l'image la plus pure de cet idéal conçu par la pensée. C'est ce qui fait que nulle histoire n'a l'intérêt puissant et la haute portée morale des biographies de Plutarque. C'est encore ce qui explique pourquoi l'histoire littéraire, religieuse, philosophique, offre au savant une psychologie bien supérieure à celle qu'il peut recueillir dans l'histoire politique.

Et avec tout cela, comment l'expérience historique prétendrait-elle atteindre la nature humaine, à travers ses manifestations extérieures? Sous ces mouvements et ces gestes qui frappent l'imagination, il n'est pas toujours facile de deviner l'homme intérieur, l'âme proprement dite, avec ses sentiments, ses intentions, ses passions véritables. Et, alors même que l'induction de l'historien est heureuse, peut-il jamais se flatter d'avoir saisi l'exacte vérité sur un point aussi obscur et aussi délicat? Il y a telle action sans doute, telle conduite, telle vie qui parle d'elle-même, dans l'histoire, qui parle assez clair et assez haut pour qu'on ne puisse se méprendre sur son témoignage; mais cela ne nous révèle pas toute la nature, bonne ou mauvaise, sublime ou basse du personnage qui est en scène. Oui, en scène est le mot juste, si l'on veut bien ne pas oublier que l'histoire est toujours un théâtre, où l'homme est un *acteur*, et où l'action est un *rôle*. La révélation de la nature humaine est plus facile, plus claire et plus complète dans l'histoire des œuvres de l'esprit que dans celle des actes de la vie extérieure. Là, en effet, l'âme humaine se livre elle-même au regard de l'historien, de l'historien critique bien entendu. Mais là encore elle ne se livre pas entièrement, pour plusieurs raisons. Les exigences de l'art, le joug des convenances, les nécessités d'un rôle la retiennent le plus souvent, et parfois même l'obligent à se couvrir d'un voile, sinon d'un masque; car l'écrivain, poëte, romancier, moraliste, est lui aussi en scène, comme le héros ou l'homme d'État. L'âme garde donc, jusque dans les œuvres de l'esprit, bien des secrets qui ne se révèlent tout à fait que dans les confessions qu'elle se fait à elle-même.

L'histoire a aussi sa morale, écrite en caractères éclatants dans les exemples de ses grands hommes et de ses grands peuples. Et si ce genre d'enseignement n'est pas toujours le plus sûr, il est le plus puissant sur l'imagination des foules. Le meilleur des livres pour l'âme populaire, c'est une vie pure, sainte ou héroïque. Or, l'histoire abonde en pareilles leçons. Si le moraliste a lieu de s'affliger des fréquents et cruels démentis donnés par les événements aux principes les plus évidents de la conscience humaine, du moins il trouve, dans ce contraste de la grandeur des personnes et de la misère des choses, la vivante démonstration de ces principes éternels. Mais que sont de tels enseignements à côté des révélations de la conscience? Où est le pur, l'idéal, l'absolu, en fait de principes et de vertus? Rarement dans la vie, toujours dans la conscience de l'homme. Qu'est-ce que cette moralité historique que l'historien nous proposera pour modèle, sinon un mélange de bien et de mal, de vertu et de passion, dans lequel le principe moral domine assez pour imposer à l'âme humaine certaines actions d'éclat qui commandent l'admiration de la postérité ? C'est ce qui fait le vice radical de toute morale qui fonde la règle de nos actions sur l'exemple, au lieu de l'appuyer sur l'idée. La pureté de l'idée n'est pas douteuse ; il n'y a qu'à regarder dans la conscience pour l'y voir briller de tout son éclat. La pureté de l'exemple n'est jamais évidente, alors même qu'elle aurait pour garant la vertu d'un Socrate ou d'un Marc-Aurèle. Les sages, les héros, les saints de l'historien sont les seuls, après Dieu, qui puissent juger de ce qui se passe au fond de leur conscience ; le reste de l'Humanité, y compris les moralistes les plus sagaces, ne voit que des apparences. Et encore est-il vrai d'ajouter que, sans les révélations intimes et directes de la conscience individuelle, ni le moraliste ni l'historien ne pourraient deviner la moralité intérieure des actions qui font partie du domaine de l'histoire. Car c'est le propre de la vertu d'être invisible, même dans l'histoire, à tout autre œil que celui de la conscience. Il ne suffit pas, pour en reconnaître la présence, de dire comme le poëte : *et vera incessu patuit dea.* Qui ne sait que le vice en prend trop souvent le masque ? Et s'il est facile à des yeux pénétrants de découvrir l'hypocrisie, l'est-il également de saisir tout juste le degré de moralité des actions racontées et décrites par l'historien ? L'histoire ne peut donc fournir à la morale qu'une base empirique, sur laquelle il est impossible d'établir la vraie théorie des devoirs. Quand on dit que la morale, de même que toutes les sciences de l'homme, doit reposer sur l'expérience, il est bon de s'entendre sur le mot : sur l'expérience intime qui s'appelle la conscience, oui ; mais sur l'expérience indirecte et tout extérieure qui se nomme l'histoire, non. Celle-ci excelle à nous faire voir les applications si nombreuses et si diverses de la loi morale ; mais c'est à une autre source qu'il en faut puiser les principes. En ce sens, Kant a raison de dire que la morale est une science à priori, comme la géométrie. La méthode de l'*impératif catégorique*, pour parler sa langue, ne saurait être abandonnée pour la recherche tout empirique des faits et des exemples, sans que la morale perdît ce qui fait la rigueur et la hauteur de ses principes. La vraie science du devoir sera toujours cherchée dans la conscience d'abord, puis dans les livres des moralistes et des philosophes qui en ont été les meilleurs interprètes.

Si toute la science du droit se réduisait aux formules du droit écrit, il n'y aurait pas lieu de lui assigner une autre origine que l'histoire. C'est l'opinion d'une certaine école de légistes qui ne veut pas plus entendre parler de droit *naturel* que de droit *rationnel*. Dans le droit de nature, elle ne voit qu'une hypothèse impossible, et dans le droit de raison qu'une idée, c'est-à-dire une abstraction ; elle ne reconnaît de droit réel et positif que le droit de fait, le droit écrit. C'est en effet le seul qu'atteste l'expérience historique, exclusivement appliquée à la science des lois. La conclusion d'une pareille méthode, c'est que toute loi, tout droit écrit n'a pas d'autre principe que l'utilité sociale. Ainsi, pour ne citer qu'une application de cette doctrine à la législation pénale, il ne serait pas exact de dire que la loi punit une violation de l'ordre moral ; elle ne fait que réprimer une atteinte à l'ordre social, laissant au grand Juge d'en haut le soin de faire expier au coupable sa faute ou son crime.

La conscience humaine, d'accord avec les plus grands jurisconsultes de tous les temps, proteste contre une telle théorie; elle maintient dans la loi le principe de la justice, tout en tenant compte des convenances sociales, et conserve au mot *punir* toute sa portée morale. Elle proclame enfin, en face de la loi positive, un droit *naturel* ou *rationnel*, peu importe le nom, antérieur et supérieur à toutes les formules du droit écrit qui n'en est que l'expression plus ou moins pure. Quel est le légiste, si peu de goût qu'il ait pour les spéculations philosophiques, qui aille jusqu'à soutenir que le droit écrit se suffit à lui-même, que toute loi est juste, parce qu'elle est écrite, que les principes mêmes du droit positif se résolvent dans les faits ? A coup sûr, le droit naturel et le droit écrit se constatent par des méthodes bien différentes, et se pèsent à d'autres balances. Autant l'un est compliqué, autant l'autre est simple. Tandis que peu de mémoires parviennent à embrasser toutes les parties de cette science qui fait l'objet des études de nos légistes, un petit nombre de propositions résume les principes du droit naturel, quels que soient d'ailleurs les développements nécessaires à la démonstration de ces principes. Mais si mêlé que soit le droit écrit d'éléments étrangers à la notion de justice, il est impossible de nier qu'il ne soit une application plus ou moins complète du droit naturel. Or, d'où vient ce droit, sinon de la conscience, source commune de toutes les sciences psychologiques? La science du droit réduite à l'expérience historique, ce n'est pas seulement le droit naturel qui disparaît ; c'est aussi la lumière intérieure qui éclaire l'interprétation des textes. Sans les enseignements de la conscience, la notion du juste ne se dégagerait jamais de la critique des législations humaines; et celles-ci ne pourraient être comparées et jugées qu'au point de vue de l'utilité sociale. Là se bornent les enseignements de l'histoire, à laquelle il n'est pas donné de pénétrer dans l'esprit de justice des lois écrites, à moins d'avoir la conscience pour flambeau.

On peut en dire autant de la science politique, malgré le préjugé tout-puissant qui la ramène tout entière, théorie et pratique, aux observations et aux inductions de l'expérience historique. Si la méthode de l'*Esprit des lois* a fait tort à celle du *Contrat social*, si Rousseau a échoué dans son œuvre, tandis que Montesquieu a réussi dans la science, faut-il en conclure la vanité de toute méthode rationnelle ? L'école historique le pense. Pour elle, les constitutions et les gouvernements sont de simples faits, dont toute la légitimité réside dans la durée. La meilleure constitution est celle qui est l'expression la plus complète des instincts, des passions, des préjugés, des traditions des peuples, abstraction faite des idées de justice, de liberté, de dignité morale. Il n'est plus permis à la science d'affirmer que telle constitution est supérieure à telle autre en principe, sauf à en reconnaître l'impossibilité pratique, dans un lieu ou dans un temps donné. Cette école affiche un superbe dédain pour la *déclaration des droits* de l'homme, dont nos pères de 89 étaient si fiers ; elle considère comme vides de sens, et renvoie à la métaphysique constitutionnelle les mots *principe*, *droit* et *théorie*. Si la conscience morale des politiques de cette école ne leur permet pas de rabaisser l'art de gouverner aux procédés du *Livre du prince*, leur philosophie ne va pas au delà de la science historique qui définit, classe les constitutions et les gouvernements du passé, qui en montre l'esprit, en dégage la loi, enfin en suit dans l'histoire la destinée toujours plus ou moins conforme à cette loi. Quand ils invoquent l'exemple de l'*Esprit des lois* à l'appui de leur méthode, ils oublient que Montesquieu n'a jamais fait fléchir devant la nécessité des faits les principes de justice, de liberté, d'humanité qu'il tient de la conscience de son siècle.

L'exemple du *Contrat social* n'est pas concluant. Si l'auteur a posé des principes faux, ou de principes vrais tiré des conséquences fausses, c'est la faute de l'esprit de Rousseau ou de sa logique. Toute politique rationnelle n'est pas nécessairement vouée aux utopies de la *République*, ou aux paradoxes du *Contrat social*. Et encore combien de hautes vérités morales et politiques dans ces livres de pure spéculation ! Mais Aristote n'a-t-il pas donné, avec l'autorité de son génie, le double exemple d'une méthode rationnelle appuyée sur les principes de la morale et de la psychologie, et d'une méthode historique prenant pour base les nombreuses constitutions des cités grecques ? En admettant donc tout ce que cette dernière méthode a de juste et de fécond dans la pratique, il faut bien reconnaître qu'elle laisse une profonde lacune dans les sciences politiques. Il est certain que la scholastique ne vaut rien nulle part, moins encore en politique qu'en logique et en philosophie ; mais il est des questions qui ne se laissent pas supprimer sur le simple signe d'une épithète dédaigneuse. Si la science dite positive leur ferme la carrière de la spéculation, elles rentrent dans la politique pratique, qui en a besoin pour s'éclairer et se guider dans le cours de ses expériences ou de ses jugements historiques. Pour une constitution et un gouvernement, durer est bien quelque chose, et quand cette durée tient aux affinités sympathiques des gouvernés et des gouvernants, elle a son prix ; mais ce n'est pas tout, même pour la politique qui ne voit que la pratique. La valeur de toute constitution et de tout gouvernement se mesure, en définitive, à leur vertu civilisatrice, dans la plus haute et la plus pure acception du mot. Et quant à l'historien, comment saura-t-il dégager la loi du progrès de la succession des institutions politiques, s'il n'a pas sous les yeux un type de perfection? Mais qui peut lui fournir ce type, sinon la théorie fondée sur la connaissance générale et philosophique de l'homme, de sa destinée, de ses devoirs, de ses droits, de tout ce qui fait sa dignité et sa vraie grandeur, comme individu et comme société? Et qu'on ne vienne pas nous dire que la science positive ne se perd point en des comparaisons de ce genre. Car comment ne voit-on pas que c'est réduire la politique à un aveugle empirisme? Dès lors, il n'y aurait plus de raison de ne point reconnaître la même *qualité* aux gouvernements qui traitent les hommes en citoyens, et à ceux qui les mènent comme un troupeau. Que chaque peuple ait le gouvernement qui lui convient, selon la nature de son tempérament, ou le degré de sa civilisation, cela peut être accepté comme vérité historique, du moment que ce gouvernement a la sanction du temps; mais conclure de là à l'indifférence absolue à l'égard des diverses formes de gouvernement, c'est un paradoxe auquel répugnent les publicistes eux-mêmes de l'école historique. C'est qu'en effet la conscience parle ici, en dépit des conclusions de la méthode; elle parle, à défaut de la science qui s'en inspire; et cette voix suffit pour que les constitutions et les gouvernements soient comparés et jugés à la haute lumière des principes, et non simplement à la commode mesure des convenances historiques.

L'histoire a également son esthétique, la seule que semble reconnaître la critique contemporaine. Jadis la critique ne traitait que du beau absolu, comme la morale du bien absolu, comme la politique du droit absolu. Elle ne demandait les types du beau et les principes du goût qu'à ce qu'on était convenu d'appeler la raison abstraite, éternelle et universelle. Le génie créateur, personnifié dans Homère, Pindare, Sophocle, Corneille, Racine, avait fait les œuvres; le génie critique, ayant pour interprètes Aristote, Horace, Boileau, Voltaire, avait dicté les lois. Tout était dit sur le beau, chose simple, immuable, dont les types une fois créés devaient servir de modèles, dont les règles une fois fixées devaient servir de guide pour toutes les créations du génie, pour tous les jugements de goût, quels que fussent les temps et les lieux. C'était la critique classique. Chacun sait comment la méthode historique a fait une révolution dans l'esthétique. Laissant à la métaphysique et à la psychologie les problèmes tant débattus sur la nature du beau et les principes du goût, elle s'enferme dans l'analyse des œuvres, et dans l'étude des sociétés au sein desquelles les œuvres se produisent ; elle explique comment ces œuvres sont l'expression tout à la fois du génie des individus, des peuples et des époques, à quels sentiments, soit intimes, soit généraux, elles répondent, et pourquoi elles ont tant ému ou charmé les contemporains et la postérité. C'est ainsi que la critique retrouve l'âme des individus et des peuples dans les œuvres de l'art, et que l'histoire littéraire bien faite devient une sorte de psychologie concrète, pleine de vie, de variété et d'éclat.

Certes, la critique ainsi entendue marque un progrès décisif sur cette vieille esthétique qui ne cherchait dans toute composition littéraire qu'une copie d'un type immuable, qu'une application exacte de principes absolus, excluant ainsi de son répertoire tout ce qui dépassait les proportions, ou contrariait les lois de son étroite théorie. Quand la méthode historique n'aurait eu d'autre résultat que de nous faire comprendre et goûter toutes ces œuvres de littérature romantique et étrangère qui n'avaient jamais pu trouver grâce devant l'inflexible critique des disciples de Boileau, de Voltaire et de La Harpe, elle eût rendu un très-grand service à l'esthétique, par cela même qu'elle en élargissait les cadres, en multipliait les type, et en rouvrait toutes les sources. Seulement que devient le goût, au sein d'une si vaste et si ingénieuse érudition ? Que devient la notion du beau, au milieu de tant de considérations psychologiques, physiologiques et historiques? A force de tout expliquer, l'école historique n'en vient-elle pas, dans la philosophie de l'art, comme dans la philosophie de l'histoire, à tout justifier et à tout accepter? Jadis le goût, appuyé sur la tradition, était le juge suprême et unique en matière d'art et de littérature; on eût été fort mal venu d'opposer à ses jugements les commentaires de l'érudition biographique ou historique. Aujourd'hui, ce n'est plus le goût qui juge, c'est l'érudition qui constate, c'est la science qui explique. Les questions de pure esthétique ont disparu devant les problèmes de psychologie intime ou d'histoire. Il ne s'agit plus guère de savoir si telle œuvre d'art est vraiment réelle ; car, sur les problèmes qui touchent à la nature, aux conditions, aux sources éternelles du beau, la critique contemporaine fait profession de scepticisme ou d'indifférence. Elle n'a d'autre souci que de rechercher jusqu'à quel point cette œuvre est l'expression d'un sentiment, d'une passion, d'une faculté donnée, soit chez un individu, soit chez un peuple, soit dans une époque. Pourvu qu'elle ait eu vie et puissance, on ne demande guère si elle est réellement belle et vraie.

La liberté, pour ne pas dire l'anarchie, des jugements esthétiques est telle, sous l'empire de cette méthode, qu'une réaction commence avec le dessein, non de restaurer simplement l'ancienne critique, mais de concilier les divers points de vue de la critique classique et de la critique historique. Est-ce une illusion de notre part d'espérer que la méditation des œuvres de haute esthétique ne sera pas sans influence sur la réforme du goût? L'éducation du goût se fait mal par la méthode historique toute seule, qui ne lui ouvre que les sources de l'érudition ; elle se fait mieux par l'étude des œuvres du génie, surtout des œuvres consacrées par la tradition classique, avec les commentaires de cette profonde et large critique, dont les premiers écrivains de notre temps ont donné l'exemple et le modèle (1) ; elle se complète et se couronne par l'étude approfondie des idées et des sentiments esthétiques, telle que le psychologue et le philosophe peuvent la faire. Sous ce rapport, il n'y a pas de plus haute école de goût que les traités des métaphysiciens, depuis le *Phèdre* et le *Banquet* jusqu'au livre du *Vrai*, du *Bien* et du *Beau* (2), sans oublier ces *leçons rédigées d'esthétique* (3), auxquelles il n'a manqué que la dernière main du maître pour en faire un grand livre.

L'école historique entend la logique de la même façon que les autres sciences morales, et la traite par la même méthode de l'expérience historique. Science tout à fait pratique, à son sens, la logique n'aurait rien à chercher, en fait de méthodes applicables, dans l'analyse abstraite des idées et des facultés de l'entendement ; elle aurait tout à demander à l'expérience. Qu'a produit pour les progrès de la science, disent les savants, la célèbre théorie du syllogisme? Est-il bien sûr que la méthode de Bacon elle-même ait eu les résultats scientifiques qui lui ont été attribués? Galilée

---

(1) En tête de ces écrivains, il faut placer l'illustre doyen de la critique française contemporaine, M. Villemain.

(2) M. Cousin.

(3) M. Jouffroy.

ne la connaissait point ; ce qui ne l'a pas empêché de pratiquer la méthode d'observation avec autant de sûreté que de bonheur, dans le cours de ses magnifiques découvertes. Les vrais inventeurs des méthodes fécondes, les guides sûrs de l'esprit humain, dans la recherche de la vérité, ce ne sont pas les philosophes, mais les savants eux-mêmes, dans l'ordre de sciences auquel chacun s'applique. A eux seuls il appartient de trouver en même temps la vérité, et l'instrument qui la fait découvrir ; et cela par une série d'essais où les divers procédés d'observation, d'expérimentation, d'induction, de classification, de démonstration, de critique historique ou philologique, d'abord naïvement et grossièrement appliqués, se rectifient et se perfectionnent en tout sens par la pratique. Et s'il en est ainsi, que doit être la logique, sinon l'histoire même des méthodes scientifiques, telles qu'elles ont été inventées, essayées d'abord avec tâtonnement, puis pratiquées avec plus de sûreté et de précision, à mesure qu'elles ont reçu les corrections et les compléments qu'indiquait l'expérience des erreurs, et que comportaient les progrès de la science ?

Assurément une pareille histoire est d'un très-grand prix ; elle a droit à une place considérable dans la science qui s'appelle la logique. Mais doit-elle faire à elle seule toute cette science ; et pourrait-on, sans préjudice pour l'éducation de l'esprit, en supprimer toute la partie vraiment psychologique ? Nul savant un peu philosophe ne sera de cet avis. Fût-il vrai que les savants seuls sont aptes à trouver les procédés qu'ils appliquent, et que la philosophie de l'esprit humain n'est pour rien dans l'invention de ces pro-

cédés, il n'en faudrait pas moins reconnaître qu'elle seule
peut les convertir en véritables méthodes, par l'analyse des
facultés correspondantes, et par la généralisation des règles
appliquées. Galilée avait sans doute sa méthode à lui, qu'il
a énoncée à sa manière, et qu'il a appliquée en homme de
génie, sans avoir besoin du *Novum organum*. Mais qui
oserait soutenir que la pratique de cette méthode rendait
inutile d'avance le livre de Bacon? De même, les géomètres, qui ont précédé Descartes n'avaient certes pas procédé
au hasard dans leurs recherches et leurs découvertes ; ils
avaient leur méthode à eux. Et néanmoins les traités de
Descartes sur la méthode sont du plus grand prix, non-
seulement pour l'éducation des esprits en général, mais
pour l'édification des savants eux-mêmes. Quant à la théorie du syllogisme construite par Aristote, on peut convenir
qu'elle n'est pas d'un grand usage dans la pratique de la
démonstration, quoi qu'en ait pensé le moyen âge, dont
l'exemple vient précisément à l'appui de cette thèse. Mais,
comme science pure, il n'est personne qui n'admire l'*Orga-
non*, et n'y reconnaisse le plus puissant monument de l'analyse logique appliquée à l'étude du raisonnement. Ce que
la philosophie de l'esprit humain a fait pour l'observation,
pour l'induction, pour la démonstration, elle l'a fait, avec
moins d'éclat peut-être et d'autorité, parce que les philosophes comme Aristote, Bacon et Descartes sont rares, mais
elle l'a fait avec une supériorité incontestable de pensée et
de langage pour tous les procédés dont usent les savants,
dans les recherches qui leur sont propres. Et ces belles
théories ne font pas seulement honneur au génie des phi-

losophes qui les ont conçues et développées ; elles sont, par la généralité et la portée de leurs formules, les vraies institutrices de l'esprit humain, à qui il faut quelque chose de plus large et de plus grand que les méthodes spéciales et le langage technique des savants. Or où les trouve la science? Est-ce dans l'expérience historique, ou dans l'analyse de l'esprit humain? On peut juger par là des lacunes que laisserait dans la logique l'abandon des études qui ont la conscience pour point de départ.

De toutes les sciences morales, la pédagogie est peut-être celle que l'école historique croit le plus facilement ramener à un simple recueil d'expériences et de procédés empiriques. Qu'est-ce en effet que l'éducation? N'est-ce pas plutôt un art qu'une science? Et n'est-ce pas un de ces arts qui doivent infiniment plus aux leçons de l'expérience qu'aux principes de la théorie? Chaque caractère, chaque esprit a sa nature propre, dont il faut tenir compte avant tout pour le diriger et le corriger. Il semble donc que la pédagogie doive consister moins en une théorie fixe et générale qu'en une variété d'expériences individuelles. Et en effet l'expérience seule est décisive, dans toute éducation proprement dite. Mais d'abord l'expérience n'est concluante que lorsqu'elle porte sur des faits semblables, sinon identiques. Il faut donc qu'elle s'appuie sur une classification des esprits et des caractères, des *tempéraments* moraux, comme fait la médecine pour les *tempéraments* physiques, c'est-à-dire sur une véritable théorie, afin de pouvoir donner lieu à une conclusion générale. Mais où trouvera-t-on cette théorie? Sera-ce dans la statistique? Nous savons que cette méthode serait du goût de l'école historique. Mais elle ne peut ignorer que la statistique, d'ailleurs fort difficile, pour ne pas dire plus, en cette matière, n'a pas, dans l'ordre des faits moraux, l'autorité qui lui appartient dans l'ordre des faits économiques. Jusqu'ici la théorie de l'éducation a été cherchée dans la conscience humaine, interrogée par les moralistes et les philosophes. Méthode simple, directe, féconde, ajouterons-nous, si nous songeons aux œuvres des Platon, des Xénophon, des Plutarque, des Fénelon, des Rollin, des Kant et des Rousseau. Qu'à ce grand enseignement philosophique de l'éducation on joigne l'histoire aussi complète que possible des expériences faites sur des individus, et surtout sur des groupes d'individus, rien de plus utile. On complétera ainsi la science pédagogique, et on la rendra plus propre à la pratique. Mais la réduire à l'histoire en supprimant les sources psychologiques auxquelles elle a puisé jusqu'à présent, c'est l'engager dans les voies de l'*empirisme*.

S'il est une science qui paraisse n'avoir rien de commun avec la psychologie, c'est l'économie politique. Cette étude occupe une place à part dans le groupe des sciences morales; elle ne procède ni par l'observation morale directe, comme les sciences psychologiques, ni par l'observation morale indirecte, comme les sciences historiques. Les faits économiques ne sont pas seulement matériels, de même que les faits politiques; mais encore ils n'ont pas, comme ceux-ci, la propriété d'exprimer des faits moraux, tels que des sentiments, des idées et des volontés. En un mot, ils sont dénués de toute signification morale; et sous ce rapport, ils peuvent se confondre avec les phénomènes qui font la matière des sciences physiques. Quant à la méthode, c'est l'observation fondée sur la statistique, c'est-à-dire tout ce qui ressemble le moins à l'observation psychologique. Et malgré tout cela, il faut bien que le caractère moral de l'économie politique ne puisse être contesté, puisqu'elle a toujours été comprise dans le groupe de sciences qui portent ce nom. Est-ce simplement parce que l'homme est l'agent principal des faits économiques, soit comme producteur, soit comme consommateur de la richesse? Nous ne le pensons pas. La vraie raison, selon nous, du classement de l'économie politique parmi les sciences morales, c'est qu'au fond, là comme ailleurs, quoique moins directement, il s'agit toujours de la destinée humaine. Il ne suffit pas de dire que toutes les sciences morales ont le même objet, l'homme; il faut ajouter qu'elles ont toutes le même but, à savoir de rendre l'homme aussi bon et aussi heureux que possible. Parmi les diverses écoles d'économistes, nous ne savons si, comme on l'a dit, il en est une qui ait jamais fait abstraction de l'homme, de ses besoins, de sa moralité, de son bonheur, et n'ait vu dans toute question économique que le résultat brut, c'est-à-dire la richesse produite, répartie et consommée. En ce cas, il nous semble que cette science, ainsi entendue, devrait être renvoyée à la famille des sciences physiques, section de mécanique, où l'on ne connaît que des forces physiques en action. Ce qui n'est douteux pour aucune école de quelque importance, c'est que l'économie politique a des rapports fort directs avec la politique, et des rapports moins directs, mais réels, avec la morale elle-même. L'homme, quoi qu'on ait pu dire, n'a jamais été exclu d'une science dont il est l'objet et le but. On peut tout au plus dire que, par suite d'une préoccupation plus profonde de sa destinée individuelle et sociale, les économistes de notre temps lui ont fait une place plus considérable dans leurs analyses et dans leurs conclusions. Aujourd'hui l'intérêt humain et social domine tous les problèmes économiques ; et il n'est pas de savant qui, en les traitant, oublie le lien étroit qui les rattache aux questions morales et psychologiques. Du reste, il est facile de reconnaître que la supériorité de certaines écoles sur d'autres, au moins dans l'ensemble de la science, tient au sentiment plus ou moins vif de ce rapport. Or, où ce sentiment peut-il être puisé, sinon dans le commerce des sciences psychologiques ? On nous permettra de dire qu'un économiste, si savant et si profond qu'il soit dans les détails de sa science, n'est pas complet, s'il n'est un peu moraliste et même philosophe ; et nous sommes bien sûrs de n'être arrêtés par aucune objection si nous affirmons que la nouvelle économie politique, plus libérale et plus scientifique d'ailleurs que l'ancienne, n'en reste que plus fidèle aux grands principes de la conscience.

Enfin, sans parler des religions positives qui rentrent dans son domaine, ne pourrait-on pas dire que l'histoire a aussi sa théologie, comme l'astronomie a la sienne? Notre siècle aime à chercher la Providence de Dieu dans l'œuvre de la Civilisation universelle, comme il aime à reconnaître sa grandeur dans l'infinité des mondes découverts par la science. Mais cet Être infini que la philosophie de l'Histoire et la philosophie de la Nature veulent imposer à notre raison sous le saint nom de Dieu, n'est pas le véritable objet du culte des hommes. Jamais l'Humanité n'a accepté, ni n'acceptera un Dieu qui ne serait pas, avant tout, l'Idéal même de sa conscience. Elle ne redoute pas l'anthropomorphisme, et se soucie assez peu des difficultés et des contradictions qui partagent les théologiens en écoles contraires. Un Dieu qu'elle ne pourrait aimer, prier, imiter, ne sera jamais le sien.

A-t-elle vraiment tort en ce point? S'il fallait en croire certains métaphysiciens, l'objet des conceptions théologiques échapperait entièrement aux intuitions de la conscience humaine. Que peut-il y avoir de commun entre le fini et l'Infini, entre l'atome et le Tout, entre l'homme et Dieu? Et, en effet, pour qui cherche le divin dans l'Infini et dans l'Universel, la conscience n'est pas le véritable chemin. Mais le vrai Dieu est-il bien l'Être métaphysique auquel Spinosa donna ce nom? Et n'est-ce pas faire fausse route que de le chercher, soit dans la Nature, soit dans l'Histoire? Dieu est proprement l'Être parfait. Or où est la lumière qui révèle l'Être parfait, sinon dans la conscience, ce sanctuaire de l'Esprit? Ce n'est pas le monde des étoiles qui est le véritable ciel, ainsi que se le figure encore l'imagination populaire. Le ciel, dans le sens spirituel et vraiment divin du mot, c'est le monde de la pensée et de l'idéal, ce monde intelligible où, comme dit Platon, tout est beau, pur et parfait. L'homme n'est qu'un atome, perdu dans l'immensité de la vie universelle, si on ne le mesure que d'après les lois de la géométrie et de la physique; mais cet atome qui pense, qui veut, qui aime, est le seul hôte connu d'un monde vraiment divin, dont la conscience humaine est le miroir. Ce ciel aussi a ses étoiles qui s'appellent la sagesse, la bonté, la justice, la sainteté, la liberté, la charité, etc., tout le chœur, en un mot, des vertus devant lesquelles pâlit l'éclat des étoiles qui frappent nos yeux (1). C'est le ciel qu'habite Dieu; il est là en personne, ou il n'est nulle part. C'est là qu'il peut être vu de face, et comme saisi dans un éclair de la vie spirituelle. La Nature avec toutes ses splendeurs, l'Histoire avec ses grands spectacles, n'en offrent que l'ombre.

Et s'il nous était permis de pénétrer dans la science des sanctuaires, combien de mystérieuses vérités ne pourrions-nous pas énumérer, que la philosophie du siècle dernier regardait comme autant de défis portés à la raison humaine, et qui deviennent aussi claires et intelligibles, à la lumière des révélations psychologiques, que le grand mystère de la nature divine elle-même. Nul philosophe sérieux n'est tenté aujourd'hui de rire ou de s'étonner des discussions théologiques sur la *grâce* et la *prédestination*, quand il lui suffit de lire au fond de sa conscience pour y trouver l'explication de ces énigmes. Et, sans même citer les mystiques qui ont ouvert la voie à ce genre d'interprétations, nous ne pensons pas nous tromper en soupçonnant les théologiens comme Malebranche, comme Fénelon, comme saint Augustin lui-même, d'avoir, grâce aux intuitions de la conscience, vu plus clair que le commun des croyants dans

---

(1) Plotin, *Ennéades*

ces mystères redoutables de la foi chrétienne où Pascal cherchait l'anéantissement de sa raison et le salut de son âme. C'était la pensée d'un philosophe qui nous fut bien cher, le religieux Damiron, dont la finesse égalait la discrétion, dans cet ordre d'étude vers lequel l'attirait le goût des choses saintes.

S'il en est ainsi, quelle meilleure initiation à la science de Dieu que la méditation des choses de l'âme et de l'esprit? Sans doute, tout psychologue, même tout moraliste n'est pas un théologien; mais il est sur la voie de la théologie. Et quand il voudra y arriver, il n'aura qu'à pénétrer dans les hautes régions de l'âme pour y trouver le suprême objet de sa contemplation. On nous dira peut-être que c'est la méthode des mystiques. Qu'importe, si cette méthode est la bonne? Si les mystiques l'ont gâtée par des extases mêlées d'hallucinations, c'est que tantôt ils faussaient l'intuition psychologique par des abstractions qui faisaient le vide dans leur âme, et tantôt ils la troublaient par des images qui leur cachaient la vue des choses vraiment divines. Mais pourquoi parler des mystiques? C'est la méthode de Marc-Aurèle, dans ce beau livre des *Pensées* où la morale domine la métaphysique : « Comprends enfin qu'il y a en toi quelque chose d'excellent et de divin, et qu'il faut vivre dans l'intime familiarité de celui qui a son temple au dedans de nous. » C'est aussi la méthode de Maine de Biran, qui n'a jamais fait profession de mysticisme. C'est enfin la méthode constante des grands méditatifs de tous les temps, parce qu'ils ont toujours compris d'instinct que la suprême Vérité est à ceux qui recueillent et concentrent leur pensée dans la conscience de la vie intérieure, loin du bruit et de l'éclat des choses du dehors.

Si nous entrions dans le détail des sciences morales, il nous serait facile de développer la démonstration que nous ne faisons qu'indiquer ici, en nous bornant aux généralités de chaque science. Cette rapide esquisse suffit à faire voir que toutes ces sciences relèvent plus ou moins directement de la psychologie, et qu'il n'en est aucune qui ne perdît singulièrement à être privée de ses révélations. Maintenant, de cette vérité incontestable quelle conclusion voulons-nous tirer? Entendons-nous réagir contre cet esprit et cette méthode historique dont les œuvres de tout genre font la principale gloire de notre siècle? Entendons-nous ramener l'esprit humain et la science à ce dédain de l'histoire, à ce goût de la spéculation abstraite qui fait le caractère dominant des sciences morales, avant le xixe siècle? S'agit-il d'en revenir à cette méditation exclusive de la vérité générale, immuable, idéale, qui fait le fond de la philosophie, de la morale, de la politique, de la logique, de l'esthétique des siècles précédents? Faut-il, avec Descartes, rompre de nouveau avec toute tradition, oublier l'enseignement des vieux maîtres, n'ouvrir à la science d'autres livres que la Nature et la conscience? Faut-il, avec Malebranche, renvoyer les études historiques parmi les exercices d'imagination et les leçons de morale en action? Faut-il, avec Boileau, la Harpe et Marmontel, insister de nouveau et toujours sur les immuables types du beau, et sur les règles éternelles du goût? Avec Rousseau, l'utopiste par excellence, qui ne trouve rien de bon dans la société où il vit, pas même les arts, les sciences et les lettres, et qui ne croit point au progrès, faut-il supprimer le passé d'un trait de plume, refaire l'homme et la cité, en prenant pour guide la nature, qui lui semble toujours d'accord avec la raison et la justice? Faut-il, avec le génie même de la Révolution française, avec l'Assemblée qui a fait la *Déclaration des droits de l'homme*, pousser l'enthousiasme des idées jusqu'à entendre sans étonnement l'un de ses membres s'écrier : *périssent les colonies plutôt qu'un principe?* Faut-il enfin, avec Locke, Condillac, Kant, Maine de Biran, se renfermer dans l'analyse abstraite des idées, dans la pure contemplation de l'âme, en fermant les yeux à toute lumière extérieure et historique? Il n'est pas un savant aujourd'hui, psychologue, moraliste, politique, critique, qui s'aviserait d'enseigner, et surtout de pratiquer une pareille méthode. Dans la matière qui fait l'objet de ses recherches, il n'en est pas un qui ne joigne l'histoire à l'étude abstraite des questions psychologiques, morales, politiques ou esthétiques. Et ce n'est pas seulement l'esprit du siècle qui est gagné à l'histoire ; l'esprit humain lui-même est irrévocablement fixé dans les voies de la méthode historique, grâce aux admirables résultats de cette méthode.

Tout autre est notre conclusion. Pour être complète, dans la mesure des forces humaines, la science a besoin du concours de toutes les facultés et de toutes les méthodes de l'esprit. L'histoire est une source de vérité ; la conscience en est une autre. A la première, large et ouverte à tous, la science recueille, sans en trouver la fin, l'immense variété des faits qui composent la vie de l'Humanité envisagée sous tous ses aspects. A la seconde, profonde et mystérieuse, la science puise, sans en trouver le fond, les éléments intimes de ses créations puissantes et de ses hautes méditations. L'âme humaine peut sembler un point à côté du vaste monde que l'historien explore dans tous les sens. Mais de ce point jaillit la lumière qui éclaire ce monde, et la flamme qui l'échauffe. La conscience est le foyer du génie créateur, dans les œuvres de la science, comme dans les œuvres de l'art. Toutes les œuvres où brille l'idéal sont filles de l'âme; on reconnaît leur haute origine à la pureté de leur substance et à l'éclat de leur lumière. L'esprit historique excelle à retrouver, à reproduire, à restaurer, à faire revivre ce qui a vécu. L'esprit psychologique trouve, produit, crée les éléments de la vie future. Les grands poëtes, les grands romanciers, comme les grands moralistes et les grands philosophes, se reconnaissent à ce signe. Tandis que les écrivains qui ne sont qu'ingénieux cherchent partout au dehors, soit dans le passé, soit dans le présent, la matière de leurs romans ou de leurs drames; tandis que les philosophes qui ne sont qu'intelligents cherchent dans l'érudition les éléments de leurs combinaisons plus ou moins savantes; les philosophes et les écrivains créateurs, sans négliger les grandes sources de l'érudition historique et de l'observation sociale, trouvent dans leur propre conscience les plus belles, les plus fortes, les plus originales parties de leurs œuvres. Shakspeare, Corneille, Racine lui-même sont grands avant tout par l'invention; c'est de leur âme qu'ils ont tiré cette poésie que tous admirent. Molière et Gœthe ne sont si supérieurs dans leur art que parce qu'ils ont uni, dans la plus heureuse mesure, le génie de la réflexion intime au talent de l'observation extérieure.

Maintenant, si de la science et de l'art nous élevons nos regards jusqu'à la Civilisation, le vide qui se ferait dans la vie de l'Humanité, par l'abandon des études psychologiques, apparaîtra dans de bien autres proportions. Des enseignements de la science moderne se dégage de plus en plus cette suprême vérité, qu'une même loi gouverne la vie universelle. Dans le monde des corps, l'astronomie nous montre les astres obéissant dans leur course à deux forces, l'une d'impulsion, l'autre d'attraction, dont l'équilibre fait l'harmonie du système solaire. Dans le monde des esprits, la philosophie de l'histoire nous montre également deux principes, l'un de conservation, l'autre de progrès, dont l'harmonieux accord règle l'action de la vie morale des sociétés humaines. Le nom du principe de conservation est bien connu ; c'est la *tradition*, véritable centre de gravité pour les mouvements de la Civilisation qu'elle fixe et retient dans leur orbite. C'est dans la tradition que l'Humanité trouve sa base, son assiette, son point de départ, pour continuer sa marche ascendante vers de nouvelles destinées. Le principe du progrès n'a pas un nom aussi précis ; mais, qu'on l'appelle *raison* ou *philosophie*, il n'en est pas moins facile à reconnaître à sa vertu d'initiative incessante et irrésistible : c'est sous son impulsion que le monde moral tend toujours à se dégager des institutions et des doctrines où le principe conservateur de la tradition prétend le fixer. Sans l'initiative de l'esprit novateur, la Civilisation finirait par s'immobiliser dans des formes d'où la vie s'est retirée. Sans la résistance de l'esprit conservateur, la Civilisation s'échapperait de son orbite pour s'égarer dans le vide des régions spéculatives. C'est l'équilibre de ces deux principes qui fait l'harmonie du monde moral, et assure un cours régulier au développement historique de l'Humanité.

Cela posé, on comprend la double fonction sociale des sciences historiques et des sciences philosophiques. L'histoire, ayant les faits pour objet, est la science de la *tradition*, tandis que la philosophie, ayant pour objet les idées, est la science de la *raison*. C'est l'histoire qui assigne aux révolutions futures leur origine, leur date, leurs conditions d'existence et de durée; mais c'est la philosophie qui a évoqué d'avance l'idée qui en sera le symbole. Et d'où l'a-t-elle évoquée, sinon de la conscience humaine, éclairée dans ses profondeurs par le génie de ses philosophes? S'il appartient à l'historien de dérouler les annales de la tradition, dans la chaîne non interrompue de ses anneaux, le propre du philosophe est de saisir dans la conscience et de produire au jour l'idéal nouveau qui fera pâlir la tradition, et qui, l'heure venue, la chassera comme une ombre pour la remplacer. A l'histoire donc, et aux sciences qui s'en nourrissent, la tâche de diriger, de maintenir le cours de la Civilisation dans les limites du progrès régulier et continu. Mais à la conscience, et aux sciences qui s'en inspirent, la mission d'inventer, de créer, d'élargir et d'élever l'horizon de l'Humanité toujours en marche vers l'inconnu. La conscience est la source de ces subites révélations qui illuminent d'abord les esprits, et transforment, à un moment donné, l'état moral, politique, esthétique de l'Humanité. Sans ces œuvres du génie de la méditation intérieure, où en serait la Civilisation ? Il est de mode aujourd'hui, toujours sous l'empire de l'esprit historique, de tout expliquer par les influences du sang et de la race, de nier l'action des idées sur les sociétés humaines, de ne plus reconnaître d'autres agents du progrès que le temps, le nombre, et cette *providence* de notre siècle qu'on nomme la force des choses. Il est sûr qu'il n'est pas de progrès solide sans le concours de toutes ces forces naturelles ou sociales. Mais quelle est la grande révolution où les idées n'aient pas eu le premier rôle ?

Cette vertu sociale et civilisatrice des œuvres psychologiques est si évidente pour des yeux non prévenus, qu'aucun des grands historiens qui honorent la science de notre pays n'en a jamais douté. Tous ont saisi et exprimé avec force les effets, lents ou rapides, obscurs ou éclatants, de ces œuvres sur le progrès général des sociétés humaines; tous ont reconnu et décrit le double mouvement qui entraîne l'Humanité. Le mouvement des choses, avec sa régularité un peu monotone et sa force irrésistible, n'est pas sans analogie avec la tranquille majesté de la Nature, obéissant à des lois immuables dans le cours de la vie universelle; et il semble qu'il pourrait être prévu, sinon calculé, s'il ne suivait que ses propres lois. Le mouvement des idées, au contraire, avec la spontanéité et la liberté de ses allures, manifeste la mystérieuse et sublime énergie de l'être par excellence, de l'Esprit d'où il vient. Cette incessante aspiration des âmes et des intelligences vers un monde meilleur, ce travail de création et de révélation qui n'a d'autre règle que le génie, et d'autre source que la conscience, échappe à toute prévision. Voilà la raison des *révolutions* proprement dites, véritables *genèses* sociales, que la tradition n'explique jamais, parce qu'elle n'en contient pas les principes. De la conscience et de la méditation intérieure s'échappent, comme d'un foyer solitaire et toujours ardent, les idées qui, par la propagande des utopistes et le sang des martyrs, engendrent les institutions, les croyances, les mœurs, les œuvres réelles et vivantes que l'historien prendra un jour pour sujet de ses études. N'est-ce pas ce que nous enseigne l'histoire? La société antique est encore dans tout l'éclat de ses arts, de ses lettres, de ses institutions politiques et de ses fêtes religieuses, lorsque déjà le génie de ses philosophes et de ses moralistes crée, au-dessus de ce monde vulgaire, une société nouvelle d'intelligences et d'âmes d'élite. Et c'est cette société qui, par le prodigieux travail de ses écoles et de ses sectes, prépare la grande révolution morale que le Christianisme doit accomplir. Le moyen âge semble encore dans toute sa force, quand la *Renaissance* qui crée en imitant, la Réforme qui oppose la foi libre à la discipline romaine, la Philosophie qui fait appel à la raison contre l'autorité des textes, concourent au laborieux établissement de la grande société moderne. Et enfin, qui viendra nier l'action rapide, éclatante, irrésistible des idées sur la société du xviiie siècle, si calme encore à la surface, et si peu préparée, même dans le monde des salons, à cette radicale métamorphose qui s'appelle la Révolution française? Il est vrai que ces brusques changements de scène, si fréquents dans l'histoire de notre pays, ne sont pas tous du goût de l'école historique, qui les trouve, non sans raison, trop sujets à de brusques retours vers le passé. Mais les faits n'en manifestent pas moins la puissance des idées. Et d'ailleurs, que le progrès s'opère par révolution ou par évolution, n'a-t-il pas toujours son principe dans le mouvement intérieur des esprits ?

Puisque nous venons de parler des révélations et des inspirations de la conscience, qu'il nous soit permis de dire ici toute notre pensée. Est-ce là une simple figure de langage, comme tant d'autres métaphores? Nullement. Si nous empruntons ces mots à la langue des mystères, c'est que nous n'avons pas cru pouvoir mieux exprimer le contraste qui existe entre les enseignements puisés à deux sources si différentes. Oui, les poëtes qui créent les types du beau, comme Homère, Sophocle, Virgile, Corneille ; les philosophes qui ouvrent à la recherche du vrai des routes nouvelles, comme Socrate, Platon, Aristote, Descartes, Kant, sont de vrais *révélateurs*. Le mot nous semble d'autant plus juste que, loin d'être simplement les interprètes de leur société ou de leur époque, ils la devancent, la dominent et la dirigent. Leurs œuvres n'ont-elles pas pour effet d'*inspirer* l'art ou la science, de l'*initier* au culte d'un idéal nouveau que la tradition n'eût jamais produit d'elle-même? Et si la grande et rapide popularité de ces œuvres montre que leurs auteurs sont bien de leur temps, la haute et profonde originalité qui les distingue en manifeste l'origine supérieure : on sent qu'elles ont jailli d'une autre source que le courant de la tradition.

Les considérations que nous venons d'exposer dans ce travail sur l'objet, la méthode, l'importance des sciences psychologiques, n'ont rien de neuf pour les savants familiers avec ce genre d'études. Mais il est des vérités qu'il est toujours utile de rappeler, surtout aux époques menacées d'en perdre le sentiment. Toute époque a les défauts de ses qualités. La nôtre a plutôt l'intelligence des faits que la foi aux principes. L'esprit historique qui la caractérise incline à chercher dans l'histoire seule les éléments et les principes de toutes les sciences morales. Il est une autre source pourtant, qu'il s'agit de conserver à la science et à la civilisation moderne, si l'on ne veut pas que le sens de l'idéal se perde dans la vie humaine, aussi bien que dans l'art et dans la science. La critique classique se plaint, et non sans raison, de l'invasion du *réalisme* dans les arts et la littérature. Il serait dur en effet pour les gens de goût d'avoir à subir le mot et la chose, après les belles œuvres d'une littérature dont l'idéal était la devise. Mais ce serait un bien autre sujet de tristesse pour les âmes nobles, et de trouble pour les consciences incertaines, si le *réalisme* venait à régner sans contrôle dans le domaine de la morale et de la politique. L'histoire elle-même n'est pas complice de cette dangereuse école; mais l'esprit historique se prête volontiers à ses conclusions, pour peu qu'il ne soit pas maintenu par l'esprit psychologique dans la voie des principes. Déjà une fausse philosophie de l'histoire, abusant d'une certaine notion du progrès qu'elle définit mal, en vient à conclure que tout fait a sa raison, que tout ce qui est doit être, que tout est pour le mieux enfin, partout et toujours :

c'est ainsi qu'elle couvre d'un grand mot les choses les plus contraires à la liberté, à la moralité, à la dignité de la nature humaine. Voilà où mène l'oubli des vérités de la conscience. En présence d'un tel danger, n'y a-t-il pas quelque à-propos à rappeler les titres des études psychologiques à l'estime des amis du véritable progrès?

# LIVRE III.

MORALE.

Dans l'antiquité, la morale était comprise et traitée comme une science. Les religions païennes, quelle que fût leur puissance sociale, et leur influence sur les mœurs publiques, n'avaient point, à proprement parler, de doctrine morale. C'était l'œuvre des poëtes et des politiques plutôt que des théologiens, pour laquelle la légende d'abord, l'art ensuite avaient beaucoup plus fait que la sagesse mystérieuse des sanctuaires. Aussi la morale fut-elle de bonne heure séparée et émancipée de la théologie. Tous les moralistes, depuis les sages de la Grèce jusqu'aux derniers stoïciens, sont des philosophes; toutes les doctrines morales, à partir de Thalès et de Pythagore, font partie d'une philosophie plus ou moins complète. C'est à cette source que va puiser le sens moral de l'élite de la société païenne, en Grèce, bien avant Socrate; à Rome, à partir des Scipions et des Gracques. Cela explique tout à la fois le grand développement et la puissante vertu sociale de la morale philosophique, dans l'antiquité. Tout en conservant jusqu'au dernier moment ses institutions religieuses, la société éclairée, plus fidèle à la loi du citoyen qu'à la foi du croyant, cherchait, à l'époque de décadence surtout, le principe de ses croyances et la règle de ses actions dans les leçons et les livres des philosophes. A l'époque des Antonins, l'élite de la société romaine n'a guère d'autre religion que la philosophie stoïcienne : c'est là qu'elle trouve ses théologiens, ses moralistes, et jusqu'à ses directeurs de conscience. Les prêtres ne sont plus pour elle que les officiers publics d'un culte qui ne s'adresse guère qu'aux yeux et aux sens. Si cette élite se rencontre encore dans les temples avec la foule, c'est pour obéir à la loi. La raison et la conscience écoutent un enseignement donné par d'autres docteurs. Dans le temple même, le prêtre ne sait parler qu'aux yeux ; et hors du temple, son rôle est nul. L'indépendance de la morale, comme de la philosophie, comme de la science, est donc absolue, vis-à-vis de l'autorité religieuse.

Vis-à-vis de la métaphysique et de la théodicée, cette indépendance n'est pas aussi entière ; ce qui se comprend, du reste, à cause des liens plus ou moins intimes que la nature même des questions a créés entre les deux ordres de vérités. Ni Pythagore, ni Socrate, ni surtout Platon n'eût voulu entendre parler de la séparation complète de ces diverses sciences ; et le philosophe qui assigne pour but à la vertu humaine la ressemblance avec Dieu, ὁμοίωσιν τῷ θεῷ, ne pouvait penser que la morale pût se passer de la théologie, puisqu'il croyait avoir trouvé dans celle-ci, non-seulement la couronne, mais encore la base de sa doctrine morale. C'est Aristote qui, le premier, a séparé la morale de la théologie rationnelle ou philosophie première, en la fondant exclusivement sur la psychologie, dont il fait une science indépendante de la métaphysique, au même titre que la physique et l'histoire naturelle. Cette séparation n'a été complétement acceptée d'aucune des écoles qui ont suivi, pas même des stoïciens, qui sont pourtant bien plutôt des moralistes que des métaphysiciens. Le principe de leur morale semble être plutôt la Raison universelle, qui gouverne le Monde, que la raison intérieure à laquelle l'âme humaine obéit; et ils paraissent chercher la loi de la vie humaine et la règle de leur sagesse aussi souvent dans l'Ordre universel que dans l'économie des principes de notre propre nature. Quant aux écoles mystiques, il ne faut pas leur demander une indépendance contraire à leur principe : Plotin et Proclus, tout en restant d'excellents moralistes, ne pouvaient moins faire, à cet égard, que leur maître Platon. Ils ont fait beaucoup plus, en convertissant l'imitation divine en l'absorption en Dieu. Quoi qu'il en soit, la morale philosophique n'en est pas moins restée, dans l'antiquité, une science à part, entièrement indépendante de toute autorité religieuse, distincte, sinon séparée de la métaphysique et de la théodicée, cultivée avec autant d'ardeur que de méthode, non-seulement par les philosophes comme Aristote, par les moralistes comme Zénon et Sénèque, mais encore par les mystiques comme Plotin et Proclus.

Depuis l'ère chrétienne, les conditions religieuses et sociales n'ont pas été aussi favorables au développement de la morale philosophique. Le Christianisme n'est pas seulement une grande institution; c'est aussi une grande doctrine, qui comprend toutes les questions capitales dont traite la philosophie elle-même. Cela explique comment, à part les exigences d'une autorité ombrageuse, la théologie chrétienne a pu prétendre retenir jusqu'ici dans son sein, sinon les sciences physiques qui lui ont échappé sans retour, du moins certaines sciences morales, telles que la théodicée, la métaphysique, la psychologie, la morale proprement dite. Rien de plus naturel que cette prétention, puisque la théologie chrétienne a sa solution positive sur chacun des grands problèmes dont s'occupent ces sciences. Pendant tout le moyen âge, ce sont des théologiens qui traitent des questions de morale théorique ou pratique. Ce n'est pas à dire qu'ils ne les traitent avec force, avec profondeur, avec une véritable précision scientifique, même avec une certaine indépendance philosophique. Abélard, saint Thomas, Gerson, font une large part, soit à la raison et à la tradition philosophique, soit à l'observation et à l'expérience psychologique, dans les théories et les analyses qui ont pour objet l'homme, ses facultés, ses penchants et ses passions. Mais, dans ces œuvres de la science scholastique, la tradition théologique est tellement mêlée à la pensée et à l'érudition philosophique, qu'il est impossible à l'historien de la philosophie d'en séparer l'élément philosophique pur, pour en constituer une morale purement rationnelle. Cette confusion se prolonge jusqu'au xviie siècle inclusivement, où les sciences physiques s'émancipent tout à fait de la tutelle théologique, sans que la morale arrive encore à une complète indépendance. On eût fort étonné, nous ne disons pas les théologiens comme Bossuet et Fénelon, mais les moralistes comme Pascal, Nicole ou la Bruyère, si on leur eût parlé d'une morale qui puiserait ses principes à une autre source que la théologie chrétienne. Descartes a fait un *Traité des passions ;* la Bruyère a peint des *caractères ;* Larochefoucauld a énoncé des *maximes ;* Pascal a exprimé des *pensées ;* tout cela avec une parfaite indépendance d'esprit et une admirable force de langage, mais sans toucher aux principes mêmes de la morale, qu'ils ne croyaient point du ressort des sciences profanes. Quant à séparer la morale de la métaphysique et de la théodicée, nul n'y songe, pas plus Malebranche que Bossuet, pas plus Spinosa que Malebranche. Dans l'*Éthique,* plus encore que dans la *Recherche de la vérité,* c'est à la théologie que la psychologie et la morale empruntent leur principe.

Ce n'est qu'au xviiie siècle que la morale retrouve l'indépendance qu'elle n'avait connue qu'un moment, sous la ferme direction d'Aristote. Toutes les écoles de ce temps, sensualistes, idéalistes, spiritualistes, traitent la philosophie morale comme une science qui peut se suffire à elle-même, et dont les principes ne doivent être demandés qu'à l'observation et à l'analyse. Il est vrai que les essais en ce genre ont été trop malheureux, chez les moralistes de l'école de la sensation, pour que la morale philosophique puisse s'en faire honneur. C'était faire beau jeu à l'école théologique que de remplacer l'amour de Dieu par le calcul de l'intérêt personnel. Quelle science, si c'en est une, que la philosophie morale des Hobbes, des Helvétius, des d'Holbach! Et ne vaut-il pas mille fois mieux chercher les règles de nos actions au-dessus qu'au-dessous de la nature humaine? Heureusement que Rousseau, l'école écossaise et Kant ont compris autrement l'homme, sa destinée et sa loi.

Aujourd'hui la question des rapports de la morale avec la théologie positive est définitivement résolue. La raison a gain de cause, sur l'indépendance des sciences morales, comme sur celle des sciences physiques, bien que les théologiens n'en soient pas encore venus à reconnaître l'une aussi formellement que l'autre. La question des rapports de la morale avec la théodicée et la métaphysique soulève encore des contestations parmi les meilleurs et les plus libres esprits, sinon sur le principe, du moins sur le degré d'indépendance. On ne songe plus, dans le monde philosophique, à fonder la morale sur la théodicée ; mais les uns conservent celle-ci au sommet de la science, comme couronnement de l'édifice, tandis que les autres n'en veulent pas plus au sommet qu'à la base, et la déclarent aussi étrangère à la morale que les sciences de la Nature. C'est le seul point à décider.

I

MORALE PHILOSOPHIQUE.

(*La morale de l'Évangile comparée aux divers systèmes de morale*, par M. Bautain, ancien professeur de morale à la Faculté de théologie, 1 vol.)

Dans un article à jamais célèbre : *Comment les dogmes finissent*, Jouffroy, décrivant les phases diverses de la lutte entre l'esprit du passé et l'esprit de l'avenir, signale un moment où le vieux dogme, profitant des erreurs, des faiblesses, de la fatigue, des divisions de ses vainqueurs, retrouve l'espoir et la voix, et semble ressaisir l'empire. « Dans cette ligue, dont la peur est l'âme, il ne s'agit plus de foi, plus de croyance ; il n'y a plus rien de moral : l'intérêt seul en serre les nœuds, et cependant on couvre ce vil mobile des beaux noms de morale, de religion, d'ordre, de légitimité ; on le pare de tout ce que les vieux temps ont de saint et de respectable. » Nous en sommes à ce triomphe momentané des vieilles idées. Aujourd'hui, dans la polémique de l'école théologique et de la philosophie, c'est l'autorité qui attaque, c'est la raison qui est réduite à se défendre. La théologie ne consent à renouer son ancienne alliance avec la philosophie qu'autant que celle-ci reprendra son rôle de servante : *ancilla theologiæ*.

Ces réflexions nous viennent à propos de la lecture d'un livre intéressant à beaucoup d'égards. *La morale de l'Evangile comparée aux divers systèmes de morale*, par M. l'abbé Bautain, tel est le titre d'un cours fait il y a quelques années avec un certain éclat à la Faculté de théologie, et que le professeur a publié. Ce qui frappe tout d'abord dans ce livre, c'est la netteté du plan, la simplicité de la méthode, la clarté facile de l'expression, le bon goût, le ton calme et plein d'urbanité qui règne dans l'exposition et la discussion des doctrines. L'auteur commence par définir l'idée de la morale, et par énumérer les conditions qu'une doctrine doit réunir pour répondre véritablement à cette idée ; puis, à la lumière de ce principe, il passe en revue les divers systèmes de morale anciens et modernes, et essaye de faire voir qu'aucun n'y satisfait complétement. On devine la conclusion de cette démonstration historique ; c'est l'insuffisance de la raison, en matière de vérité morale. Nous disons insuffisance et non impuissance. M. Bautain est sorti de l'Ecole normale, et a été professeur de philosophie; il se souvient un peu de son origine et de son enseignement. C'est d'ailleurs un esprit éclairé, naturellement calme et modéré, d'un tempérament nullement fanatique, homme du monde encore plus que d'école, et chez lequel l'ardeur de la foi ou les habitudes scholastiques n'ont jamais fait oublier le sentiment des convenances. Il dédaigne cette grossière dialectique qui réfute sans comprendre, et s'attaque aux mots plutôt qu'à la pensée; il laisse aux violents les déclamations, les injures et les calomnies. Il n'a pas horreur de la raison; il lui fait l'honneur de l'admettre dans le sanctuaire de la vérité, à la condition qu'elle y servira la théologie. Il lui donne même une grande marque de confiance, et dont on pourrait tirer un puissant argument contre la conclusion du livre. C'est à la raison générale, au sens commun qu'il demande l'idée même et les conditions de la morale : c'est donc l'esprit humain qu'il fait juge entre la morale évangélique et la philosophie. Si la raison a ce pouvoir, pourquoi n'aurait-elle pas celui de trouver la vérité? M. Bautain ne l'entend pas ainsi. Son éclectisme ne va pas jusqu'à permettre à la raison de lire même dans la conscience humaine. C'est lettre close pour les faibles yeux de l'esprit, à moins que l'autorité ne lui prête son flambeau. Voilà le langage de l'organe le plus modéré de l'école théologique. Parmi nos politiques, nous connaissons plus d'un sage qui s'en accommoderait. Pourtant l'éclectisme des *Débats* a fait ses réserves et a trouvé un peu maigre la part de la philosophie (1). Ce n'est pas qu'on soit exigeant ; mais, tout en laissant la belle part à la théologie, on voudrait un peu plus pour la raison.

Nous sommes d'une école plus ambitieuse ; nous croyons à la souveraineté de la raison et à sa toute-puissance, dans l'ordre des vérités que Dieu a mises à la portée de l'esprit humain. Or, s'il y a, parmi les objets de la connaissance, des notions qui aient ce caractère, ce sont d'abord les vérités morales. L'esprit humain a pu scruter la Nature dans ses mystères les plus secrets et les plus délicats ; il a pu embrasser l'immensité du ciel, en suivre les mouvements, en mesurer les distances, en compter les planètes ; et il serait impuissant à lire sa destinée, sa loi, ses devoirs, dans ce livre toujours ouvert sous ses yeux, qu'on nomme la conscience ! L'expérience, l'histoire et le sens commun protestent contre un tel paradoxe. Interrogez la conscience humaine dans ses plus humbles et ses plus grossiers organes ; questionnez la conscience populaire, sans culture, sans éducation, corrompue par les préjugés de l'ignorance et les tentations de la misère : si obscure, si faible, si incertaine qu'elle soit, elle vous répondra, non pas sur toutes les questions morales, mais sur les plus simples et les plus pratiques. Il ne faut pas *voler son voisin, faire souffrir son semblable, violer son serment, trahir son pays, disposer d'un dépôt confié.* La plus vulgaire conscience n'a pas de

(1) Voyez les articles, sur ce livre, d'un charmant esprit, M. Rigault, enlevé si prématurément aux lettres dont il était une espérance et déjà un honneur.

doutes sur tous ces devoirs. Non-seulement elle les connaît, lors même qu'elle y manque; mais elle en comprend l'impérieuse nécessité. Si vous lui en demandez la raison, l'origine, la légitimité, elle ne vous renvoie point aux livres, aux codes, aux exemples, aux autorités. Qu'elle puisse ou non vous l'expliquer, elle sent invinciblement que cela est bien, que c'est dans l'ordre, qu'il n'en saurait être autrement.

Vous dites vrai, nous répondra M. Bautain; mais la conscience ne fait que répéter ce qu'on lui a appris. Peut-être. Mais en tout cas n'est-il pas merveilleux qu'elle juge ses maîtres? Et puis d'où l'a-t-elle appris? La morale est plus ancienne qu'on ne pense; la raison a parlé autrefois, et si l'on en croit l'histoire, il ne semble pas que son langage ait manqué de clarté, de précision, de vérité, du moins autant qu'on l'a dit. Par le sens commun et la science, par la voix de ses poëtes, de ses moralistes, de ses philosophes, elle a fait entendre bon nombre de sentences, de maximes, de doctrines où la plus sévère morale n'a rien à reprendre. Et si, pour ne parler que de l'antiquité, une érudition intelligente et généreuse s'avisait (malheureusement l'érudition ne s'avise pas souvent des grandes choses) de recueillir ces nobles inspirations de la morale ancienne, elle en pourrait former un manuel assez complet.

Nous disons un manuel, et non un système, encore moins une science. Pour notre part, depuis les plus hautes vérités de la morale spéculative jusqu'aux détails les plus précis de la morale pratique, nous ne voyons guère ce qu'on y pourrait ajouter, en fait de vérités absolument nouvelles. Morale religieuse, morale politique, morale domestique, morale individuelle, rien n'y a été oublié. Il n'est pas jusqu'à la grande lacune de la morale sociale, la question de l'esclavage, que les derniers moralistes et les derniers philosophes de l'antiquité n'aient comblée, sans le secours du Christianisme. Quant à cette morale mystique, qui a singulièrement fleuri depuis la révolution chrétienne, et dont on peut d'ailleurs contester la vérité pratique, l'école d'Alexandrie est là pour prouver qu'elle n'a pas manqué non plus à l'antiquité. Et que serait-ce, si nous y ajoutions les grandes théories, les profondes analyses de la philosophie moderne. Ne serait-ce pas le cas de répéter sur la raison ces beaux vers si connus sur le soleil :

> Le dieu, poursuivant sa carrière,
> Versait des torrents de lumière
> Sur ses obscurs blasphémateurs.

Mais l'esprit de secte irait peut-être jusqu'à soutenir que toutes ces belles œuvres, où la puissance de la raison humaine éclate si visiblement, ne sont que des inspirations de l'Évangile. La morale de l'antiquité ne prête pas à un tel sophisme. Et puis, il faut tout dire, si la philosophie moderne a enrichi la morale, elle l'a aussi parfois compliquée, obscurcie, ébranlée, en y mêlant indiscrètement la métaphysique et la théologie, et en l'engageant dans les difficultés, les vicissitudes, les luttes des systèmes.

Voilà, ce semble, une assez bonne réponse à l'école théologique. M. Bautain a trop vécu dans le commerce de l'antiquité, il est trop versé dans l'histoire des sciences profanes pour ignorer tout cela : aussi se garde-t-il bien de fermer les yeux à l'évidence et à l'histoire. Sa tactique est plus savante et plus dangereuse. Il le reconnaît ; le sens commun et la philosophie ont souvent bien parlé sur la morale, parfois admirablement. Mais, alors même que leurs maximes et leurs doctrines sont vraies, elles ne satisfont point à ces deux conditions essentielles, l'*autorité* et la *popularité*. Sur ce dernier point, M. Bautain est précieux à entendre : « Les philosophes, dit-il, sont tous un peu grands seigneurs. La morale doit être pour tous, pour les pauvres, les petits, les ignorants, pour tout le monde ; et les philosophes, en général, ne sont que pour les savants, les riches, les heureux du siècle... Cette multitude, qu'on appelle l'humanité, n'est pas une espèce de troupeau au service des savants, des puissants et des riches, et dont la destinée serait tout entière dans ces mots d'Horace : *Fruges consumere nati*. Non, l'homme le plus ignorant a aussi une dignité morale à acquérir ; il faut donc que la vraie morale se proportionne à la faiblesse du dernier des hommes, et que, débarrassée de formules trop savantes, elle se montre à tous les yeux, agisse sur toutes volontés. » C'est parler d'or. Nos philosophes feront bien de méditer ces graves paroles, eux qui ne paraissent pas espérer que la morale populaire sera jamais l'affaire de la philosophie.

Pour nous, nous sommes tout à fait d'accord avec M. Bautain sur ces deux points. Nous voulons une morale qui ait pleine autorité sur tous, et en même temps qui soit à la portée de tous. Seulement, nous ne croyons pas ces deux conditions incompatibles avec la morale philosophique: Ici commence le vrai débat entre l'école théologique et la philosophie. Tous les philosophes sincères ont dû comprendre enfin à leurs dépens que, si la philosophie n'a pas le peuple, elle est à la merci de ses ennemis ; et, si modeste qu'elle soit, qu'elle ne peut pas même espérer de sécurité et d'indépendance dans l'ombre et le silence de l'école. Mais ici commencent aussi les difficultés. La raison humaine n'a pour organes que le sens commun et la philosophie. Quand elle sort du sens commun, c'est pour tomber dans les systèmes ; quand elle sort des systèmes, c'est pour retomber dans le sens commun. Or, le sens commun est vrai, sûr, simple, populaire, mais vague, superficiel, insuffisant. *Conscience, conscience, instinct divin!* s'écrie Rousseau. Voilà une belle protestation contre les superstitions, les préjugés, les institutions, les fausses convenances, les mœurs corrompues d'une société où tout révoltait la conscience et la nature. Mais l'instinct n'est pas la science ; un cri du cœur n'est pas une doctrine. L'école du *sentiment* aura beau dire ; le *sens moral* ne peut être absolument assimilé au sens physique qui, sans culture, sans éducation, nous fait voir, entendre, percevoir également toutes les propriétés des corps. Il est des situations dans ce monde pour lesquelles la conscience toute seule n'a point de direction ; il est bien des questions que son flambeau ne pourrait éclairer. Ses inspirations ne suffisent pas toujours pour guider la volonté dans ce dédale de relations, de situations, de conditions qu'on appelle la vie sociale. D'ailleurs, ce qu'on nomme le sens commun n'est pas un fonds immuable de vérités parfaitement définies. Il varie selon les temps, les lieux, les sociétés ; il se renouvelle plus ou moins, d'époque en époque, de société en société. Dans l'ordre des notions morales, le sens commun des temps modernes n'est pas tout à fait le sens commun de l'antiquité. Qui pourrait donner une idée du sens commun chez le sauvage? Dans le trésor des vérités qu'on est convenu d'appeler de ce nom en plein xixe siècle, combien de notions dues à la science, à la tradition, à l'enseignement? Le sens commun est un mot dont il ne faut pas trop abuser, même en morale. D'une autre part, si les systèmes sont précis et profonds ; s'ils embrassent tous les devoirs dans leurs formules, et toutes les vertus dans leurs définitions, ils ont le double inconvénient de manquer de popularité et d'autorité. Ils sont trop métaphysiques pour être populaires ; ils sont trop divergents pour s'imposer à la croyance universelle. La raison humaine n'a donc pas répondu à toutes les objections de l'école théologique, quand elle a montré ses systèmes et invoqué le sens commun. Les systèmes sont impopulaires, et le sens commun est insuffisant ; en sorte que la morale théologique, malgré tout ce qu'a pu faire la raison, préside encore à peu près seule à l'éducation du genre humain.

Si la raison veut en finir avec les prétentions de l'école théologique, il faut qu'elle propose enfin une morale populaire et philosophique, simple et scientifique tout à la fois, une morale qui ne se borne point aux banalités du sens commun, et qui n'aille pas se perdre dans les nuages de la métaphysique. La métaphysique est une belle étude en soi, qui a occupé les plus beaux génies de l'Humanité, pour laquelle tout esprit élevé a autant de goût que de respect, et qui nous semble appelée à une glorieuse transformation par le concours des sciences. C'est le sommet de la pensée, la couronne de la science, la lumière supérieure qui éclaire et explique toutes les vérités de l'expérience ; c'est la science des principes, des causes, des raisons, des idées. Mais qu'elle reste à sa place. Qu'elle ne vienne pas, dans les questions de fait, mêler ses abstractions et ses conceptions à *priori* aux observations, aux analyses, aux inductions de l'expérience. Car alors elle devient le fléau des sciences expérimentales, et l'obstacle à tout progrès. Tant que la philosophie naturelle est restée sous le joug de la métaphysique, elle n'a pu prendre le caractère d'une science. Certes, jusqu'à Bacon et à Galilée, le génie ne lui a pas manqué, même le génie de l'observation ; et pourtant elle n'a produit que des systèmes. En ramenant les philosophes à l'observation et à l'analyse, en substituant la recherche des lois à celle des causes, la méthode de Bacon a fait de la philosophie naturelle une véritable science. Le siècle de l'analyse a généralisé cette méthode, l'appliquant à tout, à l'étude de l'homme, comme à l'étude de la Nature. S'il n'y a réussi que fort imparfaitement, s'il a adopté en psychologie l'*Essai sur l'entendement humain* et le *Traité des sensations*, s'il a célébré comme le dernier mot de la morale le livre de l'*Esprit* et le *Catéchisme de Saint-Lambert*, ce n'est pas à la méthode qu'il faut s'en prendre. Son tort, au contraire, est de n'y avoir point été assez fidèle ; par goût d'une fausse clarté, par amour de la popularité, par une réaction violente contre les doctrines du passé, il fut superficiel, léger, exclusif dans ses analyses. Mais quand cette admirable méthode est maniée par des esprits sages et impartiaux, elle donne la philosophie écossaise ; et si elle se rencontre dans un puissant esprit, vous avez *la critique de la raison pure et de la raison pratique*. La philosophie du xixe siècle n'avait rien de mieux à faire que de l'accepter, sauf à l'appliquer avec plus d'impartialité et de profondeur. C'était le conseil et la direction de Jouffroy. Il eut mille fois raison, quoi qu'en pense M. Bautain, de séparer sévèrement la psychologie et la morale de la métaphysique. Malheureusement l'étude de l'histoire, excellente en soi, a replongé la philosophie dans l'océan des systèmes. Dieu veuille qu'on arrive au port par cette voie périlleuse. En tout cas, si la métaphysique échoue, il faut éviter, à tout prix, qu'elle entraîne la morale dans son naufrage.

Pour nous, c'est la même méthode à suivre dans l'étude de l'homme, dans la morale notamment, que dans la philosophie naturelle. Plus de spéculations, plus de systèmes, plus de métaphysique : l'observation, l'analyse, la simple description des faits moraux. La nature humaine une fois connue, sa fin, sa loi, ses devoirs s'en déduisent facilement, sans frais de métaphysique. Alors rien de plus simple, de plus évident, de plus solide, de plus *scientifique* qu'une morale ainsi faite. En tête de la science, le tableau des grands faits de la vie morale résumant les observations, les analyses, les descriptions de la psychologie ; puis la définition de la fin de la nature humaine, et partant du bien qui n'en est que l'accomplissement ; puis la formule complète et universelle de la loi morale qui n'en est qu'un simple corollaire; enfin la théorie des devoirs, c'est-à-dire des applications diverses de la même formule aux principales situations de la vie humaine : voilà toute la morale. Qu'y pourrait-on contester, si les analyses sont bien faites, si les définitions sont claires et fondées sur l'expérience, si toutes les propositions de détail sont des conséquences rigoureuses des définitions? Et, en tout cas, comme l'esprit humain n'est infaillible nulle part, pas même dans les sciences de pure observation, la vérification est facile. L'original est toujours là sous l'œil du psychologue et du moraliste, qui peuvent sans cesse retoucher, rectifier, compléter leur tableau. En métaphysique, les systèmes tiennent tête aux systèmes, surtout dans les questions qui dépassent le sens commun et l'expérience. Mais dans les sciences expérimentales, les fausses inductions, les vaines hypothèses, les conclusions téméraires ne soutiennent pas l'épreuve des faits : en sorte que l'erreur trouve bien vite son remède. On discute encore avec plus ou moins de raison sur les *atomes*, les *monades*, la *matière*, la *substance* unique ou multiple, la création, la prescience divine. Qui songe à relever du discrédit où elles sont tombées la psychologie de Condillac, la morale d'Helvétius, ou la politique de Hobbes?

Mais j'entends les clameurs des vieilles écoles : « Une morale sans métaphysique et sans théologie, y pensez-vous? C'est l'homme sans Dieu, la règle sans autorité, la liberté sans la grâce, la vertu sans avenir, la loi sans la sanction. Vous avez beau faire, vous ne parviendrez pas à faire sortir de la seule psychologie la morale tout entière. La loi qui s'impose à l'homme ne peut venir de l'homme. La lumière qui l'éclaire a son foyer ailleurs et plus haut. La force qui le soutient, la flamme qui l'anime ont une origine supérieure et impersonnelle. » Voilà de belles paroles que répètent tous les moralistes métaphysiciens, et qui ne tiennent pas devant les faits. Êtres physiques, êtres moraux, tous ont leur loi en ce monde, et tous ont leur loi dans leur propre nature. Et pour être intérieure et *naturelle*, cette loi n'en est pas moins souveraine. Où sont les lois de la Nature? Au sein même, et non en dehors des êtres qui les régissent, lois tellement absolues, tellement inflexibles, que la pensée n'admet nulle part de puissance capable de les briser ou de les changer. Il en est de même de l'homme: il porte dans sa propre nature, dans sa conscience, dans sa raison et dans son cœur, la loi obligatoire, immuable, universelle, qui gouverne tous ses actes et tous ses mouvements. Et il faut que sa volonté, ses penchants, ses passions, ses facultés obéissent à cette loi; sinon il sent que tout est trouble, désordre, mal, dégradation, misère et malheur dans sa vie. La loi morale a si peu besoin d'une autorité et d'un principe extérieurs, pour devenir impérative, que c'est à elle au contraire que toute volonté, toute puissance, toute nature, même divine, est soumise.

Mais, dira l'école théologique, la loi n'est qu'un motif, non un mobile; c'est la lumière, si vous voulez, ce n'est pas la force de la volonté. « Pour faire le bien, » ajoute M. Bautain avec une profonde raison, « la volonté a besoin d'un moteur. » Sans aucun doute; mais la morale n'est point condamnée à sortir de la conscience pour le trouver. De même que l'homme trouve sa loi dans sa propre nature, de même aussi il puise en elle la force qui soutient sa volonté. L'homme n'est pas seulement raison et volonté. Que sont donc les nobles penchants, les passions généreuses, la sensibilité, le cœur enfin, ce foyer de vie et de flamme perpétuelle, sinon des mobiles et des moteurs? Dieu a trop bien fait toutes choses dans le monde moral, comme dans le monde physique, pour que son intervention y devienne sans cesse nécessaire. Il a pourvu toutes ses créatures, esprits ou corps, de forces et de lois qui suffisent à leur développement et à leur direction. D'ailleurs, ai-je besoin d'ajouter que nous n'entendons supprimer aucune question, aucune croyance de l'ordre métaphysique? Il s'agit ici de prononcer sur la méthode et la science, non sur la vérité elle-même. Nous croyons que la psychologie, que la morale ne doivent relever que de l'expérience, et qu'elles ne deviendront de véritables *sciences* qu'à cette condition. Nous en écartons des questions qu'on y mêle habituellement, et qui n'ont point leur solution dans l'observation et dans l'analyse. Nous ne les nions ni ne les supprimons; nous les renvoyons à la métaphysique et à la théologie, ne pensant pas que leur place soit dans la morale. Mais enfin, si l'on veut à toute force les y conserver, nous pourrions les maintenir encore, non pas à la base, mais au sommet de la morale qu'elles peuvent couronner, mais jamais fonder. Nous croyons qu'on a tort de nier la bonne métaphysique; mais il ne faut pas que ceux qui la nient puissent nier du même coup la morale, science pratique et vitale, s'il en fut. Qu'on sache bien que c'est notre grande sollicitude pour les vérités morales qui nous rend si sévères ici pour l'intervention de la métaphysique.

La morale ainsi faite aura ce que lui demande avec raison l'école théologique, et ce qui manque aux systèmes moraux fondés sur la métaphysique, l'autorité, cette autorité toute *scientifique* qui s'impose aux esprits, sans violence ni séduction, par la seule force de la vérité, sur le signe unique de l'évidence, et devant laquelle toute autre autorité s'incline, même celle de la théologie. En voulez-vous un exemple? Tant que les théories de la philosophie naturelle n'ont été que des systèmes, si rationnels, si probables qu'ils aient paru, la théologie a maintenu ses arrêts et ses anathèmes. Le jour où, grâce à l'observation et à l'expérience, la physique, l'astronomie, la géologie sont devenues des sciences, il a bien fallu accepter leurs découvertes. C'est ainsi que le mouvement de la terre, les révolutions du globe, le système du monde, la théorie du déluge sont maintenant des vérités orthodoxes. Que dis-je, n'ont-elles pas toujours fait partie de la théologie, qui en jouissait sans le savoir? Aidés de la complaisante complicité de nos savants, beaucoup de théologiens ont fini par croire à ces ingénieuses fictions. Il en sera de même de la philosophie morale. Tant qu'elle n'aura que des systèmes plus ou moins spécieux à produire, elle trouvera en face d'elle une autorité qui se prévaudra de sa propre infaillibilité, et des erreurs, des contradictions, des incertitudes de la raison humaine. Mais le jour où la morale philosophique sera fondée sur l'observation et sur l'analyse, la théologie se résignera à consacrer, en se les appropriant, les théories philosophiques qui auront pris rang dans la science. M. Bautain, qui lui a toujours conseillé ce genre d'éclectisme, ne manquera pas une si bonne occasion. Il n'y a plus guère en ce temps-ci de croyants et de sectaires qui résistent à l'empire des faits accomplis.

Mais faire ainsi de la morale une science, n'est-ce pas la rendre inaccessible au vulgaire? Tout au contraire. En dégageant la morale de toute spéculation métaphysique, en la ramenant à l'observation, on ne la complique pas; on la simplifie, et on la met à la portée de tous. La science morale alors n'est pas autre chose que la conscience humaine mise en relief par la lumière de l'analyse. Pour la posséder, au moins dans ses éléments essentiels, il n'est besoin ni de théologie, ni de métaphysique, ni de beaucoup d'histoire et de littérature. Il suffit de se connaître soi-même. Avec un peu de réflexion, chacun y parviendra, guidé d'ailleurs et éclairé par les grands tableaux de la science. Même sans être initié aux fines observations, aux savantes analyses du psychologue et du moraliste de profession, l'homme du peuple en saura bien vite assez sur sa nature pour comprendre sa fin, ses devoirs et ses droits, surtout lorsqu'une éducation sérieuse aura formé et développé son sens moral. Alors chacun, pour se conduire, aura mieux que le code, mieux que le catéchisme, mieux que l'autorité d'un maître et d'un directeur : il aura sa conscience. Il ne croira plus sur parole ; il verra lui-même, il sentira la vérité. Pour être plus directe, plus intime, plus personnelle, croit-on que sa foi en sera moins forte et moins profonde ? Comment douter de ce qu'on voit, de ce qu'on touche, de ce qu'on sent ? Je ne dis pas pour cela que les lois, les catéchismes, les maîtres, les directeurs seront inutiles. Non, je n'attends point une telle perfection de la nature humaine. Les âmes serviles et grossières se gouvernent moins par l'amour ou le devoir que par le glaive de la loi et le frein de l'autorité. Et les meilleures, les plus nobles, les plus fortes natures trouveront encore dans cette vie des épreuves où les conseils, les inspirations, la direction, les secours étrangers leur seront nécessaires. Il y aurait de l'orgueil à soutenir le contraire, et n'oublions pas que l'orgueil est souvent puni par la chute. Mais enfin est-ce rêver l'impossible que d'espérer qu'un jour nul membre de la grande famille humaine n'aura besoin des lumières d'autrui pour lire dans sa propre conscience ses droits et ses devoirs ? Morale *scientifique*, morale *populaire*, telle est la tâche de la philosophie. Tâche double dans ses résultats, unique dans son principe. Car le meilleur moyen de mettre la morale à la portée de tous, c'est d'en placer le foyer dans le cœur humain. Cette œuvre faite, la philosophie aura payé sa dette à l'Humanité. Jusque-là, elle méritera l'indifférence du peuple et les critiques de l'école théologique. Car elle n'aura travaillé que pour une aristocratie qui ne lui sait pas toujours gré de ses efforts, et qui oublie vite ses leçons, dans les distractions et les plaisirs de cette vie molle et facile, où les caractères s'énervent, où les cœurs se corrompent.

Quand les sociétés modernes entrent en pleine démocratie, le moment n'est-il pas venu de mettre la vérité morale à la portée de tous, de la faire descendre sous sa forme propre, dans l'école primaire pour les enfants, dans les bibliothèques populaires pour tous les citoyens de nos sociétés démocratiques, d'en faire le sujet des instructions, des enseignements, des manuels, des livres adressés à tous, sans distinction de classe, de condition, de profession ? Alors la morale, passant de l'école dans le peuple, deviendrait une véritable institution sociale, comme la religion et le droit, sans même que le concours de l'État fût nécessaire. Et nous ne verrions plus nos historiens demander ironiquement à la psychologie ses états de service, et à quel titre elle prétend figurer dans le grand tableau de la civilisation générale. Jusque-là, ses services seront de ceux qui ne frappent point les yeux de la foule, et ses droits à l'estime des politiques ne pourront être compris que des esprits délicats et méditatifs, toujours peu nombreux, qui s'étudient à rechercher comment les idées et les théories de la conscience scientifique passent dans la conscience générale de l'Humanité sous la forme sociale des dogmes, des mœurs, des lois et des arts. Le xviiie siècle avait cette grande et juste ambition. Le catéchisme de saint Lambert, la morale d'Helvétius, les banales déclamations en faveur de la Nature et de l'Humanité, couronnées par le culte de la *déesse Raison*, ont fait prendre en pitié les vœux et les efforts de la philosophie encyclopédiste. Ce n'était que justice. Mais, ne confondons pas avec ces pauvres doctrines et ces grotesques applications, les fécondes idées et les généreuses espérances qui ont eu pour interprètes des écrivains comme Rousseau, et des philosophes comme Kant. Il ne s'agit pas de dresser des statues sur nos places, et d'instituer des fêtes publiques en l'honneur de la raison, de la justice, de la liberté, de l'humanité ; mais de faire prendre racine aux principes de la morale dans le cœur du peuple, par une éducation psychologique simple et forte tout à la fois, qui saisisse graduellement l'enfance, la jeunesse et la virilité. N'est-il pas étrange que la science de l'homme reste une science d'école, tandis que l'astronomie, la physique, la chimie, l'histoire naturelle tendent à devenir des sciences populaires !

II

MORALE PSYCHOLOGIQUE.

Le Devoir, par Jules Simon.

Un sophiste s'avisant de nier le mouvement, un philosophe se mit à marcher pour le lui démontrer. Pendant que l'école théologique s'évertue à prouver l'impuissance de la raison humaine, en tout ce qui touche aux vérités morales, un des nôtres, un écrivain qui honore la philosophie contemporaine par son caractère, non moins que par son talent, M. Jules Simon, a fait un beau livre de morale, où, sans descendre jusqu'aux détails de la casuistique, il ne laisse aucune question essentielle sans solution et sans démonstration.

Ce livre, qui date de 1854, a déjà eu de nombreuses éditions. C'est un grand succès que le talent de l'auteur suffirait à expliquer. Tout en leur conservant la rigueur, la précision, la solidité qui font le mérite d'une œuvre philosophique, M. Simon excelle à répandre sur les analyses et les démonstrations de la science cette clarté, cette vivacité de tour, cette élégance de diction, cette grâce, cette éloquence qui leur donnent l'intérêt et le charme d'une œuvre littéraire. Mais le succès du livre tient encore à une autre cause sur laquelle nous appelons l'attention de nos lecteurs. Un livre sur le devoir, qui devient populaire, n'est-ce pas tout à la fois un heureux symptôme du présent, et de bon augure pour l'avenir? La vérité morale est assurément le premier remède dont cette société profondément malade ait besoin. Si la morale n'a point été oubliée dans cette immense et merveilleux travail qui, depuis vingt-cinq ans, a pour but la solution des grandes questions sociales, il est certain qu'elle n'y a pas eu la place qui lui convient. Et pourtant, le sentiment moral est le grand ressort de toute société vivante, le moteur de toute révolution sérieuse, l'âme de toute vraie civilisation, le parfum, pour parler le langage de Bacon, qui purifie la science et l'empêche de se corrompre au contact dangereux des intérêts et des passions. Avec ce sentiment, les grandes réformes sont faciles et toujours heureuses; sans lui, tout devient difficile et dangereux. Par exemple, on a beaucoup écrit, beaucoup discuté depuis quelques années sur les divers modes d'association; et chaque école s'est ingéniée à trouver la solution du problème dans telle combinaison des rouages de la machine, dans telle organisation des intérêts associés, laissant croire en quelque sorte que hors de là il n'y a point de salut. Nous sommes loin de contester l'importance de ces recherches et de ces systèmes. Il y a longtemps que nos sympathies sont acquises à ces nobles réformateurs qu'aucun revers n'a découragés, qu'aucune calomnie n'a troublés dans leur ardente et infatigable poursuite du bien. Mais n'est-il pas évident que le succès de tels plans dépend encore plus de la composition que de l'organisation des éléments associés? Où le sentiment moral domine, quelle société n'est pas sûre de prospérer? Quelle, au contraire, peut espérer de fleurir là où manque ce souffle vital. Pour l'œuvre d'avenir, les systèmes, les idées, la science surabondent. Ce qu'il faut lui préparer maintenant, ce sont des âmes, des caractères, des dévouements.

Nous nous réjouissons que l'appel fait par M. Simon en termes si éloquents ait été entendu. Son livre eût pu réveiller le sens moral dans une société endormie et fatiguée; il l'a trouvé dans la nôtre plus éveillé peut-être qu'on ne s'y serait attendu, et tout prêt à applaudir à ses mâles et sévères leçons. Tous ces beaux chapitres sur la liberté, sur les passions, sur le devoir, ont été lus et relus avec avidité, et d'autant plus goûtés, j'ose le dire, que l'auteur y proteste avec plus d'énergie contre la doctrine des intérêts, contre la religion des faits accomplis, contre la réhabilitation des passions dangereuses. Il y a dans la foule beaucoup d'âmes vulgaires qui aiment le bruit et l'effet, et tout ce qui a l'apparence de la grandeur, qui tiennent, par tempérament, pour la *grande politique* contre la *petite* morale. Qu'elles écoutent ces paroles sur l'ambition. « L'ambition poussée un peu loin est d'autant plus haïssable qu'elle est, de tous les vices, celui qui nous déprave le plus. Il est de son essence d'idéaliser son but, de l'identifier avec le bien, de haïr ceux qui s'opposent à sa marche, de les condamner avec une sorte de bonne foi, de les écraser sans pitié, de les tromper sans pudeur, de violer les lois et la morale en les attestant, et de tout sacrifier, jusqu'à la probité et à l'honneur, pour se rassasier de vanités, de puissance et de richesses. C'est pour elle qu'a été faite cette maxime détestable : « la grande » morale est l'ennemie de la petite, » ou celle-ci, qui revient au même : « la fin justifie les moyens, » ou « la théorie du succès, qui, prenant une cause pour la justifier dès qu'elle est triomphante, absout le crime, en dépit de Dieu et de la conscience, par la seule énormité de ses bénéfices. »

Qu'elle entende aussi cet accablant arrêt prononcé contre les Philintes de nos jours, qui feraient mieux de nier simplement le droit que de le trahir, et « qui érigent en théorie le droit de violer le droit, pour sauver un intérêt? Un petit droit, disent-ils, pour un grand intérêt! Il y a, en effet, de grands et de petits intérêts, mais il n'y a point de petit droit. L'inviolabilité est le signe du droit. Vous reconnaîtrez un sophiste à ce signe, qu'il parle d'accommodement avec le droit. Eh quoi! nous n'admettons même pas qu'il y en ait avec l'honneur, et nous en souffririons avec la morale ! » Et ceci ne va-t-il pas droit à la même adresse. « Le secret de rendre un peuple invincible, c'est de lui faire aimer les mœurs, les lois, la langue et le sol du pays, et non de l'accoutumer à l'odeur de la poudre. Les montagnards suisses qui battirent Charles le Téméraire valaient mieux, comme hommes et même comme soldats, que les plus hardis condottières de l'Europe. » Enfin, quoi de plus vrai que cette spirituelle esquisse de l'éducation de notre temps? « A peine nés, on les dresse au rôle de machine. On leur donne le plus souvent une éducation toute mécanique, qui exerce tout au plus leur mémoire. On ne leur rend pas raison des choses; on ne leur parle que du fait. « Cela » est ainsi, cela se fait ainsi ; tel est le procédé ou telle est la » coutume. » Leurs précepteurs n'ont pas d'autre langage avec eux. Les enfants stylés de la sorte répètent ou copient, et ne pensent pas. Si, parmi les études du premier âge, il s'en glisse quelqu'une qui commande de la réflexion, elle est bien vite suspecte aux gens sages. Leur élève entre dans le monde avec une mémoire chargée et un jugement hébété. Il s'habille comme tout le monde, salue comme tout le monde, et remplit comme tout le monde ce qu'on appelle, avec une certaine bonhomie, les devoirs de la société. S'il est riche, si c'est un beau fils, il se jette dans les passions à la mode; il a des maîtresses, il fait courir. S'il est pauvre, ou s'il appartient à une famille un peu niaise, on lui inculque ce grand, merveilleux et solide principe, qu'il faut s'enrichir. » Arrêtons-nous ici ; car il faudrait tout citer. Fines analyses, portraits piquants, réflexions sévères, protestations éloquentes, rien ne manque à ce livre pour en faire une leçon du temps, aussi bien qu'un enseignement de tous les siècles.

Nous ne ferons pas l'analyse d'un livre de morale dont le prix est sans doute dans la solidité et la pureté des doctrines, mais dont le charme est surtout dans l'expression. Nous admettons, sans réserve aucune, les idées développées dans la partie qui termine l'ouvrage, et peut en être considérée comme la conclusion ; nous partageons sur ce point le sentiment de sympathie et d'estime dont le public a salué l'apparition d'un beau livre de morale, dans un moment où notre société, indifférente ou sceptique, a grand besoin d'un pareil enseignement. Nous applaudissons également à la forte analyse, à la vive et éloquente discussion, où l'auteur expose les faits et réfute les objections, dans la capitale question de la liberté par laquelle débute son livre. Tout au plus pourrions-nous rechercher si, dans son analyse, il a assez insisté sur la distinction de la volonté et de la liberté; de la volonté, force active, variable, susceptible de degrés; de la liberté, qui n'en est qu'un attribut essentiel, absolu et abstrait. On ne peut tout dire en un volume sur un sujet aussi vaste. Quant à expliquer telle ou telle lacune, comme le fait modestement l'auteur, en faisant observer dans sa préface que son livre ne s'adresse point aux savants, nous sommes d'un avis différent. Il est vrai que ce livre est de nature à plaire à tous, j'entends à tous ceux qui sont capables de comprendre une autre règle d'action que le plaisir ou l'intérêt; mais il est vrai aussi que les savants y trouvent de quoi satisfaire leur goût de l'analyse et de la démonstration.

Le chapitre des passions est un de ceux où le talent du moraliste observateur s'est le mieux montré. L'auteur y voit l'homme au vrai, et le peint avec cette sensibilité vive et charmante qui lui est naturelle. Cette étude n'est pas simplement l'analyse d'un psychologue qui n'a regardé qu'au dedans de lui-même; c'est encore le jugement d'un homme du monde qui a vécu avec les hommes, et connaît le fort et le faible de la nature humaine. Tout ce qui tient à la partie expérimentale et descriptive de son sujet est touché de main de maître, et ce chapitre est une page nouvelle à ajouter au grand livre des moralistes de l'antiquité et des temps modernes. Si nous avions une réserve à faire, ce serait sur le principe du phénomène si bien observé et si bien décrit par l'auteur. « Comme le plaisir et la douleur engendrent l'amour et la haine, l'amour et la haine à leur tour produisent le désir et l'aversion. Quand je me sens heureux, il est naturel que j'aime la cause de mon bonheur; et du moment que je l'aime, il est naturel que je désire la posséder ou me rapprocher d'elle. De même le sentiment de la douleur m'inspire de la malveillance pour la cause qui l'a produite, et me porte aisément à la repousser loin de moi. Plaisir, amour, désir; douleur, haine, aversion, telle est la génération des phénomènes de la sensibilité, ou des passions (1). »

Voilà donc la passion réduite à un phénomène de la sensibilité, et toutes les passions, même celles qui ont les objets les plus élevés et les moins sensibles, expliquées par le simple fait du plaisir ou de la douleur. Cette théorie, à laquelle l'auteur a donné les développements les plus intéressants et les plus instructifs d'ailleurs, ne lui est pas propre; c'est la doctrine de Platon, d'Aristote, de Plotin, de saint Augustin, de Descartes, de Malebranche, aussi bien que de Condillac et d'Helvétius. Jouffroy lui-même en avait

(1) *Le devoir*, 2ᵉ part., p. 114, 1ʳᵉ édit.

admis et démontré le principe, au début de ses recherches psychologiques; et personne n'a oublié l'admirable description qu'il a faite des divers phénomènes de la passion (1). Puisque l'école spiritualiste et l'école sensualiste se rencontrent en ce point, il semble au premier abord que ce soit une vérité d'observation définitivement acquise à la science. M. Simon est donc resté fidèle à la grande tradition; et dans la thèse qu'il a développée, il peut se prévaloir des plus hautes autorités de la philosophie. Et pourtant il nous semble que la nature humaine résiste à ces autorités, ainsi qu'aux séduisantes inductions de l'auteur du livre du *Devoir*. Que le phénomène de la sensibilité, plaisir ou douleur, soit l'origine du développement de la passion, quel qu'en soit l'objet, il n'y a nul doute à cela. Mais qu'il en soit également le principe, c'est ce que nous ne pouvons admettre. Il en est des passions comme des idées; elles ont leur principe inné dans l'âme, comme les idées ont leur principe inné dans l'intelligence. L'âme qui désire ou repousse, qui aime ou haït, n'est pas plus que l'intelligence qui pense, une *table rase*, où la sensation viendrait graver successivement tous les traits de notre nature aimante et passionnée. Cette explication peut être vraie pour les petites passions et les affections passagères qui ne se prennent un tel jour à un certain objet que pour le délaisser le lendemain. Et encore, si l'on y regardait bien, peut-être trouverait-on qu'elles se rattachent à un principe de notre nature, supérieur et antérieur à la sensation. Mais, en tout cas, les grandes pas-

---

(1) *Premiers mélanges philosophiques. Passions.*

sions et les affections durables, l'amour de soi, l'amour des hommes, l'amour de Dieu, l'amour des honneurs et de la gloire, l'amour du vrai, du juste et du beau, les sentiments qu'on réunit sous le nom d'affections de famille, et tant d'autres qu'il serait trop long d'énumérer, ne se prêtent pas à une pareille réduction. C'est ce qu'une observation impartiale a fait comprendre aux psychologues de l'école écossaise, Adam Smith, Reid, Dugald-Stewart. C'est ce qu'une analyse plus profonde et plus exacte a fini par faire reconnaître à Jouffroy. Réduire ainsi la nature humaine à la pure sensibilité, dans cette question des affections et des passions, c'est, à notre sens, commettre la même erreur que de ramener toutes nos idées et nos facultés intellectuelles à la sensation.

L'*innéité* des principes de l'âme, quelque nom qu'on leur donne, inclinations, penchants, instincts, n'est pas moins évidente que l'*innéité* des principes de l'intelligence qu'on nomme entendement et raison. Ces principes préexistent au développement des phénomènes de la sensibilité ; ils sont le fond de notre être passionné, comme les facultés dont on vient de parler sont le fond de notre être intelligent. La sensibilité les fait se produire, mais ne les engendre point, pas plus que la sensation, condition et origine nécessaire du développement de nos facultés intellectuelles, n'en peut être considérée comme le principe générateur. Le plaisir qu'une mère éprouve à la première vue de son enfant nouveau-né n'engendre pas l'affection à laquelle la langue vulgaire donne le nom d'instinct maternel ; c'est au contraire cette affection qui explique le sentiment ineffable qu'elle éprouve. L'amour des hommes ne s'engendre point, dans une âme sympathique et bienveillante, à la suite du plaisir qu'éveille en elle la première société venue, ou même telle société choisie; ce fait, aussi bien que le sentiment qui l'accompagne, est l'occasion, non la cause du développement de l'affection qu'on nomme sympathie ou bienveillance. L'amour de Dieu, l'amour du beau, du vrai, du bien n'a pour principe véritable ni la nature de l'objet auquel il s'attache, ni la nature du sentiment que fait naître la contemplation de cet objet. Tous ces amours ont leur racine au fond de la nature humaine, indépendamment des circonstances, des études et des objets qui peuvent contribuer ou nuire au développement de ces passions saintes ou sublimes. Il en est de même des passions basses, et des affections égoïstes ou malveillantes : c'est dans la nature de l'homme qu'il faut en chercher le principe, et non dans tel ou tel accident extérieur de la sensibilité. Sans la présence de l'objet, sans le phénomène ou la série de phénomènes sensitifs qui se produisent à la suite, il est certain que telle inclination, tel penchant, tel principe d'affection, de sympathie ne se manifesterait pas. Combien de principes semblables restent sans développement, combien de besoins restent sans satisfaction dans certaines âmes, faute d'un objet? Ce fait, par parenthèse, d'observation vulgaire, est décisif contre la thèse de Descartes et de Condillac; il suffirait, à lui tout seul, à démontrer l'innéité de nos penchants, de nos inclinations, de nos affections, sinon de nos passions.

Nous disons de nos affections, sinon de nos passions, parce qu'il y a ici une distinction importante à faire. De ce que la passion a pour véritable principe un penchant, une affection primitive, il ne s'ensuit pas que la sensibilité n'y ait pas sa part, et n'y joue pas son rôle. C'est abuser des mots que de confondre le penchant proprement dit, phénomène pur de toute immixtion de la sensation à laquelle il préexiste, avec la passion, phénomène complexe où la sensibilité se mêle à l'instinct de la nature primitive, pour le fixer, le développer, l'exalter, lui imprimer enfin tous les caractères de la passion proprement dite; aussi sommes-nous loin de nier l'influence de la sensibilité sur le développement des tendances primitives de notre nature. Non-seulement il est des affections qui, de même que certains organes, s'atrophient, faute d'aliment; mais encore, pour celles qui se développent, la nature des objets qui y répondent, le concours de la sensibilité et de l'imagination qui interviennent à la suite, contribuent à produire des différences et des inégalités que la *nature* n'explique point. C'est le côté vrai de la doctrine de Platon, de Descartes, de Condillac, de M. Simon, et de tous les moralistes qui ont étudié le rôle de la sensibilité dans le développement des passions. Mais ce qui reste pour nous une vérité capitale et d'incontestable expérience, c'est l'innéité des principes de nos passions. Les moralistes et les philosophes eux-mêmes qui ont, en théorie, confondu le principe avec l'origine, ne font aucune difficulté de reconnaître, avec l'opinion commune, que nos passions tiennent avant tout à notre nature, qu'il y a des natures égoïstes, basses, grossières, malveillantes, comme il y a des natures sympathiques, nobles, délicates, généreuses, enthousiastes; en un mot, pour nous servir du langage de Platon, des natures d'or, d'argent, d'airain (il eût pu dire aussi d'argile) qui sont le fond solide et durable sur lequel la sensibilité, l'imagination, l'éducation, la rencontre des objets, les accidents de la vie extérieure concourent à développer ces tendances primitives qui, en se fixant, deviennent alors de véritables *passions*. Si nous substituons un mot à un autre, l'*origine* au *principe*, dans la théorie que nous venons d'examiner, elle devient d'une exacte vérité; comme la théorie de Locke, de Condillac et de toute l'école de la sensation, devient irréprochable avec le correctif de Leibniz : *nihil est in intellectu, quod non fuerit prius in sensu, nisi intellectus*. Donc, malgré les grandes autorités citées plus haut, auxquelles s'ajoute la belle analyse de M. Simon, nous restons fidèle en cela à l'école écossaise et à Jouffroy (1).

Un simple moraliste se borne à ces questions d'observation et de pure analyse sur la liberté, les passions et le devoir. Quand il a démontré la liberté, établi les vrais caractères de la loi du devoir, en opposition aux caractères de la règle de l'intérêt ou du plaisir, enfin décrit les passions dans leurs différentes phases, sous leurs formes diverses de développement, il a fait à peu près toute son œuvre. Mais le philosophe n'en reste pas là. Quel est le principe du devoir, et où le chercher ? Voilà deux problèmes que la morale proprement dite, la morale pratique peut négli-

(1) M. Garnier, qui vient d'être enlevé aux études psychologiques pour lesquelles il a tant fait, s'est montré, en ce point, comme sur beaucoup d'autres, le fidèle et intelligent continuateur des Écossais et de Jouffroy.

ger, mais que la philosophie morale ne peut omettre. M. Simon l'a bien compris, et même dans un livre qui a surtout pour but de rendre la morale populaire, il a franchement abordé cette double difficulté.

Quel est le principe du devoir? L'idée de justice, répond M. Simon. Entendu dans le sens ordinaire, ce mot pourrait prêter à objection, en ce qu'il ne comprend que les devoirs de la morale sociale, et laisse en dehors tout l'ordre des devoirs qui composent ce qu'on appelle la morale individuelle. Mais l'auteur est un moraliste de la famille de Platon, et entend le mot justice dans un sens métaphysique qui lui permet d'embrasser toutes les parties de la morale. Bien qu'il ne s'explique pas sur ce point, sa pensée n'est pas douteuse pour qui le suit dans les hautes régions où il va chercher le principe de la justice. Qu'est-ce que la justice? Ce n'est point assez dire qu'elle est une loi absolue, immuable, universelle, antérieure et supérieure à toutes les lois écrites, une loi essentiellement obligatoire, et qui n'a pas à compter avec nos convenances, nos intérêts ou nos plaisirs. Toute conscience humaine sait cela, par cela même qu'elle a le sens moral. Mais quelle est cette loi? quelle en est l'idée, la définition, la formule? Pour Platon, l'idée de la justice se résout dans l'idée de l'ordre. Toute chose lui apparaît sous cet aspect, et la justice n'a pas d'autre mesure. Il voit partout l'ordre réel ou possible, dans le Monde, dans l'âme humaine, comme dans la cité. Et partout l'ordre se compose d'éléments analogues, et tient aux mêmes conditions. Que chaque principe conserve sa fonction propre dans le système où il figure, la *force* dans la Nature, la *faculté* ou l'*organe* dans l'homme, la *classe* dans la cité, l'ordre règne, avec l'harmonie et l'unité qui en sont inséparables. Voilà la justice dans le Monde, dans l'âme et dans la cité. Cette théorie se retrouve partout dans les dialogues, mais nulle part avec autant de développement que dans la *République*.

M. Simon, qui a recherché avec tant de soin les applications de la loi morale, se préoccupe moins d'en préciser la notion que d'en démontrer le principe, c'est-à-dire le type réel et substantiel. Fidèle à la méthode de Platon, de saint Augustin, de Malebranche, de Bossuet, de Fénelon, de tous les philosophes qui ont gardé la tradition platonicienne, il conclut, après une certaine analyse des idées de la raison, que l'idée de la justice, comme toutes les autres idées rationnelles, comme tous les *intelligibles*, dirait-il volontiers avec Platon, a son principe et sa substance en Dieu. Dieu est la Justice, comme il est la Sainteté, comme il est la Sagesse, comme il est la Beauté, comme il est la Vérité, comme il est toute perfection ; ou plutôt il est la Perfection absolue, qui comprend toutes les perfections relatives aux diverses catégories de la pensée ; il est le grand Idéal de la Nature et de l'Humanité.

Voici sa démonstration. La justice ne peut être qu'un rapport, une substance, ou un attribut. « Admettre que la justice soit par elle-même une substance, c'est admettre qu'il existe dans la nature des choses un être distinct, séparé, concret, qui s'appelle la Justice : hypothèse évidemment absurde, soutenue par quelques écoles réalistes, mais qui ne supporte pas l'examen, et que le bon sens ne saurait avouer. Il est également impossible de considérer la justice comme un rapport. Qu'est-ce qu'un rapport? Un résultat, un fait. Ce qui n'est qu'un rapport pourrait ne pas être. Il s'en faut bien que la justice ne soit qu'un rapport entre les choses, puisque si les choses n'étaient pas, la justice subsisterait... Il s'en suit qu'elle est un attribut. Attribut de qui ? D'un être nécessaire, puisqu'elle est nécessaire; et puisqu'elle est éternelle, d'un être éternel. Elle est donc un attribut de la substance divine. En d'autres termes, Dieu est la substance de la justice (1). »

Mais il reste un problème à résoudre, plus important, plus difficile que tous les autres. Il ne suffit pas de savoir « que la justice repose en Dieu, comme dans sa substance éternelle, ainsi que le dit M. Simon, et qu'on ne peut sans contradiction aimer Dieu et forfaire à son devoir (2) ». L'idée de justice est-elle assez claire et assez précise par elle-même pour que tout homme, ayant une conscience, puisse reconnaître à cette seule lumière ce qu'il lui faut faire et ce qu'il lui faut éviter, dans toutes les complications de sa vie individuelle et sociale, privée et publique? En un mot, la justice est-elle une idée simple, ou une idée complexe dont la formule générale doive être demandée à une science, à une doctrine, et non simplement à la conscience naturelle de chacun? L'histoire des doctrines morales répond à cette question. Si simple et si accessible à tous que soit la morale, il est évident qu'elle est affaire

---

(1) *Le devoir*, 3ᵉ part., chap. 2, p. 326.
(2) *Ibid.*, 3ᵉ part., chap. 3, p. 330.

de science, et non de conscience seulement. On ne peut donc éviter les systèmes, pour peu qu'on veuille arriver à une formule précise du devoir. Selon M. Simon, toutes les méthodes appliquées par les philosophes et les moralistes à la solution du problème peuvent être ramenées à quatre principales.

La méthode théologique est celle qui consiste à chercher la formule de la justice dans la seule contemplation de Dieu ; soit qu'on fasse entièrement dépendre la justice de la volonté de Dieu, comme font certains théologiens; soit qu'on l'identifie avec la nature même de Dieu, comme font d'autres théologiens plus raisonnables ; soit qu'on identifie la nature humaine elle-même avec la nature divine, ainsi que font les mystiques. La première doctrine ne soutient pas l'examen. « Nous n'avons pas à nous occuper des écoles qui font dépendre la morale de la volonté indifférente de Dieu ; une telle doctrine ne se discute pas. Sous prétexte d'exalter la liberté et la puissance de Dieu, elle détruit radicalement sa perfection.... Disons avec une pleine assurance que les vérités premières, et parmi elles, les vérités morales, dépendent de la nature de Dieu, et non de sa volonté indifférente. Dieu est le bien, il veut le bien, et il aime le bien (1). »

Quant à chercher la formule de la loi morale dans la nature même de Dieu, les partisans de la méthode théologique « ont raison en principe, et on ne peut se dissimuler que Dieu étant la justice par essence, c'est en Dieu seul

---

(1) *Le devoir*, 3ᵉ part., chap., 3, p. 352.

qu'il faudrait étudier la justice, si cette entreprise ne dépassait pas les forces de l'humanité. Mais il faut bien, en tout, tenir compte du possible, et le dogme de l'incompréhensibilité divine met un éternel obstacle à ce que nous puissions tirer l'explication des lois morales de la contemplation de la nature de Dieu (2). » Ce n'est pas que M. Simon regarde cette incompréhensibilité comme absolue. La raison humaine ne sait pas seulement de Dieu qu'il est, et qu'il est l'Être parfait; elle compte encore un certain nombre de perfections qu'elle peut lui attribuer, sans tomber dans les mystères de son insondable nature. Mais qui a suggéré à la raison humaine l'idée première de ces perfections? Est-ce la contemplation directe de Dieu? ou n'est-ce pas plutôt l'observation des choses de l'âme et de la Nature, qui en nous faisant connaître telles facultés de l'une, et telles propriétés de l'autre, nous a permis d'ajouter à la nature divine, impénétrable en elle-même, telles perfections correspondantes à ces facultés et à ces propriétés? C'est évidemment cette seconde méthode qui est la vraie. D'où il suit que la méthode théologique proprement dite, livrée à ses seuls procédés de méditation et de contemplation solitaire, est stérile, quant à l'objet de notre recherche.

Restent les mystiques. « Chose étrange! les mystiques n'ont pas de dogme qui leur soit plus cher que le dogme de l'incompréhensibilité divine; et cependant ils vont chercher en Dieu toute leur morale. C'est que, tout en avouant ce dogme, ils prétendent lire directement dans les perfec-

---

(1) *Le devoir*, 3ᵉ part., chap. 2, p. 354.

tions de Dieu, grâce à la doctrine de la communion ou de l'identification. C'est parce qu'ils croient, dans de courts instants d'enthousiasme, échapper à la condition humaine, et avoir conscience de la perfection absolue, en s'abîmant dans le sein de Dieu, qu'ils dédaignent tant la raison, et se proclament possesseurs de vérités et de principes qui mettent à néant les vérités et les principes rationnels. Mais la personnalité humaine ne se perd ni dans ce monde, ni dans l'autre. En ce monde, tout ce que nous voyons de Dieu se réduit à ce qu'il nous communique de lui-même dans la raison; après cette vie, tout ce que nous pouvons espérer, c'est de le contempler face à face. Ce que l'orgueil persuade aux panthéistes sur la possibilité d'une union plus intime, l'amour le persuade aux mystiques; mais, orgueil ou amour, c'est une égale folie. Il faut donc le reconnaître, ce n'est pas à l'incompréhensible perfection de Dieu qu'il faut demander le secret de la vie morale. »

La méthode que l'on pourrait appeler cosmologique, parce qu'elle embrasse le Cosmos dans ses spéculations ambitieuses, consiste à chercher la formule de la justice dans la conception de l'ordre universel, tel que peut nous le révéler la philosophie des sciences. A mesure que nous comprenons mieux le Monde, nous voyons que toute loi dépend des autres lois, et leur est analogue. Tout se tient, tout conspire, et tout se ressemble. La loi qui règle les accroissements d'un brin d'herbe, est faite sur le même patron que la loi qui régit les mouvements du système solaire. La loi de tout être vivant est la loi de l'ensemble des êtres vivants. L'homme se mettra à sa place, si seulement il sait imiter la nature. Car la loi de l'homme doit être analogue aux autres lois. *Sequere naturam*, disaient les stoïciens, parce que la nature, c'est la raison elle-même, la Raison universelle qui est à la fois la loi et l'âme du Monde. Cette méthode paraît à M. Simon la plus mauvaise de toutes pour conduire l'homme à la connaissance de sa destinée et de sa loi propre. D'abord, en supposant que la science arrivât à trouver la formule de l'Ordre universel, comment l'homme pourrait-il chercher le secret de sa destinée dans la Nature dont il diffère si profondément. Entre le monde inorganique et le monde des êtres organisés, il y a un abîme que nulle mécanique et nulle chimie ne pourront jamais combler. Entre le monde de la vie et le monde de l'esprit, la différence n'est guère moins grande. Si les lois de la vie sont tout autres que celles de la matière, les lois de la pensée ne diffèrent pas moins des lois de la vie. Cette diversité profonde et radicale n'empêchent ni l'harmonie ni l'unité de la vie universelle. Mais plus la science avance, et plus elle rencontre la différence dans l'harmonie, et la variété dans l'unité. C'est donc abuser des considérations générales tirées de l'ordre universel, et de la grandeur simple du plan de la Nature, que d'en déduire une analogie imaginaire qui permettrait de soumettre à la même mesure, à la même règle, à la même loi tous les règnes de la Nature, et particulièrement le règne de l'homme qui est le règne de *l'esprit*. « Et quand il serait vrai, dit M. Simon, que la loi de l'humanité pût être légitimement conclue de la loi générale du Monde, connaissons-nous donc si aisément et si sûrement la loi du Monde, pour y recourir dans nos difficultés? Où est le système du Monde, évident et incontestable, qui doit servir de base et de modèle à notre morale? A qui le demanderons-nous? A la métaphysique? à la physique? à la chimie? à la géologie? à l'histoire naturelle? Il faudra le demander à toutes les sciences ensemble; et ce ne sera pas trop, pour construire le système, d'un homme qui aura poussé toutes les sciences jusqu'à leurs dernières limites, et dont l'esprit sera assez vaste pour en embrasser tous les rapports. Quoi! c'est ce peu que l'on demande! La science humaine, en effet, est bien près de former ce tout magnifique! Hélas! ce qu'il y a de positif dans la science, ce sont les sciences; et tout le reste n'est encore qu'hypothèse.... Non, ce n'est pas dans ce livre, dont les premières pages sont à peine déchiffrées, que Dieu a écrit le secret de la destinée humaine. Il n'y a guère que l'homme qui puisse nous éclairer sur l'homme. Les animaux, les pierres et les plantes ne veulent rien nous dire sur nos destinées. Assurément le spectacle du Monde peut nous servir de leçon; mais il ne peut nous servir de règle. L'homme ne peut se comparer; il est trop peu pour regarder vers Dieu; il est trop grand pour se courber vers la terre (1). »

La méthode historique consiste à calquer la loi de notre développement individuel sur les lois mêmes du développement de l'Humanité. L'histoire, au dire de ses partisans, est la psychologie en grand. Non-seulement on y retrouve la nature humaine tout entière; mais on l'y voit dans toutes

(1) *Le devoir*, 3ᵉ part., chap. 3, p. 363.

les situations où elle peut être placée, depuis l'extrême barbarie jusqu'à l'extrême civilisation : c'est l'expérience complète. Le psychologue, qui étudie l'homme en soi-même (et il ne peut guère l'étudier que là), risque de ne recueillir de son observation qu'une science individuelle, une véritable monographie, quelque soin qu'il mette à faire abstraction des accidents et des particularités de sa nature pour n'en considérer que le côté général et le fond immuable. C'est la méthode qui obtient faveur aujourd'hui, grâce à l'engouement universel pour les études historiques. Et comme l'esprit de notre siècle tend à ramener toute science à l'histoire, une méthode qui y cherche la morale et la psychologie ne pouvait manquer de partisans.

M. Simon ne croit pas que l'histoire puisse fournir la formule de la loi morale, tout en reconnaissant qu'elle nous offre un précieux enseignement, surtout s'il est tracé par la plume d'un historien moraliste, tel que Tacite. L'expérience historique atteste ce qui est; la conscience seule révèle ce qui doit être. Or la loi morale n'est pas une simple généralisation des faits, comme les lois physiques; c'est un principe à priori, une vérité nécessaire. Premier vice de la méthode historique. D'ailleurs, que donne l'histoire? un mélange de bien et de mal, de justice, d'égoïsme, d'instinct sympathique, où il est fort difficile, pour ne pas dire impossible, de démêler et de dégager l'intention morale. Comme le dit fort bien M. Simon, il faut connaître d'abord la morale pour être capable de la retrouver dans l'histoire. Et puis, où sera le critère de la moralité des actes humains, avec une pareille méthode, du moment qu'on a fermé le livre de la conscience? Ce ne pourra être que l'approbation de la majorité, ou encore la justification du succès. M. Simon met une complaisance excessive, selon nous, à réfuter ces deux thèses qui ne méritent pas une discussion sérieuse; et nous regretterions les pages consacrées à cet examen, si elles ne contenaient une éloquente protestation contre la doctrine du succès.

Après des méthodes qui ne peuvent soutenir l'examen, et sur lesquelles nous n'avons pas besoin de dire que nous sommes entièrement de l'avis de M. Simon, en voici une que l'auteur reconnaît approcher de la vérité, si elle ne l'atteint : c'est la méthode psychologique. Si celle-ci ne nous fait point trouver la formule de la justice, quelle méthode nous la donnera ? Ce point est donc capital, et nous demandons à M. Simon la permission de l'examiner à fond avec lui. Cette méthode a été pratiquée avec beaucoup de vigueur et le plus grand éclat par une école illustre de l'antiquité, le stoïcisme. Tout en en parlant avec le respect et l'admiration qu'elle mérite, M. Simon ne trouve pas qu'elle ait parfaitement résolu le problème. *Sequere naturam*, obéis à la nature. « Suivre sa nature cela ne veut pas dire : Obéis à tous tes penchants, écoute tous tes désirs, abandonne-toi au courant de la passion. Cela veut dire au contraire : Homme, tu es avant tout une volonté libre; conserve et développe ta liberté, en ne souffrant pas que le plaisir et la douleur deviennent puissants sur ton âme. Suis la nature, cela veut dire, pour les stoïciens : Résiste à tout ce qui n'est pas ta raison et ta volonté. » Admirable, mais incomplète doctrine pour M. Simon, qui finit par ce jugement sévère : « On peut reprocher à cette morale de n'être que la morale de l'orgueil. Le stoïcien ne voit ni Dieu, ni le Monde, ni les hommes; il ne voit que lui. Il traite la prière de superstition, et tous les amours de faiblesse. Attentif à se préserver de toute souillure, il est content, pourvu que sa volonté reste souveraine. Sa vertu est solitaire et inutile; il a beau se décerner à lui-même le titre de sage, il lui manque, pour le mériter, un Dieu et un cœur (1). »

Si la psychologie ancienne, interrogée dans la plus grande école de moralistes qui ait cherché en l'homme la formule de la loi morale, n'a pas donné une solution satisfaisante du problème, la psychologie moderne ne sera-t-elle pas plus heureuse, lorsqu'elle parle par la bouche d'un des plus profonds psychologues de notre temps. M. Jouffroy ne songe pas à interroger l'Auteur de la loi, parce qu'il sait dans quelles étroites limites est renfermée la connaissance que nous avons de Dieu. Mais, puisque Dieu est parfait, et qu'il a fait toutes ses créatures pour une fin, l'homme, le premier être de cette création, a évidemment la sienne. Cette fin est son bien, comme la fin de tout être donné est le bien de cet être, comme la Fin à laquelle concourent toutes les fins particulières est le Bien absolu, l'Ordre universel. Mais comment se découvre la fin de l'homme? par des tendances primitives, permanentes et indestructibles, que M. Jouffroy nomme *penchants*. Le secret de notre destinée est tout entier dans l'observation et l'analyse de ces penchants. Car c'est par là que se révèle

---

(1) *Le devoir*, 3ᵉ part., chap. 3, p. 378.

la nature de l'homme, la vraie nature, d'autant plus vraie qu'on a su la dégager des impressions et des influences extérieures et sociales. Alors la solution du problème moral est trouvée. Telle nature, telle fin, telle loi : de la nature se déduit la fin ; de la fin se déduit la loi. Rien de plus simple.

Mais n'est-ce pas chercher la loi dans un fait, et, par conséquent, ramener la morale à l'empirisme? M. Simon le pense. On a beau dire que c'est la raison qui juge de la légitimité des penchants ; son autorité ne peut changer le caractère du jugement : car ce n'est pas un principe qu'elle pose à priori : c'est un fait qu'elle érige en loi. Or il n'est pas donné à la raison d'opérer cette métamorphose (1). La doctrine a beau être pure dans toutes ses parties ; il y a là un vice originel qui la condamne. « Si l'on pousse à la rigueur la psychologie de l'auteur du *Droit naturel*, on verra qu'elle ne tend à rien moins qu'à amnistier tous nos penchants bons ou mauvais.... L'expérience est si éloignée de nous apprendre la loi, qu'il n'y a pas en morale d'expérience possible pour qui ne connaît pas à l'avance la nature et les caractères du devoir (2). » Ainsi la méthode psychologique elle-même, malgré son incontestable supériorité sur les précédentes, est rejetée par l'auteur comme convaincue d'empirisme.

Quelle est la conclusion définitive du livre sur cette grave question? C'est qu'il faut renoncer à trouver la for-

---

(1) *Le devoir*, 3ᵉ part., chap. 3, p. 381.
(2) *Ibid.*, p. 385.

mule du devoir ailleurs que dans la raison elle-même. Nulle expérience ne peut la donner, ni l'expérience de la Nature, ni l'expérience de la société, ni l'expérience de l'histoire, ni l'expérience intime elle-même. « Il est absurde de vouloir expliquer, par une faculté secondaire, les principes de notre faculté maîtresse, et de demander aux faits la mesure et la théorie du droit. Si donc nous cherchons le développement et la formule de la justice, il faut les chercher dans la justice elle-même et dans les caractères qui lui sont inhérents (1). » Quels sont ces caractères ? L'auteur nous les a déjà décrits ; c'est la nécessité, l'universalité, l'autorité absolue des prescriptions obligatoires de la loi morale. Or, tout cela est écrit dans la conscience des individus, comme dans celle des peuples. Pour les y lire, il n'est besoin ni de théorie métaphysique, ni d'analyse psychologique, ni de science historique, ni d'inspiration mystique.

Cette conclusion est la nôtre, avec une distinction que nous demandons à expliquer. Dans le problème soumis à notre examen, il y a deux choses à noter : 1° la *forme*, 2° la *matière* de la loi morale, pour nous servir du langage de Kant. La *forme*, c'est le caractère ou l'ensemble des caractères sous lesquels la loi morale apparaît à la raison, en opposition aux caractères de toutes les règles qui ont leur origine dans l'expérience. La réunion de ces caractères rationnels est ce qui fait l'essence même de la loi morale, et ce qui l'élève à une hauteur infinie au-dessus des autres règles de conduite tirées de la sensibilité ou de l'intérêt. Le

---

(1) *Le devoir*, 3ᵉ part., chap. 3, p. 385.

premier soin du moraliste doit être de constater l'existence de cette loi, d'en décrire les caractères propres, d'en marquer la différence et le contraste avec toutes les formules qui n'expriment que des règles de prudence ou de convenance. C'est ce que M. Simon, dans son livre du *Devoir*, a fait d'une manière complète et victorieuse. Sous ce rapport, sa théorie du devoir ne laisse rien à désirer, et sa critique des méthodes exposées précédemment est parfaitement fondée. Il a raison contre la théologie, quand elle prétend dériver la justice de la volonté de Dieu; il a raison également contre la métaphysique, quand elle veut tirer la loi morale de l'ordre universel; il a raison enfin contre la psychologie, quand elle entend faire sortir une règle ayant un caractère obligatoire des tendances ou des convenances même essentielles de notre nature.

Mais cela n'est qu'une partie du problème. Tout n'est pas dit, alors qu'on a établi que la justice est obligatoire, universelle, absolue, sans accommodement possible avec nos goûts, nos intérêts, ou nos convenances. Il ne suffit pas au moraliste de dire : Faites ce qui est juste, obéissez à la loi; il faut qu'il ajoute : Voici la justice, voici la loi. La conscience de chacun, dira-t-on peut-être, est là pour décider, dans un cas particulier, à mesure qu'il se présente. Superficielle et mauvaise réponse, selon nous. C'est remettre à la conscience naturelle, que Rousseau appelait un *instinct divin*, la fonction souvent bien difficile et bien délicate de décider comment il faut agir. L'école du sentiment, en tête de laquelle se place Rousseau, n'a pas d'autre formule à prescrire que celle-là. Mais M. Simon n'est pas de ceux qui regardent la morale comme une chose aussi simple. Il croit avec nous que la conscience n'y suffit pas, et que la science est nécessaire pour déterminer, pour définir cette justice dont il a si bien fait ressortir les caractères abstraits et rationnels. Sans cela, le moraliste n'est pas en mesure de donner la formule du devoir, cette formule capitale dont les divers ordres de devoirs ne sont que des applications. C'est là l'objet de la loi morale, objet que Kant appelait la *matière* du devoir, et pour la détermination duquel l'instinct divin de la conscience ne suffit pas. Il y faut la science.

Mais quelle science? Est-ce la théologie? Non. Est-ce la métaphysique? Non. Est-ce l'histoire? Non. Est-ce la cosmologie? Pas d'avantage. La morale n'a rien à voir avec l'idée de l'Infini dans le temps et dans l'espace. Elle n'a rien à voir non plus avec la conception du plan de l'Univers, cette conception fût-elle possible. Si elle a quelque rapport avec la théologie, ce n'est qu'autant que celle-ci emprunte à la science de l'homme certains traits de la nature divine. Et quant à l'histoire, l'expérience qu'elle comporte est trop peu directe et trop grossière pour qu'on puisse en tirer une révélation nette et pure de la justice. Quelle science donc, si ce n'est la psychologie? Quand M. Simon refuse de demander à aucun des faits de la nature humaine, même aux faits permanents et fondamentaux, le principe de cette justice qui doit être la règle de nos actions, il est dans le vrai. C'est dans une région supérieure à la nature humaine, à ses penchants, à ses convenances, aussi bien qu'à ses intérêts qu'il faut chercher ce principe; c'est à l'ordre des vérités rationnelles qu'il faut le demander, soit qu'on remonte jusqu'au Dieu dont ces vérités sont considerées comme les attributs, soit qu'on s'en tienne à l'autorité souveraine de la raison qui les impose à la nature et à l'expérience. Mais l'objet, mais la matière même de la loi, qui peut la donner, sinon l'expérience, et l'expérience de la nature humaine? Ici nous rentrons dans la psychologie.

Telle ou telle erreur des moralistes psychologues ne prouve pas contre la méthode psychologique. L'école stoïcienne a eu grand tort de vouloir éteindre jusqu'au foyer des passions, la sensibilité elle-même, si toutefois elle est allée jusque-là. Elle n'aurait pas eu moins tort, si elle eût isolé le sage de la société de ses semblables, ainsi que paraît le croire M. Simon. Enfin si, comme il le dit, le stoïcisme était une doctrine sans *Dieu et sans cœur*, il mériterait toute la sévérité que notre auteur montre à son égard. Mais la psychologie est parfaitement innocente de ces erreurs et de ces paradoxes. Quant à Dieu, elle n'a pas plus à le nier qu'à l'affirmer, puisque ce n'est pas son objet. Quant au rôle de la sensibilité, des affections et des passions, dans l'économie générale de la vie humaine, c'est pour n'avoir pas été fidèle à l'observation psychologique que le stoïcisme l'a méconnu. Cette école n'a point péché par excès, mais par défaut de psychologie. La raison, la nature que suit le sage stoïcien, n'est pas simplement la raison et la nature propre de l'homme ; c'est la Raison et la Nature universelle, ce vrai Dieu des stoïciens, dont la loi est partout, dans l'homme, de même que dans le plus infime des êtres de l'Univers. Ce n'est donc pas l'autorité qui manque à la formule de la justice stoïcienne, puisque cette formule est empruntée aux plus hautes considérations métaphysiques et cosmologiques ; c'est la justesse, c'est la largeur surtout. Et à quoi tient l'étroitesse du principe, sinon à une vue incomplète de la nature humaine ?

Quant à Jouffroy, M. Simon serait en droit de lui reprocher d'avoir érigé les faits en lois, et justifié tous les penchants de notre nature, si ce profond psychologue eût dit son dernier mot sur la morale. En effet, tout en admettant la légitimité de nos tendances primitives, que Jouffroy a pris tant de peine de distinguer des passions proprement dites, il faut bien reconnaître, avec notre critique, qu'une véritable loi morale ne peut sortir de cette révélation psychologique. Tant qu'il en reste à une simple analyse des faits de la nature humaine, Jouffroy n'est pas en mesure de formuler une loi qui puisse servir de règle de conduite ; il en est réduit à répéter, sous une forme plus précise, et après une analyse plus savante, l'axiome stoïcien : *sequere naturam*. Mais il serait injuste d'imposer à Jouffroy les conséquences d'une doctrine qu'il n'a pas eu le temps d'achever. Au point de vue psychologique, cette doctrine est d'une exacte et profonde vérité. Sans être absolument neuve, puisqu'on la retrouverait chez Aristote, et surtout chez les philosophes écossais, elle a reçu de tels développements, par l'analyse de Jouffroy, qu'elle a acquis tous les caractères scientifiques d'une véritable théorie. Seulement, elle ne suffit pas pour aboutir à une définition de la loi morale. Pourquoi cela ? diront les moralistes de l'école psychologique. Parce que ce n'est pas tout de dire, et même d'établir que nos penchants sont légitimes, en tant qu'ils révèlent notre véritable nature. Cette nature est complexe; et dans cette complexité, il y a lieu de distinguer des faits d'un ordre inférieur, et des faits d'un ordre supérieur. Tant que cette distinction n'a pas été faite, tant que la coordination qui en est la conséquence n'a pas été bien établie, l'anarchie règne dans la science, comme dans la vie; et il est impossible, soit de saisir la loi, soit d'en rédiger la formule, quelque complète et quelque profonde qu'ait été d'ailleurs l'analyse. Jouffroy en est resté là de son œuvre psychologique. Et comme il s'est arrêté aux préliminaires de la morale, il n'a pas eu à chercher le mot de l'énigme dans une synthèse, dont tous les philosophes moralistes, depuis Platon et Aristote jusqu'à Kant et Maine de Biran, ont compris la nécessité, et que Jouffroy était d'autant plus en mesure de formuler qu'elle était mieux préparée par sa savante analyse. Pourquoi faut-il que la mort l'ait arrêté au moment où il allait entrer dans le vif du problème!

Mais si l'on peut défendre du reproche d'empirisme une doctrine qui n'avait pas encore reçu tout son développement, il est plus facile de justifier la méthode psychologique elle-même. Cette synthèse nécessaire à la solution du problème, il est peu de doctrines psychologiques qui ne la contiennent, sous une forme plus ou moins scientifique. Elle est déjà dans la psychologie de Platon, et même dans la vieille philosophie de Pythagore, sous la distinction du principe *sensible* et du principe *intelligible*. Elle se retrouve dans la psychologie chrétienne, sous la distinction de la *chair* et de l'*esprit*, que Pascal reproduit sous la formule encore chrétienne, mais plus mystique de l'*ange* et de la *bête*. Tous ces termes expriment au fond la grande vérité morale, la dualité des deux vies, des deux ordres de faits, sinon des deux êtres qui constituent la nature complexe de l'être humain; tout en ayant l'inconvénient de mêler la spéculation métaphysique ou mystique à l'observation psychologique. Si l'on veut exprimer cette synthèse sous une forme qui soit l'énoncé pur et simple des faits, on pourra dire que la nature de l'homme se résume dans la distinction de la vie *animale* et de la vie *humaine* proprement dite, l'une étant commune à l'homme et à l'animal, et l'autre étant propre à l'homme. La conscience, qui nous instruit de cette distinction, nous révèle en même temps l'infériorité de la vie animale et la supériorité de la vie humaine. Et son témoignage, en ce point, est d'une autorité souveraine qui n'a besoin d'être confirmée ou éclairée par aucune théorie métaphysique. Ce sentiment est si intime, si profond, si universel qu'il résiste à toutes les dépravations et à tous les abrutissements. L'esprit commande à la chair, l'ange à la bête, l'homme à l'animal; et alors le vrai rapport des deux ordres de phénomènes et de facultés se montre dans tout son jour; l'ordre supérieur apparaît comme fin, tandis que l'ordre inférieur apparaît comme moyen. C'est sur ce rapport qu'est fondé l'ordre vrai de la vie humaine, cet ordre que l'analyse est impuissante à nous découvrir, et que la synthèse seulement peut montrer. Tout devient clair alors et facile, dans le problème de la loi morale. La formule générale de nos devoirs et de nos droits, cette formule tant et si vainement cherchée dans la théologie, dans la métaphysique, dans la cosmologie, dans l'histoire, sort tout naturellement de la synthèse psychologique, où les divers faits de la nature humaine se trouvent compris, classés et coordonnés, de façon à ce que la vraie destinée de l'homme s'en dégage. *être libre, reste libre,* a dit une certaine école de moralistes pour laquelle nous avons la plus grande sympathie. Cette noble et virile formule est trop étroite pour comprendre toute la loi morale. Être que Dieu a fait *homme,* dirons-nous, reste *homme.* Ce mot bien expliqué par la psychologie dit tout. Il est plus compréhensif que le mot *liberté*; il est plus précis que le mot *nature.* L'un dit trop, et l'autre ne dit pas assez. La formule que nous venons d'énoncer est la plus simple et la plus claire de toutes, du moment qu'elle vient à la suite de l'analyse et de la synthèse qui l'éclaire.

S'il est vrai qu'il n'y a *rien de vil dans la maison de Jupiter,* comme l'a dit la sagesse antique, il est encore plus évident qu'il n'y a rien de vil dans le petit monde qui s'appelle la nature humaine. Organes, appétits, instincts, penchants, sensations, passions, sentiments, affections, imagination, entendement, raison, volonté, rien n'est à dédaigner, rien n'est à retrancher de ce monde merveilleux où se déploie l'ordre moral avec ses beautés et ses grandeurs incomparables. Donc la destinée de l'homme ici-bas est le développement et le perfectionnement de toutes les facultés, la satisfaction de tous les besoins sérieux de sa nature. Mais comment, dans quelle mesure, dans quelle proportion tout cela doit-il se faire? Là est l'énigme pour une psychologie qui ne s'élève pas jusqu'à la synthèse de la nature humaine; là est l'embarras pour une morale qui ne se fonde que sur une psychologie confuse. Car tous ces besoins, tous ces instincts, tous ces penchants, toutes ces facultés réclament à la fois. Tel besoin presse, tel instinct pousse ; l'appétit commande, pendant que la raison parle, que la passion crie, que la sensibilité pleure ou s'épanouit. Voilà donc une formule anarchique dont il serait impossible de tirer une véritable règle d'action. Quel chaos que la vie humaine, ainsi livrée à l'expansion désordonnée de toutes ses forces naturelles, si la raison ne parvient à l'organiser et à en régler les mouvements. Donc, à la première formule il faut substituer celle-ci : Développer toutes les facultés de notre nature, en subordonnant toujours celles qui ne sont que les moyens et les organes à celles dont la réunion constitue la fin propre de l'homme. Tel est l'ordre vrai de ce petit monde qu'on appelle la vie humaine ; telle en est la fin, telle aussi en est la loi. Cette formule exprime, sous la forme la plus scientifique et la moins contestable, une vérité bien vieille, qui est le principe de la morale entière, et qui en domine toutes les applications. Veut-on chercher ce que c'est que la justice, le devoir, la vertu, c'est dans ce monde qu'il faut regarder, non au-dessus ni au-dessous. La science de l'ordre universel, si l'esprit humain parvenait à la posséder, ne nous apprendrait rien de l'ordre moral, le seul qui intéresse le moraliste. Quant à la science de Dieu, elle ne nous en apprendra jamais que ce que nous en savons déjà par l'expérience intime ; car c'est encore la psychologie que nous retrouvons dans la partie la plus lumineuse de la théologie. Voilà comment nous entendons la solution du problème moral.

C'est ainsi qu'on doit concilier la méthode rationnelle et la méthode expérimentale, si l'on veut aboutir à une solution complète. La raison nous donne, et seule peut nous donner la *forme* de la loi morale, c'est-à-dire tous les caractères de nécessité, d'universalité, d'autorité absolue qui en font l'essence. M. Simon l'a montré avec une force et une éloquence irrésistibles. Mais c'est l'expérience, et l'expérience seule qui nous donne la *matière* de la loi, c'est-à-dire ce qui en est l'objet propre. Sans l'enseignement de la première, il n'y a pas de loi pour la conscience, pas de devoir pour la volonté ; sans l'enseignement de la seconde, il n'y a pas d'application possible de la loi, pas de devoir particulier. Faire ce qui est bien, ce qui est juste, ce qui est honnête : voilà la loi que nous révèle la raison. Mais cela ne suffit pas pour agir. Que puis-je faire, si je ne sais en quoi consiste le bien, la justice, l'honneur ? Ici la science intervient, la science fondée sur l'observation et l'analyse de la nature humaine. Le devoir, c'est de faire ce que commande la loi. La loi, c'est d'être fidèle à ma destinée. Et cette destinée est écrite en caractères décisifs dans ma nature. Il ne s'agit que d'y bien lire. Et qu'on ne vienne pas nous dire que cette loi supérieure à la nature humaine qu'elle gouverne, n'en peut être tirée ; car si c'est l'expérience qui en définit l'objet, c'est la raison qui l'impose comme une règle obligatoire. Quand Montesquieu a dit que les lois sont les rapports nécessaires des choses, il n'a pas cru en infirmer l'autorité, par cela même qu'il les faisait sortir du sein des choses elles-mêmes. Tel est le caractère de toutes les lois, physiques ou morales. Elles sont dans la

Nature et dans l'Humanité ; et elles dominent l'une et l'autre. La loi de l'homme est dans l'homme. La chercher ailleurs, c'est risquer d'égarer la morale dans les abstractions métaphysiques. Voilà pourquoi nous sommes pour la méthode de Jouffroy, sans être contre celle de M. Jules Simon.

III

MORALE PRATIQUE.

(*La morale de Kant*, traduite, exposée et jugée par M. Jules Barni, *critique de la raison pratique, métaphysique des mœurs.*)

La philosophie allemande a eu et aura longtemps encore ses partisans enthousiastes et ses adversaires prévenus. *L'esprit est prompt*, l'esprit français surtout. Il a plutôt fait de juger que de connaître. Il faut pourtant espérer qu'on finira par où l'on eût dû débuter. Mais, quelque jugement qu'on porte sur le mouvement philosophique qui a commencé à Kant et fini à Hégel, il est impossible qu'un esprit sérieux n'y reconnaisse pas tous les caractères d'une mémorable époque de la pensée, fécondité, puissance et grandeur. C'est pourquoi tous les amis de la science attachent un vif intérêt aux publications qui font connaître cette philosophie, en France et en Europe. Les excellentes traductions et les analyses supérieures, publiées dans ces dernières années par MM. Barni, Bénard, Wilm, Véra, etc., ne doivent point nous faire oublier les premiers travaux qui ont inspiré, préparé et aidé des œuvres plus parfaites ou plus complètes. Dans ses esquisses rapides et incomplètes,

M. Barchou de Penhoën semble avoir assez bien saisi l'esprit et la pensée générale des systèmes allemands pour nous en faire admirer la force et la profondeur. D'ailleurs, sa traduction de la *Destination de l'homme* est une œuvre qui restera. Les traductions de M. Tissot, littéralement exactes, au point de sacrifier parfois les exigences de notre langue aux techniques formules de la terminologie kantienne, sont encore aujourd'hui, en partie du moins, les seules à consulter; le principal monument de la philosophie de Kant, la *Critique de la raison pure,* attend toujours un traducteur plus élégant. Il y aurait de l'ingratitude à oublier que tout ce qui a été publié sur la philosophie allemande, pendant plus de dix ans, n'a guère eu que les travaux de M. Tissot pour base.

S'il nous était permis d'avoir une opinion sur la traduction d'ouvrages dont nous ignorons la langue, nous y verrions deux écueils à éviter : la traduction trop libre, et l'expression trop littérale. L'esprit français et l'esprit germanique diffèrent profondément par leurs qualités et par leurs défauts. L'obscurité, la singularité, le néologisme, le défaut de plan et de composition rendent insupportable à l'esprit français la lecture des livres allemands. Il paraît, bien que notre fatuité ne puisse le croire, que nos voisins d'outre-Rhin n'ont qu'une médiocre estime pour notre clarté souvent superficielle, pour notre facilité un peu légère, pour cet admirable talent de composition qui couvre parfois le vide des idées et la pauvreté des lieux communs. Si nous reprochons avec raison aux écrivains allemands de penser et d'écrire pour eux seuls, ils n'ont peut-être pas tort de nous répondre que les écrivains français, philosophes et savants, oublient, quand ils pensent et qu'ils écrivent, la réalité des hommes et des choses, la vérité et la logique, pour l'effet à produire sur le parterre qui les observe et les écoute. Quoi qu'il en soit, il faut bien qu'un traducteur, si pénétré qu'il soit des mérites de son auteur, compte avec les scrupules de l'esprit français, sans y céder outre mesure. Il y a, ce nous semble, ici un juste milieu à tenir. En voulant être trop exacts, nos interprètes courent risque de devenir inintelligibles ; en sacrifiant trop aux délicatesses de l'esprit français, et à ce besoin de clarté à tout prix qui le caractérise, ils doivent craindre d'énerver ou de dénaturer la pensée et l'expression germaniques. Parmi les savants qui se sont voués à cette difficile tâche, nous n'en connaissons pas qui aient su mieux que MM. Bénard et Barni éviter le double écueil de l'obscurité et de l'inexactitude. Leur méthode de traduction a le mérite propre de rendre le texte allemand intelligible, sans lui rien faire perdre de sa force, de sa profondeur et de son originalité. Ce qui le prouve, c'est le succès croissant de leurs travaux en France et en Allemagne. Nos beaux esprits aiment à y retrouver notre langue, et les Allemands leur pensée.

En se couronnant lui-même du titre de *Siècle de la philosophie*, le siècle dernier n'a fait que se rendre justice, si par ce mot l'on entend l'affranchissement complet et absolu de la raison humaine. Descartes avait nettement posé le principe de la grande réforme qui devait fonder tôt ou tard le règne universel de la philosophie ; de plus, il l'avait hardiment appliqué aux sciences proprement dites, à la métaphysique et à la psychologie. Mais il avait fait ses réserves sur toutes les questions de morale et de politique. Était-ce simplement une précaution de prudence ? Nous croirions volontiers les convictions du philosophe d'accord avec les nécessités du temps. Ce n'est pas seulement Bossuet, Malebranche, Fénelon et les théologiens qui confondent la morale avec la théologie ; Descartes, Nicole, Leibniz et les philosophes, excepté Spinosa, ne songent pas davantage à l'en séparer. Au siècle de Descartes, on ne comprenait guère une morale indépendante de la religion, et un droit politique autre que celui que la force avait fondé et la tradition consacré. La morale n'était encore qu'une branche de la théologie. Y toucher, même pour n'en rien changer, c'était porter une main sacrilége sur *l'arche sainte.* Quant à toucher à la politique, c'était tout simplement se commettre avec la police. Plus confiant dans la force de la raison humaine et dans la faiblesse de l'autorité, le xxiiie siècle étendit à toutes les sciences la réforme commencée par Descartes. Il *sécularisa* la morale, l'histoire, le droit, la politique, les sciences morales en un mot, comme Descartes et le xviie siècle avaient *sécularisé* les sciences physiques et naturelles.

Il fit plus. Quelques philosophes du siècle précédent, comme Spinosa, avaient déjà affranchi la science tout entière du joug de l'autorité ; mais ils avaient maintenu la science de l'homme, la psychologie et la morale, dans une étroite dépendance de la théodicée, et de cette science générale des êtres que l'on nomme *métaphysique.* Le xviiiᵉ siècle fit, pour toutes les sciences *morales*, ce que les grands réformateurs du xviiᵉ siècle, Galilée, Bacon et Newton, avaient fait pour les sciences physiques et naturelles; il les sépara entièrement de la métaphysique, et les fondant uniquement sur l'observation et l'analyse de la nature humaine considérée à la fois dans l'homme et la société, il rendit à la plus nécessaire, à la plus vitale de toutes les sciences, l'immense service de la mettre à l'abri des périlleuses entreprises de la spéculation métaphysique. On put discuter librement l'existence, la nature, les attributs de Dieu, et ses rapports avec le Monde et l'homme, les problèmes de l'existence, de la nature de l'âme, de l'immortalité et de la vie future, sans risquer d'ébranler les fondements de la morale, du droit et de la société. Et quand il serait vrai que partout les observations des philosophes du xviiiᵉ siècle ont été incomplètes, et leurs analyses superficielles, qu'ils n'ont pu parvenir à une science morale vraie et digne de l'Humanité, il n'en faudrait pas moins convenir que leur méthode est excellente, et qu'ils n'ont eu que le tort de ne pas l'appliquer à tous les faits moraux de la nature humaine.

Mais hâtons-nous de reconnaître que cet arrêt, prononcé et répété sur toute la philosophie morale du xviiiᵉ siècle, n'est qu'un injuste préjugé. Quand les ennemis de cette grande philosophie affectent de n'y voir que la doctrine de la *sensation*, Locke, Condillac, Helvétius, Saint-Lambert et d'Holbach, ils oublient Voltaire lui-même, Montesquieu, Rousseau, Adam Smith, Reid, Kant et tant d'autres, dont les nobles pensées, les généreux sentiments, la forte éloquence, le solide bon sens, la science austère réclament contre une telle ignorance ou une telle partialité. La métaphysique, surtout la morale de la *sensation*, n'est qu'un incident dans ce grand mouvement philosophique. Le véritable esprit du siècle n'est pas là. Ce qui en fait le caractère propre, le signe distinctif, c'est d'abord l'émancipation complète de la raison et de la science; c'est ensuite la méthode d'expérience et d'analyse appliquée partout et toujours aux sciences de l'homme, comme aux sciences de la Nature. Or, il se trouve précisément que l'école de la *sensation* est, de toutes les écoles de ce temps, la plus infidèle peut-être à cet esprit et à cette méthode, par l'intolérance, les préventions, le mépris des faits, l'amour de l'unité et la passion du système. Voltaire, qu'on prend volontiers pour le type de l'esprit du xviii° siècle, n'est point de cette école. Et d'ailleurs, s'il est le type le plus populaire de son siècle, l'Europe et la France savante n'hésitent pas à reconnaître que Kant en est le type le plus fort, le plus sévère, et peut-être le plus exact.

La philosophie du xviii° siècle est, dans les temps modernes, la première qui ait cherché le principe de la morale, la raison du droit et du devoir dans la nature humaine. Toutes ses écoles, française, anglaise, écossaise, allemande, s'accordent sur ce point, quelle que soit la diversité des méthodes et des résultats. Ce n'est pas qu'elles dédaignent toutes également la théorie et la métaphysique; mais les plus spiritualistes en font la couronne de la morale, tandis que les écoles du moyen âge et du xvii° siècle, sans en excepter Spinosa, en faisaient la base même de l'édifice.

Rousseau ne voit pas de sanction de la loi morale sans le dogme d'un Dieu juste et bon; mais il n'en fait pas moins de la loi morale une inspiration de la conscience. Kant ne comprend pas que la destinée humaine puisse être complète sans la vie future, et par suite sans l'existence de Dieu et l'immortalité de l'âme; mais sa doctrine du droit et de la vertu n'a nul besoin de ces vérités métaphysiques. Adam Smith, Hutcheson, Reid, Locke lui-même sont des philosophes trop religieux pour se passer de Dieu et du ciel; mais c'est dans l'analyse de l'homme qu'ils cherchent la loi de ses actions. Quant aux moralistes de la *sensation*, comme Helvétius et Saint-Lambert, il ne pouvait être question d'une sanction de la loi morale, de peines ou de récompenses futures, dans une doctrine qui substituait l'intérêt au devoir.

Ce qui distingue la doctrine de Kant de toutes celles que le xviii° siècle a demandées à l'analyse, c'est son caractère purement rationnel. Helvétius invoque l'intérêt; Smith la sympathie; Hutcheson et Reid le sens moral; Rousseau le sentiment : Kant ne fait appel qu'à la raison. Ce n'est ni à Dieu, ni à la Nature, ni même à l'homme qu'il s'adresse, c'est à la raison pratique. La raison spéculative et la raison pratique ne sont pas, dans la doctrine de Kant, deux facultés distinctes; c'est toujours la même faculté, appliquée tantôt aux recherches de la science, tantôt à la direction de la volonté. Descartes ne demandait que l'étendue et le mouvement pour créer le Monde. Supprimez tout ce qui existe, Dieu, la Nature, l'homme lui-même, et laissez seulement une volonté. Il n'en faut pas davantage à Kant pour construire la morale tout entière, doctrine du droit, doctrine de la vertu, droit politique, droit international. La *moralité*, dans le sens propre du mot, réside tout entière et seulement dans la volonté, mais dans la volonté d'accord avec la raison, dans la volonté raisonnable, ou, selon le langage de Kant, dans une *bonne volonté*. C'est ce que toute conscience reconnaît, quand elle affirme que c'est l'intention de l'agent qui rend l'acte bon ou mauvais moralement. Telle est la loi. Peu importe l'être auquel appartiendra ce double attribut, apathique ou passionné, fort ou faible, bon ou mauvais de nature, homme ou ange : la loi sera toujours la même. Raison abstraite, volonté abstraite, loi absolue et invariable, expression du rapport abstrait des deux termes abstraits, tout est rationnel dans le principe de la morale. Kant ne fonde pas sa théorie sur un ensemble de faits recueillis par l'expérience et l'analyse, ni même sur un fait unique, saisi par l'observation et abstrait de tout le reste. Il la fonde, ou du moins prétend la fonder sur un principe *à priori*, c'est-à-dire sur le simple concept du rapport d'une volonté quelconque à une raison quelconque. Et cela lui suffit : car le principe une fois posé, il se charge d'en déduire toute la morale. Kant est, sous ce rapport, de l'école de Descartes et des géomètres ; il *construit* la morale, comme ceux-ci construisent la métaphysique et la géométrie. Il est tellement préoccupé de la nécessité d'un *principe à priori* qu'il déclare formellement n'avoir pas plus en vue l'homme que tout autre être raisonnable. Il parle de la volonté et de la raison absolument de la même manière que le mathématicien parle du nombre et de l'étendue ; il considère la morale théorique comme une science tout aussi abstraite et tout aussi exacte que la géométrie. Il a raison à son point de vue. Nous verrons plus tard si son principe est assez large et assez fécond pour qu'on puisse en tirer la morale entière, avec tous ses droits et tous ses devoirs. Mais pressons avec Kant les conséquences de son principe. Puisque la loi morale réside tout entière dans le rapport de la volonté à la raison, il s'ensuit qu'elle n'a rien à voir ni avec les inclinations de la nature, ni avec les impressions de la sensibilité de l'agent, ni avec les résultats matériels de l'action qu'elle commande. Mettre en tout et partout sa volonté d'accord avec sa raison, sans s'inquiéter du reste, telle est l'expression la plus exacte de la loi morale. C'est ce que veut dire, sous une forme plus populaire, l'axiome si souvent répété : *Fais ce que dois, advienne que pourra.*

Si la volonté était enchaînée à la raison, comme nous pouvons le supposer dans certains êtres supérieurs à l'homme, la loi morale serait une nécessité intérieure qui n'impliquerait ni commandement ni obéissance. Il n'en est point ainsi chez l'homme. Comme la volonté y est indépendante de la raison, celle-ci commande, et sa loi est, selon l'expression de Kant, *impérative.* Mais le commandement de la raison est *absolu* ou *conditionnel.* Je dois faire telle entreprise dont l'exécution exige le concours de causes hors de mon pouvoir; je dois faire mon bonheur ou le bonheur d'autrui : voilà des commandements conditionnels de la raison. Je dois vouloir ce qui est raisonnable est un commandement absolu. C'est ce que Kant appelle l'impératif *catégorique*, le seul qui constitue le *devoir* à proprement parler. Mais *faire son devoir, obéir à la raison seule*, sont des axiomes nécessaires à poser tout d'abord en face des fausses doctrines de la sympathie, du sentiment ou de l'intérêt, qui ne nous prescrivent pas ce qui est à faire. C'est le principe de toute vraie moralité; ce n'en est pas la règle. Semblables aux axiomes mathématiques, sans lesquels aucune démonstration ne serait possible, mais dont on ne peut tirer aucune démonstration, ces propositions n'engendrent aucune application ni directe, ni indirecte; seules, elles ne seraient d'aucun secours dans la pratique. Aussi Kant ne s'en tient-il pas à ces généralités. Il trouve, sans sortir de son principe, une formule déjà plus précise de la loi morale. En effet, si cette loi doit déterminer la volonté, indépendamment du concours des penchants et de la considération des résultats, elle ne le fait qu'à titre même de loi, c'est-à-dire de règle universelle. On peut donc l'exprimer ainsi : « Agis toujours de telle sorte que tu puisses vouloir que ta maxime devienne une loi universelle. »

C'est là ce que Kant entend par la *métaphysique des mœurs*. Il ne faudrait pas se méprendre sur le mot. Personne n'incline moins que Kant à mêler les spéculations *métaphysiques* à la morale. Il comprend sous ce nom les principes rationnels de la morale, dégagés de tout élément empirique. La métaphysique des mœurs n'admet pas de faits d'expérience, mais seulement des concepts de la raison pratique. Quand il serait vrai qu'aucune de nos actions n'est faite uniquement en vue de la loi morale, l'obéissance de la volonté à la pure raison n'en serait pas moins le principe et la mesure unique de la moralité des actes. Ce n'est pas que Kant entende priver l'activité humaine des mobiles autres que le devoir, ainsi que l'a fait le stoïcisme. Il veut seulement établir par l'analyse que le devoir est la seule loi, la seule règle absolue, invariable, universelle des actions humaines. Toute autre loi est ou sujette à exception, comme l'intérêt, ou au delà de la portée humaine, comme la perfection. Ce dernier principe peut être proposé comme idéal, mais non comme règle à la volonté. Kant est tellement fidèle à sa méthode toute rationnelle qu'il n'emprunte même pas à l'expérience le concept de la liberté, sans lequel nulle morale n'est possible. Pour lui, la liberté n'est pas certaine comme fait d'expérience, mais comme condition nécessaire de la loi morale. Comme fait d'expérience, elle est contestable, et tombe sous cette redoutable critique des *antinomies*, qui oppose et brise l'une contre l'autre l'expérience et la raison. La liberté n'est que l'attribut de l'être humain, en tant que soumis à la loi morale : pour parler le langage de Kant, c'est un simple *postulat* de la raison pratique. Notre philosophe n'est pas habituellement éloquent ; mais quand par hasard il veut l'être, on trouverait difficilement chez les autres moralistes de plus belles et de plus mâles paroles. « Sans doute assez d'attraits et d'agréments peuvent s'associer à ce mobile (le devoir), pour qu'un épicurien raisonnable, réfléchissant sur le plus grand bien de la vie, soit fondé à croire que le parti le plus prudent est de choisir une conduite morale. Il peut même être bon de joindre cette perspective d'une vie heureuse au mobile suprême et déjà suffisant par lui-même de la moralité ; mais il ne faut avoir recours à ce genre de considération que pour contre-balancer les séductions que le vice ne manque pas d'employer de son côté, et non pour en faire, si peu que ce soit, un véritable motif de détermination, quand il s'agit de devoir ; car ce ne serait rien moins qu'empoisonner l'intention morale à sa source. La majesté du devoir n'a rien à démêler avec les jouissances de la vie ; elle a sa loi propre, elle a aussi son tribunal. On aurait beau secouer ensemble ces deux choses pour les mêler et les présenter comme un remède à l'âme malade, elles se sépareraient bientôt d'elles-mêmes ; et si la vie physique y gagnait quelque force, la vie morale s'éteindrait sans retour (1). »

Voilà bien le devoir dans sa sévère pureté. Nul moraliste, ni dans l'antiquité ni dans les temps modernes, n'a posé d'une main aussi ferme et aussi sûre les fondements de la moralité humaine. Le stoïcisme lui-même, la plus rationnelle de toutes les doctrines morales de l'antiquité, n'a point cette parfaite rigueur. Plus inflexible, plus dur pour la nature humaine, dont il foule aux pieds les affections et les passions les plus légitimes, il confond la loi morale avec la Loi universelle, la destinée de l'homme avec l'Ordre du Monde, fatalité ou Providence dont la conscience humaine ne relève pas.

Maintenant suffit-il de prescrire le devoir pour le devoir ; suffit-il même d'en formuler l'autorité *impérative* par l'axiome déjà cité : « Agis de telle sorte que ton action puisse servir de règle universelle » ? La morale a-t-elle

---

(1) *Critique de la raison prat.*, trad. française, p. 272.

trouvé dans cette maxime le principe de toutes ses applications? Je vois bien qu'une action n'est morale qu'autant qu'elle est faite en vue du devoir, indépendamment de tout intérêt et de toute passion. Je vois bien que le devoir se reconnaît à ce signe que l'action à faire peut toujours être érigée en loi universelle. Vous m'avez fait parfaitement comprendre et le caractère propre et le critère du devoir. Vous m'avez, pour emprunter votre langage, défini la *forme* du devoir. Est-ce là toute la morale théorique? Ne reste-t-il plus, comme vous semblez le croire, qu'à passer du principe aux applications? Votre principe ne suppose-t-il pas un autre principe supérieur, dont il ne serait lui-même qu'une conséquence? Fais ce que dois, dites-vous. Fort bien. Mais que dois-je faire? Obéir à la raison? Mais que me commande la raison? Pourquoi dois-je faire ceci, éviter cela? Le sens commun répond : Parce que ceci est bien, parce que cela est mal. Quoi qu'en dise Kant, ce n'est pas la notion du devoir qui explique la notion du bien; c'est, au contraire, dans la notion du bien que se résout la notion du devoir. Telle action n'est pas bonne parce que je dois la faire; mais je dois la faire parce qu'elle est bonne. Kant, qui a mis tant de soin à bien définir la *forme* du devoir, ne semble-t-il pas en avoir oublié l'objet, la *matière*, pour continuer à nous servir de son langage?

Si nous ne nous trompons, la morale est une science qui peut se résumer en trois points : 1° caractère de la loi morale; 2° objet de cette loi; 3° application de cette loi aux divers cas de la vie humaine, individuelle ou sociale. De ces trois questions également nécessaires, Kant a résolu la première avec une grande supériorité d'analyse et de dialectique. Et comme cette question est le point de départ et la base de toute moralité, on peut dire sans exagération que le philosophe allemand a posé les fondements de la science morale. Avant lui, la morale existait comme pratique, comme sentiment, comme doctrine, même comme science, ainsi que le prouvent les théories d'Aristote; mais la science morale ne reposait pas encore sur ses vrais fondements. C'est au xviiie siècle et à Kant que revient l'honneur de cette création. Mais si Kant a construit les assises de l'édifice, il nous paraît avoir laissé à d'autres le mérite d'élever l'édifice lui-même. Il n'a pas compris l'importance capitale de la seconde question, l'objet de la loi morale. Ce problème qui avait occupé exclusivement toutes les écoles de l'antiquité, sous le titre de *souverain bien*, ne figure qu'accessoirement dans la théorie kantienne. Kant veut bien reconnaître que la destinée humaine n'est pas tout entière dans le devoir, et qu'il faut y ajouter le bonheur. Devoir et bonheur, voilà le *souverain bien*, le mot complet de notre destinée. Et comme il est trop évident que le bonheur n'est pas en ce monde la récompense inséparable et suffisante du devoir, Kant en conclut que notre destinée n'est pas complète ici-bas, et qu'elle a besoin, pour s'achever, d'une autre vie, ou d'une série de vies futures. De là la nécessité de l'immortalité de l'âme et de l'existence de Dieu, deux dogmes que la raison spéculative est impuissante à établir, et que la raison pratique seule peut fonder.

Que la destinée humaine ne s'achève point ici-bas, c'est le

vœu le plus cher et le plus constant de l'Humanité. Qu'il faille la concevoir comme divisée en deux parts, l'une d'épreuve qui est la vie actuelle, l'autre de récompense qui est la vie future ; ou bien que l'imagination se la représente comme une série d'existences de plus en plus rapprochées de cet idéal de perfection que notre raison conçoit dès ici bas : on peut différer sur ce point, bien que le raisonnement de Kant conclue à la nécessité de la première hypothèse. Pour nous, nous croyons fermement que la destinée de l'homme est partout et toujours de *mériter*, dans le ciel comme sur la terre, quelle que soit la béatitude que lui réserve un autre monde. Mais nous avons une bien autre critique à faire à Kant. La question du souverain bien n'intéresse pas seulement la morale du bonheur, comme il le dit ; elle intéresse surtout la morale du devoir. Si je ne suis tout d'abord éclairé sur l'objet du devoir, sur le bien, je ne puis savoir ce que je dois faire et ce que je dois éviter. Ne me dites pas que cela est évident et n'a besoin d'aucune explication. D'abord l'expérience vous répondra le contraire. Nous avons beau écouter la voix de la conscience ; si la raison et la science ne lui donnent rien à exprimer, elle restera muette dans un très-grand nombre de cas, quoi qu'en disent Rousseau et tous les moralistes du *sentiment*. Ensuite, quand la conscience, par un infaillible instinct, parlerait toujours clairement, il resterait encore à la morale la tâche d'en expliquer les oracles. Autrement, elle se réduirait à un sentiment, et ne serait point une science. Quand je saurais que je dois toujours agir de telle façon dans tel cas donné, toujours dire la vérité, respecter la liberté d'autrui, garder un dépôt, être chaste, tempérant, maître de moi-même, bienfaisant, dévoué à l'occasion jusqu'au sacrifice de ma vie ; quand je n'aurais aucun doute sur tous ces devoirs, est-il possible qu'une intelligence éclairée ne cherche pas la raison de ces diverses obligations ? Pourquoi la chasteté, pourquoi la justice, pourquoi la bienfaisance, pourquoi le dévouement ? Or la solution de toutes ces questions est dans la détermination de l'objet de la loi morale, ou, pour parler le langage de l'antiquité, dans la définition du *souverain bien*.

Mais qu'est-ce que le bien ? S'il s'agit d'un bien relatif, chacun ne l'entend-il pas à sa manière et à sa convenance ? Cicéron compte je ne sais plus combien de définitions du bien, ayant chacune de nombreux partisans. S'il s'agit du bien absolu, n'est-ce pas la *pierre philosophale* des moralistes métaphysiciens, à laquelle la vraie science a renoncé depuis les temps modernes ? Faut-il blâmer Kant ou le louer d'avoir eu la sagesse de ne pas avoir engagé la morale dans cet insondable problème ? Entendons-nous sur ce point.

Il est très-vrai que l'antiquité a généralement mal posé et mal résolu une question qui nous a toujours semblé vitale pour la science morale. Il y a double danger à trop particulariser et à trop généraliser la définition du bien. Si nous voulons nous élever à la conception du Bien absolu, de l'Ordre universel, nous perdons de vue l'homme et sa destinée propre ; nous remettons la morale à la merci de la métaphysique. Nous faisons plus ; nous nous condamnons d'avance à agiter éternellement un problème insoluble, puisque la notion de l'Ordre universel, du Bien absolu, suppose la connaissance complète d'un Monde infini. D'une autre part, si nous faisons consister le bien dans la satisfaction d'une faculté, d'une passion, d'un penchant quelconque, nous ouvrons la porte aux définitions et aux systèmes les plus opposés. C'est ce qui est arrivé à la morale antique. Définitions empiriques qui se contredisent toutes, définitions métaphysiques qui ne sont d'aucune application à la nature et à la vie humaines, voilà jusqu'ici les solutions trouvées au problème du bien. Il n'est donc pas étonnant qu'un esprit aussi sage et aussi critique que Kant n'ait pas voulu s'engager, à la suite de l'antiquité, dans une voie aussi périlleuse. Mais le problème n'en reste pas moins une nécessité impérieuse de la morale. Il suffit d'ailleurs de le bien poser pour en obtenir une solution facile, juste et pratique. Qu'est-ce que le bien pour un être quelconque? L'accomplissement de sa fin? Qu'est-ce que la fin d'un être? Le simple développement de sa nature. Nature, fin, bien d'un être donné, trois questions qui s'enchaînent logiquement, de manière que le bien se définit par la fin, et la fin par la nature. Appliquez cette méthode à l'homme et à la morale; une fois la nature humaine connue par l'observation et l'analyse, vous en déduisez la fin; le bien, la loi de l'homme par conséquent. Car la notion du bien entraîne forcément l'idée d'obligation, de devoir et de loi pour la volonté. Tout revient donc à connaître l'homme, mais à le bien connaître; surtout à le voir dans les facultés, les sentiments, les penchants qui lui sont propres, et qui le distinguent des animaux, comme la raison, la volonté, la conscience, l'amour, la sociabilité, le goût du beau, le sentiment moral, l'intelligence et la recherche du vrai, etc., etc. C'est l'ensemble de ces faits qui constitue la vie spirituelle proprement dite, et caractérise l'*homme;* c'est ce qui fait la nature propre ou l'essence, par conséquent la fin et la loi de l'*humanité*. Tout le reste, c'est-à-dire l'ensemble des facultés, des instincts, des appétits, des penchants de la vie animale, ne doit être considéré que comme des moyens, des instruments au service de la véritable nature humaine. Le rapport tant cherché, en métaphysique et en morale, du corps et de l'âme, est le rapport de *l'organe à la fonction, du moyen à la fin*. Toute la science de la nature, de la destinée, de la loi de l'homme, est dans ces deux mots.

On voit que, pour parvenir à la notion du bien *humain*, du bien moral, le seul qui intéresse la morale, il n'est pas indispensable de savoir tout ce qui se passe sur la terre et dans le ciel. Il est très-raisonnable, il est même nécessaire de penser, après les décisives révélations de la science, que l'Univers se développe selon un plan conçu par la pensée, et marche vers un but fixé par la main de son Créateur. Mais qu'importe à la morale? Que le Monde soit l'œuvre d'un Dieu bon ou d'un mauvais génie, qu'il soit gouverné par une Providence ou livré à la fatalité, l'homme n'en a pas moins sa nature propre, sa fin, sa loi, son droit et son devoir, tous points qu'il appartient à la psychologie et à la morale seules de fixer.

Mais une pareille méthode suppose l'expérience, dont Kant ne veut pas entendre parler. Et pourtant il va être forcé lui-même d'y recourir. D'abord nous pourrions faire

remarquer que l'expérience se glisse jusque dans les notions les plus abstraites, les plus rationnelles de la *métaphysique des mœurs*. Kant a beau dire que, lorsqu'il parle de raison, de volonté et de loi, il n'entend pas plus appliquer ces expressions à l'homme qu'à tout autre être ; il a beau faire entrer la liberté dans les conditions de la moralité, comme *postulat* de la raison pratique, et non comme fait d'expérience : il n'en reste pas moins vrai que c'est dans la nature humaine qu'il a trouvé cette raison, cette volonté, cette liberté dont il fait les principes du droit et du devoir. Puisqu'il aime à comparer sa méthode à celle des mathématiques, il n'est pas hors de propos de lui faire observer qu'il ne suppose pas plus *à priori* les principes de sa morale que les mathématiciens n'imaginent les éléments de leur science, le nombre et l'étendue. Kant n'eût pas dû oublier que, quoi que fasse l'esprit humain, en morale comme en géométrie, les principes les plus rationnels ne sont que de simples rapports de termes abstraits de l'expérience. Mais, en outre, la morale n'est pas une science de même nature que les mathématiques. La méthode abstraite et rationnelle qui suffit à celle-ci, et qui en fait même la rigueur et la beauté, est loin de suffire à celle-là. Tout au plus conduit-elle à définir la *forme* du devoir ; elle n'en peut déterminer l'objet, la *matière*. Kant sent bien du reste qu'il ne suffit pas de prescrire le devoir, même par la formule propre à en faire reconnaître les vrais caractères :
Agis de telle sorte que ton action puisse être érigée en règle universelle. « Devoir ! mot grand et sublime, s'écrie-t-il dans son anxiété, toi qui n'as rien d'agréable ni de flatteur,

et commandes la soumission, sans pourtant employer, pour ébranler la volonté, des menaces propres à exciter naturellement l'aversion et la terreur, mais en te bornant à proposer une loi qui d'elle-même s'introduit dans l'âme et la force au respect (sinon toujours à l'obéissance), et devant laquelle se taisent tous les penchants, quoiqu'ils travaillent sourdement contre elle, quelle origine est digne de toi? Où trouver la racine de ta noble tige qui repousse fièrement toute alliance avec les penchants, cette racine où il faut placer la condition indispensable de la valeur que les hommes peuvent se donner à eux-mêmes? (1) »

Où la trouver en effet, cette racine, sinon dans l'expérience? C'est à quoi Kant finit par se résigner, non sans regret, et en empruntant à la psychologie le moins possible. Dans cette partie de notre être qui est supérieure au monde sensible et indépendante de ses lois, fleurit le sentiment de notre volonté libre et raisonnable, et du respect qui s'y attache. Tandis que toutes les choses du monde extérieur, y compris le corps, peuvent être considérées et traitées comme des moyens, la volonté libre et raisonnable, la personne seule doit être considérée et traitée comme une fin. « C'est cette idée de la personnalité qui excite notre respect et nous révèle la sublimité de notre nature, en même temps qu'elle nous fait remarquer combien notre conduite en est éloignée, et que par là elle confond notre raison. » Kant remarque qu'elle s'éveille dans la raison la plus vulgaire. « L'honnête homme, frappé par un grand malheur qu'il aurait pu éviter s'il avait voulu manquer à son devoir,

---

(1) *Critique de la raison prat*, tra l. franç, p. 269.

n'est-il pas soutenu par la conscience d'avoir maintenu et respecté en sa personne la dignité humaine, de n'avoir point à rougir de lui-même et de pouvoir s'examiner sans crainte? (1) » Ce sentiment de respect est tout ce que Kant emprunte à l'expérience pour arriver à sa formule des droits et des devoirs. Mais cela suffit pour infirmer sa prétention de construire toute la morale *à priori*, à la manière des géomètres. *Agis de telle sorte que ton action puisse être érigée en règle universelle*, est une maxime qui sert à reconnaître la présence d'un devoir, mais dont il est impossible de tirer la moindre application. *Respecte la personne humaine en toi et en autrui*, est le principe de tous les droits et de tous les devoirs, qui s'en déduisent comme autant de conséquences directes. C'est la différence de l'*axiome* à la *définition*, en géométrie. Entre les deux formules, il y a un abîme que toutes les abstractions et les constructions possibles ne sauraient combler. Si la raison pratique donne la première, et encore nous avons vu comment, l'expérience seule peut donner la seconde.

Maintenant est-il vrai que cette dernière formule contienne tous les devoirs? Oui, si l'on réduit la morale aux devoirs de justice. Mais alors, que deviennent les devoirs de charité et de dévouement? Comment, au nom du respect que je dois à la personne d'autrui, serai-je obligé de sacrifier la mienne? Et, sans aller jusqu'au dévouement, comment expliquera-t-on les simples devoirs de bienfaisance? Que peut-on me demander au delà du strict respect de la

---

(1) *Critique de la raison prat.*, trad. franç., p. 270.

personne et de la propriété d'autrui? Où sera le droit d'exiger, où sera le devoir de faire davantage? Et tant de devoirs personnels qui ont rapport au développement et au perfectionnement de nos facultés sensitives, intellectuelles, actives, comment trouveront-ils place dans la morale individuelle? Il est évident que, si féconde qu'elle puisse être entre les mains d'un dialecticien aussi consommé que Kant, la formule ne peut suffire à tout; que la seule base sur laquelle on puisse asseoir toute la science des droits et des devoirs, c'est la connaissance complète de la nature humaine; et que la morale ne saurait jamais trop demander à la psychologie pour fonder solidement ses théories. C'est ce que n'a point fait Kant. Il serait certainement injuste de lui reprocher d'avoir oublié dans ses beaux traités les devoirs de bienfaisance et les devoirs de dévouement. Mais ces devoirs, il ne les déduit pas, il ne peut les déduire de son principe; il se contente de les prendre comme les lui donnent le sens commun et la conscience universelle. La volonté libre, la personnalité est un grand fait, un principe supérieur de la nature humaine; mais ce n'est pas tout l'homme. La morale, qui n'en considère que ce côté, n'est en mesure de définir ni la fin ni la loi complète de l'humanité. Kant a beau faire; en se privant des données nécessaires de l'expérience, il se condamne à une solution incomplète du problème moral. Tant que l'homme n'est donné que comme une créature raisonnable et libre, on ne peut embrasser toute sa destinée, ni par conséquent déterminer *à priori* tous ses devoirs et tous ses droits. Les devoirs de dignité et d'indépendance pour la morale personnelle, les devoirs de simple justice pour la morale sociale, voilà tout ce que peut rendre la formule kantienne.

Les proportions de cette étude ne nous permettent pas de suivre Kant et son habile interprète dans le labyrinthe de divisions, de maximes, de prescriptions, d'observations pratiques, dans lequel notre philosophe promène son lecteur. Il nous suffira de dire que, dans tout le cours de cette œuvre laborieuse, il ne perd jamais le fil conducteur que la *métaphysique des mœurs* lui a mis à la main. Toutes ses divisions, toutes ses distinctions sont fécondes; toutes ses maximes sont des conséquences directes des principes posés; toutes ses prescriptions sont des explications rigoureuses de la formule; toutes ses observations, aussi fines que profondes, sont autant de traits de lumière qui éclairent un point obscur de la nature humaine. Nous renvoyons le lecteur aux traités de la *doctrine du droit*, de la *doctrine de la vertu*, de l'*éducation*, du *droit politique*, du *droit international*, ainsi qu'aux excellentes analyses critiques que M. Barni a mises en tête de ses traductions. On lira toujours avec intérêt et profit, souvent avec une véritable émotion, ces pages dictées par la raison la plus ferme et la conscience la plus sagace du siècle. De ce grand travail, nous nous bornerons à détacher trois théories originales : l'égale autorité de tous les devoirs, la distinction du droit et de la morale, et la doctrine sur les devoirs envers Dieu.

Appliquant strictement à tous les devoirs dont se compose la morale la maxime universelle qui leur sert de critère : *Agis de façon que ton action puisse être proposée pour règle universelle*, Kant arrive à en conclure que tout devoir est absolu, et ne souffre d'exception dans aucun cas, ni par aucune considération. L'autorité de la loi morale, comme de toute loi, résidant tout entière dans son universalité, tout devoir est absolu ou n'est pas. En le faisant dépendre de telle condition, en le subordonnant à telle nécessité, on le supprime. Kant est inflexible et ne veut entendre à aucune distinction, sous ce rapport, entre tous les devoirs de la morale. Ne pas tuer, ne pas voler, ne pas opprimer, ne pas tromper sont des devoirs de justice qui, dans la pratique, paraissent peu sujets à exception. Mais Kant maintient avec une égale rigueur même les devoirs qui ne touchent ni à la justice ni à la société, les simples devoirs de dignité personnelle. Ainsi il ne permet le mensonge dans aucun cas, ni pour aucun motif, même le mensonge utile, pour lequel la morale théologique a trouvé un si joli mot (1), même le mensonge nécessaire, que la *grande* morale et le sens commun justifient d'un commun accord. Il entend sans s'émouvoir les protestations multipliées de la conscience universelle que blesse son rigorisme. Il répond à tout comme un homme qui a tout prévu et tout compris d'avance. Et en effet Kant n'est point un de ces logiciens à outrance en morale, un Zénon ou un Spinosa, qui sacrifient imperturbablement l'expérience, l'analyse, le sens commun aux nécessités de la dialectique. Le bon sens est une des qualités de l'esprit qui lui manquent le moins ; et il serait le premier à saluer de son admiration la vertu qui sauve un

---

(1) Le mensonge officieux.

homme, un ami, un père, au prix d'un mensonge qui coûte la vie à son auteur. Mais pour Kant la question n'est pas là. Il s'agit, non de juger la moralité d'un acte fait contre la règle, mais d'apprécier la portée générale, l'effet pratique d'une telle infraction à la loi. Kant voit le salut de la règle et de la morale tout entière engagé dans le respect ou la violation du moindre devoir. C'est pour cela qu'il aime mieux laisser périr un homme, un ami, un père qu'on pourrait sauver d'un mot. Jacobi a beau s'écrier : « Je mentirais comme Desdemona mourante, quand, pour sauver son époux, elle s'accusait de s'être tuée elle-même ; je tromperais comme Oreste, quand il voulait mourir à la place de Pylade. » Kant maintient l'autorité absolue de la règle contre Jacobi, contre Benjamin Constant, contre l'éloquence et le sentiment. Il n'a qu'une pensée, qu'un principe, qu'un souci : c'est de soustraire la morale aux vicissitudes de la sensibilité, aux convenances du monde, aux prétendues nécessités d'État. Il ne voit de salut pour elle que dans l'absolu. En cela nous sommes de son avis ; il a raison contre l'éloquence et le sentiment.

Mais, en acceptant la question telle qu'il la pose, nous trouvons qu'il a tort contre la raison et la loi morale elle-même. Oui, le devoir est absolu, sous peine de n'être pas. Non, la loi morale ne peut souffrir d'exception sans être infirmée. Seulement Kant oublie une chose : la distinction du devoir et des devoirs, du principe et des applications. Il n'y a jamais, il ne peut y avoir d'exception au devoir : Kant est invincible sur ce point. Mais il peut y avoir, il y a parfois un devoir préférable à un autre. Je ne *dois* pas mentir, quels que soient mon intérêt et mon désir, ou l'intérêt et le désir d'autrui. Mais je *dois* aussi sauver mon semblable. Et comme ce devoir est supérieur au premier, il est tout simple qu'il passe avant, lorsqu'ils se rencontrent. Voilà comment un mensonge peut devenir une bonne action, même une belle action, s'il coûte le sacrifice d'un intérêt ou d'un sentiment; une action sublime, s'il coûte la vie. La pratique de la vertu serait, je ne dis pas trop facile, mais trop claire, si le devoir ne heurtait jamais que l'intérêt ou le sentiment. Mais le devoir y heurte parfois le devoir. Ce n'est plus alors l'égoïsme qui souffre, le cœur qui est déchiré; c'est la raison qui est troublée, la conscience qui est ébranlée jusque dans ses fondements. Point délicat, s'il en fut! Douloureuse épreuve de la vertu humaine, où l'âme a besoin de se recueillir, de se calmer, de s'éclairer, de se purifier du contact des intérêts et des passions, pour être bien sûre de ne pas sacrifier un devoir à un intérêt, à un désir, à un enthousiasme en délire. Kant, si fin et si profond observateur de la nature humaine, semble avoir ignoré ces contradictions, dans la tranquille vertu d'une vie toute vouée à la science et à l'enseignement. Il a vécu sans connaître autrement que par le roman ou l'histoire le *drame* de la vie. Mais il n'est pas nécessaire d'aller au théâtre pour y trouver les épreuves dont nous parlons. Il n'est pas de destinée un peu agitée, pas de vertu politique surtout qui ne les rencontre. Alors il faut mentir comme Desdemona, tromper comme Oreste, *trahir* à la façon de Zopire et de l'*espion* de Cooper; il faut aller jusqu'aux dernières extrémités de la vertu. Dans les sociétés et les époques surtout où la force règne à la place du droit, la morale a des nécessités terribles pour l'homme habitué à lui obéir en tout. C'est alors qu'avant d'agir il importe de scruter sa conscience, afin de bien voir s'il ne se cache pas dans ses replis quelque autre sentiment que celui du devoir. Nous n'aimons pas les mots de *grandes* et *petites* vertus, de *grande* et *petite* morale, parce que tout est grand dans la morale et la vertu. Mais nous acceptons sans hésiter la distinction qu'ils expriment, dans la langue de l'héroïsme et du martyre.

Est-il besoin d'avertir que cette théorie n'a rien de commun, ni avec la dangereuse maxime des fanatiques, *la fin justifie les moyens,* ni avec la détestable doctrine des ambitieux, qui oppose les *nécessités* de la politique aux principes de la justice? Nous sommes de l'avis de Kant, qui ne croit pas que le salut du monde doive coûter un acte de justice. Mais il en est des devoirs comme des droits. L'unique devoir *absolu* est d'accomplir la loi morale, de même que l'unique droit *absolu* est d'être respecté dans cet accomplissement. Tous les devoirs et tous les droits tirent de ce double principe leur vertu et leur autorité. Il ne s'agit donc point de sacrifier un devoir ou un droit, si petit qu'il soit, à un intérêt, si grand qu'on le suppose. C'est toujours le devoir, c'est toujours le droit qui triomphe, dans cette lutte des devoirs et des droits entre eux; c'est toujours la loi morale qui décide en dernier ressort. La morale, Kant le sait mieux que personne, n'est pas un simple recueil de formules indépendantes les unes des autres, mais une *science*, c'est-à-dire un système de vérités coordonnées entre elles et à une vérité première. Principes et applications, devoirs supérieurs et devoirs inférieurs, tout s'y enchaîne et vient aboutir à une formule unique qui embrasse la nature, la fin, la loi de l'homme. Tous les devoirs ont leur raison dans cette formule. Toutes les prescriptions particulières y ont leur explication. Séparées de leurs principes, ces prescriptions ne sont que des recettes pratiques, excellentes pour l'usage ordinaire, insuffisantes pour les grandes et difficiles situations de la vie, où éclate la contradiction des devoirs. Que faire alors? Le *sentiment*, qu'on invoque trop souvent en pareil cas, n'est pas un guide sûr; l'enthousiasme l'est encore moins. Ce qu'il faut invoquer, c'est la pure lumière de la science, c'est la nette image de la loi elle-même, toujours présente dans les formes diverses qu'elle revêt. Évidemment Kant, qui proclame tout devoir absolu, n'a pas prévu la difficulté. Et pourtant la conscience universelle a tranché la question par l'admiration enthousiaste qu'elle prodigue aux sublimes vertus des héros et des martyrs. Ici la théorie du philosophe est au-dessous de la pratique commune et de l'histoire.

D'où vient cette lacune? Du vice radical de la morale kantienne, qui est le mépris de l'expérience. Kant s'est attaché à définir la *forme* plutôt que la *matière* du devoir. Ne pouvant trouver, faute de données suffisantes, la véritable formule de la loi morale, il a dû s'en tenir à la vague formule qui n'en exprime que la *forme* : *Agis de manière à ce que ton action puisse servir de règle universelle*. De là le caractère absolu de tous les devoirs indistinctement. Sans lien qui les unisse, et sans principe commun auquel ils se rattachent, ces devoirs se trouvent *juxtaposés* plutôt que *coordonnés* dans sa doctrine. Comme ils ne relèvent que d'eux-mêmes, ils sont tous absolus. C'est fort bien, tant qu'ils s'accordent. Mais quand arrive la contradiction, que fera la volonté? La morale n'est pas un jeu à pile ou face. Kant ne peut nier cette contradiction, qui est un fait. Tout ce qu'il peut nous répondre, c'est qu'elle n'est pas inhérente à la morale, et qu'elle suppose une moralité imparfaite dans toute société où elle se produit. Nous en convenons. Nous croyons volontiers que le progrès moral des sociétés humaines finira par supprimer ces cruelles contradictions de la loi, et ces douloureux déchirements de la conscience. C'est là le côté profond de la théorie kantienne, qui retrouve dans l'idéal la vérité dont elle manque dans la pratique. Mais jusque-là, s'il n'y a qu'une seule morale, on ne peut méconnaître un ordre hiérarchique dans la diversité des devoirs dont elle se compose.

Autre théorie propre au philosophe. Kant ramène tous les devoirs à deux classes : devoirs de *droit* et devoirs de *vertu* (1). Les uns et les autres sont également obligatoires. Mais les premiers sont tels qu'ils donnent droit de contrainte contre ceux qui les violent, tandis que les seconds n'impliquent pas ce droit. J'ai le devoir de respecter la liberté, la vie, la propriété de mon voisin. Mon voisin, de son côté, a le droit de me contraindre à ce respect. Voilà le devoir

(1) Cette distinction est l'objet des deux parties dont se compose la *métaphysique des mœurs* : 1° *éléments métaphysiques* de la doctrine du droit; *éléments métaphysiques* de la doctrine de la vertu. Toutes deux ont été traduites, résumées et jugées par M. Barni.

de *droit*. J'ai aussi le devoir, non moins obligatoire, de secourir, d'aider, d'éclairer mon voisin; mais il n'a point le droit de me contraindre à tous ces actes. Voilà le devoir de *vertu*. Il y a donc des devoirs qui sont en même temps des droits : devoirs pour celui qui les pratique, droits pour celui envers qui on les pratique. Cette classe de devoirs seule fait la matière de la législation. Les devoirs qui n'impliquent pas des droits, les devoirs de simple vertu, comme ceux que nous venons de citer, ne peuvent jamais entrer dans la législation; ils restent dans la morale. Cette distinction des devoirs de *droit* et des devoirs de *vertu* est fondée sur une différence de nature, et non simplement de degré. Ce n'est point parce que nos devoirs sont plus ou moins importants qu'ils s'appellent, les uns devoirs de *droit*, les autres devoirs de *vertu*. Il y a tel devoir de *vertu* bien plus grave qu'un devoir de *droit* formellement prescrit par la loi. Il y a bien autrement de mal à laisser mourir un homme de faim qu'à voler le morceau de pain dont on a besoin. Le premier devoir n'en est pas moins un devoir de *vertu*, tandis que le second est un devoir de *droit*. La loi me punit d'avoir violé la *justice*, tandis qu'elle laisse à un autre juge, Dieu ou ma conscience, le soin de me punir d'avoir négligé la *charité*.

La distinction de Kant n'est pas seulement très-juste en soi; elle a encore le mérite, par son caractère de généralité, de marquer la vraie limite qui sépare la législation de la morale proprement dite. Sous le nom de devoirs de *vertu*, Kant comprend, outre les devoirs dits de charité, tous les devoirs de la morale personnelle. Sa distinction a donc sur toutes les autres l'avantage de circonscrire par tous les côtés le domaine de la législation, dans le domaine plus vaste de la morale. Bentham a dit : *La législation a le même centre, mais non la même circonférence que la morale.* Nous ne saurions exprimer avec plus de précision le double mérite de la doctrine de Kant sur le droit. Il est des moralistes qui étendent le domaine du droit jusqu'à le confondre avec celui de la morale. Il est des légistes qui, faisant abstraction de la justice dans la loi, et n'y voyant que l'expression de la nécessité sociale, isolent complétement la législation de la morale. Égale erreur des deux côtés. Nul n'a montré, avec plus de force et d'autorité que Kant, que toute la loi a son origine dans le droit naturel. Nul n'a tracé avec plus de précision la ligne de démarcation qui sépare la morale de la législation. Les législateurs de l'antiquité et du moyen âge violent sans cesse cette distinction fondamentale. Les législateurs modernes la respectent davantage, plutôt par une nécessité d'application que par intelligence des principes. On a dû sentir de tout temps le besoin de restreindre la sphère de l'action législative, afin de la simplifier. Ce n'est qu'au dix-huitième siècle, et surtout depuis les savants travaux de Kant, que la philosophie du droit a nettement saisi le principe de cette restriction. En général, tout devoir qui implique un droit tombe sous la loi ; tout devoir qui n'implique point un droit y échappe. Nous disons en général, parce que la règle souffre encore des exceptions. Il n'y a qu'un devoir de *droit* qui puisse être compris dans la loi ; mais cela ne veut pas dire que tous les devoirs de *droit* y rentrent nécessairement. Il ne faut pas oublier que, si la législation ne fait qu'appliquer la loi morale, elle l'applique dans la réserve et dans la mesure de l'intérêt social : en sorte que tel devoir de droit ne tombera pas sous l'action législative, si la société n'a aucun intérêt à ce qu'il en soit ainsi. Il y a telles injustices, tels outrages, tels dommages, dont la loi laisse aux individus le soin de poursuivre la réparation. Il s'agit là pourtant de la violation de devoirs de *droit*.

Cette distinction des devoirs de *droit* et des devoirs de *vertu* est une vérité que personne ne songe à contester. Il n'en est pas de même de la doctrine sur les devoirs envers Dieu. Kant ne reconnaît pas ces devoirs. La raison qu'il en donne, c'est que tout devoir suppose une relation entre deux êtres bien connus, et qu'il est impossible de définir les relations de l'homme avec un être dont nous ne *connaissons* ni la nature ni tous les attributs. Il serait même de l'avis de Rousseau, s'il était possible que les enfants ne fussent jamais témoins d'aucun acte de vénération envers Dieu, et n'en entendissent même pas prononcer le nom. Mais il veut qu'on les pénètre bien de cette idée que toutes les pratiques religieuses sont des préparations aux bonnes œuvres, non de bonnes œuvres, et qu'on ne peut plaire à l'Être suprême qu'en devenant meilleur. Du reste, Kant n'entend pas que la morale soit athée. Il pense que, si la religion sans la morale n'est qu'un culte superstitieux, la morale sans la religion, c'est-à-dire sans l'idée de Dieu, manque d'efficacité. « Les reproches de la conscience resteront sans effet, si on ne les considère pas comme la voix de Dieu, dont le siége sublime est bien élevé au-dessus de

nous, mais qui a aussi établi en nous son tribunal (1). »
Toujours est-il que Kant supprime les devoirs religieux
proprement dits.

Nous ne croyons pas que la question puisse être ainsi
tranchée par une sorte de fin de non-recevoir. Parce
que nous n'avons pas de Dieu une notion complète,
il ne s'ensuit pas que nous ne puissions avoir des devoirs
envers lui. Tout dépend du rapport dans lequel nous le
concevons avec nous, et de l'idée que nous nous en faisons.
Si Dieu est bien réellement ce que nous le montre la religion de l'Humanité, c'est-à-dire un Être individuel et séparé
du Monde, doué d'intelligence, de volonté, d'amour comme
l'homme, sous la seule différence de la perfection, père et
monarque d'un Monde qu'il a librement créé, et qu'il gouverne comme un roi absolu son empire, ayant la main
pleine de grâces individuelles qu'il laisse tomber sur qui le
sollicite et le prie, selon les sentiments de sa bienveillance
ou les mouvements de sa pitié; si Dieu, dis-je, peut être
représenté sous de pareils traits, nous ne voyons pas pourquoi l'homme n'aurait pas de devoirs envers lui, et de quel
droit la philosophie viendrait supprimer le chapitre de la
morale religieuse. Et même, en retranchant de l'idée de la
Personnalité divine tout ce qui tient à notre nature sensible,
en ne lui laissant que la sagesse et la justice, il resterait
encore, entre l'homme et Dieu législateur et juge, assez de
rapports pour comporter certains devoirs de l'être créé
envers le Créateur.

(1) *Éléments métaphysiques de la doctrine de la vertu*, traduct, p. 244.

Mais, sans parler des doctrines qui suppriment le devoir religieux, en supprimant l'objet de toute religion, il est telle conception de Dieu qui n'admet ni prière, ni amour, ni aucun de ces devoirs qui ne peuvent s'adresser qu'à un Dieu qui aurait tous les attributs de la personnalité humaine, sans les imperfections qui en sont inséparables. Ainsi, pour Aristote, il ne peut y avoir de devoir envers Dieu, Intelligence pure, immobile et impassible. Pour Spinosa, Gœthe et l'école allemande qui identifient Dieu avec la Nature et l'Humanité, si Dieu est l'Être universel dans lequel tout existe, vit, sent, se meut, pense et veut; si les lois de la Nature et les lois de l'Humanité ne sont que l'expression de sa nature et le gouvernement de sa providence; si rien absolument ne lui est étranger dans le cœur, dans la pensée de l'homme, aussi bien que dans la vie de la Nature : alors tout devoir ayant pour objet la Nature ou l'Humanité devient un acte religieux. Pour lui donner ce caractère, il suffit de le rapporter, avec tout ce qui le constitue, la loi, l'acte et l'auteur, à l'Être qui est le principe, la racine, le fond de tout cela. Vu à cette hauteur, Dieu serait au-dessus de nos prières et de nos mystiques amours. Le seul culte digne de la majesté de sa nature serait de le comprendre et de se sentir vivre, agir et penser en Dieu, par Dieu et pour Dieu. C'est en vertu de cette communion avec l'Être universel que toute vie serait sainte, toute vertu divine, et toute morale religieuse. Quand un grand théologien allemand, Scheiermacher, célébrait la religion de *saint* Spinosa, il ne l'entendait pas autrement.

Voilà comment Kant aurait pu, ce nous semble, expliquer

la suppression de la morale religieuse proprement dite, au lieu de se borner à dire qu'il est absurde de parler des devoirs de l'homme avec un être qu'il ne connaît pas. C'est une raison qui n'est bonne que pour ceux qui nient la métaphysique. Pour l'immense majorité des hommes et des philosophes, la raison humaine connaît ou plutôt *conçoit* Dieu, au moins dans une certaine mesure : autrement elle ne pourrait même prononcer son nom. Mais quelle idée faut-il se faire de Dieu ? Là est toute la question. Car, selon la solution que la philosophie en donne, il faut maintenir et supprimer ce chapitre de la morale. Même observation pourrait être faite sur le paradoxe de Rousseau interdisant de parler de Dieu aux enfants. Il y a tel Dieu plus facile à faire comprendre aux enfants qu'aux hommes. Si celui-là est le vrai, la réserve de Rousseau ne peut se justifier. Mais un Dieu pur Esprit, Intelligence parfaite, tel que le conçoit Aristote, ne serait guère accessible à cet âge de l'imagination et de la sensibilité. Et si par Dieu on entend l'Être absolu, infini, universel de certains métaphysiciens, il est par trop évident que cette conception-là n'est point à la portée des enfants, quelques efforts que l'on fasse pour l'y mettre.

Il y aurait une chose utile à faire : ce serait de résumer, dans une espèce de manuel, les vérités éparses dont se compose la morale de Kant. C'est assurément la doctrine la plus complète et la plus systématique qui ait paru dans les temps modernes. Il n'est pas une question théorique ou pratique de quelque importance que Kant ait oubliée dans ses nombreux traités; il n'en est pas une qu'il n'ait résolue par une application rigoureuse des principes posés dans la *métaphysique des mœurs*. La morale personnelle et domestique, la pédagogie, la morale sociale, le droit politique, le droit international; devoir des époux, des parents et des enfants; principes et méthodes d'éducation, tempérance, chasteté, dignité personnelle, suicide, mensonge, etc.; principes rationnels de la propriété et du contrat; origine, but, mission du gouvernement, droits des citoyens, souveraineté du peuple, la paix, la guerre, le droit d'insurrection : toutes ces questions reçoivent une solution souvent profonde, presque toujours juste, invariablement conforme aux principes. Il y a dans les livres de ce philosophe des lumières et des leçons pour les praticiens de tout genre, moralistes, casuistes, légistes, politiques, diplomates. Les politiques surtout qui savent par cœur leur Machiavel, apprendraient à l'école de Kant des choses qui les feraient sourire peut-être, mais auxquelles applaudiront tous les honnêtes gens. Par exemple, Kant tient pour la maxime : *Fiat justitia, pereat mundus*, en l'expliquant bien entendu. Que les politiques méditent ces belles paroles : « La vraie politique ne peut faire un pas sans avoir auparavant rendu hommage à la morale; et si la politique est par elle-même un art difficile, jointe à la morale, elle cesse d'être un art; car celle-ci tranche les nœuds que celle-là ne peut délier. »

Pourtant cette noble et forte doctrine a ses lacunes et ses petits côtés. Elle a plus de solidité que d'élévation, plus de logique que d'étendue. On peut dire que le goût de la formule y rétrécit parfois le sens moral. Kant poussait le scrupule, disons la *manie*, jusqu'à réglementer les moindres détails de la vie pratique, jusqu'à limiter, par exemple, à tel nombre les réunions d'amis et de convives. Nous avons déjà vu pourquoi sa morale rend bien mieux compte des devoirs de justice que des devoirs de charité et de dévouement. Si nous voulions sonder le principe : *respecter la personne humaine en soi et dans autrui,* nous le trouverions non-seulement trop étroit, mais peut-être même trop peu élevé pour dominer la morale entière. Ne semble-t-il pas que Kant, dans sa théorie du devoir, se soit trop astreint au langage de la science du droit? Il y parle sans cesse des devoirs envers les *personnes*. C'est la langue obligée du droit. Est-ce bien la langue de la morale? Au lieu de dire que nous avons des devoirs envers telle personne, ne vaudrait-il pas mieux dire que c'est envers la loi, envers la raison, et seulement à propos de telle personne ou de telle chose? Est-ce la *personne* elle-même qui oblige, ou bien la *loi* dont elle n'est que la matière? Qu'ai-je à respecter dans les mille devoirs que comprend la vie humaine? Toujours une seule et même chose, la loi, l'ordre, le bien, sous quelque forme que ma raison me les présente, véracité, tempérance, justice, charité, dévouement. Changez les termes de la formule; à la *personne* substituez la *loi* : tout s'explique, le dévouement aussi bien que la justice. Nulle personnalité, si grande qu'elle soit, n'a droit au sacrifice de la mienne. Mais la *loi*, expression de la raison, a droit sur tout; je sens que je lui dois tout, même ma vie, si elle me la demande. S'il en est ainsi, la formule kantienne devrait être elle-même rapportée à une formule supérieure qui serait l'expression de la loi, c'est-à-dire de la destinée humaine, reconnue obligatoire par la raison, et qui dominerait tous les devoirs, de toute la hauteur d'un principe *impersonnel*. Alors on ne pourrait reprocher à la morale de Kant une sagesse un peu négative, plus soucieuse du respect des droits que de l'initiative des actes; à sa politique une timidité trop respectueuse pour les préjugés monarchiques de son temps, trop restrictive des droits de la démocratie. Mais où notre philosophe n'est jamais timide, inconséquent, complaisant pour l'erreur, la tradition ou le pouvoir, c'est dans toutes les questions de stricte justice, de dignité personnelle, de moralité, de liberté politique et religieuse. Là il n'est point seulement inspiré par l'esprit du siècle; il l'est encore par la conscience la plus honnête et la plus sûre d'elle-même qui se soit rencontrée depuis Socrate.

Ajoutons, pour finir, que Kant et sa doctrine ne pouvaient trouver un plus digne interprète, mieux préparé à le comprendre, à le traduire et à l'apprécier, par sa connaissance parfaite de la langue, par son goût et son talent d'écrire tout français, par un jugement sûr, un sens moral exquis, et un caractère qui a fait ses preuves d'indépendance, de dignité personnelle et de dévouement. Même après Kant, il y a plaisir et profit à lire M. Barni. Le plus souvent, nous n'avons fait que résumer ses analyses et ses critiques. Nous regrettons de n'en pouvoir citer que ce court passage, qui termine l'exposition de la doctrine de la vertu : « Le but que s'était proposé ce grand philosophe était de fonder une morale qui ne fût ni théologique ni athée. Tout en la rattachant à l'idée de Dieu comme à son suprême couronnement, en faire une doctrine indépendante de tous les dogmes, et la soustraire ainsi à toutes les controverses religieuses, voilà le problème qu'il se posa ; bien plus, voilà l'œuvre qu'il accomplit. Nul philosophe au xviii® siècle n'a mieux travaillé à *séculariser* la morale, car nul ne lui a élevé un monument plus solide et plus imposant. Que ce soit là son éternel honneur. Notre tâche à nous, enfants de ce siècle d'émancipation, est de continuer l'œuvre commencée, en nous appliquant à perfectionner toujours les idées morales, et à les répandre de plus en plus. »

Et nous aussi, si nous avions un conseil à donner aux *fils* du xviii® siècle, aujourd'hui surtout, ce serait de se souvenir un peu plus de leurs pères et un peu moins de leurs aïeux. Nous ne trouvons pas que la philosophie du xix® siècle ait continué avec la suite, la fermeté, l'indépendance nécessaire, l'œuvre de *sécularisation* entreprise avec tant de liberté et de courage par Kant et les philosophes du dernier siècle. Les nombreux et brillants ouvrages de morale qui ont paru dans notre siècle sont plutôt d'éloquentes réfutations de la morale de la *sensation* que des traités complets et pratiques, ayant pour but de remplacer, au moins chez les esprits cultivés, la morale théologique. Si les beaux livres de MM. Cousin, Jouffroy, Damiron, Jules Simon ne laissent rien à désirer pour la pureté, l'élévation des principes qu'ils développent, ils n'embrassent pas toutes les questions de morale pratique, et ne pourraient se résumer en manuels populaires.

Le xxiii® siècle eut une foi sans bornes dans les

œuvres de la pensée humaine. Religion, morale, politique, il voulut tout refaire et tout fonder sur la philosophie. Il crut possible le règne universel de la raison. Il fit des catéchismes de religion et de morale naturelle pour l'enseignement de tous. Malheureusement ses œuvres les plus populaires sont sorties d'une école qui ne pouvait comprendre ni la vraie religion, ni la vraie morale, ni la vraie politique. Tous ces essais, vicieux par la base, n'ont pu prévaloir contre la tradition. Le *catéchisme* théologique, catholique ou protestant, est resté le seul enseignement du peuple, disons même du public, qui ne va guère chercher la morale et la religion rationnelle dans les longs, laborieux et obscurs traités des philosophes. Quant à nous, les enfants de ce siècle, nous qui avons l'expérience de ses erreurs et la connaissance de l'histoire, ne pourrait-on pas reprocher à notre sagesse d'être trop contemplative? Dans notre superbe intelligence des choses, nous sourions des prétentions juvéniles de nos pères. Prenons-y garde. *Si jeunesse savait, si vieillesse pouvait*, dit le proverbe! Tâchons que ce ne soit pas le jugement de l'histoire sur le XVIIIe et sur le XIXe siècle. A tout prendre, ce ne serait pas ce dernier qui aurait le beau rôle. Et la philosophie aujourd'hui serait d'autant plus coupable de ne rien oser qu'elle a les mains pleines de vérités recueillies par l'érudition, l'observation et l'analyse; les sciences physiques, l'histoire, la psychologie l'en accablent à l'envi. Elle n'a qu'à les ouvrir en quelque sorte pour laisser tomber sur ce public que le vide fatigue, sur ce peuple que la superstition commence à faire rêver, des trésors de vraie morale et de vraie religion qui restent enfouis dans les gros livres.

Pour populariser tant de belles et vitales vérités, il ne faudrait à ses adeptes que deux choses : l'amour du peuple et l'art de lui parler. Si nous essayions de le *catéchiser* en ce simple et facile langage que le xviii⁰ siècle connaissait si bien, peut-être nous comprendrait-il ? Quand la philosophie a un pareil instrument dans la main, on a peine à s'expliquer qu'elle ne soit pas plus populaire. Il faut que nos philosophes aient une violente peur de la théologie, ou un grand mépris de l'humanité pour s'enfermer ainsi dans leurs écoles. Ils ont pourtant appris, par expérience, que si l'on n'a pas le peuple pour soi, on n'a personne, et que la démocratie se venge du dédain de la philosophie en l'abandonnant aux ennemis communs. Les sciences proprement dites, la physique, l'astronomie, la géologie et l'histoire naturelle commencent à percer de leurs rayons les ténèbres des intelligences populaires. Et la lumière de la philosophie n'est pas encore descendue dans les consciences et les cœurs ! Pauvre peuple-roi, est-il étonnant que tes ennemis te mettent une couronne d'épines sur la tête, un roseau à la main, en guise de sceptre ? Tu feras bien de te défier de tous ceux qui te parlent de royauté, et t'en refusent les attributs, la sagesse et la vertu. M. Proudhon n'a pas commis un paradoxe quand il a dit : La démocratie, c'est la *démopédie*. Or la *démopédie* doit être aujourd'hui plus que jamais l'œuvre des philosophes. Toute propagande catholique ou protestante, si libérale et si démocratique qu'elle semble, ne nous suffit pas. Il y a une coupable faiblesse à laisser cette œuvre sainte à nos adversaires ; il y aurait de l'imprudence à la confier même à des alliés et à des amis sincères. Faisons nos affaires nous-mêmes. Au jour dit, la démocratie se souviendra de ceux qui n'auront pas désespéré de son intelligence et de sa moralité.

LIVRE IV.

HISTOIRE.

I

PHILOSOPHIE ANCIENNE.

. *Essai sur la métaphysique d'Aristote*, par Félix Ravaisson.

Il y a quarante ans, la philosophie en France ne savait pas le premier mot de son histoire. On admirait sur parole le génie de Platon et d'Aristote, sans se soucier beaucoup de leurs doctrines ; on connaissait à peine les noms de Plotin, de Jamblique, de Proclus. L'antiquité philosophique datait du xviie siècle. Quant à la philosophie grecque, c'était, dans la sphère de la pensée, le pays des chimères et des nuages ; il était convenu que la vraie science n'avait rien à y chercher. Depuis ce temps, la direction de la philosophie a complétement changé ; maintenant on abandonne la philosophie pour l'histoire, la pensée pour l'érudition. Les livres des philosophes de l'antiquité sont entre toutes les mains. Toutes les grandes écoles sont explorées, le platonisme, le péripatétisme, le stoïcisme, le néoplatonisme. Par la complète connaissance de son passé, la philosophie arrive enfin à la pleine conscience d'elle-même. Bientôt, dans ce champ si longtemps négligé et si fertile en découvertes, il ne restera plus que quelques détails à recueillir, plus dignes des recherches de l'érudit que des spéculations du philosophe. La philosophie française, quelles que soient ses destinées futures et ses dernières conclusions, n'oubliera jamais le promoteur de ce grand mouvement. Celui qui a donné l'impulsion à la philosophie actuelle n'est, quoi qu'on en ait dit, ni M. Royer-Collard, ni même M. Maine de Biran; c'est M. Cousin. Le premier, avec ses commentaires supérieurs de la psychologie écossaise, le second, avec ses analyses profondes des facultés actives, n'ouvraient point à la pensée moderne une carrière assez vaste. M. Cousin, par ses nombreux et importants travaux, par une direction énergique et persévérante des esprits, par une organisation habile des recherches, enfin, par sa méthode éclectique, parfaitement propre à ce genre d'études, a créé l'école historique, la seule qui pût relever la philosophie du profond abaissement où l'avait trouvée le xıxᵉ siècle.

L'une des plus remarquables œuvres de cette école, à notre sens, est le livre de M. Ravaisson, sur la *Métaphysique* d'Aristote. C'est encore M. Cousin qui a ramené la pensée moderne sur les traces effacées du péripatétisme. Un concours ouvert, sur sa proposition, par l'Académie des sciences morales, d'où sortirent plusieurs mémoires fort distingués, une traduction faite par lui-même des deux principaux livres de la métaphysique, suivie d'une traduction complète par ses élèves, et quelques thèses, utiles au début, aujourd'hui oubliées, sur divers points de la philosophie d'Aristote, ouvrirent la voie à ce mouvement péripatéticien dont le beau travail de M. Ravaisson sera le résumé et la conclusion définitive. Recueillir la pensée d'Aristote, éparse dans la *métaphysique* et les autres traités, rétablir et reproduire dans une exposition savante l'enchaînement systématique des diverses parties dont elle se compose; puis la suivre, à travers la philosophie ancienne et le moyen âge, jusque dans les temps modernes; enfin l'apprécier à sa juste valeur : telle est la tâche que s'est proposée l'auteur, dans un ouvrage qui ne doit pas comprendre moins de quatre volumes. Deux ont déjà paru; le premier est consacré à la discussion de l'authenticité et de l'ordre des livres de la *métaphysique*, à l'analyse des chapitres de ce traité, enfin à l'exposition synthétique des doctrines qu'il contient; le second, qui fera seul l'objet de cet examen, comprend l'histoire de la *métaphysique* depuis Aristote jusqu'à la clôture des écoles païennes. Avant de juger ce livre, nous croyons nécessaire de le faire connaître par une rapide analyse, dans laquelle nous conserverons le langage même de l'auteur, et par des citations fréquentes.

La philosophie grecque eut d'abord, comme la religion dont elle était sortie, la Nature pour point de départ, pour objet et pour terme. Cosmologie, psychologie, théologie, tout était compris dans la physique. L'école ionienne envisage la Nature au point de vue de l'expérience, et n'en voit que la variété. L'école de Pythagore la considère au point de vue de la raison et en comprend l'unité. Ce Monde, où les uns ne voient que diversité, où les autres ne voient qu'harmonie, s'offre encore sous un autre aspect à l'école d'Élée, qui, sous la scène toujours changeante des phénomènes, découvre la substance même, indivisible, immuable et immobile de la Nature. Avant elle, Pythagore, sans sortir du monde, avait cherché la raison de l'essence des choses, non dans la matière dont elles se composent, mais dans les lois ou formes qui gouvernent les rapports de leurs éléments. Ces formes et ces lois que les pythagoriciens ont cru trouver dans les mathématiques, Platon, à la suite de Socrate, les cherche dans la dialectique. Ainsi, par un progrès évident, la philosophie passe de la *matière* à la *loi*, de la *loi* à l'*idée*, unité commune à la multitude indéfinie des individus, modèle parfait d'imparfaites images qu'on nomme les choses sensibles.

L'idéalisme de Platon n'est point encore la vraie science. La *dialectique* est encore une méthode superficielle qui, par la généralisation et l'abstraction, donne, non des principes et des causes efficaces, mais seulement les conditions logiques et pour ainsi dire les cadres vides de l'existence; formes sans substance, fantômes de l'entendement, doués par l'imagination d'une réalité indépendante qui ne leur appartient pas. C'est au fondateur de l'anatomie et de la physiologie comparées qu'il était réservé de dépasser à la fois la physique, les mathématiques et la dialectique, et d'élever la philosophie, au-dessus des sens et de l'abstraction rationnelle, au point de vue supérieur de l'intuition vraiment métaphysique. L'objet de la métaphysique, c'est l'être en tant qu'être, c'est-à-dire l'être duquel dépend et auquel se rapporte tout mode d'existence. Mais la catégorie de l'être comprend d'une part les genres et les espèces, de l'autre les individus en qui seuls subsistent les genres et les espèces. Donc, les individus seuls sont des êtres et de vraies substances.

Dans la catégorie de l'être, Aristote distingue encore ce qui n'est que possible et ce qui est actuellement, l'être en puissance et l'être en acte. C'est ce dernier qui est l'être véritable. L'être en puissance, sans être le pur néant, n'est encore qu'un non-être, origine nécessaire, mais non principe de l'être, dans ce monde mobile, toujours en chemin vers l'être, mais ne l'atteignant jamais qu'incomplétement. Tout individu a une manière d'être substantielle, une essence propre, une forme enfin, principe et fin tout à la fois de ses mouvements. Dans les êtres inférieurs, cette forme est la *nature ;* dans les plantes, dans les animaux, c'est une *âme ;* dans l'homme, cette âme, libre dans ses tendances et dans ses mouvements, prend le nom d'*entéléchie.* La forme, quelle qu'elle soit, nature, âme proprement dite, ou entéléchie, est principe du mouvement dans l'être où elle réside, sans être son principe à elle-même; elle remonte à une cause qui possède avant elle l'existence et qui la lui communique. Cette cause en suppose une autre, et ainsi de suite; mais comme la série des causes ne peut être infinie, il faut une Cause première, éternelle et immuable, un Moteur immobile, par conséquent immatériel, qui meut le Monde sans se mouvoir lui-même, par l'amour seul qu'il lui inspire ; premier Moteur, parce qu'il est le Bien, c'est-à-dire la Fin dernière de toutes choses; Être par excellence, duquel tous les autres tiennent le mouvement, la vie, l'existence. « La méthode platonicienne, pour atteindre les principes, dépouille les choses, par l'abstraction, de leur caractère individuel, de leur existence particulière, et par degrés les ramène, comme à leurs prototypes et à leurs sources, aux plus indéterminées et aux plus vides des généralités, à ce qui est le plus bas degré, le *minimum*, et en quelque sorte l'absence même de toute réalité. Elle croit, elle semble monter, d'idée en idée, les degrés d'une échelle de perfections intelligibles, et elle ne fait que redescendre la série des conditions de l'existence, expression des états de moins en moins déterminés de la matière ou de la pure possibilité, réalisés par l'entendement. Aristote reconnaît pour le véritable être la réalité, objet individuel d'intuition, c'est-à-dire l'acte. L'essence, la substance de chaque être, c'est un acte spécial caractéristique de sa nature, forme propre à sa matière, fin à laquelle tendent ses puissances, raison et cause efficace de ses déterminations et de ses mouvements. Et alors remontant de cause en cause, de chaque fin à une fin plus haute pour laquelle celle-là n'est qu'un moyen, de chaque acte naturel à un acte plus parfait qui l'explique, de chaque réalité à une réalité plus pleine et plus achevée, objet d'une intuition plus précise et plus immédiate, éliminant ainsi, par une abstraction naturelle qui n'est que l'expression du progrès des choses mêmes, l'élément inférieur de la matière passive et de la simple possibilité, Aristote rattache enfin toutes les existences naturelles à une existence plus haute, qui en est le but : acte pur où réside le *maximum*, ou plutôt le tout de l'être et de la réalité, premier principe dont tout dépend, et qui ne dépend de rien. »

Cet acte pur, simple, parfait, dans lequel consiste la nature de Dieu, c'est la pensée. « C'est en effet à la pensée que la Nature entière aspire et marche comme à la fin et au bien, par conséquent au Principe suprême. Par l'amour qu'elle excite, l'Intelligence divine produit d'abord dans le ciel ce mouvement rapide, duquel naît la chaleur, cause seconde de toute vie. A tous les degrés successifs de la vie, dans le progrès continu de l'activité, de la simple mixtion à la végétation, de la végétation à la sensibilité, de la sensibilité à la raison, la Nature ne fait autre chose que s'élever de la matière informe à la forme achevée de la pensée. A chaque pas qu'elle fait, à chaque degré qu'elle monte, elle s'explique mieux, elle se fait mieux entendre, elle montre mieux le sens de son être, de plus en plus intelligible à mesure qu'elle est davantage intelligence et pensée. »

Premier Moteur et Cause finale, la Pensée divine est encore principe d'essence et de forme pour tout ce qui est. Tout être aspire au bien et en reçoit l'influence dans une certaine mesure ; c'est à cette influence plus ou moins immédiate qu'il doit tout ce qu'il possède d'être et de perfection. Bien plus, la Pensée divine n'est pas seulement le principe de toute essence ; elle est l'essence même de tout individu : la Nature entière, l'âme, la raison, ne sont que les divers degrés de la suprême Pensée. « Intelligence, sensibilité, vie végétative, puissances de divers ordres d'une seule et même Ame, ce n'est donc qu'un même principe, le principe immortel, immatériel et divin de la pensée, plus ou moins différent et distingué de lui-même, selon le degré auquel est parvenue la réceptivité de l'organisme. Essence de toutes les intelligences, dans lesquelles elle se multiplie sans rien perdre de son unité, l'Intelligence suprême est par cela même l'essence, la forme supérieure, l'être absolu des âmes humaines tout entières, dans toutes les puissances différentes qu'elles contiennent. Or, ce qu'elle est à la nature humaine, comment ne le serait-elle pas à toute la Nature, dont l'Humanité est à la fois le résumé et le but? Et qu'est-ce alors que le Monde, selon la *métaphysique* d'Aristote, si ce n'est la manifestation de la Pensée divine, particularisée, multipliée, diversifiée dans les puissances de la matière, plus ou moins transformées en son action; en acte dans soi seule, et dans les pures intelligences où elle se réfléchit; en puissance plus ou moins proche dans tout le reste? »

En comprenant ainsi la pensée d'Aristote, M. Ravaisson avoue qu'elle est encore obscure et enveloppée dans le péripatétisme, et qu'il lui a fallu la développer pour la mettre en lumière. N'est-ce pas une interprétation un peu hardie de la doctrine aristotélique? C'est ce que nous nous réservons d'examiner. Du reste, lui-même conserve des doutes, sinon sur le sens général, au moins sur quelques points de la doctrine. Qu'est-ce que ces actes, exempts de tout mouvement et de toute virtualité, dont Aristote fait les seules et vraies substances, sinon des abstractions? N'est-ce pas de simples accidents du sujet, des effets supposant une cause? Quelle idée se faire de cet acte absolument simple dans lequel on fait consister la nature de Dieu, acte sans puissance et sans sujet? Comment concevoir cette simplicité absolue de la Pensée divine, qui exclut même la distinction de l'intelligence et de l'intelligible? Enfin, renfermé dans une contemplation solitaire de lui-même, Dieu ne laisse-t-il pas l'Univers, ou tout au moins le monde sublunaire, en dehors de sa pensée! Point de Providence qui descende au-dessous du ciel; point d'immortalité pour l'homme, ni de félicité indépendante des circonstances extérieures. Et quant aux deux principes de toute cette philosophie, la puissance et l'acte, il semble impossible de les concevoir séparément. Telles sont les graves difficultés qu'une prédilection marquée pour le système d'Aristote n'a pu cacher à la sagacité de l'historien.

Après ce résumé, M. Ravaisson entre dans l'histoire de l'aristotélisme. Il montre la métaphysique se rapprochant de la physique par une lente dégradation, le principe de la Nature gagnant peu à peu tout ce que perd le Principe suprême de la métaphysique, et enfin la Nature et l'Intelligence se confondant en un seul principe, l'Ame universelle. Théophraste reste encore fidèle à la haute pensée du maître; et pourtant déjà dans sa morale perce une légère tendance au sensualisme. Aristote avait soutenu que la sagesse est maîtresse de la vie; son disciple répète avec le poëte que c'est la fortune. Bientôt la profonde psychologie d'Aristote n'est plus comprise des péripatéticiens, qui réduisent l'âme à l'harmonie des éléments dont le corps est composé. Aristoxène introduit dans la philosophie un principe qui doit y faire fortune; il explique cette harmonie par la tension des puissances qui concourent à la *former*. Pour

Dicéarque, l'âme est moins qu'une harmonie; c'est une simple propriété des corps. Straton de Lampsaque réduit de plus en plus la métaphysique à la physique : d'une part, il abandonne le principe hyperphysique de l'acte et de la pensée pure ; de l'autre, il unit intimement la pensée et l'âme avec le mouvement et la matière. C'est ainsi que le péripatétisme prépare les voies, soit à l'épicurisme, soit au stoïcisme. L'école d'Aristote ne conserve plus guère que ses caractères extérieurs, c'est-à-dire ses exercices de rhétorique, ses précieuses études sur les passions, son éloquence pleine de mouvement et d'éclat, enfin son goût pour la vie politique, et son aptitude aux affaires de la cité ou de la famille.

Les écoles ultérieures se partagent les tendances du péripatétisme dégénéré. Toutes cherchent dans la Nature ce qui ne saurait s'y trouver, ce qui ne peut être qu'au delà et au-dessus des conditions de l'existence physique. Mais elles succombent à la tâche. En interdisant la poursuite de principes chimériques, Zénon ne fait que suivre la voie d'Aristote, qui avait écarté toute spéculation abstraite; mais en même temps il rejette l'expérience supérieure qui est le fondement de la métaphysique, l'intuition de l'intelligible dans la conscience que l'intelligence a d'elle-même. De même l'épicurisme, d'accord en général avec la philosophie péripatéticienne pour ne rien admettre en dehors de l'expérience, refuse de s'élever à l'idée de l'acte immatériel, tout en cherchant avec Aristote à se dégager du mouvement qui est propre aux choses sensibles. Entre le mouvement et l'acte immobile, l'épicurisme demeure comme à moitié chemin, dans l'immobilité du repos. Le stoïcisme, au contraire, s'attache au mouvement, à l'action, à la force, et y voit le type de l'être et de la vie. Au lieu de l'acte pur, ce qu'il prend pour le premier principe de l'être, c'est la tension ; au lieu de la pure intelligence, c'est la raison tendue, déployée dans la matière et les instincts physiques. Mais le premier Principe devient ainsi, au lieu d'une essence immatérielle, indépendante et séparée du sujet matériel, une substance inséparable de la matière qu'elle anime ; il tombe dans la dépendance, il est sujet aux lois de la matérialité. Le Dieu des stoïciens est assujetti par une loi fatale à toutes les transformations d'où résulte le Monde, et l'abstraction seule l'en sépare.

Le péripatétisme revient sur la scène avec Alexandre d'Aphrodise. « Mais loin de s'élever, avec Aristote, au-dessus des oppositions et des rapports auxquels la Nature et l'Humanité sont soumises, parce qu'elles participent de la matière, jusqu'à ce premier Principe, cet Être transcendant qui est l'acte absolu de la pensée, et qui, affranchi de toute limite, fait et sait tout ensemble, sans se diviser, ni descendre, l'être de tout ce qui est, Alexandre n'a su se représenter la pensée divine qu'à l'image de la nôtre, comme un acte toujours distingué de la substance, qui n'est pas l'être même, mais un mode de l'être, et qui ne donne par lui-même l'être à rien. S'il rétablit, comme Aristote, la Cause première dans son indépendance à l'égard de la Nature, il ne sait pas nous montrer comment la Nature en dépend. »

Cette résurrection du péripatétisme mutilé eut peu de durée et d'influence. Mais la pensée d'Aristote, éclipsée par les écoles d'Épicure et de Zénon, se retrouve au fond de toutes les doctrines ultérieures, et se mêle dans une certaine proportion au syncrétisme des nouveaux platoniciens, Alcinoüs et Numénius. C'est surtout dans l'éclectisme savant des néoplatoniciens alexandrins que se révèle la trace profonde de cette pensée. C'est ce que montre M. Ravaisson en résumant le rôle dans le néoplatonisme de chacune des trois grandes doctrines de la philosophie grecque. « Des trois principes, le moins élevé, l'Ame du monde, c'est la Cause première ou Dieu, tel que les stoïciens l'avaient compris; le second, l'Intelligence, c'est le Dieu d'Aristote; enfin le Principe suprême des néoplatoniciens, l'Un, est le Dieu de Platon. Le néoplatonisme recueille ainsi les doctrines qu'ont laissées les âges antérieurs; il les relève en quelque sorte l'une au-dessus de l'autre dans l'ordre inverse des temps qui les ont vues paraître; il en forme les assises successives d'une vaste philosophie que couronne l'antique doctrine de Platon. » Dans sa forte et brillante analyse du système de Plotin, l'historien fait ressortir successivement tous les emprunts faits au péripatétisme, d'abord et avant tout la théorie du principe général des choses, conçu comme un acte et entièrement séparé du monde, la grande doctrine de l'intelligence pure, puis la théorie de la matière conçue comme une simple puissance, la théorie de la sensation, de l'imagination, de la mémoire, considérées comme facultés actives, enfin la théorie de la vérité fondée sur l'identité de l'intelligence et de l'intelligible.

Mais l'Intelligence, sommet de la métaphysique, n'est pour l'idéalisme alexandrin qu'une région moyenne qu'il traverse sans s'arrêter. Au delà de l'Intelligence, il découvre le Bien ; au-dessus de l'unité de la pensée, l'Un, principe suprême dont il n'y a rien à dire, si ce n'est qu'il est l'Un. Est-ce un progrès véritable sur la pensée d'Aristote? Dans la doctrine de l'Unité, supérieure à l'intelligence, M. Ravaisson voit au contraire une chute profonde. « L'existence, même toute seule, sans nulle autre détermination, impliquant toujours quelque acte par où elle se manifeste, il faut, pour dépasser entièrement la sphère de l'action, remonter plus loin encore, jusqu'à la pure et simple possibilité d'être. Et c'est à cette idée, dont lui-même, après Aristote, il a fait la définition de la matière, dernier degré de l'être, c'est à l'idée de la puissance indéfinie et indéterminée que Plotin réduit enfin son Unité et son Dieu ; c'est à ce néant d'existence, à ce rien mystique que, selon lui, la perfection et la félicité suprême consistent à se réduire. Vouloir s'élever au-dessus de l'intelligence, disait-il aux gnostiques, c'est en déchoir. Il semble que ce soit du moins ce qui lui arrive ici. Pour remonter au delà de l'intelligence elle-même, il traverse pour ainsi dire la région de l'amour, et retourne se perdre dans celle de l'existence informe et indéterminée, qui est à peine le premier degré de la Nature. Comme le moment où la planète qui gravite autour du soleil arrive le plus près de lui, est celui même où elle est emportée avec le plus de force et de vitesse vers son aphélie, de même le néoplatonisme ne semble se rapprocher dans sa marche du centre ardent et lumineux de la pensée chrétienne, que pour aller s'enfoncer aussi avant que jamais dans les plus ténébreuses régions du naturalisme païen. »

Tout en restant fidèle à la doctrine de Plotin, Porphyre est profondément pénétré de la philosophie d'Aristote; ses nombreux commentaires sur les ouvrages de ce philosophe attestent ses préoccupations péripatéticiennes. Dans Syrianus et dans Proclus, le néoplatonisme fait déjà retour au péripatétisme. Dans Proclus, le principe matériel revient se placer au-dessus des dieux, tout au-dessous ou plutôt à côté du Dieu suprême, comme l'origine primitive de toute division et de toute pluralité. Ainsi, au lieu d'un seul principe d'où émane, avec ce qui lui ressemble, ce qui lui est contraire, on retrouve deux principes, dont l'un n'est rien que par le désir que l'autre lui inspire et l'attraction puissante qu'il exerce sur lui. C'était retomber dans le dualisme péripatéticien dont Plotin croyait avoir définitivement triomphé. Enfin commence ouvertement, dans l'école d'Athènes, la restauration du péripatétisme; dans les traités d'Ammonius, fils d'Hermias, de Simplicius, de Jean Philopon, de David d'Arménie, Aristote reprend la première place et relègue le platonisme au second plan. Un ouvrage apocryphe, dernier monument de la philosophie grecque, révèle une transformation complète du néoplatonisme au profit d'Aristote; théologie, psychologie, cosmologie, tout y rentre dans les idées péripatéticiennes. Le retour au péripatétisme est universel; la philosophie latine, par l'organe de Boëce, obéit au mouvement. L'aristotélisme eut pour destinée unique de clore l'antiquité et d'ouvrir les temps nouveaux, d'être à la fois le dernier flambeau de la pensée ancienne, et l'aurore de la pensée moderne. «Partout, du ve au vi^e siècle, dans le même temps où l'empire tombait sous l'effort des barbares, le platonisme s'éteint avec l'antique religion dont il avait uni la cause à la sienne. Partout il disparaît avec ces superstitions, débris du culte de la Nature, qu'il s'est flatté vainement de relever, et qui l'entraînent enfin dans leur irréparable chute. Partout, sur les ruines de l'ancienne civilisation qui s'écroule, l'aristotélisme reste seul pour les temps et les peuples nouveaux. Seul il reste, comme ces édifices dignes par leur immortelle beauté de survivre à la divinité même qui les habita, et qu'une religion nouvelle vient occuper d'abord, pour les approprier ensuite, par une transformation successive, à son nouveau Dieu. »

La critique d'un pareil livre est fort embarrassante; il est plus facile d'en signaler les mérites que d'en relever les défauts et les erreurs. Le premier mérite qui nous ait frappé, c'est la méthode essentiellement systématique appliquée par l'auteur à l'histoire des doctrines. On peut, avec une érudition fort exacte, et dans une analyse substantielle et complète, fort mal exposer une doctrine. C'est ce qui arrive lorsqu'on n'a pas su démêler le fond de la pensée, le principe même de tout le système. En vain a-t-on recueilli laborieusement tous les fragments d'une doctrine, la doctrine elle-même échappe à qui n'en a pas saisi la pensée intime et générale. C'est un labyrinthe où l'historien le plus sagace s'égare, faute d'un fil conducteur; il ne rencontre partout qu'obscurités, incertitudes, incohérences, contradictions. Beaucoup d'histoires de nos jours ont ce défaut; l'histoire de Ritter, excellente à tant d'égards, en offre un exemple remarquable. Les doctrines y sont exposées avec beaucoup d'intelligence et avec une érudition

très-solide et très-heureuse, mais sans ordre et sans unité.
La méthode de M. Ravaisson est tout autre. Il pose tout
d'abord le principe d'une doctrine, et y ramène tous les
détails de son analyse. Ce n'est pas qu'il devine à priori la
pensée intime de l'auteur ; mais, après l'avoir découverte
par un lent et ingénieux travail d'érudition, il la dégage des
détails qui l'étouffent, la produit sous sa forme la plus nette
et la plus simple, et y subordonne tout le reste. C'est ainsi
qu'il simplifie, sans les mutiler, toutes les doctrines qu'il
expose successivement, remontant toujours au principe
caractéristique de chacune, rattachant, par exemple, le
platonisme tout entier à la dialectique et à la théorie des
idées, le péripatétisme à la formule de l'acte et de la puissance, le stoïcisme à l'idée de force et de tension, le néoplatonisme à l'idée de procession. Son livre est une histoire
intime de la pensée, qui néglige à dessein les accidents et
les apparences contradictoires pour s'attacher au fond toujours immuable et identique des systèmes, qui suit, observe
et signale avec une extrême sagacité les mouvements secrets, les transformations intérieures d'une doctrine, à travers les vicissitudes de sa destinée historique. Ainsi faite,
l'histoire de la philosophie devient vraiment claire et instructive ; réduite à un petit nombre d'idées premières,
dont tous les systèmes ne sont que des développements,
elle manifeste l'unité, l'enchaînement et le progrès de la
pensée humaine.

Cette méthode a sans doute ses dangers. Elle peut conduire l'historien, tantôt à une intelligence profonde, mais
étroite, tantôt à une interprétation douteuse des doctrines;

elle l'expose à voir moins ou à voir plus que la réalité. Une continuelle préoccupation des principes fait qu'on oublie non-seulement des détails peu regrettables, mais des parties considérables d'un système. Une seule vue fausse suffit pour fausser toute l'analyse d'une doctrine. L'esprit ferme et pénétrant de l'auteur a évité cet écueil. C'est toujours la pensée intime des systèmes qu'il saisit et expose. Les esprits qui n'ont étudié l'histoire de la philosophie que dans des précis, les purs érudits qui se sont perdus dans le détail des doctrines, pourront bien ne pas reconnaître dans le livre de M. Ravaisson les systèmes de la philosophie grecque. Les esprits sérieux et élevés ne s'y tromperont pas. L'analyse des doctrines y est neuve, parce qu'elle y est profonde ; si le lecteur fait à chaque pas des découvertes dans ce livre, c'est que jusqu'ici l'histoire de la philosophie lui avait été présentée sous un faux jour. L'exposition de l'auteur fait si bien ressortir la richesse et la beauté des doctrines qu'on est tenté au premier abord de prendre son livre pour un libre commentaire où elles reparaissent transformées par la pensée personnelle de l'historien. Au contraire, c'est l'histoire la plus exacte qui ait été faite de la métaphysique ancienne : seulement, il se trouve que l'histoire est infiniment plus neuve que tous les tableaux de fantaisie dont l'antiquité philosophique a été le sujet. Le platonisme, dépouillé de ses riches draperies et réduit à sa pure substance, apparaît enfin avec son caractère propre et sa vraie portée. L'aristotélisme, mal connu et mal apprécié jusqu'ici, reprend, dans d'admirables analyses, le sens profond, l'unité, la beauté, la vérité, dont les commentateurs avaient perdu le secret. La pensée stoïcienne, disséminée par fragments dans ses compilateurs et dans les historiens, se trouve recueillie, condensée, réorganisée en un système parfaitement simple, homogène, conséquent dans toutes ses parties. Le mysticisme alexandrin s'y montre avec ses profondes abstractions et ses éclatantes images; il apparaît plus vivant, si j'ose le dire, dans l'analyse de M. Ravaisson que dans le livre des Ennéades. Toute cette exposition, quelque libre et quelque systématique qu'elle soit dans la forme, est esclave des textes. L'érudition y est heureusement choisie et fort habilement employée, mais sans subtilité et sans artifice. L'analyse n'est souvent qu'une traduction heureuse des fragments cités ; quand elle va jusqu'à l'interprétation et au développement, elle reste toujours fidèle à la pensée première du philosophe. Tous les textes sont importants, beaucoup sont décisifs ; il en est qui, restés obscurs jusqu'ici, nous révèlent les aspects les plus intéressants d'une doctrine. C'est sur les stoïciens, sur les nouveaux platoniciens, sur les alexandrins surtout que l'érudition de l'auteur est abondante et excellente tout à la fois. A voir un tel choix de textes, on comprend l'immense travail de l'auteur ; il faut être bien riche pour avoir la main aussi heureuse ; il n'y a qu'une étude patiente et complète des monuments qui ait pu conduire à la découverte de textes aussi significatifs.

Voilà pour le fond du livre. Quant au plan, on est tenté, au premier abord, de croire que M. Ravaisson a voulu renfermer toute l'histoire de la philosophie ancienne dans l'histoire du péripatétisme. Pourquoi cette longue exposition du stoïcisme? Pourquoi cette analyse détaillée de la philosophie de Plotin? Qu'est-ce autre chose que des digressions dans le domaine général de la philosophie? — Si cela était vrai, il ne faudrait pas en faire un grave reproche à l'auteur, puisque nous devrions à un défaut de plan les meilleures analyses qui aient été faites des grands systèmes de l'antiquité. Mais une lecture attentive nous révèle le dessein de l'auteur, et comment ces excursions apparentes rentrent parfaitement dans le plan général du livre. L'histoire du péripatétisme dans l'antiquité imposait à M. Ravaisson la tâche difficile d'en suivre et d'en montrer partout l'influence : or, le péripatétisme, après Aristote, pénètre profondément dans la philosophie grecque, et s'incorpore en quelque sorte à sa substance. A cet état d'assimilation, il est difficile, et d'ailleurs très-peu sûr d'en signaler tout d'abord la présence dans une doctrine; une analyse de cette doctrine est nécessaire pour faire voir comment et jusqu'à quel degré le péripatétisme s'y est introduit.

Cette méthode a encore un autre avantage : elle met sous les yeux du lecteur le travail même de la philosophie, s'assimilant en tout ou en partie la pensée d'Aristote, se décomposant et se recomposant sous l'action énergique de ce nouveau principe, et se transformant ainsi en une doctrine supérieure; elle l'initie de cette façon à tous les secrets de l'organisation, à tous les mouvements de la vie intérieure de la pensée. L'histoire de la philosophie est un drame plein d'unité, où tout tient à tout, où les doctrines s'enchaînent en se succédant, où chaque système, par ses rapports avec l'ensemble, représente en quelque façon la philosophie tout entière. Une simple et sèche énumération des emprunts faits au péripatétisme par les doctrines ultérieures n'eût point atteint le but que se proposait l'auteur ; elle eût indiqué les résultats, sans expliquer comment, par quelle métamorphose, dans quelle mesure, l'ancienne doctrine s'est introduite dans la nouvelle. Une fois que la pensée d'Aristote a passé dans le mouvement général de la philosophie grecque, elle s'y mêle et s'y assimile intimement. Pour l'y retrouver, il était nécessaire de pénétrer dans la substance même des doctrines; car c'est toujours à une grande profondeur qu'elle se mêle à la philosophie ultérieure. Il ne suffisait point d'extraire brusquement l'élément péripatéticien des systèmes dans lesquels il se trouvait engagé; il fallait, par une opération plus savante, le montrer en travail d'assimilation et de transformation, au sein des doctrines qui l'avaient recueilli. Sans cette méthode, il n'y a pas de véritable histoire du péripatétisme. Ainsi, ce n'est que par une longue analyse qu'on pouvait faire voir le principe péripatéticien, l'acte pur de l'intelligence s'altérant par degré, et devenant l'action, la tension, le mouvement de l'âme proprement dite, principe de toute la métaphysique stoïcienne. Sans une exposition détaillée, comment l'historien aurait-il fait comprendre l'influence des idées d'Aristote sur le néoplatonisme? Il faut lire cette partie du travail de M. Ravaisson pour juger de la supériorité de sa méthode. Les traces du péripatétisme dans les doctrines des alexandrins, bien que nombreuses et profondes, sont si peu évidentes qu'elles ont échappé à la plupart des historiens de la philosophie. On répétait le mot de Porphyre, attestant les emprunts faits par Plotin à Aristote, sans en comprendre la portée. M. Ravaisson ne se borne point à récapituler les théories d'Aristote qui ont passé dans le néoplatonisme ; il montre cette philosophie recueillant successivement les doctrines du passé dans l'ordre inverse de leur apparition, s'élevant du stoïcisme au péripatétisme, du péripatétisme au platonisme, et couronnant le tout par une pensée qui lui est propre. L'auteur explique ainsi tout à la fois comment la philosophie ultérieure emprunte au passé, et en même temps comment elle transforme ses emprunts. Considérée à ce point de vue, l'histoire de M. Ravaisson présente un plan parfaitement régulier et suivi; les digressions apparentes rentrent naturellement dans le sujet. L'enchaînement des idées y est rigoureux, et toujours visible pour qui en suit d'un œil attentif le tissu très-serré. C'est toujours le péripatétisme qui est le principe, le centre et le but de toutes ces excursions dans le domaine général de la philosophie.

Ce livre n'est pas moins remarquable par la forme que par le fond et le plan. Le style en est à la fois simple et savant. La force et le nerf, alliés à l'élégance, la précision et la concision sans obscurité, un certain éclat d'images souvent nouvelles, qui représentent la pensée d'une façon plus vive, sans jamais en altérer la pureté, une rare distinction de formes, une expression toujours adéquate à la pensée, une parfaite propriété de termes, rien de ce luxe de mots qui trahit toujours, soit l'incertitude de la pensée, soit l'ignorance des ressources du langage, telles sont les qualités éminentes qui distinguent la manière de l'auteur.

Sans rien perdre de ces qualités qui nous avaient déjà frappé dans le premier volume, le langage de l'auteur nous semble avoir gagné en souplesse et en clarté. On pouvait lui reprocher l'abus des formules péripatéticiennes. Dans le deuxième volume, le langage de l'auteur se plie aux formes diverses des doctrines, et se teint en quelque sorte des couleurs du sol sur lequel il passe, sans jamais perdre toutefois son originalité; il emprunte successivement les formules abstraites et concises d'Aristote, la concision nerveuse et un peu sèche des stoïciens, l'incomparable éclat des images orientales et alexandrines. Un fragment de son analyse de Plotin donnera une idée de la fidélité pittoresque avec laquelle il reproduit les doctrines de l'antiquité. « Faire naître l'amour est le propre du bien ; c'est le bien dont le désir trouble l'âme, c'est au bien qu'elle aspire à s'unir. L'objet ne devient désirable que quand le bien l'illumine et le colore, pour ainsi dire, donnant aux choses les grâces, et à ce qui désire, les amours. L'âme en reçoit un rayon ; elle s'émeut alors, elle se trouble, elle se sent atteinte d'un aiguillon caché, elle entre dans le transport et le délire, et l'amour naît en elle. La beauté de l'intelligible n'est pas capable à elle seule de l'émouvoir ; c'est une beauté morte, tant qu'elle n'a pas reçu la lumière du bien, et l'âme reste en sa présence insensible et engourdie. Mais une chaleur secrète en émane-t-elle pour s'insinuer dans l'âme, c'est alors que celle-ci s'éveille et qu'elle ouvre ses ailes. Tel visage est d'une irréprochable beauté, qui pourtant n'attire point, parce qu'à la beauté ne s'y ajoute pas le charme de la grâce. C'est que la vraie beauté est plutôt ce quelque chose qui resplendit dans la proportion que la proportion même, et c'est là proprement ce qui se fait aimer. Pourquoi voit-on sur la face d'un vivant l'éclat de la beauté, et n'en voit-on après la mort que le vestige, alors même que les traits ne sont aucunement altérés? Pourquoi, entre plusieurs statues, les plus vivantes paraissent-elles plus belles que d'autres mieux proportionnées? et pourquoi un animal vivant est-il plus beau qu'un animal en peinture, celui-ci fût-il d'ailleurs d'une forme plus parfaite? N'est-ce pas que celui-là est plus désirable? et cela parce qu'il a une âme, et que cette âme est, en quelque sorte, colorée et éclairée de la lumière du bien, qu'elle en est comme plus éveillée et plus légère, et, à son tour, allége, éveille, et fait participer au bien, autant qu'il en est capable, le corps dans lequel elle réside? »

Nous aurions beaucoup d'autres mérites à signaler dans ce livre excellent de tout point; nous avons hâte d'arriver à la discussion des vues propres à l'auteur. Bien qu'il ait réservé ses conclusions pour un quatrième volume, les tendances de sa critique se montrent déjà clairement dans l'exposition des doctrines. Ainsi, il est évident que M. Ravaisson adopte le jugement sévère porté par Aristote contre le platonisme, et se prononce pour le péripatétisme. Quelque parti que prenne la philosophie moderne dans ce grand débat, ouvert depuis tant de siècles, elle trouvera dans le livre de l'auteur les principaux éléments de la solution. Jusqu'au mouvement historique de ces dernières années, la question, si bien posée par la critique d'Aristote, s'était perdue dans de vagues généralités. Platon et Aristote étaient invariablement cités comme les deux types de méthodes contraires : les partisans de la raison préféraient Platon ; les partisans de l'expérience inclinaient vers Aristote. Il n'y avait qu'un moyen d'en finir avec cette thèse banale, c'était de mettre sous les yeux des lecteurs le vrai Platon et le vrai Aristote. En faisant l'un et l'autre, M. Cousin avait fort avancé ce débat, que le livre de M. Ravaisson est venu, à notre sens, clore définitivement. La querelle du platonisme et du péripatétisme, selon lui, ne représente point l'antagonisme de la raison et de l'expérience, mais la lutte entre une philosophie abstraite et une philosophie *positive*, dans le meilleur sens du mot. M. Ravaisson démontre jusqu'à l'évidence, à notre avis, après Aristote, que la dialectique est une pure méthode de généralisation, qui retient la science dans les généralités, bonne tout au plus pour classer et diviser, mais radicalement impuissante à définir, et par suite à saisir la nature intime de la réalité. La méthode d'Aristote, au contraire, l'auteur le prouve non moins clairement, s'attache tout d'abord à l'essence des choses, et s'y fixe irrévocablement pour la pénétrer dans ses profondeurs. M. Ravaisson juge les deux méthodes par leurs résultats. La dialectique erre dans le vide, et, d'abstractions en abstractions, aboutit, loin de la réalité et de la vie, à une abstraction suprême, l'Unité ; tandis que la méthode d'Aristote, prenant pied dans la réalité, monte successivement les degrés de l'être, s'élevant de la nature à la vie, de la vie à la raison, de la raison à l'intelligence pure. Or, telle méthode, telle philosophie. C'est donc la dialectique qui fait le fond du platonisme ; c'est par elle qu'il faut juger Platon tout entier.

Que les Dialogues contiennent autre chose encore que la dialectique et la théorie des idées, qu'ils parlent d'un Dieu, cause vivante, intelligente et libre du monde, d'âmes répandant le mouvement et la vie dans tout l'univers qu'elles remplissent, rien n'est plus clair; mais qu'importe? Non-seulement ces doctrines ne dérivent point de la dialectique; mais elles répugnent à toutes ses tendances. La vraie doctrine de Condillac n'est-elle pas tout entière dans le Traité des sensations, quoiqu'il ait écrit d'ailleurs en faveur de l'immatérialité de l'âme et de la liberté? Nous sommes de l'avis de M. Ravaisson sur la valeur comparative des deux méthodes; nous eussions désiré seulement que, tout en signalant le vice radical de la *dialectique,* en ce qui concerne la science proprement dite, il en eût fait ressortir l'importance historique. Impuissante comme méthode scientifique, la dialectique fut très-efficace contre la sophistique, qui ruinait toute science par la base. Si elle ne donna point la science elle-même, elle la prépara, c'est-à-dire qu'elle la rendit possible, par cela même qu'elle en rétablit l'objet et les conditions contre les attaques des sophistes.

Quant à la méthode et à la philosophie d'Aristote, nous partageons la prédilection de l'auteur, en faisant toutefois quelques réserves. Le péripatétisme est une doctrine admirable comme science de la réalité; il l'embrasse dans toute son étendue et la pénètre dans toute sa profondeur; mais il n'en peut sortir, impuissant qu'il est à remonter jusqu'aux principes. Il décrit et explique le système du monde avec une supériorité incomparable; les hypothèses du Timée ne sont que des jeux d'enfant à côté des solides et profondes théories d'Aristote. Mais la raison dernière, le principe absolu de ce magnifique système, il ne peut l'atteindre. Son Dieu, intelligence immobile et solitaire, n'est ni substance ni cause de l'univers : il ne fait qu'attirer à lui, c'est-à-dire au bien. Mais tous les êtres qui composent cet univers n'en tiennent ni l'existence, ni l'essence, ni même le mouvement; toute cette Nature qu'Aristote nous représente comme suspendue par l'attraction à la pensée divine, subsiste, vit et se meut par elle-même. Est-ce là une théologie qui satisfasse la raison?

Il est vrai que M. Ravaisson entend tout autrement la pensée d'Aristote. Partant du principe péripatéticien, que toute essence se résout dans une fin, et toute fin dans la fin suprême, le Bien, il en tire des conséquences qu'Aristote n'a point exprimées, et qui nous semblent en contradiction avec sa doctrine générale. Il veut que le Dieu d'Aristote, premier moteur et cause finale, soit en outre principe d'essence et d'existence pour tous les êtres; il va jusqu'à représenter le monde comme la simple manifestation de la pensée divine, particularisée, multipliée, diversifiée dans les puissances de la matière. Une telle interprétation nous paraît dépasser la portée du péripatétisme. Le principe de l'unité absolue, la conception d'un Dieu, substance première du monde, répugnait à la pensée d'Aristote, plus encore qu'à celle de Platon. Ajoutons que rien n'était plus contraire à sa méthode. Partant de la réalité, c'est dans l'expérience qu'Aristote trouve tous ses principes : la forme d'abord; puis le type de la forme, l'acte; enfin le type de l'acte, la pensée parfaite, Dieu. Le Dieu de la métaphysique est le premier être, non le principe du système; il ne le contient ni ne le crée; il n'agit même pas sur le monde; il l'organise, le conserve, le gouverne par attraction. Dans cette conception théologique, rien qui dépasse les limites de l'expérience. C'est par l'observation qu'Aristote, pénétrant dans l'essence des êtres, s'élève à l'acte parfait, à la pensée type de toute forme et de toute essence; c'est par l'observation également qu'il découvre les rapports des êtres entre eux, comment l'infériorité est un principe de dépendance; comment, dans cette vaste hiérarchie d'êtres échelonnés les uns au-dessous des autres, la Nature est suspendue à la Raison, la Raison à l'Intelligence. La gloire immortelle d'Aristote est d'avoir, non pas vaguement conçu à priori, mais trouvé dans l'expérience le vrai système des êtres individuels. Lui prêter une pensée plus haute, l'élever, par une interprétation ingénieuse, jusqu'à la vraie conception des rapports de Dieu et de l'Univers, ce n'est pas seulement, comme l'avoue M. Ravaisson, développer sa pensée, c'est faire violence à son génie et à sa méthode.

Autre doute. M. Ravaisson a vu mieux qu'aucun historien et signalé sans aucune exagération l'influence d'Aristote sur le néo-platonisme; mais il nous semble aller un peu loin, lorsqu'il prétend que cette influence a fini par prévaloir contre le platonisme, et ramener au péripatétisme le mysticisme alexandrin. A toutes ses époques, le néoplatonisme eut à cœur de concilier Platon et Aristote. Cela suffit pour expliquer le grand nombre de commentaires dont la doctrine aristotélique fut le sujet. Qu'aux jours de la décadence, au moment où les recherches de l'érudition succèdent aux spéculations originales, la philosophie d'Aristote soit cultivée par les Alexandrins avec plus de soin encore et expliquée dans le détail, rien n'est plus naturel. Il n'est pas nécessaire de voir dans ce travail sur Aristote un retour au péripatétisme. Une lecture attentive de ces commentaires démontre que les tendances platoniciennes de cette école persistent dans toute leur force. Bien plus, ses derniers représentants, Syrien, Proclus, Damascius, Olympiodore, sont encore plus platoniciens que Plotin et Porphyre. Tous n'estiment et ne cultivent le péripatétisme que comme introduction à la philosophie de Platon, laquelle reste le type de toute science et la source de toute vérité. C'est toujours au profit de Platon qu'ils expliquent Aristote; ils en retranchent ou en transforment tout ce qui répugne essentiellement au platonisme. Toute leur réhabilitation du péripatétisme se réduit à montrer qu'au fond il est parfaitement d'accord avec la philosophie de Platon. Ils n'acceptent aucun des arguments de la critique d'Aristote contre la théorie des *idées*. Syrianus, le plus péripatéticien (si l'on peut s'exprimer ainsi) de tous les philosophes de cette école, compare ces arguments aux flèches des Thraces, qui, lancées contre le ciel, n'atteignent pas jusqu'aux dieux. Le néoplatonisme meurt comme il a vécu, dans le culte de Platon. Quand le péripatétisme reparaît sur la scène, il n'y a plus de philosophie; l'érudition a pris la place de la science; les écoles ont perdu le sens de toute grande doctrine, de la métaphysique d'Aristote aussi bien que de la dialectique de Platon. C'est alors que la logique péripatéticienne vient régner sur les ruines de la philosophie, et que la scolastique commence. Ici la vérité nous semble du côté de l'opinion commune : nous croyons que l'hypothèse fort ingénieuse de M. Ravaisson ne tiendrait pas devant l'histoire. Cette erreur, du reste, vient d'une méthode excellente. M. Ravaisson croit avec une profonde raison que la pensée philosophique se développe, non par de brusques mouvements, mais par des transitions plus ou moins sensibles. L'expérience, en effet, démontre que la pensée procède, comme la Nature, plutôt par transformation que par création. M. Ravaisson cherche dans cette loi de continuité l'explication d'un phénomène curieux, la réapparition et la domination du péripatétisme dans la philosophie du moyen âge; il a cru retrouver le péripatétisme déjà debout et triomphant vers la fin de la philosophie ancienne : en sorte que le règne du péripatétisme au moyen âge ne serait que la suite d'une domination qui aurait commencé dans les derniers temps du néoplatonisme.

C'est à cette même préoccupation sans doute qu'il faut attribuer un autre paradoxe de l'auteur. On avait regardé jusqu'ici le platonisme comme beaucoup plus sympathique au christianisme que la philosophie d'Aristote, et on avait expliqué par des raisons purement extérieures l'alliance durable et étroite du christianisme et d'Aristote. M. Ravaisson nous prépare une explication plus savante; il cherchera le secret de cette alliance beaucoup moins dans le secours que la logique péripatéticienne pouvait prêter à la théologie sacrée, pour l'organisation de ses dogmes, que dans l'affinité profonde des deux doctrines. Selon lui, en effet, ce n'est pas le platonisme, c'est la philosophie d'Aristote qui aurait été la vraie préparation au christianisme. Malgré les savantes études de l'auteur, nous concevons des doutes sur ce point. Ce n'est pas précisément l'opinion reçue qui nous arrête ; le livre de M. Ravaisson est de force à détruire beaucoup de préjugés. Mais ici ne s'agit-il que d'un préjugé? Si le péripatétisme est réellement plus conforme à la pensée chrétienne que le platonisme, comment expliquer la sympathie des premiers docteurs pour celui-ci, et leur indifférence pour celui-là? Les emprunts faits par la théologie chrétienne au platonisme sont nombreux, essentiels, évidents ; les traces du péripatétisme y sont rares et à peine sensibles. D'où cela vient-il? Sauf plus complète démonstration, nous sommes de l'avis des théologiens. A notre sens, le christianisme et le platonisme, bien que séparés par des différences graves, appartiennent à la même pensée et sont de la même famille. Le fond de leur métaphysique est l'idéalisme, c'est-à-dire la séparation plus ou moins absolue des deux mondes ; le fond de leur morale est le mysticisme, c'est-à-dire la séparation plus ou moins violente des deux natures dans l'homme. Au contraire, quoi de moins idéaliste que la métaphysique d'Aristote, fondée tout entière sur l'expérience? quoi de moins mystique qu'une psychologie qui fait de l'âme une forme inséparable de la matière, et une morale qui comprend les biens extérieurs dans la définition du bonheur? Que le vrai péripatétisme n'ait rien de commun avec les doctrines que l'on comprend sous le nom de *sensualisme*, c'est que nous reconnaissons volontiers avec l'auteur de ce livre. Mais le spiritualisme profond et original d'Aristote ne ressemble guère au spiritualisme chrétien, dans quelque partie qu'on le prenne, en métaphysique, en psychologie, en morale ;

c'est une autre méthode, un autre point de départ, une autre conclusion.

La thèse paradoxale de M. Ravaisson n'en garde pas moins une certaine vérité. Un esprit de cette trempe ne se méprend jamais à ce point, surtout quand l'histoire des doctrines lui est aussi familière. Cette thèse a son fondement très-réel dans les différences profondes qui séparent la théologie chrétienne de la théologie alexandrine. Tandis que le Dieu chrétien, dont le symbole de la Trinité est la complète formule, est un objet saisissable par toutes les puissances de la nature humaine, intelligence, amour, imagination-même, le principe suprême des Alexandrins, celui qui domine toute la série des hypostases, et qu'ils élèvent à une hauteur infinie au-dessus de la première de toutes, l'Intelligence pure, leur grand, leur vrai Dieu enfin est absolument inaccessible, non-seulement aux puissances de la sensibilité et de l'imagination, mais encore au suprême effort de la contemplation rationnelle. Or cette différence essentielle dans la conception théologique ne peut venir que d'une différence non moins radicale dans la méthode. Et en effet, il y a, entre les deux voies qui ont conduit le christianisme et le néoplatonisme à des conclusions si diverses, toute la distance de la dialectique pure à la psychologie. Le Dieu chrétien dont la nature est tout à la fois au même titre et au même degré, Puissance, Intelligence, Amour, a son image dans la conscience humaine où se retrouvent, avec un caractère d'imperfection et de faiblesse dont nous n'avons que trop le secret, les types des attributs, ou plutôt des personnes divines. Le Dieu alexandrin, au contraire, Unité ineffable et supra-intelligible, est le suprême effort d'une spéculation dialectique qui n'a rien à voir avec les intuitions ou les inductions de la conscience.

C'est ce que M. Ravaisson a parfaitement vu. Mais ce qui n'est pas moins vrai, c'est que le christianisme, de même que le platonisme, est une doctrine très-riche, et par suite très-complexe. Dans l'une, comme dans l'autre, à côté de la méthode et de l'idée psychologique, se trouve la méthode et la conception dialectique; ce qui fait que tantôt c'est le Dieu de la spéculation pure, et tantôt le Dieu de la conscience qui nous apparaît, aussi bien dans la théologie des Pères de l'Église que dans les dialogues de Platon. Cette distinction constatée par l'analyse des doctrines rencontre dans l'histoire une confirmation éclatante. N'y a-t-il pas eu toujours, depuis les commencements de la théologie chrétienne, deux écoles de docteurs qui se sont attachées au développement, sinon exclusif, du moins prédominant, soit du point de vue métaphysique, soit du point de vue psychologique, dont la synthèse plus ou moins logique fait l'unité même de la doctrine. Quant à Platon, il suffit de lire le Phèdre, le Timée, le Sophiste et les Dialogues, où il insiste avec tant de force sur les attributs moraux de la nature divine, pour voir que l'idéalisme alexandrin ne développe, en l'exagérant, qu'un côté de la doctrine. Ceci fait comprendre tout à fait les différences qui séparent, et les affinités qui rapprochent le christianisme du platonisme. Ils s'opposent par leurs côtés contraires, de même qu'ils se réunissent par leurs côtés analogues. En sorte que si l'on ne prend l'une ou l'autre doctrine que par un côté, soit le point de vue métaphysique, soit le point de vue psychologique, on arrivera à conclure qu'il y a, entre ces deux doctrines, une différence de nature, et qu'elles n'appartiennent pas à la même famille, quoi qu'on ait pu dire jusqu'ici. C'est la thèse de M. Ravaisson, qui aurait pu être celle de Tertullien, de saint Thomas, de Gerson, de tous les docteurs qui n'avaient aucun goût pour la dialectique. Ce n'était la thèse, ni de saint Augustin, resté platonicien jusqu'au néoplatonisme inclusivement, ni de saint Clément, ni d'Origène (il est vrai peu orthodoxe), ni de saint Anselme, ni de maître Eckhart, ni de Malebranche et de Fénelon, qui ont fait de la doctrine des idées la base de la philosophie chrétienne.

Quant à cette affinité intime et profonde que M. Ravaisson retrouve entre la théologie chrétienne et la doctrine d'Aristote, nous n'en voyons le principe ni dans la méthode, ni même dans la conception théologique. Si la méthode du péripatétisme n'est pas dialectique, elle n'est pas non plus psychologique à proprement parler; elle est la méthode expérimentale et scientifique par excellence. C'est là son incomparable originalité, qui fait qu'elle ne ressemble réellement à aucune des méthodes qui la précèdent ou qui la suivent dans l'antiquité. Et si le Dieu d'Aristote ne ressemble pas au Dieu de la diaelectique platonicienne, et encore moins au Dieu du mysticisme alexandrin, il ne nous paraît guère avoir de traits communs avec le Dieu chrétien. Quand donc M. Ravaisson nous dit que le péripatétisme prépare la voie au christianisme, et que du principe de la pensée au principe de l'amour, il n'y a plus qu'un pas à faire, nous lui demandons la permission de faire nos réserves sur ce point. L'immuable et impassible Dieu d'Aristote n'est guère moins abstrait que l'indéfinissable et incompréhensible Dieu de la dialectique platonicienne, ou du mysticisme alexandrin; seulement c'est une abstraction d'une tout autre nature, parfaitement intelligible et précise. Qu'a tout cela de commun avec le Dieu que l'âme peut connaître, aimer, prier, avec lequel elle peut vivre en quelque sorte; tant il répond par tous les côtés de sa nature aux facultés, aux sentiments, aux besoins de la nature humaine?

Enfin (et c'est par là que nous terminerons cet examen rapide), nous trouvons l'auteur bien sévère pour le principe suprême de la théologie alexandrine. Est-il bien vrai qu'en voulant s'élever au-dessus de l'Être, le néoplatonisme soit tombé au-dessous? Est-il exact de dire que ce principe est le pur non-Être? Ce jugement nous semble dur, et ne peut être accepté qu'avec explication. Que M. Ravaisson juge du principe par ses conséquences pratiques, de la portée morale et psychologique de la théorie par l'extase; rien de plus juste. Mais que ce Dieu pour la possession duquel le mysticisme alexandrin exige l'anéantissement de toutes les puissances de l'âme ne soit lui-même rien autre chose que le néant; la conclusion n'est pas légitime. Nous proclamons aussi haut que M. Ravaisson la vanité de ce mysticisme. Mais ce Dieu, insaisissable objet de l'amour des mystiques, n'est-il pourtant qu'un mot vide de sens? Cette grande théorie d'un principe supérieur à tout être déterminé, même à l'âme et à l'intelligence, n'est-elle qu'une abstraction absurde et inintelligible? Pour nous,

nous persistons à y voir autre chose; nous sommes plus frappé de ce puissant effort tenté par de grands esprits, et nous croyons y reconnaître, non-seulement une aspiration éternelle de l'esprit humain, mais encore l'incompréhensibilité réelle et absolue de l'Être infini et universel, sous une forme quelconque. A notre sens, l'erreur des Alexandrins n'est pas d'avoir ainsi conçu le principe suprême de toutes choses, mais de l'avoir proposé à l'amour de l'âme humaine sous cet indéfinissable aspect. Ce n'est pas l'amour, c'est la raison qui peut se complaire dans l'infinitude et l'indétermination. L'amour ne peut saisir son objet que dans une forme, et comme à travers un symbole; tandis que la raison s'élève au-dessus de toutes les formes de l'être pour concevoir, sinon pour contempler l'universelle et insondable nature dont les formes déterminées ne sont que les diverses manifestations.

Tels sont les doutes, plutôt que les critiques, que nous soumettons à M. Ravaisson. Quelle qu'en soit la portée, ils ne diminuent en rien notre estime profonde pour son beau livre. Il nous semble impossible de reprendre après l'auteur l'étude du péripatétisme; il a trop peu laissé à faire à ceux qui voudraient s'engager dans la même carrière. Sauf quelques points peut-être, qui paraîtront encore douteux, le travail de M. Ravaisson restera, dans l'histoire de la philosophie, comme une œuvre définitive. Seulement, il nous a promis davantage. Il faut qu'il achève cette œuvre, et qu'il en fasse, comme il en a le dessein, l'histoire complète du péripatétisme, depuis Aristote jusqu'à nos jours. Le public attend depuis trop longtemps le complément de son grand travail, et il serait aussi regrettable pour l'auteur que pour le public que nos espérances fussent trompées. Pendant que l'édifice attend son couronnement, *pendent interrupta*, un autre monument de la philosophie péripatéticienne s'élève à côté du sien, sous une main non moins habile, et de plus infatigable. M. Barthélemy Saint-Hilaire poursuit, avec l'énergique et persévérante activité qui le caractérise, une traduction complète des œuvres d'Aristote; et, dans cette tâche qui semble supérieure aux forces d'un seul homme, il avance assez pour faire espérer aux amis de la philosophie ancienne qu'il pourra venir à bout de sa vaste entreprise. Lui alors pourra dire, ou plutôt laisser dire à ses amis : *Exegi monumentum*. Est-ce que M. Ravaisson ne suivra pas cet exemple? Il est vrai qu'à ce labeur incessant on use ses yeux et ses forces. Mais n'est-ce pas la destinée des vrais amants de la science et des lettres? C'est à ce glorieux service que MM. Fauriel, Villemain, Cousin, Augustin Thierry, Franck, Barthélemy Saint-Hilaire et tant d'autres ont perdu la vue, sans avoir jamais senti s'éteindre en eux la passion qui les soutient dans leurs derniers travaux et leurs dernières études.

II

PHILOSOPHIE ANCIENNE.

Ennéades de Plotin, traduites par M. Bouillet, avec notes explicatives.

De toutes les œuvres d'érudition philosophique, historique, esthétique, scientifique, la plus utile assurément, sinon la plus brillante, est la traduction. Les grands travaux d'analyse et de critique, quand ils sont faits avec intelligence et liberté d'esprit, excellent à mettre en relief la pensée générale d'un philosophe, la suite et l'ensemble des doctrines d'une école. Mais ils ne font connaître ni toute la pensée, ni la manière de composer et d'écrire, ni enfin l'originalité et la *réalité* de l'écrivain, avec les qualités qui lui sont propres. C'est là le mérite singulier des traductions, surtout des traductions faites avec la méthode sévère qui préside aujourd'hui aux œuvres de ce genre. Et combien le service rendu à l'histoire par une bonne traduction est précieux, quand le monument traduit est un de ces livres très-abstraits, très-obscurs, difficilement accessibles même aux gens du métier! La traduction de M. Cousin a singulièrement contribué à populariser les idées et la langue de Platon. Mais si le profane vulgaire avait besoin d'un tel intermédiaire, les érudits initiés à la philosophie et à la littérature grecque pouvaient à la rigueur se passer de cette admirable œuvre d'art qui a enrichi notre littérature autant qu'elle a servi la science. L'original était là, facile, limpide, harmonieux, tout vivant d'éloquence, tout éclatant de poésie. La philosophie d'Aristote, sa métaphysique surtout, était une étude autrement abstraite, subtile et laborieuse. La traduction des ouvrages de ce philosophe fut une œuvre moins populaire, mais plus nécessaire encore que la traduction des dialogues de Platon, en ce que les gens du métier ne peuvent pas plus s'en passer que le public. La traduction des *Ennéades* de Plotin répond à une nécessité du même genre. La pensée de cet alexandrin, plus obscure et moins précise que celle d'Aristote, est exprimée dans une langue beaucoup moins correcte. C'est le monument philosophique le moins accessible de l'antiquité. Texte altéré à chaque paragraphe, parfois une concision où étouffe la pensée, parfois une diffusion où elle se perd, une analyse métaphysique poussée jusqu'aux subtilités les moins intelligibles, une composition incohérente, un style brusque et heurté, sans mesure ni harmonie, qui passe sans transition de la formule la plus abstraite à l'image la plus splendide et la plus hardie : toutes les difficultés s'y réunissent pour embarrasser le traducteur le plus exercé. Il est vrai que nous avons l'excellente version latine de Marsile Ficin. Mais ce grand interprète avait beau savoir et comprendre à fond une philosophie qui était l'objet de son enthousiasme ; il la traduisait dans la langue la moins métaphysique qui fut jamais. Il est impossible de faire un plus habile emploi des ressources philosophiques de cette langue; mais enfin Ficin rencontre à chaque pas dans les *Ennéades* des expressions littéralement intraduisibles. Alors arrive la périphrase, toujours intelligente, ingénieuse, mais impuissante à rendre la force, la vivacité, l'originalité du texte grec.

M. Bouillet était déjà connu dans l'érudition française par son édition de Bacon. Mais, dans l'œuvre nouvelle qu'il vient d'aborder, l'exactitude, la précision, la méthode, la patiente et consciencieuse érudition ne suffisaient point. Le difficile était de comprendre ce *mystère* perpétuel qu'on nomme les *Ennéades* de Plotin. La traduction complète comprend trois volumes. Dans ce grand travail, un examen attentif nous a convaincu que M. Bouillet avait su se tirer de toutes les difficultés. Il n'a pas rendu facile et agréable la lecture d'un pareil livre. Il lui a laissé ses épines avec ses grâces, ses arides abstractions à côté des images qui en jaillissent, comme les traits de lumière du fond des plus épaisses ténèbres. Il ne pouvait lui donner, sans le transformer, cette clarté populaire qui est le mérite de tous les grands écrivains, même philosophes ; mais il a réussi à le rendre presque partout intelligible aux savants familiers avec l'ancienne métaphysique. M. Bouillet est de la famille des esprits exacts, nets et précis, dont le premier besoin est de voir bien clair, soit dans leur propre pensée, soit dans celle des autres. Aux esprits essentiellement métaphysiques et spéculatifs, profonds jusqu'à l'obscurité, subtils jusqu'à la scolastique, il faut pour traducteurs ou interprètes des esprits d'une trempe toute différente. Si les maîtres de la philosophie allemande avaient toujours été traduits, exposés, expliqués par des érudits et des historiens doués de toutes les qualités propres à l'esprit français, le public sérieux et avide de connaître l'Allemagne n'en serait pas encore à se demander si cette philosophie est vraiment autre chose qu'un perpétuel jeu de mots. Nous souhaitons à l'Allemagne beaucoup d'interprètes comme MM. Barni et Bénard.

La méthode de M. Bouillet est celle des maîtres de notre temps, le seul où l'on ait su traduire. Il se garde de la simple version littérale, qui est le plus souvent inintelligible, et de la traduction trop libre, qui dégénère en paraphrase. Quand le mot français qui répond au mot grec est suffisamment clair, il traduit littéralement; quand il ne l'est pas, il développe la phrase de Plotin par une paraphrase, ou l'explique par une note. Trop exercé aux œuvres d'érudition pour s'en tenir à un texte donné, M. Bouillet consulte les meilleures éditions de Plotin, et les contrôle l'une par l'autre. L'édition de Kreutzer a l'avantage de se conformer aux meilleurs manuscrits; mais elle a le grave inconvénient de réduire toute la critique à une discussion d'authenticité entre divers manuscrits, et de laisser parfois le lecteur ou le traducteur aux prises avec les phrases incomplètes ou inintelligibles. Les corrections de savants hellénistes, MM. Kirchhoff et Dübner, l'ont améliorée. Mais il reste encore assez d'imperfections dans les éditions les plus récentes pour nous laisser le regret que M. Bouillet n'ait pas cru devoir lui-même joindre une édition de sa main à la traduction des *Ennéades* et aux notes qui l'accompagnent. Quelle que soit notre estime pour l'érudition allemande, nous croyons que le texte de Plotin eût encore gagné à passer par la critique de l'érudition française.

Nous n'avons aucune réserve à ajouter à l'appréciation qui nous a été inspirée par une lecture attentive de ce grand travail. Que M. Bouillet nous permette seulement de lui soumettre un doute sur deux points qui ne sont pas sans gravité. Avec tous les historiens de la philosophie, il donne le nom d'*hypostase* aux trois grands principes de la philosophie de Plotin, l'Un, l'Intelligence, l'Ame. Quant aux deux derniers, la dénomination est parfaitement juste. L'est-elle également pour le premier? Il est certain que chez les derniers philosophes de l'école d'Alexandrie, chez

Proclus notamment, le premier principe est conçu comme infiniment supérieur à toute *hypostase*, même à l'Intelligence. Il est constamment dit *anhypostatique* ou *hyperhypostatique*. Est-ce une modification de la doctrine de Plotin ? Elle serait assez grave. Concevoir l'Un comme le premier terme de la série trinitaire des principes, ou comme le seul Principe, dans le sens absolu du mot, d'où émane la série entière des hypostases dont se compose la vie universelle, depuis l'Intelligence jusqu'à la Nature proprement dite, voilà deux doctrines différentes. Pour nous, nous n'avons jamais compris comment l'Un pourrait être une hypostase, dans la doctrine de Plotin. Dans notre histoire critique de l'école d'Alexandrie, publiée il y a plus de douze ans, nous nous exprimions ainsi sur ce point : « Le mot *hypostase* ne saurait être appliqué rigoureusement aux trois principes de la trinité alexandrine. Cette expression figure dans le langage de l'école avec un tout autre sens. *Hypostase*, dans Plotin et dans Proclus, signifie simplement l'acte, la détermination, l'état, le mode et le degré de manifestation d'un principe quelconque. Le premier principe étant supérieur à tout acte, à toute essence, à toute forme déterminée, n'est point une hypostase, mais le principe des hypostases... Il faut prendre garde de transporter dans la théologie alexandrine les termes de la théologie chrétienne. » Si donc le mot *hypostase*, dans les *Ennéades*, n'est appliqué nulle part à l'Un ou au Bien, on devra se garder de dire les trois hypostases, comme on dit les trois personnes de la Trinité. Or, ce mot n'appartient pas, en effet, au texte de Plotin. On ne le trouve, du moins à notre connaissance, dans aucun chapitre

25

des *Ennéades*. On le rencontre, il est vrai, dans la vie de Plotin par Porphyre, à l'endroit où celui-ci énumère les titres des divers livres dont se composent les *Ennéades* ; un livre porte le titre des *Trois hypostases*. C'est ce qui a fait adopter généralement l'expression appliquée au premier principe. Porphyre est sans doute une très-grande autorité. S'il eût dit expressément que Plotin se servait de ce mot pour définir l'Un, nous devrions le croire, tout en n'en retrouvant pas la trace dans les *Ennéades*. Mais le mot n'est que dans un titre dont l'authenticité n'est rien moins que garantie. En tout cas, l'emploi fortuit d'une pareille expression dans le traité de Plotin ne changerait rien à l'interprétation de la pensée générale ; il faudrait la considérer comme un terme impropre qui répugne à la doctrine entière de Plotin et de son école.

Cette confusion a sa source dans l'analogie, plus apparente que réelle, qui a été remarquée entre la trinité chrétienne et la trinité alexandrine. Mais, en regardant de près, on s'aperçoit qu'il y a plus de ressemblance dans les mots que dans les idées. Le premier terme de la trinité chrétienne n'est point un principe inintelligible, ineffable, absolument indéfinissable, comme le premier terme de la trinité alexandrine ; c'est le Père, ou la Puissance qui engendre le Verbe et crée le monde avec le concours des deux autres personnes de la Trinité. Dans la doctrine néoplatonicienne, il n'y a au fond qu'un principe, l'Un, le premier, le principe *hyperpostatique*, qui engendre toute la série des hypostases dont l'Intelligence et l'Ame ne forment que les deux premiers anneaux. On voit que, sous un mot, il y a toute une doctrine, et combien il importe de conserver à l'expression d'hypostase son sens propre.

L'autre point qui me semble susceptible, non plus d'une objection, mais d'une simple distinction, est le célèbre livre contre les gnostiques. Est-ce contre les gnostiques proprement dits, est-ce contre les chrétiens, sous leur vrai nom ou sous le nom de gnostiques, que cette polémique a été dirigée? C'est une thèse de critique fort discutée, fort appuyée d'arguments contraires, sur laquelle nous adoptons pleinement la solution du savant traducteur. Il est certain que Plotin n'a pu avoir spécialement en vue le christianisme proprement dit. Ce qui le prouve surabondamment, c'est que nombre de doctrines qu'il réfute n'appartiennent pas à la théologie chrétienne, et portent l'empreinte évidente de doctrines purement orientales. Mais Plotin entendait-il simplement par gnostiques ces hérésiarques que réfutent saint Irénée, Tertullien, saint Augustin, etc., etc.? Voilà le point douteux. M. Bouillet paraît le penser. Nous craignons qu'il n'ait restreint le sens du mot *gnostique* en deçà de la pensée de Plotin. Il n'ignore pas qu'à une certaine époque de la théologie chrétienne, le mot était pris en bonne part, que saint Clément et Origène font de la *gnose* l'idéal de la vie chrétienne. Ce n'est que plus tard que le mot servit à désigner une certaine secte d'hérésiarques. Cela me porte à croire que la polémique de Plotin a une toute autre portée que celle de saint Irénée et des autres docteurs chrétiens. Il entend, sous ce nom, toutes les écoles contemporaines, chrétiennes ou païennes, religieuses ou philosophiques qui dénaturaient, corrompaient ou dénigraient la philosophie grecque au profit des doctrines orientales, quelles qu'elles fussent. Or, on sait combien le nombre en était grand, dans cette époque de syncrétisme universel. S'il y a des traits, dans cette polémique, qui ne peuvent s'adresser au christianisme, il en est d'autres, M. Bouillet les connaît, qui peuvent l'atteindre; par exemple, le mépris du monde sensible, l'esprit d'intolérance et d'exclusion, l'aspiration directe vers Dieu, etc., etc. D'ailleurs, quand on parle de christianisme, et surtout de théologie chrétienne, il ne faut pas oublier que la ligne de démarcation, que plus tard l'autorité des conciles traça entre la doctrine orthodoxe et l'hérésie, n'existait pas encore; que le dogme était en travail de développement et d'organisation, même de recherche et de discussion, en tout ce qui dépassait les évangiles, les actes des apôtres et les épîtres de saint Paul; qu'enfin la doctrine n'avait pas eu son symbole de Nicée. Il était donc bien difficile à un étranger, à un philosophe grec, de distinguer le vrai du faux christianisme. Ce qui nous paraît certain, c'est, comme le dit M. Bouillet, que le livre de Plotin n'est pas dirigé contre le christianisme, en tant que religion. Si puissant, si répandu qu'il fût déjà dans les classes populaires, il ne pouvait guère attirer les regards d'un philosophe qui, sauf les devoirs inévitables de la vie pratique, ne quittait pas les hauteurs de la métaphysique. C'est dans les écoles seulement, sous la forme d'une philosophie, qu'il pouvait le rencontrer. C'est là qu'il le joint et l'attaque, en compagnie des autres doctrines orientales qui abusent des doctrines de Platon et de la philosophie grecque. S'il est permis d'avoir une opinion, en l'absence de preuves directes, je croirais volontiers que Plotin enveloppait dans sa réfutation les bons et les mauvais gnostiques, l'école catéchétique d'Alexandrie avec les extravagantes ou immorales écoles de Valentin, de Saturnin, de Bardesane, etc., etc., etc. Ce qui me paraît certain, en tout cas, c'est que le mot *gnostique* est entendu par Plotin dans un sens beaucoup plus large que M. Bouillet ne semble le croire.

Mais à quoi bon tout cela? dira la science positive de ces temps-ci. Que nous veut Plotin avec ses abstractions et ses extases? — On oublie que ce Plotin est le grand inspirateur, sinon le père d'une école qui a essayé d'arrêter la révolution chrétienne, en lui opposant une savante restauration du polythéisme. D'ailleurs le mysticisme alexandrin a sa source dans un sentiment qui n'est pas éteint, à l'heure qu'il est, au foyer de l'âme humaine. Si la science moderne en a fait justice dans ses méthodes et ses théories, la société moderne et contemporaine lui fait encore trop bon accueil. L'esprit mystique n'a jamais cessé de souffler sur les âmes et sur les intelligences. Encore aujourd'hui il n'est pas seulement une tradition vivante qui se continue à travers de grandes écoles et sous l'autorité d'une grande religion ; c'est un sentiment général, puissant, sinon indestructible.

Il est vrai qu'il y a le petit et le grand mysticisme. Celui-ci est la doctrine de quelques esprits de grande portée, aussi rares qu'inaccessibles au vulgaire. Celui-là est le domaine de tous les esprits faibles, confus, plus imaginatifs que spéculatifs, plus enclins aux aspirations sentimentales qu'aux vues nettes de la raison et aux formules précises de la logique. Ce genre de mysticisme est de tous les temps et de tous les lieux. On pourrait dire qu'il court les rues. Il n'a pas d'autre principe que la faiblesse de la raison dominée par l'imagination et la sensibilité ; il ne se nourrit que de superstitions, de miracles, de prodiges, de légendes mystérieuses, d'hypothèses *surnaturelles*. La constante méthode de ces mystiques est la comparaison des vérités de l'ordre rationnel avec les réalités de l'ordre physique. Leurs arguments sont des images. J'ai entendu un mystique de cette espèce comparer l'intuition de l'Infini à la vue du ciel étoilé, qui ne brille pour nous que dans l'obscurité. L'image est ingénieuse, et l'intention fort habile. La conclusion toute naturelle de la métaphore est que la lumière de la science est un intermédiaire fâcheux pour qui veut voir clair dans le ciel des vérités théologiques. Nombre de ces mystiques sont matérialistes et idolâtres sans le savoir.

Telle n'est pas la pensée des grands mystiques, dont Plotin est le type le plus parfait. Ils ne songent nullement à supprimer la science ; ils la conservent, la maintiennent dans toute sa pureté rationnelle, sans aucun mélange d'imagination et de sensibilité. Seulement ils ne croient point que, même à son sommet le plus élevé, elle soit le terme des aspirations de l'âme humaine. Ils en font le point de départ d'une ascension brusque, rapide, mystérieuse qu'ils appellent l'extase. Lisez Plotin, Porphyre, Proclus, maître Eckart, etc. ; vous verrez quel est leur respect pour la science, la philosophie, la raison et les plus hautes facultés de l'esprit. L'idéalisme est le fond et la substance de leurs doctrines. Plotin fait mieux encore : il fait entrer dans sa synthèse Zénon, Aristote, Platon, Pythagore, c'est-à-dire tous les grands systèmes de la philosophie grecque. Seulement, une fois parvenu, sur les ailes de cette admirable philosophie, au sommet de la pensée humaine, il veut monter plus haut. Avec tous les esprits supérieurs qui ne rabaissent point l'idée de Dieu aux proportions du naturalisme ou de l'anthropomorphisme, Plotin sent profondément que le principe des choses ne peut être un objet de *connaissance* proprement dite. Mais, au lieu de le laisser ce qu'il est, un objet de pure *conception*, il en fait un objet de possession, d'union intime, par l'anéantissement de toute individualité. Erreur capitale qui détruit ou rend inutile tout l'appareil scientifique servant d'échafaudage à la doctrine de l'extase. Voilà où aboutit le mysticisme, dans son type le plus sévère et le plus élevé. Si les petits mystiques se perdent dans l'adoration des idoles, les grands vont s'abîmer dans le vide et le néant.

La lecture des *Ennéades* sera peu du goût des premiers. Ils y trouveront trop peu de pâture pour leur imagination et leur sensibilité. Cette extase n'exclut pas moins les mouvements du cœur que les actes de l'intelligence. La flamme du sentiment lui est étrangère, aussi bien que la lumière de la pensée. La théurgie de Plotin, ou l'art de faire de l'homme un dieu, n'a recours à aucune pratique, aucun artifice, aucune évocation, ou aucun de ces procédés familiers aux prêtres ou aux thaumaturges de l'antiquité. Dans cet état ineffable, inintelligible, sans aucun rapport avec tous les états connus de l'âme ou de l'intelligence, tout l'homme disparaît ou du moins doit disparaître pour faire place à Dieu. Voilà l'effort sublime, mais impossible, que Plotin a tenté, qu'il a décrit avec un enthousiasme, une ivresse, un délire qui raviront et fascineront encore les grands mystiques, s'il en reste.

Quant aux esprits sérieux et sensés qu'aucun mysticisme ne peut séduire, et qui ne se fient qu'aux lumières de la science, ils ne pourront attacher qu'un intérêt historique à ce livre et à cette école. Mais cet intérêt est grand. A l'époque où la philosophie alexandrine fleurit, le monde ancien approche de sa fin. Il sent le cadavre; il est la proie assurée des Barbares qui se pressent à ses portes. La cité, les lois, les institutions, la cour, l'empire, le culte, toute cette société extérieure, politique, officielle n'a plus rien de sérieux, parce qu'elle n'a plus rien de vivant. Toute vie s'est retirée dans les sanctuaires et dans les écoles. Tout l'intérêt est donc concentré dans l'histoire intime des croyances et des systèmes, des religions et des philosophies qui se produisent et se développent. Voilà les grands faits historiques, les sérieuses révolutions de cet âge. Or, dans cet ordre de faits, l'école d'Alexandrie tient une large place. Elle a eu la singulière et contradictoire destinée en apparence de combattre et d'inspirer tout à la fois le christianisme. Un critique éminent le fait observer dans un remarquable article sur le livre de M. Bouillet (1) : depuis Origène jusqu'à Fénelon, l'inspiration platonicienne qui anime les plus grands docteurs de l'Église est plus ou moins mêlée de néoplatonisme. Et quant à la philosophie, ses historiens y reconnaissent à

(1) M. Saisset, *Revue des deux mondes*.

chaque pas la trace des idées alexandrines; et pour peu qu'ils en suivent la tradition, ils la retrouvent jusque dans les œuvres de la pensée contemporaine. Rien ne manque donc à la traduction de M. Bouillet, ni les difficultés du texte, ni la force et parfois la beauté sublime du génie, ni la grandeur des doctrines, ni le rôle considérable de l'école, soit dans l'histoire du christianisme, soit dans l'histoire de la philosophie. Les *Ennéades* sont au néoplatonisme ce que la *métaphysique* d'Aristote est au péripatétisme. C'est l'évangile du mysticisme alexandrin, comme les livres de Proclus en sont le code. Tous les travaux de l'école ne sont que des reflets plus ou moins brillants de cette grande lumière. C'est là qu'il faut aller chercher le mysticisme, quand on veut le voir dans toute la séve et toute la fougue d'un sentiment encore libre des formules scolastiques.

III

PHILOSOPHIE MODERNE.

Essai sur l'histoire de la philosophie en France au XVIIe siècle,
par P. F. Damiron.

Dans cette grande revue des écoles philosophiques du passé, dont M. Cousin a donné le signal et l'exemple, le cartésianisme devait occuper une place considérable. M. Royer-Collard est le premier qui, tout en l'appréciant au point de vue étroit de l'école écossaise, a relevé cette admirable philosophie des jugements superficiels et des tristes dédains du xviiie siècle. Puis est venu M. Cousin, qui en a propagé l'étude et inspiré le goût tout à la fois par sa belle publication des œuvres complètes de Descartes, et par d'excellentes études sur quelques points capitaux du cartésianisme. L'édition de M. A. Garnier, en réunissant en un seul corps les éléments de la philosophie de Descartes, dispersés dans la totalité de ses ouvrages, a singulièrement facilité et simplifié l'étude de cette philosophie. Diverses études sur tel ou tel philosophe cartésien ont successivement paru, parmi lesquelles il faut distinguer l'admirable exposition du système de Spinosa, par M. Jouffroy (*Cours du droit naturel*, t. I), le remarquable travail de M. Saisset sur le même auteur, les savantes préfaces de M. Jacques sur Leibniz et Fénelon, et de M. Simon sur Malebranche et Bossuet. Enfin la question du cartésianisme, mise au concours sur la proposition de M. Cousin, par l'Académie des sciences morales et politiques, a provoqué de beaux travaux d'analyse et de critique. Ce concours a produit un excellent livre de M. Bouillet (1), et un livre original de M. Bordas-Dumoulin. Une exposition méthodique des doctrines, claire, facile, pleine de vie et de mouvement; une critique ferme et judicieuse, qui admire vivement les œuvres du génie, mais en même temps n'hésite pas à faire justice des hypothèses et des fausses démonstrations, tels sont les mérites qui devaient concilier à M. Bouillet les suffrages de l'Académie et du public. Le livre de M. Dumoulin est une étude profonde, mais très-systématique, et

---

(1) Voy. la 2e édition en deux volumes.

beaucoup trop exclusive; il exalte le cartésianisme, et y renferme à peu près toute la philosophie. L'antiquité y est peu appréciée; Aristote est jugé en passant, d'un mot, comme un pauvre esprit; Platon seul trouve grâce, dans cette ardente apologie de l'idéalisme cartésien. Du reste, la foi de l'auteur n'est point servile; c'est celle d'un esprit original qui interprète plutôt qu'il n'expose le cartésianisme, mais qui l'interprète d'une manière supérieure.

Après ces importants travaux, qui résument et apprécient d'une manière générale la philosophie cartésienne, un livre restait encore à faire. Dans ce genre d'exposition sommaire et systématique, l'historien se met toujours trop en scène, et risque de mêler, à son insu, sa propre pensée à celle du philosophe dont il parle, ou tout au moins de substituer son propre langage aux formes mêmes de la pensée cartésienne. D'une autre part, les études antérieures n'avaient guère porté que sur les grands penseurs du cartésianisme, Descartes, Spinosa, Malebranche, Leibniz : les esprits de second ordre avaient été omis ou peu étudiés. Le caractère singulier et le mérite propre du livre de M. Damiron, c'est d'être à la fois plus analytique et plus complet que tous ceux qu'on a faits, dans ces derniers temps, sur le cartésianisme. La doctrine de chaque philosophe y est très-fidèlement résumée, et toujours textuellement reproduite dans ses points essentiels. Lorsque cette doctrine est trop subtile ou trop obscure pour pouvoir être bien comprise à une première vue, M. Damiron va chercher dans des textes plus explicites ses éclaircissements et ses commentaires. Jamais d'interprétation vague ni d'explication arbitraire ; c'est toujours par des citations qu'il éclaircit et commente la pensée de l'auteur ; partout où une sérieuse difficulté se présente, les textes arrivent à propos, nombreux et décisifs pour la résoudre.

Pour expliquer plus complétement la doctrine, la méthode, l'initiative philosophique d'une époque tout entière ou d'un penseur, M. Damiron fait appel à l'histoire et à la biographie. Rien de plus intéressant, par exemple, que les détails qu'il raconte sur la vie et la vocation philosophique du père Malebranche. L'auteur nous montre le cartésianisme sous toutes ses faces, dans ses hommes de génie et ses esprits médiocres, dans ses philosophes et ses théologiens, dans ses disciples et ses adversaires. Les études sur les cartésiens de second ordre, tels que Rohaut, Claubert, Clerselier, Régis, Boursier, etc., sont neuves et d'un certain intérêt philosophique. On retrouve dans la doctrine des disciples une sorte de contre-épreuve de la pensée des maîtres; on juge mieux de la vérité d'une théorie, lorsque le prestige du génie qui l'a conçue n'est plus là pour faire illusion. D'une autre part, la vertu d'un principe se montre davantage dans les développements qu'en ont tirés les esprits inférieurs. Enfin, c'est quelquefois dans les esprits de cet ordre qu'il faut chercher le germe d'une grande pensée, que le génie mettra ensuite dans tout son jour : ainsi Geulinx est le père de la doctrine des causes occasionnelles, développée avec tant de force par Malebranche. Il n'est pas moins intéressant de voir comment la théologie du temps se fait cartésienne, sans cesser d'être parfaitement orthodoxe. En lisant tant de pages de Malebranche, de Bossuet et de Fénelon, en l'honneur de la raison, on se console facilement des anathèmes des théologiens de nos jours. Toutes ces recherches sur l'origine, la nature et les conséquences des doctrines cartésiennes, indépendamment de la science profonde et de la haute impartialité qu'elles supposent, ne pouvaient être faites que par un esprit élevé, délicat, vraiment sympathique aux nobles intelligences de cette grande époque.

Voilà pour l'histoire des doctrines. Quant à l'appréciation, M. Damiron n'a point cru devoir la séparer de l'analyse : il juge à mesure qu'il expose. Cette méthode est nécessaire, du moment qu'il s'agit d'une critique détaillée et complète; elle aurait eu l'inconvénient de distraire l'attention du lecteur, si M. Damiron n'eût pris soin de résumer à la fin de chaque analyse les résultats généraux de sa critique. Le goût de l'auteur pour les doctrines qu'il expose ne l'empêche pas d'apercevoir et de faire ressortir les erreurs et les hypothèses du cartésianisme. Son commerce intime et habituel avec cette admirable philosophie ne lui fait oublier ni l'esprit ni les principes de la philosophie de son temps. La métaphysique aventureuse, la fausse psychologie, la morale mystique sont rigoureusement soumises à l'épreuve du sens commun et de l'expérience; et tout ce qui n'y résiste pas est condamné sans retour. Un travail aussi complet et aussi solide, dont toutes les conclusions, quant à l'intelligence et à l'appréciation des doctrines, sont fondées sur des textes ou des faits, d'où sont bannies les interprétations ingénieuses, aussi bien que les jugements prématurés, laisse bien peu à reprendre. Si nous insistons sur quelques points, c'est plutôt pour compléter que pour rectifier les critiques de l'auteur.

Quand on parle de la méthode de Descartes, il nous paraît nécessaire de faire une distinction. Cette méthode comprend des règles générales, qui sont indispensables à toute science, à l'observation comme au raisonnement, ainsi : quand Descartes propose de ne s'arrêter en toute chose qu'à l'évidence, de conduire les recherches avec ordre, de procéder du connu à l'inconnu, du simple au composé, il n'est pas une science à laquelle ces règles ne conviennent parfaitement. C'est en donnant le précepte et l'exemple d'une pareille logique, que Descartes a été le véritable instituteur de l'esprit humain à cette époque. Alors, en effet, il s'agissait bien moins de découvrir une méthode pour l'avancement de telle ou telle science, que d'apprendre à penser à l'esprit humain. Livrée tout à la fois à l'autorité et à l'anarchie, servile et désordonnée, l'intelligence avait besoin de règle, non moins que de liberté. C'est parce que Descartes lui donna l'une et l'autre, qu'il eut pour disciples tous les bons esprits de ce temps, à quelque étude qu'ils se fussent voués, philosophie, théologie, mathématiques, physique, jurisprudence. La grande différence entre le *Novum organum* et le *Discours de la méthode*, c'est que l'un institue avec un grand appareil de formules une méthode spéciale, l'art d'observer et d'induire, tandis que l'autre, en quelques maximes simples et précises, résume tout l'art de penser. Aussi la méthode de Descartes a-t-elle eu une influence tout autrement générale que celle de Bacon. Mais à mesure que Descartes aborde telle ou telle science spéciale, la métaphysique ou les mathématiques, il se fait des règles pour la direction de son esprit, dans ce genre particulier de recherches ; et comme son goût et ses habitudes de travail le portent surtout aux spéculations abstraites, sa méthode, en se développant et en s'appliquant, prend un caractère géométrique, et finit par convenir plutôt à un enchaînement de raisonnements qu'à l'analyse des faits. Telle nous paraît être la méthode exposée avec détail dans *les règles pour la direction de l'esprit*, et appliquée par Descartes dans le livre des *Méditations*, aussi bien que dans ses traités de mathématiques. Sa philosophie se ressent évidemment de cette méthode : en fondant toute la science sur un seul principe, et en cherchant à déduire subtilement de ce principe des vérités évidentes et certaines *à priori*, Descartes n'a-t-il pas construit sa métaphysique à l'image de la géométrie? Peut-être M. Damiron aurait-il pu insister davantage sur ce double côté de la méthode cartésienne.

Autre observation. Descartes invoque, comme principe de certitude, tantôt l'évidence, tantôt la véracité divine. M. Damiron explique ingénieusement cette contradiction apparente, en montrant que, dans la pensée de Descartes, ce second criterium ne fait que suppléer à l'insuffisance du premier. Le principe de la véracité divine ne serait qu'un moyen ultérieur et secondaire de juger de la vérité des choses qui ne sont pas claires par elles-mêmes. Malgré l'autorité des textes cités à l'appui, cette explication nous semble peu conforme à la doctrine générale de Descartes.

Dans les *Méditations*, il affirme, si nous ne nous trompons, que la véracité divine est le fondement de toute vérité même évidente; en quoi nous ne voyons pas de contradiction. Descartes ne veut-il pas dire que l'évidence n'est que le signe de la certitude, tandis que la véracité divine en est le principe? Tout ce qui est évident doit être tenu pour vrai, à une condition toutefois : c'est que nos facultés ne nous trompent pas. Autrement l'évidence ne serait qu'une illusion. Ce principe de la véracité divine est-il autre chose, sous forme cartésienne, que le principe même de la véracité de l'intelligence, sur lequel le dogmatisme et le scepticisme de notre temps ont tant combattu?

L'admiration profonde de l'auteur pour la philosophie de Descartes ne lui fait point illusion sur les côtés faibles de cette philosophie. Sa ferme critique n'épargne ni la fausse démonstration de l'existence de Dieu par l'idée de l'être parfait, ni la doctrine de la volonté divine constituant arbitrairement le bien et le vrai, ni l'indifférence absolue du Créateur quant aux motifs de la création, ni le mépris des causes finales commun à toutes les doctrines cartésiennes, ni l'indépendance absolue des deux substances l'une vis-à-vis de l'autre, ni enfin la physique toute mécanique qui prétend ramener à l'étendue et au mouvement cette Nature féconde et vivante que le dynamisme de Leibniz expliquera plus tard avec tant de supériorité.

Descartes est le père de la philosophie moderne, nul ne le conteste; mais il l'est plutôt encore par sa méthode que par sa doctrine. Sa métaphysique se borne à une démonstration de l'existence de Dieu et de ses attributs : c'est à peine s'il effleure le plus grand et le plus difficile problème de la théologie, le rapport de l'Être infini aux êtres finis. La recherche de ce rapport fait le fond et l'originalité des systèmes de Spinosa et de Malebranche. Peut-être M. Damiron aurait-il pu insister davantage sur cette grande entreprise des deux illustres disciples de Descartes. Tout en traitant Spinosa très-sévèrement, l'auteur est un esprit trop élevé et trop impartial pour se faire l'écho des déclamations auxquelles le système de ce puissant génie a été en butte. Il a dû juger de l'arbre par les fruits. Sans aucun doute, les tristes côtés de cette philosophie, la doctrine de la nécessité universelle, la distinction du bien et du mal, du beau et du laid, réduite à de pures convenances de la nature humaine, la négation de la liberté et de la personnalité paraîtront à beaucoup d'esprits des conséquences accablantes pour le principe. Et pourtant il y aurait de l'injustice, selon nous, à ne voir dans ce principe qu'un monstrueux paradoxe. N'est-ce pas plutôt l'expression exagérée d'une vérité profonde, et plus ancienne qu'on ne croit dans l'histoire de la théologie? La théorie de Spinosa sur la substance unique n'est guère que la traduction de la célèbre formule, *In Deo vivimus, movemur et sumus*, admise et développée par toute la théologie chrétienne. L'erreur de Spinosa est moins d'avoir nié la substantialité absolue des êtres contingents, que d'avoir destitué ces êtres éphémères de cette activité spontanée qui est l'essence même de leur individualité. Nous ne croyons pas que la raison et l'expérience, la métaphysique et la psychologie se contredisent nécessairement quant à la nature, la liberté, la destinée de l'homme; mais en fût-il ainsi, il n'en faudrait pas moins maintenir l'invincible témoignage de la conscience contre la nécessité logique de la raison. Le plus grand tort de Spinosa est d'avoir sacrifié aveuglément à la métaphysique les faits les plus évidents. Du reste, nous ne pensons pas qu'il ait, comme la critique le lui reproche, fait de Dieu une substance immobile, et du Monde une vaine apparence. Selon ce philosophe, Dieu est cause non moins que substance, *causa immanens;* le Monde est bien mieux qu'un effet de sa puissance créatrice, c'est la vie même de Dieu. Spinosa n'anéantit point le monde en Dieu, à l'exemple de l'école d'Élée, ou du panthéisme oriental; il n'en fait pas non plus, comme le théisme hébraïque, une œuvre éphémère de la volonté divine; et, quoi qu'on ait dit, nous ne trouvons aucune analogie réelle entre le panthéisme de Spinosa et la théologie de Moïse. Il conserve au Monde toute sa réalité; seulement il le rattache intimement à Dieu, comme l'acte à la cause, comme le mode à la substance.

Enfin, malgré l'analogie de langage, nous répugnons à un rapprochement quelconque, sur la morale et la politique, entre Hobbes et Spinosa. Ces deux philosophes représentent les types contraires de l'esprit humain, et leurs doctrines correspondent aux pôles opposés de la pensée. Tous deux semblent se rencontrer sur deux points capitaux : 1° ils fondent le droit sur l'intérêt de chacun; 2° ils sacrifient la liberté à l'autorité souveraine. Mais l'intérêt de chacun, selon Spinosa, résulte de sa nature; et comme toute nature humaine, aussi bien que toute nature individuelle, n'est que l'expression particulière, déterminée, finie, de la nature divine, infinie et universelle, l'intérêt de chacun se confond avec l'intérêt général, avec l'ordre universel, avec Dieu même. Hobbes, au contraire, dans son empirisme étroit, n'admet pas d'autre organe de la connaissance que les sens; son esprit, complétement étranger à l'ordre des idées rationnelles, ne voit rien au delà des individus et des corps. La nature des choses, l'ordre, l'universel, l'infini, Dieu, sont pour lui des mots vides de sens; s'il en parle, c'est pour en altérer profondément la signification, ou pour se conformer à l'usage. D'un autre côté, Hobbes et Spinosa sacrifient la liberté au souverain par des raisons contraires; et d'ailleurs, si ce souverain est pour Hobbes le Prince, c'est-à-dire un individu, pour Spinosa c'est l'État, c'est-à-dire la personnification abstraite de l'intérêt général. Puisque nous venons de parler de Hobbes, qu'on nous permette de dire que la critique de notre temps, tout en faisant bonne justice de ses doctrines, a trop exalté le mérite philosophique de ce penseur. Nous ne contestons ni la précision de ses définitions, ni la rigueur de ses déductions, ni la forte unité de sa doctrine; mais quand la pensée s'enferme dans une sphère aussi étroite, toutes ces qualités deviennent faciles et communes. C'est à tort qu'on chercherait dans Hobbes le plus vrai représentant des doctrines sensualistes : esprit roide, sec, purement logique, il ne pouvait pas même comprendre toute cette métaphysique du sensualisme, que l'intelligence souple, vive, féconde de Gassendi, la sagesse admirable et la profonde sagacité de Locke, la finesse et la subtilité d'analyse de Condillac ont si habilement développée.

Malebranche est, comme Spinosa, fils de Descartes ; mais, sauf cette commune origine, il suit une autre méthode et s'inspire d'autres traditions. Et néanmoins sa doctrine sur e rapport des êtres finis à Dieu diffère peu, quant au fond, de celle de Spinosa. De même que ce philosophe, il considère Dieu tout à la fois comme la cause de tout mouvement et comme le fond de tout être pour les créatures. Il n'avait qu'un pas à franchir pour arriver à la doctrine d'une substance unique dont les êtres finis ne sont que des modes. D'ailleurs, sa psychologie, confondant le désir et la volonté, et rapportant à Dieu toutes nos déterminations volontaires, ne respectait pas beaucoup plus que celle de Spinosa la liberté et la personnalité humaine. M. Damiron le reconnaît, et ne trouve pas qu'on ait calomnié Malebranche en l'appelant Spinosa chrétien. On peut appliquer à Malebranche le mot de Leibniz sur Spinosa, qu'il n'a fait que cultiver certaines semences cachées dans la doctrine de Descartes. Si sa méthode est cartésienne, c'est à saint Augustin et à la théologie chrétienne qu'il emprunte le fond de sa métaphysique. Chose digne de remarque ! c'est par le Christianisme que Malebranche arrive à une doctrine fort semblable à celle de Spinosa. Quant à la théorie des idées, M. Damiron fait parfaitement ressortir, dans son analyse, la différence qui la distingue de la théorie de Platon. Il l'approuve avec la réserve nécessaire ; peut-être aurait-il pu insister davantage pour en montrer la portée. Cette théorie n'explique pas seulement tout un côté de la réalité que l'empirisme a toujours méconnu, savoir, les classes, les genres et les espèces, les lois qui font l'unité, l'harmonie, la stabilité du Monde; elle est nécessaire pour rendre compte de toutes les intuitions empiriques. Malebranche a pu dire avec une profonde vérité, comme autrefois Platon, que, sans les idées, les choses seraient absolument inintelligibles. Ces idées, dont se moque l'empirisme, et dont Platon et Malebranche ont eu tort de faire des êtres à part, en dehors des choses, ne sont pas moins que les principes nécessaires de toute connaissance, principes qu'une analyse un peu sérieuse retrouve au fond de la pensée humaine, et que Kant a remis en lumière sous le nom de *formes de l'entendement*.

Le livre de M. Damiron s'arrête à Malebranche et au cartésianisme; un troisième volume, consacré surtout à Leibniz, complétera l'histoire de la philosophie du xviie siècle. Les réflexions qui précèdent, et les réserves que nous avons faites, ne diminuent en rien notre profonde estime pour un si solide travail. L'éloge le plus vrai et le meilleur qu'on en puisse faire, c'est qu'il devra désormais servir de guide à tous ceux qui voudront connaître et juger la philosophie du grand siècle. Nous regrettons que les proportions de cet article nous aient interdit les citations : les fortes discussions, les pages élevées et éloquentes sont nombreuses dans ce livre. Nous ne citerons qu'un fragment de la conclusion, sur l'idée de la Providence : « S'il est vrai que la Providence n'ait bien qu'en nous son lieu, sa parfaite présence, et les traits qui la révèlent dans ses plus purs attributs, c'est en nous que nous devons avant tout la chercher. La Nature n'est pas son temple, ou du moins son intime et profond sanctuaire, et elle n'y habite pas comme en nous sous la forme de la sagesse, de l'amour et de la justice; elle ne s'y montre que sous celle du mouvement et de la vie. Ne la négligeons pas; loin de là, étudions-la, admirons-la sous cette forme si riche en créations de tout genre; mais n'oublions pas cependant qu'elle n'y paraît après tout que comme le dieu des forces aveugles et sans raison, et qu'il faut des âmes à son âme pour pouvoir s'y déclarer dans toute sa sainteté. Ayons donc pour la nature, qui la représente en un sens, et même en parle dans cette langue de la terre et des cieux que nous aimons tous à entendre, un regard de curieuse et de religieuse observation; mais que ce soit pour revenir avec plus de recueillement encore à l'humanité, qui seule nous la découvre comme le dieu des cœurs et des esprits. L'humanité, voilà notre grande leçon, notre plus clair enseignement de la divine Providence. C'est pourquoi, pour mieux trouver la Providence en nous, devons-nous travailler autant que nous le pouvons à ramener, à rendre toutes nos facultés naturelles à leur type véritable : l'intelligence à la science, l'amour à la bonté, la volonté à la vertu, et à faire de notre âme une âme vraiment humaine, je veux dire conforme à l'idée que Dieu s'est proposée en la créant; car ce n'est qu'en cet état qu'elle représente visiblement cette autre âme, dont elle n'est la fidèle expression qu'à la condition d'en être la docile imitation... A une bonne conscience jamais ne fait réellement défaut la science de la Providence. Elle ne nous manquera donc pas, si nous la voulons à ce prix : pour un peu de vertu, elle se donnera déjà à nous; à mesure que nous deviendrons meilleurs, elle se déclarera davantage. Si nous parvenions à être parfaits, nous la posséderions sans limites. Le saint en jouit en quelque sorte comme de la science de lui-même, tant dans son âme purifiée la présence de Dieu est manifeste et facile! »

Un mot avant de finir. Aucun livre n'est plus propre à faire goûter le cartésianisme aux esprits sérieux. Mais, tout en nous faisant éprouver une vive admiration et une sympathie profonde pour cette noble philosophie, le livre de M. Damiron nous laisse peu d'illusions sur les hypothèses, les chimères et les lacunes qu'elle renferme. On comprend parfaitement l'entraînement des esprits vers le xviie siècle. La philosophie de la *sensation* est morte depuis longtemps; la philosophie écossaise, que de grands esprits ont essayé d'établir sur les ruines du condillacisme, ne pouvait, malgré ses mérites, suffire à un pays qui avait produit Descartes et Malebranche. La pensée allemande est une énigme qui, sauf quelques heureux efforts, n'est pas encore près d'être expliquée. La philosophie française, d'autant plus incertaine et timide qu'elle est mieux instruite par l'histoire de ses erreurs du passé, hésite en ce moment, et semble se complaire dans la contemplation de son glorieux passé. Cette tendance rétrospective, fort naturelle d'ailleurs, a déjà duré trop longtemps, et commence à devenir fâcheuse pour l'avenir de la philosophie. Il lui serait très-commode sans doute de se reposer dans une doctrine toute faite, et il ne manque pas d'esprits qui voudraient la détourner des entreprises périlleuses; jamais on ne lui a tant prêché la sagesse et le sens commun. Il est évident que la philosophie ne peut se passer ni de l'un ni de l'autre; mais l'audace et l'originalité ne sont pas les écueils qu'elle a surtout à éviter aujourd'hui. Qu'elle ne craigne pas de marcher de peur de faillir. L'erreur est une nécessité de notre nature, sinon une condition de la découverte de la vérité. Les systèmes qui ont fait le plus d'honneur à l'esprit humain sont loin d'en être exempts. Mais l'erreur passe, et la vérité reste. Le temps, qui fait justice des exagérations et des paradoxes, conserve religieusement la pensée du génie. Les grandes écoles servent la philosophie même par leurs erreurs, plus que les petites par leurs vérités; car elles seules mesurent l'étendue et la profondeur des problèmes. La philosophie de nos jours a débuté, comme elle devait le faire, par l'histoire; munie de l'expérience du passé, méthodique, exacte, circonspecte, elle doit d'autant moins hésiter. De grands esprits lui ont ouvert la carrière par des œuvres pleines d'éclat et de hardiesse; qu'elle y marche avec force et indépendance : c'est ainsi qu'elle se montrera digne de leurs leçons. La pire destinée pour elle serait de mourir sans avoir vécu.

IV

PHILOSOPHIE DE L'HISTOIRE. — DOCTRINE DU PROGRÈS.

Lorsque nous voyons les adversaires de la philosophie profiter d'un moment d'éclipse et de défaillance du XIXe siècle pour nous ramener les idoles du passé, en nous criant : Il n'y a de salut que là ; brûle ce que tu as adoré, adore ce que tu as brûlé ; nous sourions de cette imprudente confiance, et, sans mot dire, nous les ajournons au prochain jugement de Dieu. Parce que le siècle se recueille et ramasse ses forces avant de faire le pas décisif, ils le croient sans mouvement, sans vie, sans foi, sans espoir. Qu'ils s'épanouissent donc un instant dans l'ironie et l'insulte, qu'ils maudissent les *rêveurs,* qu'ils jouissent de leurs dernières illusions avec l'âpreté d'une joie qui sent sa fin : ce spectacle nous inspire un autre sentiment que la tristesse. Nous avons pitié de ces folles espérances et de ces rêves dignes d'un autre âge.

Mais si des amis de notre cause, des hommes qui l'ont servie, honorée, illustrée par leur dévouement, leur caractère, leur talent ou leur génie, dans cette lutte d'un demi-siècle, viennent pousser le cri du dernier Brutus, et douter du progrès pour lequel ils ont si longtemps combattu (1), notre tristesse égale notre surprise. En d'autres temps on n'eût point entendu ce cri, ou bien il ne fût sorti que du fond de ces âmes féodales ou mystiques que trois siècles d'une lutte ingrate contre le progrès ont exaspérées. Alors nous avions mieux à faire que de le relever. Mais dans les jours d'épreuve, toute parole de désespoir est contagieuse, parce qu'elle est l'écho de bien des plaintes secrètes, de bien des espérances justes, trompées ou troublées par la fortune. Nous rencontrons parfois de ces âmes fières qui ne fléchiront pas, qu'aucun mot, au-

---

(1) M. de Lamartine, *Conseiller du peuple.*

cun geste ne trahit, mais dont le silence, l'ennui, le dégoût, et jusqu'à ce soupir intérieur que toute conscience blessée entend chez le juste qui souffre, nous révèle la profonde sympathie pour cette *philosophie de la douleur*, toujours trop écoutée des vaincus. Combien pensent tout bas ce que quelques-uns proclament tout haut, dans l'irrésistible explosion de leur mélancolie, que la fortune est la reine de ce monde, que le dogme du progrès est un rêve d'enfant, qu'il n'y a pour l'homme ici-bas qu'une réalité, le mal ; une vérité, le devoir ; une espérance, le repos en Dieu, au delà de la tombe ; un livre de morale, l'*Imitation !*

Ces réflexions, que le lecteur trouvera un peu tristes, nous ont été inspirées par la lecture d'une page du *Conseiller du peuple*, où notre grand poëte s'en prend à la doctrine du progrès des défaites de la cause dont il a été la plus éclatante personnification. Hélas ! il n'a fait que prouver une fois de plus que le malheur rend injuste. Mais un esprit, et surtout une âme comme la sienne ne se trompe jamais dans son indignation, sans qu'il y ait lieu de faire une part légitime à son éloquent anathème. On abuse tant, aujourd'hui surtout, des grands mots de progrès et de civilisation, qu'il n'est pas inutile d'expliquer dans quel sens il convient de s'en servir.

L'idée du progrès n'est pas la doctrine du progrès. Si la seconde est de date toute récente, la première remonte jusqu'au XVIIe siècle. L'antiquité n'en a pas eu même le soupçon, soit dans les sciences de la Nature, soit dans les sciences de l'homme. Platon croyait à la perfection et à la béatitude primitive des âmes humaines dans le monde des idées, à leur chute et à leur réhabilitation personnelle par la philosophie et la vertu. Ce n'est ni dans le stoïcisme, ni dans l'épicurisme, ni dans le mysticisme alexandrin, ni dans la philosophie chrétienne qu'il faut chercher l'idée du progrès. Quand on enseigne le recueillement intérieur comme le premier, le renoncement au monde comme les deux autres, on ne se préoccupe guère de l'avenir du genre humain ici-bas. Le sage stoïcien ne regarde qu'en soi, ou dans ce grand Univers qu'il contemple et adore comme un Dieu; et s'il laisse tomber un regard sur cette cité, sur cette humanité au sein de laquelle il vit, c'est pour fuir plus vite un monde déplorable d'où le devoir seul l'empêche de s'isoler définitivement. Le mystique alexandrin est trop impatient de jouir de la vie divine par l'absorption en Dieu pour prendre la science et la civilisation au sérieux, et en compter les progrès. Le vrai chrétien prend la vie humaine au sérieux, non comme destinée, mais comme épreuve; il n'a guère souci d'un autre avenir pour l'homme que celui de la vie bienheureuse dans l'éternité. Un seul philosophe semble faire exception à l'esprit général de l'antiquité; c'est l'incomparable Aristote. Celui-là ne paraît avoir eu aucune illusion sur l'origine des choses et des sociétés. La science et la perfection morale lui semblent le fruit mûr de l'expérience, de la réflexion et de l'effort humain. Qu'on lise son hymne *à la vertu*, et l'on verra s'il fait de la vertu et de la perfection des grâces du Ciel, ou des dons de la Nature. Il y a un mot bien profond dans le premier livre de la *Métaphysique* : « *Le mieux est à la fin,* comme dit le proverbe (1). » Et ce mot trouve son explication dans la méthode historique dont ce livre offre une si curieuse et si heureuse application. Au moyen de cette méthode que nul philosophe, avant et après lui dans l'antiquité, n'a pratiquée avec autant de suite et de sagacité, Aristote fait voir comment l'esprit humain procède du *pire* au *meilleur*, du mythe à la philosophie. Si ce n'est pas encore l'idée générale du progrès, c'est déjà la méthode qui y conduit, et la formule qui l'exprime dans le domaine de la science. Quant à cette prétendue philosophie de l'histoire dont la théologie chrétienne aurait fourni la donnée première, que saint Augustin, que Salvien aurait esquissée, que Bossuet, en dernier lieu, aurait développée dans le *Discours sur l'histoire universelle*, on peut y trouver un certain plan, une certaine unité de vues, mais rien qui ait rapport à une théorie quelconque du progrès. C'est Dieu qui seul mène le genre humain, et qui le mène où il veut et comme il veut, à travers une série de chutes et par une succession de coups d'État. Il n'est pas même clair que ce but soit la sanctification de l'Humanité; et quand cela serait, c'est une tout autre fin que que la véritable doctrine du progrès assigne au mouvement des sciences et des sociétés.

Il faut traverser le moyen âge tout pénétré de l'idée chrétienne et de la science antique, et sans s'y arrêter, arriver jusqu'aux temps modernes pour rencontrer l'idée de progrès. C'est dans le domaine de la science que le génie

(1) Liv. I, chap. 1, p. 12, trad. Pierron et Zévort.

de Pascal en a fait la première révélation (1). Non-seulement il constate la chose, mais il en assigne la cause. Le progrès des sciences est possible, parce que l'esprit humain est perfectible ; et il est perfectible, parce qu'il est capable de raisonnement, bien différent en cela des bêtes qui tournent indéfiniment dans le cercle où les enferment l'instinct et l'imagination. Si Pascal n'a vu qu'une face de la grande vérité qui aujourd'hui éclaire tout de sa lumière, il est certain qu'il l'a vue à fond, avec ce coup d'œil perçant qui lui est propre, et qu'il s'en est parfaitement rendu compte. Aussi n'a-t-on fait que lui rendre justice, en faisant remon-

(1) « N'est-ce pas traiter indignement la raison de l'homme, et la mettre en parallèle avec l'instinct des animaux, puisqu'on en ôte la principale différence, qui consiste en ce que les effets du raisonnement augmentent sans cesse, au lieu que l'instinct demeure toujours dans un état égal ? Les ruches des abeilles étaient aussi bien mesurées il y a mille ans qu'aujourd'hui, et chacune forme cet hexagone aussi exactement la première fois que la dernière..... Il n'en est pas de même de l'homme, qui n'est produit que pour l'infinité. Il est dans l'ignorance au premier âge de sa vie ; mais il s'instruit sans cesse dans son progrès, car il tire avantage non-seulement de sa propre expérience, mais encore de celle de ses prédécesseurs..... De là vient que, par une prérogative particulière, non-seulement chacun des hommes s'avance de jour en jour dans les sciences, mais que tous les hommes ensemble y font un continuel progrès à mesure que l'univers vieillit, parce que la même chose arrive dans la succession des hommes que dans les âges différents d'un particulier. De sorte que toute la suite des hommes, pendant le cours de tant de siècles, doit être considérée comme un même homme qui subsiste toujours et qui apprend continuellement : d'où l'on voit avec combien d'injustice nous respectons l'antiquité dans ses philosophes ; car, comme la vieillesse est l'âge le plus distant de l'enfance, qui ne voit que la vieillesse dans cet homme universel ne doit pas être cherchée dans les temps proches de sa naissance, mais dans ceux qui en sont les plus éloignés ? » (*Pensées. Fragments d'un traité du vide*, édit. Havet, p. 435.)

ter jusqu'à lui le principe de la doctrine du progrès. Fontenelle a eu la même idée, qui lui semble propre (1), mais qu'il exprime avec moins de force et de profondeur. « Un bon esprit cultivé est, pour ainsi dire, composé de tous les esprits des siècles précédents; ce n'est qu'un même esprit qui s'est cultivé pendant tout ce temps-là. Ainsi cet homme qui a vécu depuis le commencement du monde jusqu'à présent a eu son enfance. » La célèbre querelle des anciens et des modernes, où Fontenelle a joué son rôle, et à laquelle Perrault et Lamotte ont pris la plus grande part, devait naturellement mettre les partisans des modernes sur la voie de l'idée du progrès considéré, non plus seulement dans les sciences, mais encore dans les lettres, les arts, les lois, les mœurs et tout ce qui constitue la civilisation. C'est, en effet, la thèse plus ou moins bien démontrée, et surtout plus ou moins bien définie par les partisans des modernes.

L'idée du progrès ainsi conçue et définie ne passe à l'état de doctrine qu'à partir du xviiie siècle. C'est alors que la philosophie de l'histoire s'en empare pour la développer et l'appliquer à toutes les parties de la civilisation humaine. Vico l'explique par son ingénieux et profond système des cercles toujours croissants par lesquels passe successivement l'Humanité. Lessing en donne une formule plus nette et plus large dans l'*Éducation du genre humain*. Herder en a un sentiment plus puissant et une

(1) Le fragment de Pascal n'avait pas encore paru, lorsque Fontenelle publia sa *Digression sur les anciens et les modernes*, où se trouve cette pensée.

vue plus générale ; mais il y a plus de poésie et d'éloquence philosophique que de démonstration historique dans son livre. La déclamation était trop dans le goût du temps, en France surtout, pour que les savants eux-mêmes pussent y échapper. C'est un des défauts du livre de Condorcet, qui n'en reste pas moins admirable de précision démonstrative, en tout ce qui concerne les sciences, et qui en tout le reste respire le plus noble et le plus ardent amour de l'humanité. On sait comment l'enthousiasme de Condorcet pour sa thèse de la perfectibilité l'a entraîné au delà de toutes les bornes de la raison et de la nature, jusqu'à lui faire rêver une immortalité terrestre, grâce aux progrès indéfinis de la science.

Si la doctrine du progrès appartient au siècle dernier, c'est le nôtre qui a eu la gloire d'en faire une théorie vraiment rationnelle, en la fondant sur l'histoire et la philosophie tout à la fois. Notre siècle pouvait seul bien comprendre et bien définir le progrès ; c'est ce siècle qui a compris et défini la Civilisation ; c'est ce siècle qui a créé la philosophie des sciences, la philosophie de l'histoire, la philosophie des religions, la philosophie des lois, la philosophie de l'art, la philosophie appliquée à tous les ordres de faits dont la Civilisation se compose. Mais c'est la pensée allemande qui a l'honneur de cette grande œuvre ; la France était trop plongée dans la révolution et la guerre pour penser à la philosophie. Les quelques rares esprits que cela intéresse s'en tiennent à la philosophie stérile de la *sensation*. Et Dieu sait si cette philosophie, uniquement occupée à commenter le *Traité des sensations*, songeait à la philoso phie de l'histoire. C'est l'école de Schelling et surtout de Hegel qui élève la doctrine du progrès à la hauteur d'un principe métaphysique, en la faisant entrer dans le cadre de ses systèmes. Hegel l'engendre de sa dialectique, avant d'en chercher la confirmation dans l'histoire. En France, à l'exemple de la philosophie allemande, mais avec une vigueur de composition et un éclat de parole qui n'ont point été égalés dans ces matières, M. Cousin esquisse à grands traits une théorie du progrès qu'il éclaire et démontre par une rapide excursion dans l'histoire universelle (1). Après lui, ou à côté, des esprits ingénieux ou puissants, Saint-Simon (2), Comte (3), Leroux (4), Lamennais (5), Reynaud (6) approfondissent ou développent la même thèse, chacun avec la méthode qui lui est propre : les uns, en l'appuyant sur le principe de la tradition habilement consultée ; d'autres, en la déduisant rigoureusement de leur métaphysique ; d'autres enfin, en s'aidant des lumières de la science positive. Après ces hautes spéculations, les historiens reprennent la thèse du progrès : les uns, comme M. Michelet (7), en l'appliquant à l'histoire universelle ; les autres, comme M. Guizot (8), en l'appliquant à une partie considé-

---

(1) *Introduction à l'histoire de la philosophie.*
(2) *Le nouveau christianisme.*
(3) *Philosophie positive.*
(4) Voyez l'*Encyclopédie nouvelle*, le livre de l'*Humanité*, et presque tous les ouvrages de l'auteur.
(5) *Esquisse d'une philosophie.*
(6) *Terre et ciel.*
(7) *Introduction à l'histoire universelle.*
(8) *Tableau de la civilisation en Europe.*

rable de cette histoire; d'autres enfin, comme MM. Thierry, Mignet, Henri Martin, en l'appliquant à l'histoire d'un grand pays, soit la France, soit l'Angleterre, soit l'Allemagne. Tous, sur des exemples différents, s'attachent à la démonstration historique de la même loi. Et pendant que les philosophes et les historiens cherchent cette loi du progrès dans le monde moral, voici les savants qui la trouvent, eux aussi, dans le monde physique, à travers les lentes évolutions de la Nature. L'astronomie, la géologie, la paléontologie sont d'accord pour attester l'universelle transformation des mondes ou des planètes qu'elles étudient, dans le sens d'un progrès incessant. En sorte que la science entière aujourd'hui concourt à la démonstration éclatante de cette grande vérité.

L'ascendant de la doctrine du progrès est tel que l'école théologique elle-même s'y laisse attirer. Sans parler d'une école philosophique dont M. Buchez a été le chef (1), et qui a fait de la croyance au progrès le premier dogme de sa foi, la théologie orthodoxe, par l'organe de ses représentants les plus éclairés, accepte la loi démontrée par la science positive, sauf à la concilier avec un dogme auquel elle tient avant tout. Enfin, depuis M. Littré (2) jusqu'à M. l'abbé Maret, il n'est pas d'esprit philosophique qui n'adhère plus ou moins à la doctrine du progrès. Et de la science, la doctrine a passé dans la littérature; la poésie la célèbre, et le roman l'explique. Béranger, Victor Hugo,

(1) *Introduction à la science de l'histoire.*
(2) Nul n'a plus fait que ce savant pour l'avancement de la question. Voy. notamment l'ouvrage intitulé : *Positivisme, conservation et révolution.*

M. de Lamartine lui-même dans ses jours d'espérance, s'en inspirent dans leurs vers, et George Sand en fait la philosophie de ses plus sérieux romans.

C'est après un tel travail des esprits, et de si décisives révélations de la science positive que, dans un accès de découragement bien explicable, hélas! M. de Lamartine a prêté sa voix toujours puissante aux adversaires d'idées, d'aspirations et d'espérances qui sont aujourd'hui le fond de la philosophie moderne. M. Pelletan a déjà protesté contre cet anathème, au nom de la science et de l'histoire; il l'a fait avec la tristesse respectueuse d'un disciple toujours dévoué au génie malheureux, et en invoquant les principes de la *Profession de foi du* xix° *siècle* (1). Si nous jugeons à propos d'intervenir dans un débat auquel ont pris part les plus grands et les meilleurs esprits de ce siècle, ce n'est pas, bien entendu, que nous puissions espérer d'y apporter une nouvelle lumière. Nous considérons le débat comme clos, et la vérité comme définitivement acquise. Seulement la doctrine du progrès a de maladroits amis qui la compromettent, et de faux apôtres qui la dénaturent, au point de provoquer une réaction dont M. de Lamartine s'est fait l'organe, au nom de l'expérience et du sens commun. C'est donc moins pour la défendre que pour l'expliquer que nous reprenons une thèse suffisamment démontrée.

De toutes les faces sous lesquelles cette thèse peut être envisagée, le côté scientifique, industriel, économique, *matériel*, en un mot, est celui qui soulève le moins de doutes

---

(1) Ce livre est l'exposition historique la plus nette et la plus éloquente qui ait été faite jusqu'ici de la doctrine du progrès.

et d'obscurités. C'est par là qu'elle fut abordée, avant que la philosophie de l'histoire n'en embrassât tous les aspects. Pour Pascal, pour Fontenelle, pour Condorcet lui-même, pour toute la philosophie du dernier siècle, le problème était simple; la loi du progrès, appliquée à l'histoire des sciences positives, de l'industrie et de l'économie politique, est manifeste, absolue, et n'a besoin ni de définition ni d'explication. Le progrès, en effet, se produit là sous sa forme la plus visible; c'est un accroissement indéfini de connaissances, de découvertes, d'inventions, de procédés, d'arts et de machines, qui permet pour l'avenir ce dont l'antiquité n'eut jamais l'idée, la conquête complète et la transformation du globe. Or ce genre de progrès, sans être absolument indépendant des révolutions morales ou sociales qui se produisent dans le développement historique de l'Humanité, ne s'y rattache pas au point d'en subir nécessairement le contre-coup; il peut fleurir, et il fleurit à une époque de décadence ou même de décrépitude sociale, aussi bien et mieux qu'à une époque de jeunesse et de maturité. Semblable à la Nature, dont il suit les lois, et qui est toujours belle et riante, au milieu des tempêtes et des ruines du monde moral, le progrès scientifique et industriel poursuit sa marche ascendante, dans l'abaissement continu des sociétés. L'histoire nous montre que les jours les plus durs et les plus tristes pour la moralité et la dignité des sociétés humaines, ne sont pas toujours les moins féconds pour l'avancement des sciences positives. C'est depuis le moment de sa décadence morale et politique que le génie grec s'est surtout développé dans la direction des sciences mathématiques, physiques et naturelles. C'est depuis l'avénement de l'empire que la société romaine a connu les bienfaits de l'industrie. Ce progrès peut être plus rapide et plus lent, selon qu'il est favorisé ou entravé par tel ou tel état politique ou social; mais il ne subit guère d'interruption complète. Ainsi, même aux plus mauvais jours du moyen âge, alors qu'une barbarie profonde a succédé à la brillante civilisation du monde grec et romain, les sciences reprennent peu à peu la voie des observations et des découvertes. C'est qu'en effet l'esprit scientifique proprement dit est celui qui a le moins besoin de conditions sociales pour se développer. Il lui suffit d'un peu de repos; et pour peu que la tradition soit à sa portée, il a tout ce qu'il faut pour la continuer et la dépasser, en ajoutant au trésor des vérités acquises. Il en est tout autrement des lettres, des arts, des mœurs, des institutions politiques dont le développement suppose un état social tout particulier. Cela explique comment tel progrès moral, ou politique, ou esthétique peut être détruit par un concours de circonstances sociales, de manière à ce qu'il y ait solution complète de continuité; ce qui n'arrive jamais dans une éclipse momentanée de l'esprit scientifique.

Sur ce point donc, tout le monde est d'accord, et la thèse du progrès ne rencontre aucune contradiction. Mais le problème se complique et se hérisse de difficultés, quand on veut la généraliser. Ici la thèse ne peut plus se soutenir, à moins de distinctions et d'explications préalables.

Convenons tout d'abord que la doctrine du progrès a de faux interprètes qui en compromettent le succès par inintelligence ou exagération. Il est de grossiers esprits qui ne voient dans l'homme que le corps, dans la Civilisation que l'industrie ; qui, pourvu qu'ils entendent le bruit des roues et contemplent les splendeurs du char magnifiquement décoré et roulant avec fracas, n'ont pas la pensée de se demander ce qu'il porte et où il mène, s'il n'est pas intérieurement un *sépulcre infect*, vide de poésie, de philosophie, de morale, de tout ce qui fait vivre et conserve l'âme d'une société. Aux apôtres de ce progrès, les amis de l'*esprit*, les poëtes et les moralistes peuvent dire : « Puisque vos machines ne travaillent pas pour la justice, la liberté, la vertu et la dignité des mœurs, pour tout ce qui fait la perfection morale des individus et des sociétés, que nous importe tout ce mouvement et tout cet éclat? Votre orgueil nous fait pitié, votre enthousiasme nous révolte. La Grèce de Philippe et de Flaminius était plus brillante de luxe que celle d'Aristide. Était-ce un progrès? La Rome de la république était plus riche en vertus, en éloquence, en liberté, qu'en palais et en monuments. La Rome des Césars avec ses édifices, ses arts, ses jeux et ses fêtes, eût été sans doute plus de votre goût. Pour nous, nous trouvons plus de prix à la société qui a produit les Gracques et Caton. Toute cette pompe est moins belle que le moindre acte de vertu, de cette vertu qui, selon la parole d'un sage de l'antiquité, brille d'un plus vif éclat que l'étoile du matin. Votre mesure de la Civilisation n'atteint pas la vraie taille de l'Humanité! Il nous faut d'autres signes pour croire au progrès. »

Voilà qui est embarrassant pour les optimistes de l'école utilitaire. Toutefois, il ne faut rien exagérer, pas même le spiritualisme. L'industrie n'est pas plus la Civilisation que le corps n'est l'âme, que le bien-être n'est le bonheur. Elle n'en est pas moins une chose légitime et excellente en soi, pourvu qu'elle soit la servante et non la reine de la Civilisation. Si elle ne donne pas le bonheur, elle crée le bien-être, laissant à la justice le soin de le répartir équitablement. Or le bien-être n'est point si méprisable, en face des misères qui ne rendent pas seulement tout bonheur, mais encore tout progrès moral impossible, chez la plupart des victimes qui en portent le poids. Si le bien-être ne compte pas dans la destinée humaine, dans le bonheur et la perfection, à quoi bon le souci du corps, le travail et l'industrie? L'indifférence, la résignation contemplative de l'Orient est la vraie sagesse. Si le corps seul se trouvait mal de cette sagesse, la philosophie pourrait encore s'en consoler. Mais l'âme s'en trouve-t-elle bien? Qu'on le demande à l'Orient de tous les temps.

Il est d'autres optimistes béats que tout réjouit, que tout captive; qui, sans mesure, sans principe, applaudissent à tout changement comme à un progrès. Pour eux tout a sa raison suffisante et même excellente; tout est beau et bon dans le meilleur des mondes. Ils ne veulent pas que l'Humanité perde un jour, une heure dans sa marche vers la perfection. La liberté, la philosophie, l'art était un bien; mais, puisque l'Humanité marche, la servitude, la superstition, la barbarie ne peut être un mal. Les révolutions, les réactions, les restaurations les trouvent toujours l'esprit satisfait et le cœur joyeux. Nous ne partageons pas cette inaltérable allégresse, cette sympathie croissante pour tout ce qui est nouveau ; nous n'admirons et n'aimons que les changements de scène où l'Humanité se révèle plus radieuse de poésie, de science, de justice, de liberté. Certains enthousiastes poussent la superstition du progrès jusqu'à supprimer les conditions de l'humanité, jusqu'à rêver les uns l'extension indéfinie de la vie humaine, ceux-ci la perfection de la science, ceux-là la perfection du bonheur, d'autres la perfection de la vertu. Si Condorcet n'avait pas été un de ces rêveurs, il serait inutile de rappeler que la Civilisation n'a pas ajouté un organe, un sens, une faculté de plus à la constitution de l'être humain, et que la perfection étant l'attribut de Dieu, il n'est pas donné à l'homme de devenir parfait, en quoi que ce soit, à moins de changer sa nature. M. de Lamartine a trop raison contre une pareille folie.

Enfin, il est des esprits absolus qu'une étroite logique conduit à appliquer à tout la théorie de la perfectibilité, qui veulent que les œuvres les plus libres, les choses les plus personnelles, la poésie, l'art, la vertu, le bonheur, soient soumises à la loi du progrès aussi bien que les sciences et les arts de l'industrie ; qui s'évertuent, par exemple, à mesurer, sous tous les aspects, la supériorité des modernes sur les anciens. M. de Lamartine a encore beau jeu contre cette prétention. Où trouver plus de richesse, d'éclat, de grâce, de grandeur que dans la poésie de l'Orient ; plus de naturel, de simplicité, d'élégance, d'harmonie, de goût et de perfection que dans les arts et la poésie de la Grèce ; plus de force, de sève, de gravité, de majesté que dans l'éloquence et la littérature latines ? Où trouver une vertu plus héroïque, plus calme, plus sûre d'elle-même que dans la cité ou la philosophie antique, dans l'âme d'un Socrate et d'un Caton, d'un Épictète et d'un Marc-Aurèle? Le monde chrétien et moderne a ses types de génie, de poésie et de vertu qui ne sont peut-être point inférieurs à ceux-là. Mais quel homme de sens et de goût s'aviserait de jouer au parallèle entre des types si différents? Quant au bonheur qu'il ne faut pas confondre avec le bien-être, il semble un phénomène personnel, trop intime, trop profond, trop indépendant des conditions extérieures pour qu'on puisse en mesurer le progrès aux autres perfectionnements de l'Humanité.

On ne saurait trop protester contre tous ces chimériques interprètes de la doctrine du progrès. Ce sont ces sottes exagérations qui faussent ou obscurcissent la plus grande, la plus consolante vérité des temps modernes. Tant qu'on se borne à cette critique, nous ne pouvons qu'applaudir ceux de nos amis qui ont le courage de dissiper des rêves grossiers de bonheur sans vertu et sans poésie, de venger l'esprit des insolents triomphes de la matière, au moment où la civilisation moderne se révèle surtout par les merveilles de l'industrie, les jeux de la force, et les miracles de la Bourse, où tout ce qui en fait la substance, la vie, le parfum et la beauté s'est retiré au plus profond des âmes et des intelligences d'élite. Mais certains esprits fatigués, certaines imaginations déçues, vont plus loin. Ils ne voient dans le progrès qu'un fait, inévitablement suivi d'un autre fait, la décadence. L'Histoire universelle n'est pour eux qu'une succession de peuples, de races, d'époques qui ont leur enfance, leur jeunesse, leur maturité, leur vieillesse, leur décrépitude, ni plus ni moins que les individus. C'est réellement nier le progrès. Si, dans cette succession d'époques historiques que la science déroule à nos yeux, sous ces perpétuelles vicissitudes de naissance et de mort, de force et de faiblesse, de progrès et de décadence, il n'y a pas un être immortel, l'Humanité, qui se développe, se complète, s'organise de plus en plus, de mieux en mieux, gagnant à chaque création comme à chaque ruine, s'enrichissant des dépouilles de la mort comme des fruits de la vie, ramassant continuellement sur sa route le prix du travail, des larmes, du sang des générations qui passent, l'Histoire universelle n'est qu'un mot vide de sens, puisqu'elle n'a pas de sujet ; la Civilisation est un accident, et non une loi nécessaire ; le progrès n'est qu'une illusion. La science et la philosophie modernes n'ont rien de mieux à faire qu'à garder les rêves de l'Orient et de Platon sur l'*Éden*, la *chute* et la *réhabilitation*, comme nos mystiques leur en donnent le conseil : au moins elles y trouvent l'espérance qui console et soutient. C'est sans doute ce qui rend M. de Lamartine si complaisant pour ces croyances. Mais voilà précisément ce que ne fera pas la philosophie, à moins de fermer les yeux à l'expérience.

Parler de progrès sans le définir, c'est prononcer un mot qui couvre autant d'erreurs que de vérités, et qui peut être, par cela même, nié, affirmé, discuté indéfiniment. Heureusement que, pour cette définition, nous n'en sommes pas réduits aux seules lumières de la philosophie. La science proprement dite, l'histoire-naturelle et l'histoire nous ont rendu la tâche facile, en montrant tout à la fois la réalité et le mode même du progrès. Ceux qui traitent la doctrine du progrès continu comme le rêve d'une philosophie matérialiste et l'hypothèse sans fondement d'une science peu sérieuse, oublient que ce n'est ni la philosophie ni la science qui parlent de progrès, mais la Nature elle-même, dont la science n'a fait que dégager le témoignage des voiles qui le recouvraient depuis tant de siècles. Cuvier n'est point un rêveur; il n'a pas inventé ces fossiles qui attestent les révolutions du globe. Le progrès est inscrit en caractères authentiques dans les entrailles de la terre, le progrès, entendez-vous, et non un simple changement de formes. Le premier manuel de géologie explique la nature, l'ordre, le progrès de toutes ces créations enfouies successivement sous le sol : notre globe, primitivement formé par la condensation des gaz qui erraient en forme de comètes, a débuté par une masse de vapeurs brûlantes, âge de Vulcain; puis il a pris une autre forme par la solution de ces vapeurs en liquides, âge de Neptune; puis une autre encore par la consolidation des liquides, au moins à la surface, en une croûte compacte; puis ce théâtre ainsi préparé s'est décoré d'une végétation dont rien ne rappelle aujourd'hui la puissance et la fécondité; puis il s'est animé par l'éclosion des germes d'une vie animale, dont les monuments conservés nous étonnent par leur monstrueuse grandeur; puis enfin il s'est illuminé de beauté, d'intelligence, de liberté, en recevant, dans un système géologique combiné tout exprès, au milieu d'un cortége de plantes et d'animaux plus parfaits destinés à son usage, l'hôte humain qui ne quittera ce globe qu'après l'avoir transformé à son image, ainsi que le prouvent depuis six mille ans les conquêtes de l'industrie sur la Nature.

Et ce progrès d'une époque à l'autre ne se fait point par le perfectionnement indéfini d'un même type, mais par la destruction du vieux type et la création d'un nouveau, à travers des convulsions, des déchirements, des catastrophes, des ruines qui se mesurent à la grandeur de l'œuvre nouvelle et à la puissance de la force créatrice. La Nature ne procède pas par évolutions, mais par révolutions ; elle brise un type pour en créer un autre plus complet, plus riche, plus *organique*, en faisant passer chaque type par toutes les phases d'enfance, de jeunesse, de maturité, de décrépitude que subissent les êtres vivants. Assurément chacune de ces époques a sa beauté propre : beauté de la force et de la fécondité dans ces exubérantes ébauches du règne animal et du règne végétal qui signalent les premières créations de la Nature; beauté de forme, de mesure, de proportion, de perfection dans les harmonieux organismes qui révèlent le dernier effort de son génie. Mais qui met en doute la supériorité des unes sur les autres? Qui nie le perfectionnement incessant des œuvres de la Nature, à travers cette succession de créations et de ruines? Voilà le progrès dans l'ordre cosmique. Et si l'on ne veut pas remonter jusqu'aux mondes détruits pour y chercher la définition du progrès, qu'on prenne pour exemple l'échelle des règnes de la Nature dans notre monde actuel. Chacun a son type de beauté et de perfection, beauté rigide et symétrique des masses inorganiques, beauté onduleuse et harmonieuse des formes organiques chez les êtres vivants, beauté *expressive* chez l'animal, beauté *spirituelle* et morale chez l'homme. Entre des types si divers, nulle comparaison possible; nulle possibilité d'expliquer cette succession par le perfectionnement indéfini d'un même type. Et pourtant qui pourrait nier la supériorité d'un type sur l'autre, l'ascension graduelle de la Nature à travers ces divers règnes, et cette magnifique échelle de progrès continu, dont les degrés sont l'étendue et la forme, la vie, la sensibilité, l'intelligence, la raison, la conscience et la liberté?

Il en est des époques de l'Humanité comme des époques et des règnes de la Nature. Sans parler de la période primitive, sauvage et barbare, dans laquelle nous ne savons combien de temps elle a *végété*, cette Humanité qui semble si vieille, à la mesure de notre courte vie, n'a traversé que trois grandes époques historiques : l'Orient, le monde gréco-romain, la société moderne qui n'a point encore atteint sa forme définitive. La Grèce, Rome et les temps modernes n'ayant plus de mystères pour l'érudition, plus de nouveautés pour la poésie, c'est l'Orient qui attire aujourd'hui les regards : l'Orient, ce berceau de l'antique civilisation et du christianisme, ce foyer de la poésie sublime et de la grande théologie, dont les rêves fascinent encore l'imagination de nos croyants, en pleine lumière de la science et de la philosophie moderne, ce pays des ruines colossales et des saints souvenirs, ce théâtre des puissants empires et des prodigieuses constructions, où le sentiment de l'infini éclate partout, cette terre enfin d'amour et d'extase, de sympathie et de piété pour tout ce qui vit et qui souffre, pour le pauvre, le faible et l'inférieur, pour l'animal, la plante, la Nature entière qu'elle élève, par un touchant effort, jusqu'à l'Humanité, jusqu'à Dieu. Tout cela est beau sans doute et digne de vénération. Mais tournez la page; la Grèce vous fera voir ce qui manque à l'Orient. Cette poésie est pleine de grâce, de sens et de grandeur; mais elle est généralement sans goût, sans mesure, sans précision, sans plan, sans composition, mêlée à tout, à la morale à la théologie, à la science. C'est la confusion la plus complète des genres et des sujets. Cette métaphysique et cette théologie ont de la profondeur et de la portée, moins que ne l'ont dit toutefois ceux qui les ont élevées au-dessus des incomparables systèmes de la philosophie grecque; mais elles sont tellement mêlées de poésie qu'on ne parvient pas à y discerner nettement la pensée de l'image. Cette douce et sublime morale, qui parle si bien le langage de l'amour, ne connaît guère celui de l'égalité, de la justice, du droit, de la liberté. Elle fait monter, comme le dit un poëte, l'animal dévoué avec son maître dans le séjour des bienheureux; mais elle laisse à la porte de la cité l'homme déshérité, l'esclave, le paria, se bornant à implorer pour lui la douceur de ses maîtres. Ces empires, si imposants par leur masse et leur durée, sont de vrais tombeaux où dorment, quand les souffrances de leur condition ne les réveillent pas, des multitudes sans droit, sans destinée, sans nom, pour lesquelles pensent, parlent et agissent quelques rois, quelques prêtres cachés dans la dernière enceinte d'un palais, ou dans l'ombre d'un sanctuaire.

La Grèce et Rome, comme le monde entier, tiennent

de l'Orient le principe de leur civilisation. Le continuent-elles? Nullement. Nouveau type, nouvelle civilisation. La civilisation gréco-romaine, c'est la cité, avec des vertus que nos sociétés modernes n'ont jamais connues ; c'est le règne du droit et de la loi ; c'est la langue, l'éloquence, la poésie, les arts élevés à une perfection classique que le goût moderne n'a cessé de prendre partout pour modèle ; c'est la science dont Platon et Aristote sont les types, la science parlant avec grâce, avec éloquence, comme sait toujours le faire le génie grec, mais sans symboles, sans énigmes, sans mystères, le langage de la raison et de la pure vérité. Quelle comparaison possible, nous dira-t-on, entre des types si différents, entre le puissant empire et la noble cité, entre le sentiment de l'infini et le sens du beau, entre l'amour et la justice, entre l'ampleur, l'obscurité de la synthèse, et la profondeur, la clarté de l'analyse? Aucune, en effet. Il n'en est pas moins vrai que, d'une époque à l'autre, le progrès est manifeste. Combien le type gréco-romain est plus parfait, plus libre, plus humain, plus *spirituel* que le type oriental ! L'Orient n'est pas le règne de la pensée, comme on l'a trop dit, mais de l'imagination. Psychologie, morale, théologie, politique, science, il ne voit ou plutôt n'entrevoit toute vérité qu'à travers le voile des images. Il ne *pense* pas, il rêve l'intelligible, l'infini, l'âme, l'esprit, Dieu, tout ce qui échappe aux sens. Les types les moins orientaux de l'Orient, la Perse, la Judée, l'Arabie rentrent dans cette loi. C'est toujours l'imagination qui colore tout de ses reflets. Or l'imagination, c'est encore la nature, la *nature* enveloppant et dominant l'*esprit*. Le mot de Hegel est vrai; le règne de l'esprit ne commence qu'avec la Grèce et Rome. C'est l'esprit dans son type le plus net, le plus visible, sinon le plus intime et le plus profond. Pour bien juger l'Orient, il ne faut pas le regarder de loin et sur le prestige de son antiquité et de ses ruines, mais le voir sur place. Cette civilisation dure encore, tant elle était massive et solide. Qu'est-ce autre chose, pour le monde moderne, qu'une végétation uniforme d'êtres humains, qui n'a jamais pu retrouver le mouvement, la vie, le progrès qu'au contact d'une autre civilisation? L'Orient n'est donc qu'une ébauche grandiose, mais monstrueuse, de l'Humanité, comparable à ces premières époques de la Nature dont les monuments nous étonnent par leur masse et leur grandeur.

La civilisation de la Grèce et de Rome a passé plus vite, fleur charmante, mais délicate, qui portait dans son calice le ver de l'esclavage. Du reste, arts, vertu, science, tout a le cachet du fini dans cette perfection du type gréco-romain. L'art s'y arrête à la représentation des formes de la Nature, ou à l'expression des sentiments les plus simples, les plus extérieurs de l'humanité. Le fond de la Nature, le fond de l'Humanité, l'*âme*, l'*esprit* des choses et des êtres, toute cette riche matière dont vivra l'art chrétien et moderne lui échappe ou lui est indifférente. La mythologie grecque est une théologie d'artistes et de conteurs; ses dieux distincts sont promptement séparés et transformés en figures humaines. La religion romaine est un recueil de *religions*, c'est-à-dire de cérémonies et de pratiques sans aucune pensée métaphysique. La philosophie soulève le voile que l'art et la mythologie ont jeté sur tout, sur la

Nature, sur l'homme, sur Dieu ; mais, alors même qu'elle prend son essor sur les ailes d'un Platon ou d'un Aristote, elle dépasse difficilement les limites d'une théologie plus ou moins anthropomorphique. Le Dieu de Platon est un artiste qui façonne une matière donnée sur l'idéal du beau et du bien. Le Dieu d'Aristote, simple type de l'intelligence, n'est que le premier Moteur de l'univers. La théologie alexandrine, plus haute et plus profonde, ne naît qu'au contact de l'Orient. La cité du monde gréco-romain est bien une société d'hommes libres, d'égaux et de frères ; mais elle absorbe l'individu et la famille dans l'État, et proscrit l'humanité dans son étroit patriotisme. C'est d'ailleurs le plus souvent une aristocratie : et même dans son type le plus démocratique, c'est encore une dure aristocratie, sans pitié pour un immense peuple d'esclaves. D'ailleurs, aristocratie ou démocratie, cette société a la passion de la conquête et le dédain du travail. Elle garde pour ses brillants et féconds loisirs les œuvres de l'art, de la science et de la politique, abandonnant tout le reste à ce troupeau servile que son mépris tient à distance de la cité. Si parfait, si pur, si supérieur qu'il soit au type oriental, le type gréco-romain est donc encore une forme incomplète, une création superficielle et éphémère que le grand Artiste des mondes ne pouvait regarder comme sa dernière œuvre.

Enfin paraît le monde moderne. Sorti des forêts du Nord et des steppes de l'Orient, celui-ci semble venu tout exprès pour démentir la loi du progrès continu. C'est la nuit succédant au jour, le chaos à l'ordre, la barbarie à la civilisation. Tout ce qui s'y révèle de beauté, de justice, de science, de religion, c'est à la Grèce, à Rome et à l'Orient qu'il le doit. Mais enfin, si informe qu'il apparaisse, l'histoire et la philosophie découvrent déjà à son début un type nouveau, plus libre et plus distinct que l'immobile Orient, plus complet, plus riche, plus profond, plus robuste que la noble Grèce et la forte Italie. On sent qu'il lui faudra d'autant plus de temps et de travail, pour se former et s'organiser, qu'il contient plus de forces, de facultés, d'éléments à développer. C'est d'abord la féodalité, époque de sanglante anarchie, âge de fer s'il en fut, mais nécessaire pour arrêter le flux des invasions nouvelles et enraciner dans le sol cette barbarie flottante qui promène le fer et le feu dans le monde gréco-romain. C'est ensuite la monarchie de droit divin, qui foule et dévore les peuples comme un héritage de famille, mais qui rallie, forme, organise ces éléments épars de la société féodale, ces provinces, ces principautés, ces fiefs qui vivent et se développent dans la plus anarchique indépendance. Inutile de dire que, féodalité ou monarchie, il n'y a pas place pour le droit, la justice, la conscience, la liberté, sous le régime du despotisme politique et de l'inquisition sacerdotale.

Mais voici la réforme, la philosophie, la révolution qui viennent mettre fin au régime de la force, de l'intolérance et du bon plaisir. Le monde moderne se couvre d'institutions libres et *humaines* sur toute la surface du globe, en Angleterre, en Hollande, en Suisse, en Amérique, en France enfin, où la *déclaration des droits de l'homme* est la charte, non d'un peuple, mais de l'Humanité entière. La révolution française est l'aurore de la démocratie, seule forme définitive des sociétés modernes, d'une démocratie libre, intelligente, morale, religieuse, digne enfin d'une éducation faite par la science, la philosophie, le droit, la poésie et l'art. Nous avons dit l'aurore, et non encore le jour. Entre ces deux moments, il y a tout l'intervalle d'un siècle de labeurs, de souffrances, de révolutions, de réactions, de restaurations, de formes provisoires et de purs accidents, qui peuvent irriter de nobles impatiences, tromper des espérances généreuses. Mais tout cela ne saurait faire illusion un seul instant aux esprits droits, aux cœurs fermes qui ont l'œil et la pensée fixés sur le dénoûment. D'abord, cet intervalle n'est qu'un point dans l'histoire de l'Humanité; et puis notre société moderne, qui déjà touche au but, n'est sortie que d'hier des langes de la féodalité, de la monarchie absolue, de la superstition. On se plaint de ses lenteurs et de ses résistances. Mais ne voit-on pas que, comme les dieux d'Homère, en quatre pas elle atteint au terme de son voyage? Comptez plutôt, vous qui vous indignez et désespérez. La république n'est qu'un combat, l'empire un incident, la restauration une réaction, la monarchie constitutionnelle une transition. Et voici tout à coup, non pas la France seulement, mais l'Europe entière en pleine démocratie. Il est vrai que l'Europe a reculé; selon les uns, parce qu'elle avait touché trop vite le but; selon les autres, parce que le cœur a manqué à la France à l'heure décisive. Toujours est-il que le monde moderne a vu la terre promise de trop près pour l'oublier ou la perdre de vue. Si donc, parmi ces formes provisoires d'une époque de transition, il en est qui méritent les regrets des amis de la liberté, nous regardons les destinées de la liberté et celles de la démocratie comme trop inséparables pour nous émouvoir outre mesure de ce malheur. Quant aux regrets plus légitimes des amis de la démocratie elle-même, nous les ressentons plus profondément, sans trop nous étonner que le monde moderne ait éprouvé un frisson de terreur devant ce grand, mais sombre *inconnu*, qui l'attire avec l'irrésistible puissance du *destin*. En tout cas, au milieu de nos misères et de nos déceptions les plus vives, gardons-nous de juger notre civilisation sur cette série d'ébauches ou de créations éphémères qui marquent son enfance, sa jeunesse, et la crise suprême de sa maturité; attendons, pour prononcer sur ses destinées, qu'elle ait atteint sa forme définitive. La démocratie moderne a bien plutôt les défauts de la jeunesse que ceux de la vieillesse. A quels obstacles se heurtent la philosophie et la politique qui essayent de la diriger, sinon contre l'ignorance, l'inexpérience, la fougue de l'instinct, l'entraînement de la passion? On voit que la période démocratique n'en est qu'à son début.

Et pourtant, si incomplètes et si rudimentaires que soient les formes par lesquelles s'est manifesté jusqu'ici ce grand type de la civilisation moderne, comparez-les aux types si parfaits, si achevés de la société gréco-romaine. Toutes deux ont leur âge héroïque. La première a eu son Homère; la seconde n'a pas eu ce bonheur. Mais quelle distance des héros grecs et romains, si forts, si libres, mais si grossiers dans leur simplicité, aux chevaliers du moyen âge, si fiers, si grands, si nobles dans leur pieux et tendre héroïsme! Et quand cette société féodale vient à se civiliser et à se polir; quand la philosophie, la science, la poésie, l'éloquence et les arts s'épanouissent au soleil du grand siècle, certes on ne peut dire que les œuvres du génie moderne soient plus parfaites que ces chefs-d'œuvre de la Grèce et de Rome qui ont atteint la perfection de leur type. Elles le sont moins, au contraire, nous pouvons l'avouer sans nuire à notre thèse; mais elles sont plus riches, plus profondes, plus complètes, en ce qu'elles expriment les sentiments, les passions, les idées d'une humanité renouvelée par le christianisme, par le génie des races nouvelles, par toute l'histoire de la société moderne. Cette différence est assez fidèlement exprimée par la formule de l'art *classique* et de l'art *romantique*. On sent que l'art moderne, inférieur en *perfection* à l'art antique, lui est supérieur en *expression*. Jamais notre sculpture n'égalera les chefs-d'œuvre de la statuaire ancienne, parce que la sculpture est proprement l'art de la forme, dont l'antiquité grecque est le génie même. Mais, bien qu'il ne nous soit rien resté de la peinture antique, nous ne pouvons douter que la peinture moderne n'ait une tout autre beauté d'expression. Homère et Virgile laissent bien loin derrière eux le Dante et Milton pour la beauté de la forme et de la composition; mais on n'y trouve point, dans Homère surtout, cette profondeur et cette délicatesse de sentiment, cette énergie de passion, ce sens métaphysique des choses qui sont les traits distinctifs de nos poëtes épiques. On peut penser que Corneille, Racine, Shakspeare, si grands qu'ils soient, n'ont point atteint, comme Eschyle et Sophocle, la perfection de leur type. Où retrouver l'harmonie de Pindare, la grâce d'Anacréon, le goût et l'esprit d'Horace? Mais quelle métamorphose de la sensibilité, de l'imagination, de la conscience humaines? Quelle distance de l'*Hyppolyte* d'Euripide à la *Phèdre* de Racine, des odes de Pindare, d'Anacréon et d'Horace à la poésie de Byron, de Lamartine et de Victor Hugo! La philosophie moderne n'a certainement pas de génies comparables à Platon et à Aristote, pour la perfection du langage et la beauté des formules. Mais son domaine est plus vaste, son fond plus riche, son sommet plus élevé. Elle comprend mieux l'ensemble des choses, en même temps qu'elle en sait mieux les détails. Elle manifeste, dans les grands systèmes de Malebranche, de Spinosa, de Schelling, de Hegel et de tant d'autres, ce sentiment profond et puissant de l'unité universelle, entièrement perdu dans la mythologie grecque, et à peine conservé dans quelques rares conceptions de Platon et des stoïciens. S'il se retrouve avec toute son énergie orientale dans Plotin et dans Proclus, c'est que cette philosophie a l'Orient pour berceau.

Et ce qui est vrai du génie des deux civilisations, ne l'est pas moins de leur moralité. Si l'on cherche dans la société moderne des vertus politiques aussi fortes, aussi sûres d'elles-mêmes que celles de la cité antique, on n'en trouvera pas. Mais quoi d'étonnant? Parmi ces grands peuples de l'âge moderne chez lesquels le sentiment de la personne, de la famille, de l'humanité est si développé, et a engendré tant de vertus, le sentiment de la cité est encore à naître en quelque sorte. Chez les anciens, l'homme est avant tout citoyen ; il habite la place publique ; ses grands intérêts sont les affaires de la cité. Dans la société moderne, sauf les démocraties américaine et suisse, et l'aristocratie anglaise, l'homme n'habite guère que le foyer domestique, le cabinet d'affaires, l'usine, la boutique, la Bourse. Il faut qu'il se passe des choses bien extraordinaires, bien émouvantes, bien graves pour ses intérêts, pour qu'il prenne le chemin du *forum*. Cela ne lui arrive qu'aux jours de révolution, quand cela lui arrive. Il est homme, chrétien, philosophe, savant, industriel, artiste, fonctionnaire surtout, mais peu citoyen; il l'est si peu qu'il ne se croit de responsabilité politique que dans l'exercice des fonctions publiques, et qu'il vous dira volontiers qu'il ne s'occupe pas de politique, absolument comme si la politique était une spécialité étrangère à sa profession ou à sa condition. Il ne se doute guère qu'Aristote a défini l'homme un *animal politique*. Il ne lui faut, pour faire vibrer sa fibre patriotique ou civique, pas moins que le danger, la liberté ou la gloire de son pays. Et encore on compte les citoyens qui s'émeuvent à l'appel de ces grands mobiles. C'est tout simple : la vie politique ne fait que commencer chez la plupart des nations de l'Europe, que la tutelle des gouvernements absolus a tenue le plus longtemps possible dans l'enfance à cet égard. D'ailleurs, pour tout dire, la grande révolution chrétienne qui a changé le principe et la base de l'éducation humaine, dans le monde connu, y a exclusivement favorisé le développement de la vie individuelle, sans toucher à la vie politique. Et quand le génie grossier, mais indépendant et personnel, des races du Nord s'est trouvé sous la direction profondément spiritualiste et mystique de la religion nouvelle, il est sorti de cette rencontre une société d'un caractère entièrement nouveau, dont la vie morale est tout autre que celle de l'antiquité grecque ou romaine, dont l'éducation est entièrement tournée vers le perfectionnement de la moralité privée et le développement de la vie domestique, et où les principes, les idées, les mœurs, les vertus de la cité sont chose à peu près inconnue.

Mais la vertu antique est une médaille qui a son revers. Si le type du citoyen est si parfait dans l'antiquité, combien le type de l'*homme* est incomplet? L'esclavage, l'*indignité* de la femme avec ses déplorables conséquences, l'oppression de la famille et de l'individu, le mépris et la haine de l'étranger, en tout l'oubli de l'*humanité*, sont des lacunes qu'aucune sagesse, aucune vertu politique ne peut compenser. Quand nous parlons ainsi de l'antiquité, nous n'oublions ni certaines doctrines, ni certaines vertus qu'on croirait de l'âge moderne. Mais ces doctrines font exception à la morale antique, qu'elles devancent et contredisent; et ces vertus appartiennent à des natures plus complètes, plus *humaines* que ne le sont les héros et même les sages de l'antiquité. On jugerait trop favorablement la morale antique, si on la voyait surtout dans les enseignements de Socrate, de Platon, de Cicéron, de Sénèque; de même qu'on se ferait une idée trop avantageuse de l'homme antique, si l'on en cherchait le type dans un Socrate ou dans un Marc-Aurèle. Ce qu'il faut voir dans une époque, pour la bien juger, c'est l'esprit général et le caractère dominant.

La société moderne, fort en arrière encore dans la vie politique, a bien autrement d'avenir; sa cité est assez large pour comprendre toutes les classes de la société elle-même, ce qui assure sa supériorité sur la forte, mais étroite cité de l'antiquité! Elle est encore, il est vrai, peu familière avec les sentiments et les vertus de la vie politique; mais la pratique les lui donnera peu à peu, sans lui faire perdre aucun des sentiments, aucune des vertus, aucune des relations qui constituent la vie moderne proprement dite. Et, en effet, combien cette vie est plus riche que celle de l'antiquité! Combien de sentiments délicats, d'affections tendres, de passions profondes, de vertus pures et chastes remplissent la vie de l'homme moderne qui manquaient à celle de l'homme antique, sauf de rares exceptions. Un célèbre critique allemand, Guillaume Schlegel, nous a tracé de main de maître le tableau de la profonde différence qui existe entre les deux consciences et les deux natures, nous peignant la paix intérieure, la noble sérénité, l'imposante simplicité de l'une, en contraste avec la discorde, la lutte tantôt sourde, tantôt éclatante des instincts, des passions, des principes contraires qui s'agitent dans l'autre. Si l'on veut avoir une juste idée de cette différence, il n'y a qu'à interroger les poëtes et les moralistes des deux époques. On a dit que la littérature est l'expression de la société. Cet axiome est d'une frappante vérité dans son application à la poésie antique et à la poésie moderne : tandis que la première est simple, claire, harmonieuse dans sa beauté superficielle et tranquille, comme la conscience et la vie qu'elle exprime, la seconde réfléchit la variété, la profondeur, le trouble, les angoisses et les déchirements de l'âme moderne.

Et si de la morale privée, on passe à la morale sociale, combien l'homme moderne, si inférieur à l'homme antique pour la *cité*, lui est supérieur pour l'*humanité!* La société moderne estime, honore, pratique le travail, toute espèce de travail ; elle professe le principe de l'égalité pour les œuvres, aussi bien que pour les personnes. La démocratie à laquelle elle aspire ne connaît que des égaux et des frères ; point de caste, point de classe, point de condition ni de fonction qu'elle laisse en dehors de la cité. Un pareil idéal vaut bien les lenteurs, les difficultés, les révolutions et les réactions, les misères de toute sorte que traversent les sociétés modernes pour y parvenir. L'antiquité a connu la grandeur morale, la liberté et la dignité politique dans une certaine mesure, au milieu des perpétuelles agitations de la vie publique. Les temps modernes seuls verront le règne de l'égalité, et par conséquent de la véritable justice. En comparant les deux âges sous le rapport moral et politique, on en revient donc toujours à la même conclusion pour la thèse qui nous occupe : la formule du progrès est identique, par quelque côté qu'on l'envisage : type plus simple, plus pur, plus *beau*, au sens classique du mot, pour l'antiquité ; type plus complet, plus large, plus riche et plus profond pour les temps modernes.

La Civilisation générale, grandissant d'époque en époque et se développant sans cesse sous la loi du progrès, offre assurément un magnifique spectacle aux regards du philosophe ; mais nulle philosophie de l'histoire ne peut cacher les ruines, les misères, les iniquités de la Fortune, les vertus vaincues, les vices triomphants qui font ombre au tableau. Oui, sans doute, la Civilisation a toujours avancé, tantôt dans un sens, tantôt dans un autre, depuis que sont ouvertes les annales de l'histoire de notre espèce. Elle a gagné à la conquête grecque, qui a semé sur les débris des vieux empires de l'Orient les sciences, les lettres et les arts de la Grèce; elle a gagné à la conquête romaine, qui a fait passer toutes les nationalités du monde connu sous le niveau de la centralisation impériale et du droit romain épuré et transformé par la philosophie; elle a gagné à la formation de ces grandes nations modernes qui s'appellent la France, l'Angleterre, la Prusse, l'Autriche, l'Espagne, et qui, soit par la conquête, soit par la centralisation, ont, au profit du progrès, supprimé, effacé, absorbé dans leur vaste sein tant de nations héroïques, tant de provinces originales qui avaient fait la force et la gloire du moyen âge. Mais il faut bien reconnaître que la Civilisation n'a marché que sur les ruines d'institutions qui ont fleuri et sur les cadavres de peuples qui ont glorieusement vécu. Où le philosophe triomphe, l'historien national a de quoi gémir, et le moraliste a sujet de s'indigner. En perdant leur indépendance, source éternelle de passions politiques et de guerres civiles, les petites cités grecques ont perdu toutes leurs vertus au sein de la monarchie macédonienne et de l'administration romaine. L'empire n'a donné la paix à Rome et aux provinces qu'au prix de la servitude et de l'infamie. Le monde a gagné à cette paix le droit romain, l'avénement plus facile du christianisme, la diffusion plus rapide de la philosophie, des lettres, des sciences, des arts, de l'industrie dans toutes les parties qui le composaient alors. Mais Suétone, Tacite, Juvénal, Sénèque nous ont appris tout ce qu'a coûté à l'Humanité ce progrès accompli sous le règne des Césars. Si donc le tableau est beau et grand dans l'ensemble, combien n'est-il pas souvent laid et misérable dans les détails!

Une chose pourtant doit consoler le moraliste et l'historien; c'est que plus la Civilisation avance vers les temps modernes, et plus elle perd de ses procédés odieux ou terribles. Dans la civilisation antique, les exécutions de peuples sont perpétuelles; une idée, une croyance, une société, en remplace une autre, en faisant d'abord le vide par le fer et le feu. L'extermination ou l'esclavage sont les conséquences fatales de la conquête; la loi du progrès apparaît dans l'histoire ancienne comme la loi même du Destin. Institutions, langues, peuples, la conquête emporte tout. La civilisation du moyen âge n'est guère moins dure pour les institutions et les peuples qui lui font obstacle.

La civilisation moderne est encore loin d'avoir répudié toutes les traditions de violence et d'iniquité des temps anciens ou de l'époque féodale; mais il est visible qu'elle tend de jour en jour à les remplacer par des moyens plus doux et plus honnêtes. Elle respecte davantage la vie des individus et des peuples; elle transforme plutôt qu'elle ne détruit les choses qui s'opposent à son développement; elle procède par absorption graduelle plutôt que par brusque exécution; elle aime à conquérir par l'influence des idées plutôt que par la force des armes un peuple, une classe, une institution qui résiste au progrès. Cela est si vrai que les odieux procédés de la civilisation antique, la conquête et l'extermination, soulèvent la conscience publique contre les peuples ou les gouvernements qui continuent à les employer, et que ceux-ci en déguisent autant que possible la forme, pour ne pas s'attirer le châtiment d'une justice internationale. Ce qui était dans l'antiquité et au moyen âge la chose du monde la plus simple et la plus fréquente, ce qui ne soulevait aucune réclamation de la conscience publique il y a deux siècles, l'exécution d'une nationalité, est devenu un crime monstrueux presque impossible à consommer; tous les peuples qui ont eu le bonheur de résister jusqu'à ce jour à cette violente et cruelle opération de l'absorption par la conquête, comme la Grèce, comme l'Italie, et, il faut encore l'espérer pour l'honneur de l'Europe civilisée, comme l'héroïque et malheureuse Pologne, reprennent ou reprendront leur place dans la grande famille des nations indépendantes.

La loi du progrès n'est pas moderne, comme son idée; elle préside au développement de l'Humanité comme à celui de la Nature, depuis l'origine des choses et des sociétés. Mais elle a déjà changé sensiblement, et change de plus en plus son mode d'exécution. Elle avait jadis l'inexorable rigueur du Destin; elle prend maintenant de jour en jour la douce puissance de la Providence. C'est l'erreur, c'est l'iniquité, c'est le vice, c'est tout ce qui n'a plus ni vie, ni vertu, ni vérité que la Civilisation tend à emporter dans sa marche irrésistible; mais la vie des individus et des peuples qui ont été et qui sont encore les symboles du passé, est devenue pour elle chose sacrée. Rien ne doit plus disparaître, sous son char glorieux, que les idées et les institutions mortes qui encombrent encore sa marche de leur masse inerte et résistante. Tout ce qui vit réellement, peuples ou individus, même dans les errements du passé, a droit au respect d'une civilisation supérieure, et ne peut être atteint que par l'action plus ou moins rapide, mais toujours victorieuse des idées nouvelles. C'est ainsi que le progrès s'opérera de plus en plus dans l'avenir. Les révolutions de l'Humanité, qui ont ressemblé si longtemps à celles de la Nature par les destructions et les exterminations d'êtres vivants, s'en éloignent de plus en plus et tendent à entrer dans une période de transformation graduelle, d'évolution douce que nous avons plus haut saluée du saint nom de Providence, et qui annonce l'avénement définitif du règne de l'Esprit. Ce règne sera arrivé le jour où nul progrès pour l'Humanité ne coûtera autre chose qu'un labeur, comme cela se fait dans la science.

Voilà le progrès continu dans l'histoire. L'Humanité, procédant de même que la Nature, monte comme elle d'époque en époque, de règne en règne, dans l'échelle de la perfection. Vous la voyez, en Orient, tombée sous le poids ou couchée dans le sein de la nature qui l'écrase et l'enlace tout à la fois, se relever en Grèce et à Rome, se poser, s'admirer au point de ramener les dieux eux-mêmes à sa taille, se recueillir, se concentrer dans le monde chrétien et moderne, pour tirer des profondeurs encore insondées de son être des trésors de vérité, de grandeur, de moralité, que l'Orient, la Grèce et Rome n'ont point soupçonnés. Et comme tout se tient dans chaque système de civilisation, politique, science, religion, philosophie, poésie, arts, il s'ensuit que les transformations et les progrès se correspondent symétriquement, qu'un type supérieur de la cité ne va pas sans des types supérieurs de l'art, de la poésie, de la religion et de la philosophie ; que l'idée, l'esprit d'une époque en pénètre toutes les manifestations, de manière à en former un tout organique, analogue aux organismes naturels dont un habile anatomiste retrouve toutes les parties, un seul organe lui étant donné. C'est ainsi qu'en politique l'Humanité marche et s'élève, de la tribu, de la caste, de la cité, de la féodalité, de la monarchie absolue, de l'aristocratie bourgeoise, à cette grande et forte démocratie où liberté individuelle, famille, propriété, humanité, justice, égalité trouveront leur légitime satisfaction. Ainsi, dans l'art, elle va du grand au beau, de la beauté de la *forme* à la beauté de l'*expression*, remplaçant les symboles obscurs de l'art oriental par les symboles transparents et superficiels de l'art grec, et ceux-ci par les symboles clairs et profonds tout ensemble de l'art moderne. Ainsi, dans la religion et la philosophie, elle passe du panthéisme confus de l'Orient à l'anthropomorphisme net, mais étroit, de la Grèce, pour se fixer dans un spiritualisme vraiment rationnel qui comprend la Nature et l'Humanité en leur Principe commun, sans les y confondre. En sorte que la loi du progrès régit toutes les manifestations de l'activité humaine, et qu'en un mot, la politique, la religion, la philosophie, l'art ne sont que les diverses traductions d'une même pensée qui se développe d'âge en âge.

Quand le progrès est si manifeste, quand le but est si proche, suffit-il d'un moment d'incertitude et d'obscurité pour se rejeter en arrière et lancer l'anathème à une vérité qui est le dogme fondamental de la religion de l'avenir? La doctrine du progrès continu touche à toutes les grandes questions de théologie, de cosmologie, de psychologie et de morale; elle les éclaire toutes de sa lumière. Les vieilles idées y trouvent leur réfutation; les vérités nouvelles en reçoivent leur confirmation. C'est la négation de cette cosmologie qui ne comprend ni la nécessité du Monde ni ses lois immuables, et le fait gouverner à coups de miracles. C'est la négation de cette psychologie surannée qui confond la barbarie avec l'innocence, fait du travail, de la science, de la vertu, une chute; du repos absolu, la perfection et le bonheur; qui suppose l'homme parfait au sortir des mains du Créateur, puis se déformant à plaisir et roulant dans un abîme de misères et d'infamies, jusqu'à ce que la main d'un Sauveur vienne le relever et le ramener dans la droite voie, d'où il n'est pas sûr qu'il ne dévie encore et n'ait besoin d'un nouveau Sauveur, à voir la marche des choses depuis les trois derniers siècles de cette *maudite* civilisation. C'est enfin la négation et la réfutation par la science et par l'histoire de tous ces romans métaphysiques qui nous viennent de l'Orient, et pour lesquels la philosophie de notre temps professe beaucoup trop d'estime. Et comme nier l'erreur, c'est déjà affirmer la vérité, la doctrine du progrès enseigne par contre un Dieu vivant et vrai, dont la vie universelle est l'acte incessant, dont l'ordre universel est la Providence, une Nature suspendue, et comme enchaînée, dans tous ses mouvements, à l'irrésistible attraction du Bien; une Humanité perfectible qui monte sans cesse par degrés, de la vallée de misères à l'Éden, de la plus épaisse barbarie à la plus radieuse civilisation. Fut-il jamais un dogme plus fécond, une révélation métaphysique, cosmologique et psychologique plus complète?

Vérité précieuse, dont l'Humanité ne peut plus se passer après l'évanouissement des rêves orientaux que la philosophie, l'histoire et les sciences naturelles ont dissipés sans retour! Car elle est l'espoir et la consolation des sociétés modernes : l'espoir des générations qui cueilleront le fruit de la démocratie future; la consolation de celles qui en auront hâté la maturité au prix de leurs labeurs et de leurs sacrifices. L'homme peut travailler pour autrui; ce dévouement n'est point au-dessus de ses forces. Mais alors il a besoin de croire qu'il ne travaille pas en vain; que, s'il sème, un autre recueillera la moisson; que pas un de ses efforts, pas une de ses larmes, pas une goutte de son sang ne seront perdus pour ses frères, ses fils en humanité. Avec cette foi, il travaille avec courage, sans souci de lui-même et les yeux fixés sur cet Éden qu'il prépare à ceux qui le suivront. Mais, s'il pouvait croire que l'histoire où il trace son sillon est comme l'onde ou le sable qui ne gardent aucun vestige du pas de l'homme, que le vent de la fortune balaye toutes ses œuvres, et que l'Humanité roule sans cesse son rocher de Sysiphe, alors il lui faudrait une conscience bien ferme pour ne pas laisser tomber son fardeau de découragement. Voilà pourquoi nous tenons au dogme du progrès, comme un croyant tient à sa foi. Personne ne nous l'arrachera, ni les sinistres prédictions des prophètes de la décadence, ni les railleries des sceptiques, ni les désespoirs de quelques-uns de nos amis, ni les amertumes du présent, ni les difficultés et les obscurités de l'avenir. Nous y avons cru dans les triomphes de ce siècle; nous y croyons dans les épreuves qu'il traverse; nous y croirions encore en face de la barbarie slave brisant une civilisation en décrépitude, si cela pouvait arriver; nous y croirions enfin au bruit de la chute de ce globe, si la création actuelle devait faire place à une création supérieure. C'est la première vérité de notre religion.

Après la doctrine du devoir, toutefois, qui, pour tout homme d'une éducation virile, doit suffire à toutes les épreuves et survivre à tous les naufrages, n'y eût-il ni espoir, ni consolation, ni ciel, ni Providence, ni progrès, ni avenir. Tant que l'homme est debout, il reste la conscience et la vertu, la conscience avec ses impérieuses lois, la vertu avec ses joies incomparables, même au sein des plus cruelles épreuves. Nous ne sommes point de ces optimistes qui calculent le bonheur comme une équation arithmétique, le mesurent à la somme des jouissances quelconques, réunies pêle-mêle, plaisirs des sens, plaisirs de l'âme, plaisirs de l'intelligence, et trouvent, tout compte fait, que chacun a sa part de bonheur proportionnelle à ses mérites. A ce compte, on trouverait, nous le craignons, beaucoup d'heureux scélérats et de justes misérables. Le bien-être n'est pas le bonheur; il est la propriété de tous, des méchants plus que des bons. Le bonheur, comme la vertu, comme la perfection dont il est le sentiment intime, tient à des idées, des affections, des instincts, des sentiments, des habitudes incompatibles avec la sensualité, l'égoïsme, la perversité, la dégradation, l'infamie.

Nous ne disons point avec Zénon que la douleur n'est pas un mal, que le plaisir n'est pas un bien; mais nous croyons ce mal et ce bien non moins indifférents au vrai bonheur qu'à la perfection. Aussi notre raison ne comprend-elle point cette justice étroite que notre sensibilité froissée réclame du Créateur, et qui consisterait à rendre plaisir pour vertu, douleur pour crime. C'est la balance de la justice humaine, justice fondée sur un rapport dont la mesure nous semble aussi facile à trouver que la quadrature du cercle. La vertu et le vice sont choses qui ne s'évaluent pas en plaisirs et en peines physiques. L'homme souffre plus qu'il ne jouit, direz-vous; donc il mérite une compensation. — Pourquoi cela? Si vous ne considérez que l'être sensible en l'homme, l'animal aussi souffre plus qu'il ne jouit. Qui s'en inquiète? — Mais si le juste souffre plus que le méchant, ne faut-il pas que l'équilibre soit rétabli? — La question pour le juste n'est pas dans le bien-être, mais dans la dignité de la vie. Or, quand avez-vous vu un juste, malheureux selon le monde, regretter sa vertu, et vouloir troquer sa destinée contre celle du méchant heureux? Telle cause vaincue compte bien des victimes. En est-il une seule qui voulût faire l'échange de sa noble misère contre telle fortune du jour? C'est que le sentiment du devoir accompli est un miel dont l'âme ne veut plus détacher ses lèvres, une fois qu'elle y a goûté, quelles que soient les amertumes qui empoisonnent les bords de la coupe ; quand ce prix ne suffit pas à l'homme, quand il espère les récompenses ou craint les châtiments des hommes ou de Dieu, c'est un signe de la faiblesse de son sens moral. La vertu, la perfection est comme le Dieu de Fénelon ; elle veut être aimée pour elle-même, et cet amour suffit au bonheur de ceux qui s'y vouent.

C'est ce qui fait que nous n'avons jamais compris la vie future comme une récompense, un repos après le travail de la science et de la vertu. Que ce soit une vie nouvelle, dans de meilleures conditions pour le corps et l'esprit, avec des facultés supérieures, où l'âme humaine respire un air plus pur, plus léger pour sa liberté, plus doux pour son bonheur que la lourde et rude atmosphère où il lui faut tant d'efforts pour se faire jour, nous le croyons sans peine. Mais le repos ne nous semble être la perfection et le bonheur nulle part, ni dans l'homme, ni dans les anges, ni même en Dieu. Dieu, qui est la perfection, ne connaît pas plus le repos que le travail, parce que, comme le dit Aristote, pour lui penser, agir, vivre, être, sont un seul et même acte. Mais l'homme qui n'est point, qui ne peut jamais être parfait, dans quelque condition qu'on le place, aspire sans relâche à la perfection sans y atteindre. Le mot de sa destinée est donc travail, mouvement, progrès, vertu. Le repos n'est pour lui qu'une trêve d'un moment nécessaire à sa faiblesse, dans laquelle il puise de nouvelles forces pour reprendre son labeur. Si la vie future ainsi conçue est un rêve, nous le trouvons plus grand, plus poétique, plus *humain* que cette prétendue félicité d'un repos sans vertu, d'une extase sans conscience. Que nos poëtes et nos métaphysiciens y prennent garde, le mystique Orient est un grand enchanteur; il a des mots merveilleux pour faire illusion. Son Dieu si parfait et si immuable qu'il en est immobile, si impénétrable qu'il en est inintelligible, n'est que l'abstraction du néant; son extase n'est que le sommeil des plus excellentes facultés de l'âme; sa félicité n'est que le vide absolu de l'être. Nous préférons le type de la vie future rêvé par le mâle génie de l'Occident. Nous croyons que la perfection et le bonheur, dans la mesure que comporte l'humaine nature, résident dans l'accroissement d'être et de vie, dans le développement de plus en plus riche de toutes nos facultés, dans l'aspiration de plus en plus puissante de tous nos légitimes instincts. On trouvera peut-être l'aveu étrange; mais la *chasse* infatigable des guerriers, dans le paradis d'Odin, nous semble, toute grossière que soit l'image, un plus fidèle symbole de nos destinées futures que la béatitude passive dont jouissent les élus dans le ciel de l'Orient. C'est l'activité héroïque sous sa forme la plus brutale; mais c'est la vie, c'est-à-dire la poursuite incessante d'un idéal qui n'est jamais atteint. De quelque façon que la métaphysique imagine la vie future, qu'elle y laisse la vertu avec ses mérites, le progrès avec ses vicissitudes, et qu'elle en bannisse la perfection. Car la vie humaine n'a de prix que par la vertu, l'histoire n'a d'intérêt que par le progrès, et pour l'homme la perfection serait la mort.

FIN.

TABLE DES MATIÈRES.

Dédicace..	v
Avant-propos..	xxi
LIVRE Ier. — La philosophie et les sciences............	1
Chap. i. — L'apparence et la réalité...................	32
Chap. ii. — La sensation et la notion. L'image et l'idée.	43
Chap. iii. — La matière et la force....................	55
Chap. iv. — La force, la vie et l'âme.................	85
Chap. v. — L'infini....................................	104
Chap. vi. — La science................................	116
LIVRE II. — La psychologie et l'histoire...............	151
Chap. i. — Objet de la psychologie....................	152
Chap. ii. — Méthode psychologique.....................	182
Chap. iii. — Importance des sciences psychologiques...	213
LIVRE III. — Morale..................................	246
Chap. i. — Morale philosophique......................	251
Chap. ii. — Morale psychologique.....................	269
Chap. iii. — Morale pratique.........................	303
LIVRE IV. — Histoire.................................	345
Chap. i. — Philosophie ancienne. Aristote............	345
Chap. ii. — Philosophie ancienne. Plotin.............	380
Chap. iii. — Philosophie moderne. Descartes et son école.	393
Chap. iv. — Philosophie de l'histoire. Doctrine du progrès.	408

ERRATA.

Page 61, ligne 30, *au lieu de* l'étendue des atomes ; c'est une propriété, *lisez :* L'étendue des atomes est une propriété.

Page 84, ligne 28, *au lieu de* Schilling, *lisez :* Schelling.

Page 137, ligne 29, *au lieu de* calculent, la force, *lisez :* calculent la force.

Page 154, ligne 28, *au lieu de* Bloglie, *lisez :* Broglie.

Page 185, ligne 2, *au lieu de* fugaces insaisissables, *lisez :* fugaces, insaisissables.

Page 377, ligne 24, *au lieu de* diaclectique, *lisez :* dialectique.

www.ingramcontent.com/pod-product-compliance
Lightning Source LLC
Chambersburg PA
CBHW050246230426
43664CB00012B/1843